新版
要約 マンション判例
170

升田 純
［著］

学陽書房

はしがき

　本書は、読者諸氏に利用されたようであり、第2版（収録判例数の増加にともない、「新版　要約マンション判例」と改題）を企画する運びになった。
　本書が最初に世に出た平成21年7月には、マンションのストックが400万戸であったが、現在は、590万戸にも増加している。この間、日本を取り巻く経済事情、社会事情等の変化は著しいものであったが、マンションを含む不動産をめぐる状況、環境の変化も顕著なものがある。
　日本の社会は、現在、高齢化の急激な進行とともに少子化が進行していること、生活環境としての社会が崩壊している地域があること、不動産余りの現象が見られ、悪化する傾向があること、マンションが依然として増加していること、老朽化するマンションが増加していること、超高層マンションが増加していること、マンションの区分所有者・居住者が高齢化していること、区分所有者・居住者の多数が不在のマンションが増加していること、マンションの投資化が進行していること等のマンションを含む不動産をめぐる事情の変化、現象が見られる。マンションをめぐる諸問題は、これらの事情の変化、現象に大きく影響されるが、マンションをめぐる紛争、法律問題も、この影響を受けて様々に変化している。
　本書の初版の頃と比べると、現在、マンションをめぐる法律問題は、従来型のものもあるが、従来型ではあるものの、その態様が変化しているもの、新たな内容・態様のものも登場しているし、紛争の当事者、関係者の意識、考え方の変化を反映し、従来と異なる判断の枠組み、取扱いが必要になっているものも登場している。特にマンションの区分所有者・居住者の高齢化、不在化等のほか、国民等の個人の常識の変化、相対化を反映し、世代間の常識の齟齬、クレーマーの登場（中には、モンスター・クレーマーの登場）といった現象がマンションにおいても見られるようになっている。
　マンションの法律問題は、これらの現象を背景として発生し、進行するものであり、その解決は、ますます複雑で困難になっているように感じられる。マンションの管理に様々な立場から関与する読者諸氏の日頃の苦労も窺われるところである。
　マンションの法律問題に関する裁判例は、これらの状況の下で判断されたものであり、時代の特徴を踏まえたものになっており、断片的な法律問題を取り

扱うものであるものの、個々の裁判例ごとにそれぞれ、マンションの管理の実務に参考になるものである。本改訂版は、初版以降直近のものまで、参考になると考えられる裁判例を取り上げて紹介するとともに、従来の裁判例のいくつかをその常用性に照らして割愛したものである。本改訂版が、初版と同様に読者諸氏にとって、転ばぬ先の杖としての役割を果たすことができれば、喜ばしいことである。

　本改訂版は、初版とともに、学陽書房の齋藤岳大君にお世話になったものであり、改めて感謝したい。同君は、実家のある気仙沼市にしばしば帰省しつつ、本改訂版をまとめたものであるが、同君とともに被災地の復興を祈りたい。

　平成27年9月

升田　純

凡　例

・各章における掲載順は、判例年月日順となっている。これにより時代相が明らかになるという狙いもある。
・判例の引用は、「　」内は原文のままとし、文中の途中省略部分は「……」を入れた。ただし、改行後の省略が頻出するため、煩雑となることを避け、あえて入れていない。
・印刷物としての判例集に未登載であるものについては、原則として事件記録符号を示した。
・巻末に判例索引を付した。
・判例等の略語は、以下による。

〈略記〉	〈正式〉
最判（決）	最高裁判所判決（決定）
高判（決）	高等裁判所判決（決定）
地判（決）	地方裁判所判決（決定）
支判（決）	支部判決（決定）
民集	最高裁判所民事判例集
下民集	下級裁判所民事判例集
判時	判例時報
判タ	判例タイムズ
金判	金融・商事判例
金法	旬刊金融法務事情
判評	判例評論（判例時報付録）
法協	法学協会雑誌
民商	民商法雑誌
法教	法学教室
法時	法律時報

新版 要約マンション判例●目次

1 開発・建築 ……………………………………………………… 1

1 開発用地の売買をめぐる契約締結上の過失責任
　　分譲業者の契約締結上の過失責任を肯定した事例 …………………… 2

2 建築契約締結上の過失責任
　　建設会社の契約締結上の過失責任を肯定した事例 …………………… 4

3 不適合建物
　　建築不適合要因への関与が不法行為に当たるとした事例 …………… 7

4 ビル風による風害
　　受忍限度を超えると判断し、不動産下落分の損害賠償を認めた事例 … 9

5 人格権に基づくマンションの撤去請求
　　受忍限度を超えず撤去の理由はないとし、工事の騒音のみに賠償を認めた事例 … 11

2 分譲契約 ……………………………………………………… 15

6 購入後の眺望阻害
　　障害物の建築を知らなかったため告知義務違反には当たらないとした事例 …… 16

7 分譲業者の土地売却による眺望阻害
　　信義則上の義務違反を認め専有部分の財産的損害を肯定した事例 ………… 19

8 隣接地の通路としての地役権設定
　　黙示の地役権設定契約の成立を認めた事例 …………………………… 22

9 分譲業者による駐車場の建築、賃貸、賃料の取得
　　土地管理委託契約類似の無名契約成立を認めた事例 ………………… 23

10 値引き販売と分譲業者の責任
　　債務不履行、不法行為をともに否定した事例 ………………………… 25

11	分譲業者による眺望を阻害する建物の建築
	信義則上の義務違反を認め賠償額を販売価額の20%とした事例 …………… 26

12	分譲時の駐車場に関する説明義務
	分譲業者の説明義務違反を認め契約締結上の過失責任を肯定した事例 ……… 27

13	分譲契約時の隣地使用に関する虚偽説明
	虚偽説明を認め説明義務違反による使用者責任を肯定した事例 ……………… 30

14	環境的な瑕疵と取引の錯誤・詐欺
	利便性・地域特性から錯誤・詐欺・説明義務違反を否定した事例…………… 31

15	煙突の存在と説明義務
	公衆浴場の煙突からの排煙は重要事実といえないとした事例 ………………… 33

16	南側隣接地の建築計画の不告知
	告知義務違反を肯定し、賠償請求を認容した事例 ……………………………… 35

17	隣接地の建物建築
	告知義務違反を認めた事例……………………………………………………… 37

18	未完成マンションの分譲と眺望の瑕疵
	売主は実物検分と同程度の正確な情報を提供する義務を負うとした事例 ……… 39

19	眺望の説明義務
	眺望損害の程度が僅かであり説明義務違反を否定した事例 …………………… 41

20	値引き販売と分譲業者の責任
	債務不履行、不法行為を否定した事例 ………………………………………… 42

21	売れ残りマンションの値下げ販売
	分譲時の説明義務違反を認めた事例…………………………………………… 43

22	競売物件に関する執行官の注意義務
	競売物件が自殺物件であっても国に責任はないとした事例 ……………………… 45

23	防火設備の操作方法
	宅建業者は防火設備の説明義務を負うとした事例 ……………………………… 47

24	眺望の説明義務
	分譲業者の説明義務違反を認め債務不履行を肯定した事例 …………………… 49

25	売れ残りマンションの値下げ販売
	分譲残りのマンションの値下げ販売につき不法行為が認められた事例 ………… 51

26	観光地マンションの眺望侵害
	眺望侵害の不法行為が否定された事例 ………………………………………… 53

27	自殺に関する説明義務
	区分所有建物の売買において居住者の自殺に関する仲介業者の告知・説明義務違反が認められた事例………………………………………………………………… 55

28	大都市高層マンションの眺望侵害
	周辺環境の変化により当然に変化すると眺望侵害の不法行為が否定された事例 … 57
29	マンション建設による風環境の変化
	マンションの建築、管理による風環境の悪化につき建築業者、管理組合の不法行為が否定された事例 … 59

3 建物・建具の瑕疵 …………61

30	ベランダからの漏水
	占有者・区分所有者の土地工作物責任を否定した事例 ………… 62
31	瑕疵による債務不履行
	債務不履行を認め逸失賃料等の損害を認めた事例 ………… 64
32	自動ドアの瑕疵・欠陥
	通常の使用では危険な状態は考えられないと瑕疵・欠陥を否定した事例 ……… 65
33	自宅玄関のドアによる事故の損害賠償責任
	取り付け業者らの責任を否定した事例 ………… 67
34	暴力団員の居住
	隠れた瑕疵に当たるとした事例 ………… 69
35	屋上防水層工事の瑕疵
	補修工事の合意の成否が争われた事例 ………… 70
36	漏水事故と管理組合の責任
	管理組合の土地工作物責任を認めた事例 ………… 72
37	青田買いマンションの欠陥
	瑕疵を認めた売買契約の解除、売主の賠償責任を肯定した事例 ………… 74
38	シックハウス
	高濃度のホルムアルデヒドは隠れた瑕疵に当たるとした事例 ………… 76
39	外壁タイルの剥落
	財産的損害のほか精神的損害を認めた事例 ………… 79

4 専有・共用部分の区分 81

40 所有権保存登記をした車庫
　専有部分の 2 要件として構造上・利用上の独立性を示した事例 82

41 所有権保存登記をした倉庫
　共用施設が設置され利用されていたとしても専有部分になる可能性があるとした事例 84

42 所有権保存登記をした車庫
　共用施設設置の場合の利用上の独立性を判断する基準を明らかにした事例 86

43 バルコニーに設置したガラス戸の撤去
　バルコニーは専有部分であり設置から年数が経過しているとして請求を棄却した事例 88

44 管理人室
　管理人室の利用上の独立性を否定し共用部分であるとした事例 90

45 分譲業者が保存登記した駐車場と管理事務室隣接の居室
　駐車場の専有部分性を肯定、居室の独立性を否定し共用部分であるとした事例 91

46 ピロティ
　無断で利用したピロティ部分の明渡請求を認容し、損害賠償請求を棄却した事例 93

47 ピロティ
　専有部分に当たるとした事例 95

48 全体共用と一部共用の区分
　一部共用部分であることが明らかでない場合は全体共用部分であるとした事例 97

49 排水管
　排水管の枝管が共用部分に当たるとした事例 99

50 駐車場へのスロープ部分
　構造上の独立性が認められず共用部分であるとした事例 100

51 共用部分の使用
　共用部分への掲示板の設置が区分所有権の侵害に当たらないとした事例 102

52 未登記の規約共用部分
　規約共用部分が登記されていない場合、その取得者が背信的悪意者であるとし、共用部分の対抗が肯定された事例 104

5 専有部分の使用 ……………………………………… 107

- **53** 原状回復請求の当事者適格
  共同の利益に反した者には個々の区分所有者が請求できるとした事例 ……… 108
- **54** 管理者の同意を得ない店舗営業
  規約違反を認め営業の差止めと損害賠償を認めた事例 ……………………… 110
- **55** 専有部分の外壁に穴を空ける行為
  共同の利益に反するとし原状回復請求を認めた事例 ………………………… 112
- **56** カラオケスタジオの深夜営業
  共同の利益に反するとし使用禁止の仮処分を決定した事例 ………………… 113
- **57** 住居部分の事務所としての使用
  使用を拒絶した管理組合の不法行為責任を認めた事例 ……………………… 116
- **58** 住居部分の事務所としての使用
  用途違反・規約違反・共同の利益に反するとした事例 ……………………… 118
- **59** ペット不可マンションでの犬の飼育
  共同の利益に反するとし飼育の禁止・賠償を認めた事例 …………………… 120
- **60** 床のフローリング化による騒音の発生
  生活騒音が受忍限度を超えていないとし請求を棄却した事例 ……………… 122
- **61** 住居専用部分の保育室としての使用
  幼児の騒音が共同の利益に反するとし使用差止めを認容した事例 ………… 124
- **62** パチンコ店の営業
  パチンコ店の営業を一切禁止するのは受忍限度を超えるとした事例 ……… 126
- **63** 目的外使用による明渡請求
  賃借人の不法行為を認め賃貸借契約の解除と明渡しを認めた事例 ………… 128
- **64** ペット不可マンションでの犬の飼育
  共同の利益に反するとし規約違反を認めた事例 ……………………………… 129
- **65** 床のフローリング化による騒音
  受忍限度を超えるとし不法行為を肯定した事例 ……………………………… 132
- **66** 専有部分の用途制限に関する合意
  合意当事者の特定承継人には拘束力はないとした事例 ……………………… 135
- **67** 騒音をめぐる発言と名誉毀損
  騒音の発生を否定し、発言につき名誉毀損を認めた事例 …………………… 137

68	改装工事をめぐる騒音
	施工業者らの不法行為責任を肯定した事例 …………………… 138

69	暴力団組事務所としての使用
	使用禁止の仮処分を認容した事例 ………………………………… 140

70	宗教団体施設としての使用
	共同の利益に反するとした事例 …………………………………… 142

71	居酒屋のダクト設置・深夜営業
	共同の利益に反するとし、撤去と深夜営業の禁止を認めた事例 ………… 144

72	店舗の営業時間
	規約に基づく営業時間の規制を有効とした事例 ………………… 146

73	住居専用部分のカイロプラクティック治療院としての使用
	使用禁止請求は権利の濫用に当たるとした事例 ………………… 149

74	託児所としての使用
	共同の利益に反するとし使用禁止を認めた事例 ………………… 151

75	受忍限度を超える生活騒音
	受忍限度を超える生活騒音を認めた事例 ………………………… 152

76	税理士事務所としての使用
	税理士事務所としての使用が区分所有者の共同の利益に反するとされた事例 …… 154

77	階下からの深夜の騒音
	マンションの階下の部屋における深夜の騒音に係る不法行為が肯定された事例 … 156

6　専用使用権 ……………………………………… 159

78	専用使用権の設定方法
	売買契約上承諾していたとし設定を適法と認め公序良俗に反しないとした事例 … 160

79	平屋建ての店舗の設置・利用
	分譲時の区分所有者の専用使用権合意を認め利用を認めた事例 ………… 164

80	車路専用使用権の総会決議による変更
	専用使用権者の承諾なしでは無効とした事例 …………………… 166

81	駐車場専用使用権の分譲代金
	分譲の対価は分譲業者に帰属するとした事例 …………………… 168

82	駐車場使用料を増額する規約改訂
	増額に関する判断基準を明確化した事例 ………………………… 170

| 83 | 駐車場専用使用権の分譲代金
　　分譲の対価は分譲業者に帰属するとした事例 …………………………… 174

| 84 | 専用使用権を消滅させる集会決議の効力
　　専用使用権を有する者の承諾なしでは無効とした事例 ………… 176

| 85 | 専用使用権の使用用途の追加
　　決議を有効とした事例 ……………………………………………… 179

| 86 | 専用使用権の消滅
　　専用使用者の承諾がない規約の変更を有効とした事例 ………………… 181

7　総会・規約 ……………………………………………… 183

| 87 | 決議の手続上の瑕疵
　　議題の通知がなかったため決議を無効とした事例 …………………… 184

| 88 | 招集通知の瑕疵
　　招集通知の瑕疵は重大な瑕疵に当たらず決議を無効ではないとした事例 ……… 186

| 89 | 管理費の差別的取扱いを設けた規約の有効性
　　管理規約・集会決議を無効とした事例 …………………………… 188

| 90 | 理事会の代理出席を認める集会決議の効力
　　規約により代理出席を認めることは違法ではないとした事例 ………………… 191

| 91 | 総会決議不存在確認の訴え
　　確認の利益を否定し訴えを却下した事例 ………………………… 193

| 92 | 管理規約の設定・変更
　　管理規約の規範性を認め元土地所有者への管理費等請求を認容した事例 ……… 195

| 93 | 管理規約の変更
　　法定要件を満たしていないとし効力を否定した事例 ………………… 197

| 94 | 規約変更と特別の影響
　　床面積による管理費算定への変更は特別の影響を及ぼすときに当たらないとした
　　事例 ……………………………………………………………… 199

| 95 | 管理者の選任決議
　　区分所有法所定の手続によるもので有効であるとした事例 ………………… 202

| 96 | 規約変更と特別の影響
　　飲食業を禁止する規約変更は特別の影響を及ぼすときに当たらないとした事例 … 205

| 97 | 規約変更と特別の影響
ペット飼育を禁止する規定の新設は特別の影響に当たらないとした事例 207

| 98 | 管理費請求訴訟と弁護士費用
滞納者に弁護士費用の支払義務を負わせる決議は無効とした事例 210

| 99 | 招集通知の瑕疵
議案の要領の通知に欠ける招集通知は瑕疵に当たり決議は無効とした事例 212

| 100 | 管理組合設立集会決議
集会の決議を否定した事例 214

| 101 | 等価交換マンションの元所有者の優遇
元土地所有者の優遇措置を公序良俗に反しないとした事例 215

| 102 | 共用部分の賃貸借
マンションの共用部分の賃貸借は管理規約の普通決議で決めることができるとした
事例 218

| 103 | 特定の区分所有者の管理費増額決議
従来低廉な管理費等であった特定の区分所有者の管理費等を増額する旨の集会の決
議が有効とされた事例 221

| 104 | インターネット利用料を一律負担とする規約の効力
合理性が認められるとし規約を有効とした事例 224

8 管理組合の運営 227

| 105 | 管理者の解任
管理者の各種義務違反を認め解任請求を認容した事例 228

| 106 | 管理者の解任
管理費の滞納が解任事由に当たるとした事例 230

| 107 | 区分所有者間の対立をめぐる不法行為の成否
不法行為を否定した事例 232

| 108 | 業務文書の閲覧、書面報告請求
管理者は個々の区分所有者に報告義務を負うものではないとした事例 235

| 109 | 訴訟追行の原告適格
当事者適格を否定した事例 237

| 110 | 訴訟追行の原告適格
共用部分の保存行為請求につき管理者の原告適格を否定した事例 239

| 111 | 管理組合理事長の責任追及訴訟の原告適格
組合構成員の全員が原告になる必要があるとして原告適格を否定した事例 ……… 241

| 112 | 共用部分の収益金の帰属
共用部分の収益は区分所有者らの団体に合有的に帰属するとした事例 ………… 243

| 113 | 管理組合役員の不正
職務執行停止、代行者選任の仮処分を認めた事例 …………………………… 245

| 114 | 決算書等の閲覧請求
閲覧謄写請求権を否定した事例 ……………………………………………… 246

| 115 | 会計帳簿等の閲覧
区分所有権を売却したものは利害関係人に当たらないとした事例 ……………… 249

| 116 | 事実上の管理規約
事実上使用されてきた規約による運営を有効とした事例 ……………………… 251

| 117 | 理事長の報酬
理事長職は委任・準委任契約であり労働契約ではないとした事例 …………… 253

| 118 | 店舗部分の使用不承認
マンションの店舗部分の使用承認が管理組合の部会に委ねられ、部会が不承認として不法行為を認めた事例 ………………………………………………… 254

| 119 | 管理者の辞任に伴う管理費等残余金の引渡義務
管理者が辞任後、推計による管理費の残余金の引渡義務が認められた事例 ……… 257

| 120 | 会計帳簿の謄写
会計帳簿等の閲覧を認める管理規約は当然には謄写を認めるものではないとした事例 ……………………………………………………………………… 259

| 121 | マンション内における誹謗中傷の差止請求
区分所有者の管理組合の役員に対する誹謗中傷が共同の利益に反する余地があるとされた事例 ………………………………………………………………… 261

| 122 | 修繕工事に関する理事の裁量
修繕工事に関する理事の決定に係る損害賠償責任が否定された事例 ………… 263

9 管理費・修繕積立金 …………………… 267

| 123 | 管理費の負担に差を設ける決議の有効性
集会決議の効力を肯定した事例 ……………………………………………… 268

124	管理費不払いによる給湯停止
	権利の濫用に当たるとした事例 ……………………………………………… 270
125	滞納者への訴訟提起と弁護士費用
	訴訟提起に係る不法行為を認め弁護士費用の負担を命じた事例 ………… 272
126	譲渡担保権者と管理費等の負担
	譲渡担保権者は区分所有者に当たり管理費等の支払義務を負うとした事例……… 273
127	借地上のマンションの借地料の支払義務
	区分所有者は持分割合に応じて分割した支払義務を負うとした事例 …… 274
128	不動産競売買受人への滞納管理費請求
	競売の買受人は特定承継人に当たり債務を負担するとした事例 ………… 276
129	管理費の相殺
	区分所有者による相殺を否定した事例 ……………………………………… 278
130	将来にわたる管理費等の請求
	滞納の状況から将来の給付の訴えの必要性を肯定した事例 ……………… 279
131	管理業者の倒産と預託管理費の預金の帰属
	管理組合が預金者であるとした事例 ………………………………………… 280
132	管理費滞納者名の公表
	滞納者名を明示した立看板の設置は不法行為に当たらないとした事例 ………… 282
133	管理業者の倒産と預託管理費の預金の帰属
	管理組合が預金者であるとした事例 ………………………………………… 284
134	管理費の滞納
	専有部分の使用禁止を認容した事例 ………………………………………… 288
135	管理費の滞納
	専有部分の使用禁止が認められなかった事例……………………………… 290
136	区分所有建物の法定地上権
	法定地上権の成立を肯定した事例 …………………………………………… 292
137	管理費請求権の消滅時効
	短期消滅時効を適用し、消滅を認めた事例 ………………………………… 294
138	区分所有権の競売
	無剰余を問題とする余地はないとした事例 ………………………………… 295
139	特定承継人の求償権の行使
	競売買受人の前区分所有者への求償権行使を肯定した事例 ……………… 298
140	管理費滞納による競売請求
	多額の管理費滞納は共同の利益に反するとし競売請求を認容した事例 ………… 300

| 141 | 管理費滞納による競売請求
競売請求には他の債権回収の途がないことが明らかな場合に限るとした事例 …… 302
| 142 | 不在区分所有者の協力金負担
マンションの管理組合の不在組合員（区分所有者）につき特別の協力金を負担させる旨の規約の変更を有効とした事例 …………………………………… 304
| 143 | 区分所有権の競売の請求
区分所有者が長期にわたる多額の管理費を滞納し、破産手続開始決定を受けた場合、破産管財人に対する区分所有法59条1項の競売請求が認められた事例 ………… 307
| 144 | 競売確定後の区分所有権譲渡
区分所有法59条1項の競売請求を認容する判決が確定した場合、口頭弁論終結後の区分所有権等の譲受人に対して同判決に基づき競売を申し立てることはできないとした事例 ……………………………………………………………………… 309
| 145 | 管理費等支払請求訴訟の弁護士費用
規約の弁護士費用・報酬の負担規定を有効とした事例 ………………………… 311

10　管理会社との紛争 ……………………………… 313

| 146 | 漏水事故と管理会社の責任
原因が専有部分にあり共用部分でないとして管理会社の責任を否定した事例 …… 314
| 147 | 管理会社を批判する文書の配付
違法性阻却事由を認め不法行為に当たらないとした事例 ……………………… 316
| 148 | エレベータ保守契約の途中解約
管理組合側の解除の自由を保障した事例 ………………………………………… 319

11　賃借人・不良入居者への対処 …… 321

| 149 | 暴力団組事務所としての使用
共同の利益に反するとし競売請求を認容した事例 ……………………………… 322
| 150 | 賃借人として居住する暴力団員
賃貸借契約解除と専有部分の明渡しを命じた事例 ……………………………… 323
| 151 | 暴力団組事務所としての使用
共同の利益に反するとし、競売請求を認めた事例 ……………………………… 325

152	暴力団組事務所としての使用
	競売・引渡し、原状回復、弁護士費用の負担請求を全部認容した事例 ………… 326
153	賃借人の迷惑行為
	野鳩の餌付けが共同の利益に反するとした事例 ………………………… 328
154	賃借人の迷惑行為
	賃借人の迷惑行為につき区分所有者の規約違反を認めた事例 ……………… 330
155	使用借人の迷惑行為
	使用借人・区分所有者双方が共同の利益に反するとし競売請求を認めた事例 …… 331

12 修繕・建替え …………………………………………… 335

156	増築決議の効力
	決議は有効だが反対者に負担を求めることはできないとした事例 ……………… 336
157	区分所有権の買取請求と時価算定
	買取請求権行使時に所有権が移転、時価は買取時を基準とするとした事例 ……… 339
158	区分所有権の消滅
	隔壁の撤去などの建物構造変化により区分所有権の消滅が争われた事例 ……… 341
159	建替え決議の有効性
	決議を有効とした事例 ………………………………………………… 343
160	議決権
	複数の所有権を有する区分所有者であっても、1人と数えるとした事例 ……… 346
161	被災マンションの時価算定
	時価の算定時期は買取請求の時点であるとした事例 …………………………… 349
162	売渡請求
	被請求者は賃借人の退去など引渡義務を負うとした事例 ……………………… 352
163	時価の算定
	時価の具体的算定方法を示した事例 …………………………………………… 354
164	借地上のマンションの建替え
	売渡請求権行使の際に借地権譲渡が命じられた事例 …………………………… 356
165	マンション建替え決議
	マンションの建替え決議が無効とされた事例 ………………………………… 359
166	団地管理組合法人における一括建替決議
	団地管理組合法人における一括建替え決議が有効とされた事例 ……………… 361

| 167 | 区分所有法63条1項所定の回答
区分所有法63条1項所定の参加の催告がされた場合に条件付回答をした区分所有者は同条3項の建替えに参加しない旨を回答した区分所有者に当たるとした事例 ･･･ 362

13 その他 ･･･ 365

| 168 | 未建築・未分譲の敷地と団地関係の成否
団地関係の成立を否定した事例 ･････････････････････････････････････ 366

| 169 | 建物内外での餌やり
マンションの区分所有者の建物内外における餌やりにつき規約違反、不法行為を認めた事例 ･･ 369

| 170 | マンション建替組合設立の認可
マンションの建替えの円滑化等に関する法律9条1項、12条1項によるマンション建替組合設立認可処分が違法でないとされた事例 ･･････････････････ 371

判例索引 ･･･ 373

1

開発・建築

1 開発用地の売買をめぐる契約締結上の過失責任

分譲業者の契約締結上の過失責任を肯定した事例

福岡高判平成7年6月29日判夕891号135頁

事案　Y株式会社は、マンションの分譲業者であるが、Xとの間で、マンション建設用地取得のために農地の売買契約の締結の交渉を行うとともに、Xが農地転用許可等の手続を行った。Yが計画を断念したため、XがYに対して売買契約、売買予約の不履行に基づき損害賠償を請求した。
　第一審判決は、売買契約の成立等を否定し、請求を棄却したため、Xが控訴するとともに、誠実交渉義務違反等に基づく損害賠償請求を予備的に追加した。
　本件では、主として契約締結上の過失責任の成否が争点になった。
　本判決は、契約締結上の過失による不法行為責任を認め、控訴を棄却したものの予備的請求を認容した（土地取得のために資金の融資を受けたことによる利息相当額の損害を認めた）。

判旨　「1　主位的請求に対する判断の箇所で認定したところによれば、被控訴人九州支店の担当者は、控訴人に対し、平成1年5月23日に本件土地を分譲マンション用地として専有面積買いしたい旨を申し入れた後、本件土地の開発許可と地目変更の申請手続きを行った上で宅地にして引き渡すよう更に申し入れたところ、控訴人においてこれを了承し、開発許可を得ると共に地目変更手続きも了し、宅地造成工事も完成したところから、被控訴人九州支店は、同年11月13日に本件土地を坪当たり55万円で買い受ける旨の不動産買付証明書を交付し（なお、同書面には有効期限を3か月とし、被控訴人本社の稟議決裁がおりることを条件とする旨が記載されていたが、Aは、同時に、前向きに進めるよう精一杯努力する旨を控訴人に伝えている。）、その後、同年12月25日に至って今度は坪単価値下げの申入れを行い、坪単価を50万円とすることで控訴人の了承を得、控訴人から平成3年1月28日に坪単価を同額とする売渡承諾書の交付を受けている。そして、その後も、被控訴人九州支店は、マンション購入者が住宅金融公庫から融資を受けられるようにするために（原審証人甲の証言）、被控訴人が発注者であることを前提として住宅金融公庫の事業承認を得たほか、自己名義で予定建物の建築確認申請を行って建築確認を取ったり、本件土地上にマンションのための電柱等の設置工事をさせたりし、更に、予定建て物の工事主体、右工事代金支払方法等に関する控訴人・被控訴人・不動産建設株式会社三者間の覚書や右単価を前提として本件売買契約を締結する旨の土地付区分建物売買に関する協定書（案）を自ら作成して、同年5月15日、これをファクシミリで控訴人に送信し、同月21日、右各書面に署名を求め、これに署名押印を受けたものを控訴人から受領する

に際し、同月30日に売買契約書等の作成と代金決済を行うことや地鎮祭の日取りを確認し、同月23日には売買契約書の案をファクシミリで送信したというのであって、前記認定のとおり、本件売買契約ないし予約が成立したと認めるに足りないものの、以上に認定した一連の事実経過に鑑みると、本件売買契約の締結に向けて、むしろ被控訴人の方が主導的に手続きを進めていたことが明らかである。確かに、前記買付証明書には被控訴人本社の稟議決裁を条件とする旨が記載されており、控訴人としてもこの点は認識していたものではあるが、Aは契約締結に向けて精一杯努力することを約束しており、右時点以降、被控訴人が本件土地の購入を断念する旨の通知をするまでの間に右条件が改めて確認された形跡を窺うことはできない上、本件売買契約締結に向けられた被控訴人九州支店のその後の行動、交渉態度等に鑑みると、控訴人において右交渉の結果に沿った本件売買契約が成立することを期待し、そのための準備を進めたのも無理からぬものがあったと言うべきである。そして、契約締結の準備がこのような段階にまで至った場合には、被控訴人としても控訴人の右期待を侵害しないよう誠実に契約の成立に努めるべき信義則上の注意義務があると解するのが相当であって、被控訴人が正当な理由もないのに控訴人との契約締結を拒んだ場合には控訴人に対する不法行為が成立するものと言うべきである。そして、被控訴人が本件売買契約の締結をしなかったことにつき正当な理由があることを認めるに足りないから、被控訴人の右行為は少なくとも過失による不法行為を構成するものというべきである。」

・契約締結上の過失責任は、契約の締結過程において当事者が契約の締結を信頼し、期待して様々な準備、投資を行うことがあり、その信頼、期待が一定の段階に達した後、信頼、期待を侵害しない信義則上の注意義務を負うと認められる場合に問題になる責任である。契約締結上の過失責任は、昭和時代の後期から実務上徐々に見かけたものであるが、平成時代に入ると、不動産売買、不動産賃貸、融資、事業開発、事業提携等の様々な取引分野で見かけるようになった法理である。下級審の裁判例においてもこの法理を肯定した事例が公表され、最高裁の判例においてもこの法理を肯定した事例が登場している。
・本判決は、マンションの開発における用地の売買契約の締結に当たって、分譲業者の言動を信頼して用地である農地の売却の準備を進めた者に対する分譲業者の契約締結上の過失責任を認めたものであり、重要な事例として参考になるものである。
・本判決の評釈として、横山美夏・私法判例リマークス14号48頁、影浦直人・判夕945号86頁がある。

2 建築契約締結上の過失責任
建設会社の契約締結上の過失責任を肯定した事例

東京高判平成10年4月22日判時1646号71頁

事案

土地の所有者X1、X2は、建設業を営むY株式会社から、節税のための等価交換方式のマンションの建築を勧誘され、Yとの間で、譲渡所得税等の課税のない形でマンションを建設し、等価交換をする旨の業務委託契約を締結した。Yがマンションを建設し、X1らがマンションを売却したところ、租税特別措置法37条の5所定の課税の特例の適用を受けることができず、所得税、地方税の負担を余儀なくされた。X1らは、Yに対して課税につき誤った情報を提供したと主張し、債務不履行に基づき損害賠償を請求した。

第一審判決は、業務委託契約の成立を否定し、請求を棄却したため、X1らが控訴した。X1らは、控訴審において、予備的請求として契約締結上の過失を主張し、不法行為に基づく損害賠償請求を追加した。

本件では、勧誘に関する契約締結上の過失責任の成否が争点になった。

本判決は、主位的請求に関する控訴を棄却したが、租税特別措置法に関する説明を誤っていたとし、予備的請求を認容した。

判旨

「(一) 前記一に認定説示したところによれば、元々控訴人らにいわゆる等価交換方式によるマンション建設の話を持ちかけたのは被控訴人であり、被控訴人の営業担当者は、等価交換方式によれば、マンションの建設に伴う課税は全くされないか、又は、特段の用意が必要な多額の税負担が生じることはないと判断し、控訴人らに対してその旨説明していたのであるから、被控訴人の営業担当者は、マンション等の大手建設業者の従業員として、等価交換方式によるマンションの建設方法について正しい知識を持ち、十分な理解をした上、控訴人らに対し誤解を招くことがないよう正しく説明すべきであったことはもちろん、ディベロッパーが見つかった後も、控訴人らに多額の税負担が生じることのないように、控訴人ら及びディベロッパーとの間で、綿密な打合せ・調整を図り、工夫をするなどすべき注意義務があったものというべきである。

しかるに、被控訴人の担当者は、先に繰り返し判示したとおり、等価交換方式に関する租税特別措置法の規定を「土地等を譲渡した者が、譲渡した土地等の価格以下の資産を取得すれば税金はかからないが、それを超える資産を取得した場合には、その差額について税金がかかる。」と誤った理解をしていたのであり、その誤解を前提にした上、控訴人らに対しその旨誤った説明をして、控訴人らを注文者とし、被控訴人を請負人とする本件マンションの建設工事請負契約を締結し、さらに、ディベロッパーとしてB不動産が見つかった後は、B不動産と何ら打合せ・調整を図ることをせず、本件マンションの区分所有建物15戸をB不動産に売却するよう交渉して売買契約

を締結させ、それ以後の手続をB不動産や司法書士等に任せきりにしていたのである。

そうであるとすれば、被控訴人の担当者には、等価交換方式について正しい知識を持ち十分な理解をした上、控訴人らに対し誤解を招くことがないよう正しく説明すべき義務、控訴人ら及びディベロッパーとの間で、控訴人らに多額の税負担が生じることのないように打合せ・調整を図り、工夫をするなどすべき義務の違反があったことは明らかであり、被控訴人には、この点において契約締結上の過失及び契約履行段階における過失があったものといわなければならない。

そして、控訴人らは、被控訴人の担当者の前記説明を信頼して被控訴人との間に本件マンションの建設工事請負契約を締結し、被控訴人は、本件マンションを建設した上、その区分所有建物15戸をB不動産に売却する交渉などしたのであるから、被控訴人は、控訴人らに対し、不法行為に基づき、これらの過失によって控訴人らに生じた損害を賠償すべき義務がある。

…………

(三)　そこで、控訴人らに生じた損害について検討する。

以上認定説示したところによれば、本件マンションの建設のための買換えについては、適切な節税方法を工夫すれば、租税特別措置法37条の5第1項の特例の適用が可能であり、控訴人ら及びCのディベロッパーに対する本件一及び二の土地の各譲渡による収入金額が、ディベロッパーからの本件マンションの各区分所有建物の取得価額以下である場合には、この特例により、右各譲渡資産の譲渡がなかったものとされるところ、この譲渡所得の課税の特例は、譲渡の時点においては譲渡所得の課税はされないが、譲渡した土地の取得費が、買換え取得したマンションの取得価額に引き継がれ、そのマンションを将来譲渡するときは、その譲渡価額から控除できる取得費は、右土地の取得費を基礎として算定され、買換えの時に課税対象とされなかった譲渡益も含めて課税されうることになるし、また、買換え取得したマンションにつき不動産所得、事業所得等の金額の計算上、減価償却の計算の基礎となる取得価額は、右土地の取得価額とされているので（租税特別措置法37条の5第3項、所得税法49条1項）、その結果所得が多くなり、毎年の税額がそれだけ多くなるという仕組みを通じて、等価交換の時に課税されなかった税金を長期にわたって分割納付することになるものであるから、いわば課税の繰り延べがされるにすぎない制度である。

そうであってみれば、控訴人ら及びCの本件一及び二の土地の譲渡及び本件マンションの区分所有建物の取得に関し、被控訴人において前記課税の特例が適用されるような措置をとったとしても、それによって、控訴人らに対する譲渡所得に係る所得税及び地方税の各課税の時点で、このような措置がとられない場合と比較して、現時点において、具体的に幾らの利益が生じるのかを算定することは困難であるといわざるを得ない。

すなわち、控訴人らが取得した本件マンションの各区分所有建物を将来譲渡するこ

とになるか、その譲渡の時期はいつか、その譲渡の対象はどれだけの部分か、控訴人ら取得の右区分所有建物のうち、控訴人らが賃貸している店舗及び居宅（原審における控訴人Ｘ２本人）の賃料等の不動産所得が将来どのように変動するか、控訴人Ｘ１が営業している店舗（同控訴人Ｘ２本人）における事業所得が将来どのように推移するかなどが、証拠上全く確定し得ない。まして、本件の場合には、控訴人らに実際に課された各譲渡所得に係る所得税及び地方税について、一部は右課税の特例の適用を受けているのであるから、なおさらである。

　そうすると、その反面として、本件においては、前記課税の特例が適用されるような措置がとられた場合と比較して、控訴人らに生じた損害を具体的に算定することは極めて困難であり、本件は、控訴人らに損害が生じたことは認められるが、損害の性質上その額を立証することが極めて困難であるときに該当するものというべきであるから、当裁判所は、民事訴訟法248条に則り、以上認定説示の事情を総合考慮して（控訴人らの後記過失の点を除く。）、控訴人らが被った各損害の相当額を、控訴人らがそれぞれ納付した所得税及び地方税の約３分の１に当たる、控訴人Ｘ１について1260万円、控訴人Ｘ２について1640万円と認定する。」

・不動産業者、建築業者が土地の所有者を勧誘し、節税対策のためにマンションの建築等を行わせることがあるが（建築されたマンションは、販売のほか、賃貸することもある）、不動産業者等が税金関係、事業の収支関係につき正確な情報を提供しないため、土地の所有者が損失を被る事態が生じないではない。このような場合、土地の所有者は、不動産業者等に対して債務不履行、不法行為に基づき損害賠償を請求することが可能であり、不法行為責任の１つの類型として契約締結上の過失責任が主張されることがある。本件では、第一審においては債務不履行責任が主張され、第一審判決がこの主張を排斥したため、控訴審において契約締結上の過失責任が主張され、契約締結上の過失責任が主な争点になったものである。
・本判決は、建築会社の担当者には、等価交換方式について正しい知識を持ち十分な理解をした上、土地の所有者らに対し誤解を招くことがないよう正しく説明すべき義務、土地の所有者らに多額の税負担が生じることがないように打合せ・調整を図り、工夫をするなどすべき義務があることを認めた上、その義務違反を肯定したものであり、マンションの建築に関する契約締結上の過失責任を肯定した事例として参考になる。
・また、本件では、契約締結上の過失責任による損害賠償額を明確に算定することが困難であるとし、民事訴訟法248条を適用し、損害賠償額を認定したものであり、同条の適用事例として参考になる。
・本判決の評釈として、瀬川信久・判タ982号68頁、加藤新太郎・判タ1005号86頁がある。

3 不適合建物

建築不適合要因への関与が不法行為に当たるとした事例

東京地判平成12年5月25日判夕1069号162頁

事案　Aは、土地を所有していたところ、Ｙ１株式会社と提携し、土地の一部にマンションを建築して分譲することを計画した。Aは、自己所有の隣接地を含めマンションの敷地として建築確認を受け、マンションを建築し、その一部を自己に留保して他の部分を分譲した。Ｙ２・Ｙ３株式会社は、Aの相続人から隣接地、A名義のマンションの区分所有権を取得し、隣接地に建売住宅を建築し、販売した。これらの取引の結果、本件マンションは、敷地に関する建築基準法上、違法建築物になった。マンションの区分所有者Xらは、Ｙ１、Ｙ２らに対して不法行為に基づき損害賠償等を請求した。

本件では、マンションの建築確認に当たって敷地として利用した土地を売却する等し、マンションを建築基準法上の不適合建物にしたことが不法行為に当たるかが争点になった。

本判決は、敷地の二重使用につき不法行為を認め、損害賠償請求を認容した。

判旨　「2　前記認定の事実関係によると、被告Ｙ２は、本件南側土地と併せて本件建物の区分所有権も取得しているのであり、しかも本件南側土地を敷地とする建築確認申請をする以前に、そのような建築確認を取得すると同時に本件建物が建築基準法に適合しない違法建築物となることを認識していたものと認めることができる。

建物について区分所有権を有する者は、建物区分所有権の性質上、当該建物の存立を危うくするような行為をしてはならないのであって、そのような行為を敢えて行ったものは他の区分所有者に対して不法行為責任を負うというべきであるところ、被告Ｙ２は自己の建築確認取得によって本件建物が違法建築物となることを知りながら、敢えてこれを取得することにより、原告らに対して不法行為を行ったというほかないから、これによって原告らに生じた損害を賠償すべきである。なお、右建築確認の申請者は被告Ｙ２ではないが、前記認定の一連の事実関係によると、実質的な申請者が同被告であることは明らかであるから、同被告は不法行為責任を免れないし、被告Ｙ３は、事情を知りながら被告Ｙ２の不法行為に加担したと認められるから、被告Ｙ２と共に不法行為責任を負い、両者は不真正連帯債務の関係にあるというべきである。

3　被告Ｙ２らの不法行為によって、本件建物は全体の床面積を大幅に減少させなければならなくなったのであり、言い換えると、当初の建築確認申請時の敷地面積557.654平方メートルから本件南側土地の面積187.98平方メートル分敷地面積が減じたことにより、その減少分に応じた割合（33.71パーセント。なお、原告らは、この割合を34.03パーセントと主張するが、右主張は違算と認められる。）だけ価値が減じた

ものと認められる。原告らの区分所有権の価値もこの割合に応じて価値が減少したものと認められるから、原告らはその減少分相当の損害賠償請求権を有することとなる。」

Key point
・マンションをめぐる法律問題の1つとして、建築の際は、建築基準法に適合していたマンションがその後の敷地の一部の売却等によって法令に適合しない建物になり、建物の建替えの際には従前と同様なマンションの建築ができない事態が生じることがあり(マンションの敷地が法令に適合しない事態は、本件のような場合だけでなく、他の原因でも生じ得る)、マンションの不適合問題として話題になることがある。本件もこのようなマンションの不適合問題の1事例であり、建築確認申請、敷地の売却に関与した事業者の不法行為責任が問われた珍しい事案である。
・本判決は、事業者の関与が不法行為に当たるとし、損害賠償責任を肯定したものであり、事例として参考になる。

4 ビル風による風害

受忍限度を超えると判断し、不動産下落分の損害賠償を認めた事例

大阪高判平成15年10月28日判時1856号108頁

事案　Ｙ１株式会社は、Ｙ２株式会社に20階建てマンションの設計を依頼し、Ｙ３株式会社にその施工を依頼し、平成９年３月、マンションが竣工したところ、本件マンションの付近に自宅を所有し、居住するＸ１、Ｘ２らがマンションによってビル風が吹くようになり、洗濯物が干せない、屋根瓦が吹き飛ぶなどの被害を受けた。そこでＸ１らがＹ１らに対して不法行為に基づき損害賠償を請求した。

第一審判決は、風環境の悪化が受忍限度を超えるものであったとし、請求を一部認容したため（各自につき慰謝料60万円、弁護士費用１０万円の損害賠償を認め、不動産の価値下落分の損害の主張を排斥した）、Ｘ１らが控訴した。

本件は、高層マンションの建築によって近隣の住宅にビル風による被害が生じた場合、受忍限度を超えるものであるか、損害賠償として不動産の価格下落分が認められるかが争点になった。

本判決は、風環境の悪化が受忍限度を超えたとした上、慰謝料を30万円増額し、不動産の価格下落分の損害も認め、原判決を変更し、請求を一部認容した。

判旨　「２　権利侵害の有無について

（一）　個人がその居住する居宅の内外において良好な風環境等の利益を享受することは、安全かつ平穏な日常生活を送るために不可欠なものであり、法的に保護される人格的利益として十分に尊重されなければならない。

そして、被控訴人らによる本件マンション建築によって控訴人らの上記人格的利益が侵害された場合、それが、控訴人らとの関係において違法な権利侵害と認められれば、被控訴人らは不法行為責任を負うと解すべきところ、違法な権利侵害の有無については、風環境に関する人格的利益が侵害された程度や態様、被害防止に対する関係者の対応や具体的に採られた措置の有無及び内容、効果、近隣の地域環境等の諸般の事情を総合的に考慮して、風害の発生が一般社会生活上受忍すべき限度を超えるものかどうかにより決すべきである。

…………

しかしながら、そもそもランク三でも風環境としては厳しいとされる上、《証拠略》によれば、堺観測所の平均風速を一とした場合の観測点一の本件マンション建築前後の風向別風速比（堺観測所の平均風速が毎秒三メートル以上の場合）は、約一・三倍になっており、それが強風等自然現象によるものであるなら、近隣に設置された観測点二においても同様の風速比を呈するはずであるが、観測点二における風速比は一倍未満に留まるから、自然現象によって観測点一における風速比が上昇したとは思われ

ない。
　上記の点に後記の争点（三）（因果関係の有無）に関する認定判断を併せ考慮すれば、観測点一における観測データに対する村上基準に基づく評価が、台風等の気象現象によって左右されたものであるとはいい難いから、被控訴人らの主張は採用し難い。
　そして、一般に、建物に作用する風圧力は風速の二乗に比例するから、上記風速比の上昇（約一・三倍）によって、控訴人ら宅の建物に作用する風圧は一・六九倍になったことが認められ、これは、木造二階建である控訴人らの建物に対して相当な影響を及ぼす程度の風圧といいうる。
…………
　ウ　上記各点に照らせば、被控訴人らが風害防止のために採った対応や措置は万全なものであったとはいい難く、その結果発生した風害について、控訴人らがこれを社会生活上受忍すべきであるとはいえない。
　（五）　以上を総合考慮すれば、控訴人らは、本件マンションによって生じた風害により、一般社会生活上受忍すべき限度を超える程度にまで、良好な風環境を享受する人格的利益が侵害されたものと認められるから、被控訴人らによる本件マンションの設計、建築は、控訴人らに対して違法な権利侵害を行ったものといわざるを得ない。」

・本判決は、ビル風による被害を認め、受忍限度を超えたものであると判断したものであるが、この判断は、重要な事例判断ということができる。
・また、本判決は、高層マンションによるビル風の被害が生じた場合において、不動産価格の下落につき相当因果関係を認め、損害賠償を認めたものであるが、この判断もまた、重要な事例として先例的な価値のあるものである。
・本判決は、マンションに限らず、高層ビルにも適用される判断を示したものであり、今後、先例として位置づけられるものである。

5 人格権に基づくマンションの撤去請求

受忍限度を超えず撤去の理由はないとし、工事の騒音のみに賠償を認めた事例

東京地判平成17年11月28日判時1926号73頁

事案 　Ｙ１会社ないしＹ10会社は、平成13年１月、東京都が実施した大学跡地の入札につき、都市景観、自然環境など周囲と調和した計画による等とする事業計画書を示して入札に参加し、同年３月、東京都から大学跡地を購入する等し、13棟の住居棟のほか、店舗棟等を建築し、分譲する計画を立てた（Ｙ１会社が主施工者であった）。各建物の高さはまちまちであったが、約60メートル、約44メートルの建物も計画された。Ｙ１会社は、平成14年５月、世田谷区、目黒区からそれぞれ開発許可決定を得た上、同年７月、東京都知事から一団地認定処分を得、建築確認を受ける等した。Ｙ１会社らは、各建物の建築工事に着手し、平成16年６月、各建物を完成させ、分譲し、同年８月、各建物への入居が開始された。本件各建物の近隣住民Ｘらは、本件各建物により、受忍限度を超えて、景観権、景観利益、圧迫感のない生活利益、日照権、プライバシー権が侵害されたと主張し、Ｙ１らに対して、地盤面から高さ12メートルを超える部分の建物の建築禁止を請求したが、訴訟の係属中、本件各建物が完成したため、主位的に地盤面から高さ12メートルを超える部分の撤去、予備的に地盤面から高さ20メートルを超える部分の撤去を請求するとともに、前記の各侵害のほか、建築工事に伴う騒音、振動、粉塵等による精神的、財産的損害等につき損害賠償を請求した。

　本件では、景観権、景観利益、圧迫感のない生活利益、日照権、プライバシー権が侵害されたか、建物の撤去請求が認められるか（不法行為、土地所有権、人格権に基づく撤去請求が認められるか）、Ｙ１らの共同不法行為が認められるか、本件工事に伴う騒音、振動、粉塵等による不法行為が認められるか等が争点になった。

　本判決は、本件土地、周辺地域の地域性・歴史性等、Ｙ１らによる本件土地取得及び本件建築計画立案の経緯、本件建築計画の法令違反の有無、本件各建物建築に至る経緯等の事実を詳細に認定した上、景観権・景観の利益侵害は、未だ確立したものとはいえないとし、圧迫感のない生活利益は、Ｘらが不快感、圧迫感を感じていることは認められるものの、一般社会生活上受忍すべき程度を超えるものとは認められないとし、日照権侵害は、本件土地周辺が住宅密集地であること等を考慮し、日影被害の状況が一般社会生活上受忍すべき程度を超えるものとは認められないとし、プライバシー権侵害は、受忍限度を超えたプライバシーの侵害が生じたものとは認められないとし、建物の撤去請求は、いずれも根拠がないとして理由がないとしたものの、騒音、振動の規制の状況、本件工事における騒音、振動の状況に関する立証の状況、測定地点における騒音の状況の事実を詳細に認定した上、本件工事の解体工事が行われた約３か月半の期間中、東京都環境確保条例所定の日常生活等騒音規制基準値（本件土地周辺では、50db、45db）を大幅に上回る騒音を恒常的に発生させていた等とし、本件工事の解体工事に伴い発生していた騒音は、その音の大きさ及びその期間の点において、周辺の生活環境に対し深刻な影響を及ぼし得るものであったというべきであるとし、Ｘらの

一部の者につき受忍限度を超えたものであったとしたほか、Ｘらの一部の者につき居住建物等の本件工事による損傷を認め、Ｘらの一部の者の損害賠償請求を一部認容した。

判旨　「ア　騒音、振動の規制の状況

環境基本法は、「政府は、……騒音に係る環境上の条件について、……人の健康を保護し、及び生活環境を保全する上で維持されることが望ましい基準を定めるものとする」旨規定しており（同法16条1項）、その基準として、「騒音に係る環境基準について」（平成12年3月28日環告20。甲256の1）が定められている。それによれば、「専ら住居の用に供される地域」については、昼間（午前6時から午後10時までの間）55db以下、夜間（午後10時から翌日の午前6時までの間）45db以下（ただし、2車線以上の車線を有する道路に面する地域では、昼間60db以下、夜間55db以下）とされている。

また、東京都環境確保条例は、現在及び将来の都民が健康で安全かつ快適な生活を営む上で必要な環境を確保することを目的（同条例1条）として、騒音のほか、振動についても、日常生活等に適用する規制基準（別表第13）を定めている（同条例136条）。それによれば、午前8時から午後7時までの間については、本件土地の大部分を占める第一種中高層住居専用地域では、騒音については50db、振動については60db、第一種低層住居専用地域では、騒音については45db、振動については60dbを超えないこととされている。

…………

上記ないし認定の事実によれば、次のことが明らかである。

測定地点1ないし4において70dbを上回る最高値を記録した日は、4つの値を記録した日（測定地点1においては36日、測定地点2においては44日、測定地点3においては46日、測定地点4においては31日）のうち、測定地点1において19日（約52％）、測定地点2において33日（75％）、測定地点3において40日（約86％）、測定地点4において31日（100％）に及んでいる。また、80dbを上回る最高値も少なからず記録されている。そして、各時間帯の最高値の1つでも60dbに達しなかったのは、測定地点2において1日あるだけである。ちなみに、70dbの音量は電話のベルや騒々しい事務所の中の状況であり、80dbの音量は地下鉄の車内や電車の車内の状況である（東京都目黒区作成のパンフレット「気づいていますか近隣公害」（甲340）中の「騒音のめやす」）。

ところで、上記データは、本件工事の解体工事のうち一部の期間のものであるが、基本的には解体工事期間（約3か月半）においては、おおむね同程度の騒音が生じていたものと推測できる。

そうすると、少なくとも、本件工事の解体工事の期間（約3か月半）においては、平日及び土曜日の日中（午前8時ころから午後5時ころまでの間）、「専ら住居の用に

供される地域」における「人の健康を保護し、及び生活環境を保全する上で維持されることが望ましい基準」（環境基本法16条1項）である騒音に係る環境基準（55db）、さらには、環境への負担を低減する措置を定めるとともに、必要な規制を定めること等により、現在及び将来の都民が健康で安全かつ快適な生活を営む上で必要な環境を確保することを目的（東京都環境確保条例1条）としている同条例の日常生活等騒音規制基準値（本件土地の大部分を占める世田谷区内の土地については50db、目黒区内の土地については45db）を大幅に上回る騒音を恒常的に発生させていたものと認められる。

…………

これを本件工事についてみると、上記認定のとおり、本件工事の解体工事が行われた約3か月半の期間中、上記認定のとおりの騒音を恒常的に発生させていたのであるから、仮にそれが指定建設作業に伴う騒音であるとすると、その作業期間の点において上記基準を超えることになるので、東京都知事による改善、命令等の対象になり得るものである。また、それが指定建設作業に該当しないものであるとしても、その施行者である被告らには、上記東京都環境確保条例123条1項に基づく配慮が求められるのである。

そうであるとすると、上記被告らの主張について検討してみても、上記認定の本件工事の解体工事に伴い発生していた騒音は、その音の大きさ及びその期間の点において、周辺の生活環境に対し深刻な影響を及ぼし得るものであったというべきである。」

・本件では、近隣住民によって主張された権利侵害、法益侵害は、従来からみられた日照権侵害、プライバシー権侵害、騒音、振動、粉塵のほか、景観権侵害、景観利益侵害、圧迫感のない生活利益侵害という新たな類型のものが争目となり、注目される。建築・分譲されるマンションの中には、良好な自然環境、生活環境の中にある高級マンションであることを殊更に強調して分譲されるものがあるが、このようなマンションは、長年にわたり形成されてきた周辺の良好な自然環境、生活環境にただ乗りしながら、周辺の良好な自然環境、生活環境を悪化させるものであり、今後も同種の事案が問題になるものと予想される。

・本判決は、建物の撤去請求の当否については、本件事情の下では、景観権の侵害等を理由とする撤去請求権が認められないとしたものであるが、事例判断ということができる。

・また、景観権の侵害等を理由とする損害賠償請求の当否については、本判決は、本件事情の下では、受忍限度を超えていない等とし、不法行為を否定したものであるが、これも事例判断ということができる。本件で不法行為として主張されている権利、利益は、景観権、景観の利益、圧迫感のない生活利益、日照権、プライバシーであるが、このうち、景観権は、その権利性はなお議論があるものの、その他の利益は法的に保護されるものであり、本件のような地域性、居住環境、自然環境を損なう建物建築が不法行為であると主張するための重要な根拠を認めるものである。

・本件工事に伴う騒音等の侵害を理由とする損害賠償請求の当否については、本判決は、本件事情の下では、住宅地における条例による騒音基準等を考慮し、一部の地域につき受忍限度を超えていたと判断し、不法行為を肯定し、また、本件工事による近隣建物への被害を一部認め、この不法行為を肯定したものであるが、事例として参考になるものである。本件の

ような大規模なマンションの建築工事が施工される場合には、近隣に騒音、振動、粉塵、悪臭、交通の危険、機械の接触、部材の落下等の被害がしばしば生じるところであり、これらの被害が問題になる場合には、不法行為の要件の解釈、要件の該当性の判断の前に、その立証が重要であるところ、本件では、建築工事に当たって慎重な測定等が行われていたようであり、それだけ立証が容易になっている。なお、本判決は、本件工事の施工に参加したＹ１ないしＹ10の共同不法行為を肯定したものであるが、事例判断ではあるものの、同種事案の取扱いに当たって参考になるものである。

2

分譲契約

6 購入後の眺望阻害

障害物の建築を知らなかったため告知義務違反には当たらないとした事例

東京地判平成 5 年11月29日判時1498号98頁

事案　マンションの分譲業者であるY株式会社は、リゾートマンションを建築・分譲し、Xは、Yからリゾートマンションの1区画を購入した。その後、A株式会社は、本件マンションの西側に別のリゾートマンションを建築したたため、北アルプス連峰の眺望が阻害された。Xは、Yに対して、保証特約違反、信義則上の告知義務違反等を理由に損害賠償を請求した。

本件では、眺望の保証違反の成否、告知義務違反の成否が争点になった。

本判決は、Xのいずれの主張も排斥し、請求を棄却した。

判旨　「2　原告は、本件売買契約には本件不動産からの眺望の良好性を保証する特約が存した旨主張する。

しかしながら、右1に認定のとおり、本件売買契約に関する契約書等に原告主張に係る特約の記載はなく、被告も、本件マンションからの眺望を特段売り物として宣伝していない上、本件全証拠によるも、本件売買契約締結に至る原被告間の接触の過程においても、原告代表者と被告提携会社の現地係員との間に「景色がいいですね。」旨の会話が存し、原告代表者が本件マンションの南西角の物件の分譲状況について説明を求めた以上の事実を認めることは困難である。

しかも、本件マンションがいわゆるリゾートマンションであるとしても、そのリゾートマンションとしての価値は、単に、各室からの眺望のみならず、マンション周辺の自然環境及びレジャー施設、大都市からのアクセスの容易性、マンション自体の設備の内容、各室の間取り等種々の要素により決定され、かつ、右のような要素のいずれに重きを置くかは購入者の主観に大きく左右されるものであり、また、眺望自体、その性質上、周囲の環境の変化に伴い不断に変化するものであって、永久的かつ独占的にこれを享受し得るものとはいい難いところである。

以上の認定説示にかんがみれば、明示であると黙示であるとを問わず、原告主張に係る特約の存在を肯認することは困難というほかなく、請求原因4の債務不履行（特約違反）の主張は理由がない。

3　さらに、原告は、被告は、本件不動産からの眺望を阻害する本件隣接マンションの建築計画が進行中である事実を知り又は容易に知ることが可能であったのに、契約締結上の付随的義務に違反し、原告に対し、右事実を告知しなかった旨主張する。

そして、右2に説示のとおり、リゾートマンションの一室たる本件不動産においては、そこからの眺望にも一定の価値があり、これに重きを置いて購入を決意する客が

いることは容易に推測することができるから、本件不動産のように現に相当な眺望を有する物件を売却するような場合において、近々にこれが阻害されるような事情が存するときは、これを知っている、又は、悪意と同視すべき重過失によりこれを知り得なかった売主は、売買契約締結に際し、買主に対し、右事情を告知すべき信義則上の義務を有しているというべく、この義務に違反した売主は買主に対し債務不履行責任を負うものと解される。

　これを本件についてみるに、(1)本件マンション及び本件隣接マンションの建築は訴外会社グループが計画していた総合的リゾート開発の一部であり、これらの建築計画は後者が前者の跡を追う形で進行していたこと、(2)被告は、訴外Bに対し、本件隣接マンションの建築確認において接道のため必要とされた本件土地部分を無償で使用を許諾したこと、(3)本件委員会は本件隣接マンション建築計画の情報を入手し、本件委員会の委員長が被告提携会社の現地係員に対しこのことを伝えたことは、前二1に認定のとおりである。

　しかしながら、他方、被告の取締役兼不動産事業部長である証人甲は、一貫して、被告は、本件売買契約締結当時、本件隣接マンションの建築計画を知らなかった旨証言するところ、(1)被告及び訴外Aは、それぞれ、仲介業者を通じ、総合的リゾート開発を計画していた訴外会社グループから敷地を買い受けるなどして、個別に訴外会社グループの右計画を引き継いだこと……、(2)被告が訴外会社グループから交付を受けた本件敷地西側付近の図面には本件隣接マンション建築に関する記載はなく、かえって、駐車場として表示されていること……、(3)公園設置の関係上、本件保養施設へ大型バスを通行させるため本件土地部分を供する必要性が現に存し……、被告と訴外Bとの間の契約書、被告発行のパンフレット、本件マンションの管理規約にもその旨記載されていること……、(4)本件隣接マンションは本件要綱の適用を受けない建物であり、その建築に被告の同意は要求されていなかったこと……、(5)被告は東京都に本店を置く会社であり……、地域住民と接触を有しているとは認め難いこと、(6)本件委員会の委員長が被告提携会社の現地係員に対し本件隣接マンション建築計画について話したのは、未だその建築が流動的とされ具体的な説明がされていない段階においてであり、かつ、単に会話の一部において話題に上ったにすぎず……、さらに、これが被告に伝わった事実を認めるに足りる証拠はないことに照らせば、前記各事実から、被告が、本件売買契約締結当時、本件隣接マンションの建築計画を知っていたことを推認するのは困難であり、さらに、被告に右計画を知らなかったことについて悪意と同視すべき重過失があったということもできない。

　したがって、請求原因4（二）の債務不履行（告知義務違反）の主張も理由がない。」

・リゾートマンションの多くでは、様々な眺望を堪能することが重要な価値であり、その眺望はマンションの価格に反映しているものである。マンションの眺望を享受することができる場所、方向に中高層のマンション等が建築されると、その眺望が阻害され、ひいてはマンションの価格に重大な影響を及ぼすことになる。マンションの購入に当たって、眺望が重要な事情である場合には、眺望に関する説明義務（告知義務）が生じたり、錯誤の可能性が生じることがある。本件では、眺望を阻害するマンションを分譲したのが別の分譲業者であったところに事案としての特徴がある。

・本判決は、保証特約違反については、保証特約が認められないとし、これを否定したものであるが、事例判断として参考になる。

・また、本判決は、告知義務違反については、現に相当な眺望を有する不動産を売却するような場合には、近々にこれが阻害されるような事情が存するときは、これを知り、又は、悪意と同視すべき重過失によりこれを知り得なかった売主は、売買契約締結に際し、買主に対し、この事情を告知すべき信義則上の義務を有しているとし、この告知義務に違反した売主は買主に対し債務不履行責任を負うものと解されるとした上、本件では、この事情を知らず、悪意もなかったとし、告知義務違反を否定したものであり、眺望に関する告知義務違反を否定した重要な事例として参考になる。

・本判決の評釈として、吉川栄一・ジュリスト1104号175頁がある。

7 分譲業者の土地売却による眺望阻害
信義則上の義務違反を認め専有部分の財産的損害を肯定した事例

大阪地判平成5年12月9日判タ888号212頁

事案

　Y株式会社は、マンションを建築し、分譲したが、その際、各室からの眺望をセールスポイントにしていた。X（22名）らは、Yからマンションの専有部分を購入した。Yは、その後、本件マンションの南側に所有していた土地をA株式会社に売却し、Aが5階建のマンションを建築したため、眺望が阻害されるに至った。Xらは、Yに対して不法行為に基づき損害賠償を請求した。

　本件では、眺望を阻害する建物の建築をしない義務違反が認められるかが争点になった。

　本判決は、Yが信義則上南側隣接地に眺望を阻害するような建物を建築しない義務を負っていたとし、不法行為を肯定し、請求を認容した（Xら各自につき、60万円から250万円までの財産的損害を肯定し、慰謝料を否定した）。

判旨

　「右認定によれば、被告は、本件マンションを販売するに際し、本件マンションからの眺望をセールスポイントの中心に置き、本件南側土地については、種々の理由を挙げて、本件マンションの眺望を阻害する建物が建築される可能性がないと説明しており、本件マンションを購入した原告らは、右説明によって、本件南側土地に本件マンションの眺望を阻害する建物が建築される可能性がないと信じて、本件マンションからの眺望の良さを動機の第一として本件マンションの購入を決意したものである。そして、被告は、昭和62年3月19日までに本件南側土地のすべての所有権を取得したのであるから、本件南側土地に建物が建築されることによって本件マンションからの眺望が阻害される可能性はないという原告の信頼は、被告によって確実に保証できる状況になったものということができる。このような経緯からすると、原告らの右信頼は、法的に保護されるべきものであり、被告には、原告らに対し、本件南側土地に本件マンションの眺望を阻害する建物を建築しないという信義則上の義務があると解すべきである。なお、被告は、本件南側土地をAに売却する際に、売買契約書に前記建築制限条項を設けているので、被告自身が、本件南側土地に本件マンションの眺望を阻害する建物を建築することが原告らとの関係において許されないと考えていたことは、明らかであり、被告が前記義務を認識していたことが推認されるところである。

　従って、被告が本件南側土地に本件マンションからの眺望を阻害する建物を建築することは、右信義則上の義務に反するので、原告らに対して違法な行為になると解され、また、被告が本件南側土地に本件マンションからの眺望を阻害する建物を建築することと同視される行為をすることも、同様に、原告らに対して違法な行為になると

いうべきである。

2　被告とAとの間の本件南側土地の売買契約書には前記建築制限条項が設けられているが、被告の業務室長の証人甲は、右契約の解釈として、右建築制限条項に関わらず、Aが本件マンションの住民と話し合って建築制限を越えて建築することは自由である旨証言しており、右売買契約書によれば、右建築制限条項に加えて『万一、甲（被告）に対し迷惑及び損害が生ぜしめた時は、（Aは、）その損害を賠償するものとする。』との条項があることからすると、被告は、本件南側土地の売買に際し、Aが右建築制限条項を遵守せず、本件マンションの眺望を阻害する建物を建築する場合があることを想定していたことは明らかである。さらに、右売買契約書添付の図面には、建築制限内の建物より1階高い建物の概形が点線で図示されているが、右点線で図示された建物の高さは、本件南側マンションの建築概要説明書中の『高サ関係説明図』と対比すると、本件南側マンションと本件マンションからの眺望を阻害する程度においてほぼ一致しており、被告は、売買契約当時から本件南側マンションが現在の高さで建築されることを認識していた疑いがある。もっとも、このことは、他に補強する証拠がないので、確認するには至らない。しかし、被告は、マンション建築・販売の専門業者であり、本件南側土地の売買代金額及びマンションの建築費等から分譲販売で採算がとれる販売面積がどの位であるかは承知しているはずである……から、前記売買契約書における損害賠償義務条項の存在も考慮すれば、被告は、少なくとも、本件南側土地をAに売却する際、Aが現在の高さで本件南側マンションを建築することを予測することが可能であったというべきである。従って、Aが現在の高さの本件南側マンションを建築することが予測可能であったのに、被告は、Aに対し、本件南側土地を売却したものである。

そして、守る会が平成元年2月23日被告に対し、Aとの間の売買契約の内容説明等を要求した際、被告は、右要求に応ぜず、前記建築制限条項の存在を公けにしなかったが、被告が右建築制限条項を公けにしていれば、既に認定した経緯から、建築工事続行禁止仮処分申請事件は、原告らに有利に推移したものと思われ、ひいては、Aが現在の高さで本件南側マンションの建築を強行することはできなかった可能性が高いというべきである。そうとすれば、被告は、右建築制限条項を公けにすれば、Aが本件南側マンションの建築を強行することができなくなる可能性が高いことを承知の上で、右建築制限条項を公けにしなかったものと推測されるところである。

以上のとおり、被告は、Aが本件マンションからの眺望を阻害する本件南側マンションを建築することを予測することが可能であったにもかかわらず、本件南側土地をAに売却したものであり、また、前記建築制限条項を公けにすれば、Aが本件南側マンションの建築を強行することができなくなる可能性が高かったにもかかわらず、右建築制限条項を公けにしなかったものであるから、結局、被告は、Aが本件マンションからの眺望を阻害する本件南側マンションを建築することを容認して、本件南

側土地をAに売却したと解すべきである。

　従って、被告の本件南側土地の売却は、被告が本件南側土地に本件マンションの眺望を阻害する建物を建築することと同視される違法な行為であると認めるべきであり、原告らに対して違法な行為になるものである。」

・本件は、眺望をセールスポイントにした分譲がされたこと、分譲業者が南側の土地を売却し、購入した業者がマンションを建築したこと、このマンションによって前に建築されたマンションからの眺望が阻害されたことに事案としての特徴がある。
・本判決は、分譲業者は、購入者らに対して南側土地に本件マンションの眺望を阻害する建物を建築しないという信義則上の義務があると解すべきであるとした上、本件ではこの義務違反が認められるとしたものであり、分譲業者の不法行為を肯定した重要な事例として参考になる。
・また、本判決は、分譲業者の不法行為による損害賠償として、マンションの専有部分の価格下落の損害を認め、その具体的な根拠は明らかではないものの、最高250万円の損害賠償を認めたものであるが、専有部分の価格下落の財産的損害を認めた重要な事例として参考になる。
・本判決の評釈として、田中治・判タ913号108頁、本田純一・別冊ジュリスト135号60頁がある。

8 隣接地の通路としての地役権設定
黙示の地役権設定契約の成立を認めた事例

最三小判平成7年7月18日民集49巻7号2684頁

事案

Xらは、Y株式会社が建設、分譲したマンションの区分所有者の一部のものである。Yは、マンションの敷地のうち公道に通じる通路の一部を所有し、Xらの求めにもかかわらず、敷地が通路として分譲されたことも認めず、通路として地役権の設定に応じなかった。Xらは、Yに対して、主位的に承役地が分譲されたと主張し、持分移転登記手続を、予備的に地役権が設定されたと主張し、保存行為として敷地を要役地とし、通路を承役地とする地役権設定登記手続等を請求した。

原判決(大阪高判平成2年6月26日判夕736号183頁)は、承役地の分譲の事実が認められないとし、主位的請求を棄却し、黙示の地役権設定契約の成立が認められるものの、必要的共同訴訟に当たるとし、予備的請求を棄却したため、Xらが上告した(Yも上告したが、別件であり、上告は棄却された)。

本件では、通路に関する黙示の地役権設定契約の成否、地役権設定登記手続請求訴訟の必要的共同訴訟の当否が争点になった。

本判決は、要役地共有の場合において、地役権設定登記は共有物の保存行為に当たり、地役権設定登記手続を求める訴えは、固有必要的共同訴訟に当たらないとして、原判決を破棄し、本件を原審に差し戻した。

判旨

「要役地の共有持分のために地役権を設定することはできないが、上告人らの予備的請求は、その原因として主張するところに照らせば、右のような不可能な権利の設定登記手続を求めているのではなく、上告人らがその共有持分権に基づいて、共有者全員のため本件要役地のために地役権設定登記手続を求めるものと解すべきである。

そして、要役地が数人の共有に属する場合、各共有者は、単独で共有者全員のため共有物の保存行為として、要役地のために地役権設定登記手続を求める訴えを提起することができるというべきであって、右訴えは固有必要的共同訴訟には当たらない。」

・本判決は、マンションの敷地に隣接する土地につき公道に通じる通路としての地役権設定契約が黙示に成立したことを前提とし、必要的共同訴訟であるかについては、保存行為として区分所有者の一部の者が地役権設定登記手続を請求することができるとしたものである。

・本判決は、マンションの敷地(通路)に隣接する分譲業者が所有する土地につき、黙示の地役権設定契約の成立を認めた重要な先例である。マンションの敷地、隣接土地の使用については、マンションの管理上、様々な問題が生じることがあるが、本判決は、公道に通じる通路としての地役権設定契約を黙示のものとして認めた実務上の意義は大きいものであり、同種の事案に参考になるものである。

・また、本判決は、通行地役権を将来にわたって区分所有者らのために確保するためには、地役権設定登記を得ておくことが重要であるところ(仮に登記がなくても、確保できる余地はないではないが、個々の事案ごとに相当に困難な立証が必要になる)、一部の区分所有者による保存行為として登記手続を請求する途を認めたものであり、必要的共同訴訟に該当しない事例を明らかにしたものであるとともに、マンションの管理の実務に重要な影響をもつ。

・本判決の評釈として、水元宏典・法協115巻1号131頁、園尾隆司・判夕913号218頁がある。

9 分譲業者による駐車場の建築、賃貸、賃料の取得

土地管理委託契約類似の無名契約成立を認めた事例

福岡高判平成7年12月26日判タ914号170頁

事案　Y株式会社は、3棟のマンションを順次建築し、分譲したほか、敷地上に平屋建ての駐車場を建築した。Yは、マンションの敷地につき1万分の90の共有持分を有し、敷地上に駐車場を建設し、賃貸し、駐車場の収益を取得していた。マンションの管理組合の理事長Xは、Yに対して、建物の収去、敷地の明渡し、損害賠償等を請求した。

第一審判決は、Xの請求を一部認容したため、Yが控訴し、Xが附帯控訴した。本件では、土地の使用権原の有無、駐車場の収益等に関する契約の成否・性質等が争点になった。

本判決は、分譲の際の合理的な意思によれば、敷地の一部を駐車場所有目的で使用することを承認していたとし、土地から生じる分は区分所有者らに、建物から生じる分は分譲業者に帰属する内容の土地管理委託契約類似の無名契約が成立したとして、Yの控訴に基づき、原判決を変更し、請求を一部認容したものの、敷地の明渡し等の請求を棄却した。

判旨　「そして、右認定判断を総合すれば、控訴人はマンション敷地内に駐車場建物を建築所有することを明らかにし、それらの土地、建物の状況を前提として、そのような土地利用形態を伴うマンションの購入契約の申込みを誘引したこと、マンションの購入者もこれに応じて本件駐車場建物の敷地について共有持分権を取得しても控訴人の本件駐車場建物の存在によって利用が制限されることを知った上で申込みをし、これを承諾した控訴人との間にマンションの各専有部分の売買契約が締結されたこと、即ち、少なくとも、マンションの購入者らは、控訴人に駐車場建物所有の目的でマンション敷地の一部を使用させることを承認して区分建物とその敷地権たる共有持分権を取得したと認めるほかない。ただ、右認定事実からは、その根拠となる権利の性格、その具体的内容、本件土地部分を駐車場に使用したことによる収益の帰属先等については、明確な定めがあったとは認められない。むしろ、控訴人は分譲マンションの販売対策としてマンションの購入者全員の駐車場を確保する必要と意図があったこと、原始管理規約によって管理組合の管理に委ねられた30台の駐車場だけではその必要を満たさなかったこと、本件土地部分に野外の駐車場を設置することにしてもなお不足すること、マンションの購入者全員の駐車場を確保する必要と意図を満たすためには本件土地部分を立体的に利用してその不足を補う必要があったこと、控訴人としても本件駐車場建物を建設するために相応の費用を要することから、その回収のため本件土地部分を駐車場建物の所有のために使用したことによる収益に

与かる必要があったこと等から、マンション購入者らと控訴人の意思を合理的に推定すれば、マンション購入者らは控訴人に駐車場建物所有の目的でマンション敷地の一部を使用することを承認した上で、本件土地部分と本件駐車場建物から成る複合不動産から生じる収益につき、当面、本件土地部分から生じる分（控訴人の共有持分に相当する分も含めて）をマンションの区分所有者らに帰属させ（その収益は原始管理規約28条所定の敷地に係る専用使用料に該当し、管理組合が修繕積立金として積み立てることになる。）、本件駐車場建物から生じる分を控訴人にそれぞれ帰属させる（本件駐車場建物の建設に要した費用の回収にあてられることになる。控訴人がその回収の手段としてマンション購入者による駐車場の需要を満たした残余の駐車場を第三者に賃貸することも許容される。）ことにし、控訴人が本件駐車場建物から生じる収益をもって本件駐車場建物の建設に要した費用を回収した暁には、本件駐車場建物の所有権を最終的にマンションの区分所有者らに帰属させることを内容とする契約をしているものと解するのが相当である。そうすると、その契約の法的性格は土地の使用貸借を伴う土地管理委託契約類似の無名契約であるというべきである。」

Key point
- 本件は、駐車場をめぐる紛争の1つであるが、分譲業者が駐車場用建物を建築し、駐車場として賃貸し、賃料を取得したところに事案の特徴がある。
- 本判決は、駐車場用の建物につき敷地の使用権原を認めたが、収益の帰属については、土地から生じる分は区分所有者らに、建物から生じる分は分譲業者に帰属する内容の土地管理委託契約類似の無名契約が成立したものと認め、収益の一部につき管理組合に対する不当利得を認めたものである。本判決は、駐車場用建物の敷地使用につき区分所有者らの承諾を認めた上、前記内容の収益の帰属に関する契約の成立を認めたものであり、前者の判断は事例として参考になるものであるし、後者の判断は関係者の合理的な意思を推定した事例として参考になる。

10 値引き販売と分譲業者の責任
債務不履行、不法行為をともに否定した事例
東京地判平成8年2月5日判タ907号188頁

事案　Xらは、平成2年9月から平成3年5月にかけて不動産業者であるY株式会社が建設、分譲したマンションを購入した。Yは、平成3年10月頃から当初の価格から値引きして売れ残ったマンションを販売した。Xらは、Yに対して債務不履行又は不法行為に基づき損害賠償を請求した。

本件では、値引き販売をしないという合意の有無、値引き販売をした場合には損失を補償するという合意の有無、不法行為の成否が争点になった。

本判決は、値引き販売をしない旨の合意を否定し、値引き販売をしないという信義則上の義務を否定し、請求を棄却した。

判旨　「これら認定事実及び原告らがそれぞれ主張する事実にあらわれている被告会社の営業担当従業員の言動は、いずれも、個々の原告らとの間で、不動産市況の変化により不動産価格が下落したとしても、被告の当初設定価格を下回る価格で他の戸を分譲しないという不作為義務を被告が一方的に負担する旨の意思表示をしているものとみるにはあいまいすぎる言動というほかはなく、これらをもって、原告らと被告との間で、売買契約締結に当たり、値引き販売をしないという合意、又は、値引き販売をした場合には原告らに損失を補償するという合意が成立したとは認められない。

2　一般に、不動産の価格は、需要と供給の関係で決まるものであり、不動産市況によって価格が変動することは自明の理ともいうべきことであるから、マンションの販売業者である被告に、売買契約締結後に不動産市況の下落があってもなお当該販売価格を下落させてはならないという信義則上の義務があるとは認められない。

また、本件マンションの各戸の値引き販売は、原告らの入居開始から約半年後になされたとしても、販売開始からは1年を経過した後に行われているのであるし、その値引き率も1割から1割5分であるのだから、それほど不当なものであるともいえない。」

Key point
・マンションの市況は、当然のことながら、時代の経済状況を反映した需要・供給によって推移するものであり、分譲業者の経営の一層の悪化を回避するためには、売れ残りの区分所有建物を値下げ販売するほかはない。マンションの市況は、従来の動向を見ると、数年を山・谷とする循環が見られるが、市況の循環期には販売価格を見直すことは合理的な事業判断ということができる。もっとも、分譲業者が特定の価格の維持を約束したような特段の事情があれば、分譲業者の法的な責任を肯定する根拠とすることはできるが、特段の事情がなければ、道義的な責任は別として、法的な責任を追及することはできない。

・本判決は、前記の各合意の成立を否定し、信義則上の義務も否定したものであり、債務不履行、不法行為をともに否定した事例として参考になる。

11 分譲業者による眺望を阻害する建物の建築

信義則上の義務違反を認め賠償額を販売価額の20%とした事例

横浜地判平成 8 年 2 月16日判時1608号135頁

事案

Xは、平成元年12月、マンションの分譲業者であるY1株式会社の販売代理人であるY2株式会社からリゾートマンションの区分所有建物を購入した。Y1は、平成6年12月、その後本件マンションの東側にマンションを建設し、Y2が販売代理人として分譲したため、本件マンションからの眺望が阻害された。Xは、Y1、Y2に対してマンション建設計画の説明義務違反、信義則上の義務違反を理由として不法行為に基づき価格下落による損害賠償を請求した。

本件では、説明義務違反の有無、損害賠償額が争点になった。

本判決は、眺望の良好さをセールスポイントとしていたこと等から、信義則上の義務違反を肯定し、財産的損害を認め（販売価格の20%の損害を認めた）、請求を認容した。

判旨

「2 右1の認定事実によれば、被告らが原告に対し、808号室を販売する際、同室からの眺望の良好さを大きなセールスポイントとし、本件マンション各室の価格を設定する場合も、眺望の良好さを要素のひとつとしていたことが窺える。そして、原告は、本件マンションのパンフレット類及び販売担当者の説明等から、本件東側マンションの敷地に建物が建築される可能性がないことを信頼して本件売買契約を締結したものと認められ、被告らもまた、原告がそのような信頼を抱いて右契約に及んだであろうことは、右の説明等をはじめとする本件売買契約の締結に至るまでの経緯により、十分窺い知ることができたものと解される。このような経緯により形成された原告の信頼は、法的に保護されるべきものであり、被告Y1は、原告に対し、808号室の眺望を阻害する本件東側マンションのような建物を建築しないという信義則上の義務を負うものというべきであり、また、被告Y2も、本件東側マンション完成前から本件東側マンションの分譲業務を行うなど、被告Y1による本件東側マンションの建築に加担するような行為を行わないという信義則上の義務を負うものというべきである。」

・近年は、都市部においても、マンションの眺望阻害が問題にされる事例が見られるようになったが、リゾート地域におけるリゾートマンションの分譲に当たっては、様々な手法を利用して眺望等が広告されることが通常であり、眺望は購入の重要な動機になっていることは否定できない。本件は、リゾートマンションを分譲した業者がその東側に眺望を阻害するリゾートマンションを建築、分譲した事案であるところに特徴がある。

・本判決は、眺望を阻害するマンションを建築しない信義則上の義務を認め、この義務違反を肯定したものであり、事例として参考になる。

・また、本判決は、本件の信義則上の義務違反による損害賠償として、価格下落の経済的損害を認め、その損害額を販売価格の20%と算定したものである。従来の裁判例においては、このような価格下落の財産的損害を認めたものが少ないところ、その損害額が販売価格の20%と算定したことは、議論の余地はあるものの、重要な事例として参考になる。

12 分譲時の駐車場に関する説明義務

分譲業者の説明義務違反を認め契約締結上の過失責任を肯定した事例

横浜地判平成9年4月23日判時1629号103頁

事案

Xらは、マンションの分譲業者であるY株式会社が分譲した区分所有建物を、駐車場付の広告、説明で購入した。実際には、個別に第三者の地主と駐車場の賃貸借契約を締結する必要があった。Xらは、Yに対して、主位的に債務不履行責任、予備的に契約締結上の過失責任に基づき駐車場利用権相当額、慰謝料等の損害賠償を請求した。

本件では、分譲業者の説明義務違反の有無、損害額が争点になった。

本判決は、駐車場に関する説明義務違反を認め、信頼利益、慰謝料の損害賠償請求を認容した。

判旨

「しかしながら、一般にマンション（集合住宅建物）の区分所有権の売買契約においては、買主に駐車場利用権を取得させる債務が契約の給付の内容に含まれない場合であっても、今日乗用車が日常生活における重要な生活手段となっていることに鑑みれば、売主には駐車場の存否とその利用契約締結の可否について買主に正確に説明すべき附随義務があると解するのが相当である。けだし、駐車場の有無とその利用関係の内容（契約上の相手方、場所、期間、賃料等）について正確な情報の開示を受けることは、買主にとって、売買契約締結の動機形成上重要な要素となることが多いということができるからである。したがって、特に買主から駐車場の有無を確定することが契約を締結するか否かの判断のために必要である旨が表示されている場合においては、附随義務とはいえ、信義則上、売主の右のような説明義務違反を軽いものとみることはできない。また、売買契約が締結される前の勧誘行為において、右のような説明義務に違反する行為があった場合においても、いわゆる契約締結上の過失の問題として、売買契約の成否にかかわらず、売主に債務不履行責任が生じる余地があると解される。

これを本件についてみるに、前記認定のとおり、原告X1を除くいずれの原告らも、被告の販売担当者から本件マンションの販売勧誘を受けた際に、駐車場の存否を訪ねているか、又は駐車場が確保されていることがマンション購入の必要条件となるという趣旨を告げていたのであるから、未だ本件各売買契約が締結されてはいない状態ではあったが、販売担当者には、本件駐車場の所有関係、利用契約の趣旨内容を、右原告らに説明すべき信義則上の義務があったということができる。右の説明義務は、本件各売買契約が成立した場合には、前述のとおり、当然に右契約の附随義務となるものと解されるが、契約締結前における右説明義務違反は、契約の成否にかかわらず、

いわゆる契約締結上の過失の一態様として、売主に債務不履行責任を発生させるものと解するのが相当であり、右の債務不履行責任は、実際に行われた説明を信じたことによる買主の損害（いわゆる信頼利益）の賠償を義務付けるものというべきである。

　そこで、被告の右義務違反行為の存否について検討するに、前記認定の事実によれば、被告の販売担当者らは、原告Ｘ１を除くその余の原告らが販売される本件マンションが駐車場付きであるか否かについてある程度の関心を示していたにもかかわらず、売買の勧誘行為において、複数の原告に対して本件駐車場まで案内した上、駐車場の確保ができていることを告げ、又はその利用権が１年限りのものではないことを説明したに止まり、原告ら全員に対して地主であるＡとＢとの間で個別に賃貸借契約を締結する必要があり、本件マンションの販売業者である被告は、右駐車場の賃貸借契約に何ら関与することがないことを説明しなかったと認められる。したがって、……によれば、原告らはいずれも本件駐車場の利用契約は被告との間で締結すべきものと理解しており、原告Ｘ１を除くその余の原告らが実際には第三者地主との間の賃貸借契約を締結しなければならないことを初めて知ったのは、昭和61年６月21日の入居説明会の際であったことが認められ、また、原告Ｘ１においても現実に駐車場の必要が生じて本件マンションの管理会社にその利用を申し込んだ平成２年に初めて右の事実を知るに至ったと認められるのである。したがって、これらの経緯を検討すると、被告には本件各売買契約の締結前において、前述の説明義務違反があったといわざるを得ず、また、契約締結後においても、原告らがそれぞれ本件駐車場の利用契約を締結するまで、右の義務違反が解消されることはなかったものと認められる。

　…………

　１　そこで、原告らに生じた損害について判断するに、前述のとおり、被告の責任は、本件各売買契約上は附随義務にすぎない前述の説明義務の不履行によるものであり、その賠償の範囲はいわゆる信頼利益であると解される。

　ところで、原告らが主張する財産的損害と精神的損害はいずれも被告に本件各売買契約上の給付に関する債務不履行があったことによるものであるが、前記認定のとおり、原告らには本件駐車場に対する継続的利用権を取得し得る契約上の権利はないのであるから、原告らの主張する損害は直ちにこれを被告の賠償責任の範囲内にあると認定することはできない。

　２　しかしながら、被告の行った不完全な説明を信じたことにより、原告らに精神的損害が発生したことは、これを容易に認定することができる。すなわち、……によれば、本件マンションの所在は市街地からやや離れた郊外にあり、最寄りの駅までの交通手段がやや不十分であり、付近住民にとって乗用車の保有は生活上必須であると推認されること、Ａから平成６年６月30日を期限として本件駐車場（北側）の賃貸借の終了を通告された原告Ｘ２、同Ｘ３、同Ｘ４、同Ｘ５、同Ｘ６は、その後いずれも本件マンションの自宅から歩いて５分ないし10分ほどの距離にある場所に新たに駐車

場を賃借しなければならなくなったことが認められ、当初の予想が裏切られたことにより、精神的苦痛が生じていることは、容易にこれを推認することができる。また、Bから本件駐車場（南側）を賃借しているその余の原告らの駐車場に対する法律関係も、当初予想されていたものよりも不安定なものになったと理解されることとなったということができるから、この点で右原告らに精神的損害が生じていると認めるのが相当である。」

・マンションにおける駐車場の確保、利用をめぐる問題は、マンションの区分所有者で自動車を保有する者が増加してきたこともあり、駐車場に対する関心が高く、様々な態様で発生しているが、本件は、駐車場付マンションであるとの広告、説明を信頼していたところ、駐車場が確実に確保されていなかったものである。
・本判決は、分譲業者の駐車場の存否等につき説明義務違反を認め、契約締結上の過失責任（債務不履行責任の１つと解している）を肯定したものであり、事例として参考になる。
・また、本判決は、説明義務違反による損害賠償の範囲につき信頼利益の賠償を認め、これに慰謝料が含まれるとし、50万円等の損害賠償額を認めたものであり、理論的には疑問が残るものの、１つの事例を提供するものである。

13 分譲契約時の隣地使用に関する虚偽説明

虚偽説明を認め説明義務違反による使用者責任を肯定した事例

東京地判平成10年9月16日判タ1038号226頁

事案

X1、X2は、仲介業者であるY1株式会社の仲介により、マンションの販売業者であるY2株式会社からマンションの区分所有権、敷地を購入した。Y1のチラシには、日照、環境良好の記載があったし、購入の際に、Y1の従業員らは、X1らに対してマンションの隣地には建物の建設が予定されていたにもかかわらず、マンションの住人の承諾がなければ建物が建築されることはなく、日照も確保される旨説明していたところ、隣地に建物が建設され、日照被害が発生した。X1らがY1らに対して説明義務違反を理由とする不法行為責任、使用者責任に基づき損害賠償を請求した。

本件では、説明義務違反の有無等が争点になった。

本判決は、結果的に虚偽の説明をした以上、少なくとも過失による説明義務違反が認められるとし、使用者責任を肯定し、請求を認容した（売買契約が錯誤にも当たるとし、売買代金全額の損害賠償を認めた）。

判旨

「三　以上の事実及び判断を前提に、請求原因3について判断するに、前記二3（二）(4)並びに（三）(3)及び(4)の事実に、前記二2（七）の事実を併せて考慮すると、前記二3（二）(4)のY2社員Aの説明及び前記二3(3)及び(4)のY1社員C、Y2社員A及び同社員Bの説明は、いずれも結果的に虚偽であったといわざるを得ず、このような説明をしたことは、本件建物及び本件敷地について売買契約を締結しようとして原告らに対する関係で、説明義務違反に該当すると評価せざるを得ない。

また、Y1社員Cの右説明は、被告Y1の従業員としてその業務の執行について行われたものであり、Y2社員A及びY2社員Bの右説明は、被告Y2の従業員として業務の執行について行われたものであることは明らかである。

したがって、被告Y1及び被告Y2は、各従業員の原告らに対する説明義務違反に対して、それぞれ使用者責任を負うとともに、両者は連帯債務を負うというべきである。」

Key point

・マンション等の住宅を購入する者にとって、近年、周囲の環境はますます重要な関心事になっているが、住宅の販売業者、仲介業者の中にも、環境の良好なことをセールスポイントとして販売を勧誘する者も見かけるところである。チラシの記載、宣伝広告の内容、仲介業者の従業員の説明の内容が売買契約の内容にどのような影響を及ぼすかは、個々の事案ごとに異なるところがあるが、錯誤、詐欺、説明義務違反の不法行為の法的な問題が生じがちであることはいうまでもない。本件では、仲介業者、販売業者の説明義務違反を理由とする不法行為責任、使用者責任の成否が問題になったわけである。

・本判決は、仲介業者の従業員の説明内容が虚偽であったとし、説明義務違反を認めたものであり、事例として参考になる。

14 環境的な瑕疵と取引の錯誤・詐欺
利便性・地域特性から錯誤・詐欺・説明義務違反を否定した事例

東京地判平成11年1月25日判時1675号103頁

事案　不動産業を営むY株式会社（宅地建物取引業者）は、横浜市内の地下鉄の駅に至近の土地（準工業地域）にマンションを建設する計画を立て（平成10年3月完成予定）、マンションを分譲したところ、Xは、平成9年5月、手付金を支払って売買契約を締結し、同年6月、中間金を支払った。その後、Xは、マンションの周辺で高速道路の排気塔等による環境悪化が懸念されたことから、最終金の支払いを拒否したため、Yが自己都合による解約として取り扱い、手付金を没収し、中間金を返還した。Xは、Yに対して、売買が錯誤、詐欺によるものであったと主張し、手付金の返還、説明義務違反により損害賠償を請求した。

本件では、主としてマンションの取引における錯誤の成否、詐欺の成否、説明義務違反の有無が争点になった。

本判決は、錯誤、詐欺、説明義務違反を否定し、請求を棄却した。

判旨　「1　原告は、より良い環境を求めて、具体的には空気が綺麗で交通量の少ない環境を求めて本件物件を購入したのであり、本件道路の本件換気塔及び本件トンネル出入口の建設計画があり、計画が実現すれば環境が悪化するおそれがあることを知っていれば、原告は本件売買契約を締結していなかったと主張する。

2　原告は、空気がきれいで交通量が少ない環境を求めて本件物件を購入したというけれども、前記認定した事実によれば、現時点においても、本件マンションの西には第三京浜が通り、車を利用しての新横浜駅の乗降客も多く、周辺の交通量は決して少なくないこと、本件マンションは新横浜駅前の環状二号線に接続する道路に面し、新横浜駅周辺、新横浜北駅周辺は再開発が進行中であり、本件マンション周辺の交通量が将来的には増大するであろうことは容易に予測されること、本件建設予定地は準工業地帯であることに照らせば、本件建設予定地は、現在においても空気がきれいで交通量の少ない環境と言うには憚れる立地条件にあることが認められる。そして、原告は、新横浜駅に近い神奈川区松見に居住しているものであり、新横浜駅周辺の右のような立地条件を認識していたと考えられるうえ、本件売買契約にあたって、被告営業社員からもパンフレットや重要事項説明書により右立地条件の説明を受けていること、本件パンフレットをみても、僅かながら本件マンションの自然環境に触れている部分があるけれどもその比重は小さく、全体としてみれば、「街の力」と銘打って、新横浜駅に近い副都心に所在することの利便性を強調していること、被告営業社員も原告の関心は本件物件の間取り・設備・仕様、利便性にあったとの印象を受けていること、被告本人も、本件物件の購入動機は、現在のマンションの築年数が古く、最寄

りの駅や夫の墓地に近いことなどもっぱら本件物件の利便性にあったと供述していることに照らせば、原告は、本件売買契約締結にあたって、本件マンション周辺の自然環境をも考慮したことは否定できないとしても、本件マンション周辺が交通量が少なく空気のきれいな環境であることがその動機であったとは認められず、むしろ、本件物件購入にあたっての原告の動機は、もっぱら本件物件の利便性にあったと認めるのが相当である。

3　仮に、将来とも本件マンション周辺の交通量が少なく、かつ空気がきれいなことが原告の購入動機であったとしても、右2の諸事情に加えて、マンション購入にあたっては、自然環境のみならず、大都市からのアクセスの容易性、街としての利便性、レジャー施設の内容、建物自体の設備内容、各室の間取り、価格等種々の要素が考慮され、右のような価値のいずれに重きを置くかは購入者の主観に大きく左右されること、原告が供述する購入動機も、将来環境が悪化するおそれがあるとの可能性にすぎないこと、本件計画道路は現在でも計画決定されていないうえ、将来本件計画道路が実現しても、本件建物周辺の環境にいかなる影響を及ぼすかは将来の予測の問題であって、現時点ではその影響の程度は不明というほかないこと、本件マンションの物件は、価格と利便性の良さから僅か2週間で完売されていることに照らせば、原告主張の購入動機に錯誤があったとしても、通常人にあればその意思表示をしなかったであろうと考えられるほどに重要な部分についての錯誤があったとは認められないから、原告主張の購入動機をもって、契約の要素の錯誤とみることはできない。

また、原告と被告間で、原告主張の購入動機が本件売買契約の当然の前提となっていたとか、その条件になっていたことを認めるに足りる証拠もないから、この点でも錯誤が成立する余地はない。」

Key point
・マンション等の住宅の取引においては、取引の対象である土地、建物の物理的な瑕疵、法律的な瑕疵のほか、近年は、心理的な瑕疵、さらに環境的な瑕疵が問題にされるようになっているため、事業者、特に宅地建物取引業者は、これらの事情を考慮して取引を行うことが重要になっている。本件では、マンションの売買において高速道路の排気塔等が存在することによる環境的な瑕疵を前提とし、錯誤、詐欺、説明義務違反が問題になったものである。住宅の取引において環境的な瑕疵が問題になる場合には、どのような内容、どの程度の瑕疵が錯誤、詐欺、説明義務違反に当たるか、現状では明確な基準がないことから、困難な問題に直面することになる。
・本判決は、マンションが交通至便な地域にあり、準工業地帯であること等を考慮し、錯誤、詐欺、説明義務違反を否定したものであるが、事例として参考になる。

15 煙突の存在と説明義務

公衆浴場の煙突からの排煙は重要事実といえないとした事例

大阪地判平成11年2月9日判夕1002号198頁

事案

Xは、平成9年2月、不動産業者であるY株式会社からマンション11階の専有部分を購入し、手付金545万円を支払った。本件マンションから約20メートル離れていた近隣に公衆浴場が存在し、煙突から排煙が流入することが判明した。Xは、Yに対して、説明義務違反を主張し、債務不履行に基づき契約を解除した上、手付金の倍額の損害賠償を請求した。

本件では、煙突の存在、排煙に関する説明義務違反の有無が争点になった。

本判決は、排煙の流入の可能性が重要な事実であるとはいえないとし、請求を棄却した。

判旨

「1 宅建業法、不動産に関する公正競争規約及び民法の信義誠実の原則から導き出される契約締結時における説明義務の対象となる事実はその契約の締結可否を判断するについて重要な影響を及ぼす事実であると解されるところ、これを本件売買契約に即して考えると、本件建物が居住用であることから、居住者の生命、身体の安全及び衛生に関する事実はそれに含まれると解されるが、それらの事実は多種多様であり、その影響の程度も千差万別である。

したがって、右事実のうちから一定範囲の事実に限定して説明義務を課すべきであると考えられるところ、その基準については、通常一般人がその事実の存在を認識したなら居住用の建物として購入を断念すると社会通念上解される事実とするのが合理的である。

2 これを本件についてみると、原告が被告に説明義務があると主張しているのは本件煙突の存在及びそこから本件建物へ流入する排煙であるが、より本質的には、本件煙突が倒壊するおそれがあるといったことも想定されず、また、風呂屋自体が嫌悪施設ともいえない本件においては、その存在自体ではなく、本件煙突からの排煙がその対象となる事実となると考えられ、問題はそれが本件建物ひいては居住者にいかなる影響があるかという点になると考えられる。そこでまず、本件煙突から本件建物への排煙の流入の事実とそれが居住者に対していかなる影響を及ぼしているかについて検討する。

3 前記のとおり、本件煙突は本件マンションの南西側角から約20メートルほどの地点に存在しており、甲第5、第6、第8号証によると、平成9年10月ないし11月ころ、付近住民から本件煙突から黒煙が出てすすが付くという苦情が出ていること、同年12月の午後1時から2時ころに少量の煙が出ているのを寝屋川市の職員が目撃して

いること、本件マンション11階の居室から本件煙突から煙が出ているのが見え、居室にも臭気が入ってくることが認められる。また、甲第10及び第11号証によると、本件煙突からダイオキシンが排出されている可能性を全く否定することはできないことが認められる。

4　以上の事実からすると、本件煙突から排出される煙が本件マンションへ流入していることは認められるが、排出される煙のうちどの程度が流入しているかは不明であり、また、本件煙突から排出される煙にいかなる成分が含まれ、その量がどの程度であり、このことにより本件建物の居住者に対して、本件煙突からの排煙が健康上どのような影響を及ぼしているかも不明である。

他方、本件煙突が本件マンションの南西側角から20メートル離れていること、前記のとおり常時多量の煙を排出しているわけではないこと、公衆浴場はいわゆる嫌悪施設ではなく、むしろ、利便を提供する施設という側面は否定できないことを併せ考えてみると、通常一般人が本件煙突が存在し、その排煙の流入の可能性についての情報を得ていないとしても、社会通念上その事実を知ったなら本件建物の購入を断念するほどの重要な事実とまでは評価できないと認めるのが相当である。」

・市街地には、様々な用途の建物、施設が混在していることが通常であり（そのような環境にあることから、便利な日常生活を送ることができるものである）、個人の嗜好、考え方によっては、そのような建物等の存在が住宅取引において瑕疵として主張される可能性がある。住宅取引におけるこのような瑕疵の主張については、実際の被害の発生、その蓋然性、地域性を考慮し、社会通念上瑕疵に当たるかを判断することが合理的であるが、説明義務違反の主張についても、基本的には同様の基準によって判断することが相当である。
・本判決は、公衆浴場と煙突の存在（排煙の流入）について、本件では社会通念上重要な事実であると評価できないとし、説明義務違反を否定したものであり、事例として参考になる。
・本判決は、不動産業者の説明義務については、契約締結時における説明義務の対象となる事実はその契約の締結可否を判断するについて重要な影響を及ぼす事実であると解されるとし、居住用の建物（住宅）の取引の場合には、居住者の生命、身体の安全及び衛生に関する事実はそれに含まれるとしているが、この判断基準は、同種の事案にも影響を持つ内容である。
・本判決の評釈として、江口公一・判タ1178号130頁がある。

16 南側隣接地の建築計画の不告知
告知義務違反を肯定し、賠償請求を認容した事例

東京地判平成11年2月25日判時1676号71頁

事案

マンションの建設、販売を業とするY株式会社は、マンション（合計23戸）を建設し、平成6年6月から7月にかけて、Xらに販売した。本件マンションの南側の隣接地には、当時、A株式会社が建物（社宅）の建築計画を有していた。Aは、平成6年6月頃、Yに対して書面で建物の建築計画があり、購入者に対して説明すべきことを告知していた。Aは、子会社であるB株式会社に土地を譲渡し、Bが建物を建築した。本件マンションは、平成7年8月頃、完成し、Xらに引き渡された。Xらは、Yに対して、債務不履行、不法行為に基づき購入価格の1割に相当する慰謝料を請求した。

本件では、南側の隣接地における建物の建築計画につき告知義務違反があったかが争点になった。

本判決は、売買契約上の付随義務として重要事項である建物の建築計画の告知義務があり、この義務違反による債務不履行責任を肯定し、請求を認容した（購入価格の2パーセントに相当する損害を認めた）。

判旨

「二　ところで、新築マンションの内部の区分所有建物を分譲販売する業者は、宅地建物取引業法35条、45条等の趣旨や信義則等に照らし、売買契約に付随する債務として、区分所有建物を購入しようとする相手方に対し、購入の意思決定に重要な意義をもつ事項について、事実を知っていながら、故意にこれを秘匿して告げない行為をしてはならないとの義務を負っており、これに違反して相手方に損害を与えたときは、重要事項告知義務の不履行として、これを賠償する責任があると解するのが相当である。

そして、新築マンションの南側に隣接する緑地上に将来建物が建築されるか否かは、その区分所有建物を購入する者にとって、大きな関心事であり、売買契約締結の意思決定に重要な意義を有する事項であるというべきである。

前記認定事実及び争いのない事実等によれば、被告は、本件区分所有建物の分譲販売当時、南側隣接地の所有者であったAから、格別に文書をもって、隣接地上に将来社宅を建築する計画があるので区分所有建物の購入者らにその旨を告知し徹底して貰いたいとの要請を受けており、これを告知することが可能であって、告知するについて何ら支障がなかったにもかかわらず、あえて、これを秘匿し、右建築計画があることを告げないまま、販売代理会社を通じて、原告らに対し、本件区分所有建物を販売したことが認められるから、被告は、原告らに対し、本件区分所有建物の売買契約に際し重要事項を告知すべき義務を怠ったものというべきであり、売買契約に付随する債務の不履行として、これによって、原告らが被った損害を賠償する責任がある。」

Key point

・マンションの購入に当たっては、隣接地にどのような建物があるかは、購入者にとって重要な関心事であり、特に南側の隣接地は、日照、通風、観望等に重要な影響を与えるものであり、さらに関心が強い事項である。マンションの売主、特に不動産業者の場合には、周囲の環境を説明することが重要であるが、既に建物の建築計画があることを知っていた場合には、その概要を購入者（購入希望者）に説明することが必要である。本件では、隣接地の所有者が将来の紛争を防止するために、マンションの販売業者に建物の建築計画を告知し、購入者に告知することを要望していたものである。

・本判決は、売主は、売買契約に付随する債務として、区分所有建物を購入しようとする相手方に対し、購入の意思決定に重要な意味を持つ事項につき、事実を知っていながら、故意にこれを秘匿して告げない行為をしてはならないとの義務を負っていること、この告知義務に違反して相手方に損害を与えたときは、重要事項の告知義務の不履行として、損害賠償責任を負うこと、本件では、重要事項の告知義務に違反したとし、債務不履行責任を負うとしたことに特徴がある。

・本判決が提示した重要事項の告知義務は、その範囲が狭いものの、事業者が売主である不動産取引においては、肯定すべき法的な義務である。本判決は、マンションの販売における南側の隣接地に建物の建築計画があったことを告知しなかったことにつき、告知義務（説明義務）違反を認めた事例として参考になる。

・また、本判決は、本件の事情の下における告知義務違反による損害賠償額として、購入価格の2パーセントを認めたものであるが、価格下落の損害賠償額を認めたものとして注目される。

・本判決の評釈として、長尾治助・判評490号23頁、青木英憲・判タ1178号132頁がある。

17 隣接地の建物建築
告知義務違反を認めた事例

東京高判平成11年9月8日判時1710号110頁

事案　不動産の販売業者であるY株式会社は、マンションを建築し、平成8年1月、分譲し、Xがマンションの9階の専有部分を購入し、手付金430万円を支払った。その後間もなく、平成8年8月頃、南側にA株式会社が11階建てマンションの建築を計画する等した。XはYに対して一次的に南側に建物が建たないことを保証する旨の特約を主張し、二次的かつ選択的に錯誤、告知義務違反を主張し、手付金相当額の返還等を請求した。
　第一審判決は、請求を棄却したため、Xが控訴した。
　本件では、主として告知義務違反の成否が争点になった。
　本判決は、日照・通風等につき正確な情報を提供する義務違反を認め（契約締結上の過失責任を肯定した）、原判決を変更し、請求を認容した（215万円の損害を認めた）。

判旨　「三　争点3(契約締結上の過失に基づく損害賠償請求の当否)について
　1　被控訴人は、不動産売買に関する専門的知識を有する株式会社であり、控訴人は、不動産売買の専門的知識を有しない一般消費者であるから、被控訴人としては、控訴人に対し、売却物件である本件マンションないし本件建物の日照・通風等に関し、正確な情報を提供する義務があり、誤った情報を提供して本件建物の購入・不購入の判断を誤らせないようにする信義則上の義務があるというべきである。
　2　南側隣地は、大蔵省が相続税の物納により所有権を取得した土地であり、大蔵省が何らかの用途に供する目的で取得した土地ではないから、不動産売買に関する専門的知識を有し、右経過を知っていた被控訴人としては、南側隣地が横浜駅から至近距離にあるという立地条件と相まって、大蔵省において、早晩これを換金処分し、その購入者がその土地上に中高層マンション等を建築する可能性があることやマンション等の建築によって本件建物の日照・通風等が阻害されることがあることを当然予想できたというべきであるから、本件マンションの販売に当たり、その旨営業社員に周知徹底し、営業社員をして、右のような可能性等があることを控訴人らの顧客に告知すべき義務があったというべきである。
　3　しかるに、被控訴人は、営業社員に対し、右のような可能性があることを周知徹底させず、そのため、その社員は、かえって、控訴人に対し、個人的見解と断りながらも、南側隣地の所有者が大蔵省なので、しばらくは何も建たないし、建物が建てられるにしても変なものは建たないはずである旨説明し、控訴人をして、南側隣地に建物が建築されることはなく、本件建物の日照が確保される旨の期待を持たせて本件建物の購入を勧誘し、控訴人をして本件建物を購入させたものであるから、被控訴人

には、右告知義務違反の債務不履行があったと認められる。

 4 控訴人は、本件売買契約を締結するか否かを決する上で、将来南側隣地に中高層建物が建築され、これによって本件建物の日照、通風等の住宅条件が劣悪化するか否かに重大な関心を有しており、被控訴人から、近い将来において南側隣地に中高層建物が建築され、これにより住宅条件が劣悪化する可能性がある旨の説明を受けていれば、本件売買契約を締結することはなく、ひいては、本件売買契約の不履行を理由として本件売買契約を解除され、本件手付金を没収されることはなかったと認められるから、被控訴人は、控訴人に対し、右告知義務違反の債務不履行に基づき、本件手付金四三〇万円を没収されたことによる損害の賠償を求めることができるというべきである。」

・マンションの購入者らにとっては、購入に当たって、従来から周囲の環境に対する関心があり、日照阻害、騒音等をめぐる紛争が生じることがあったが、近年は、周囲の環境に対する関心が一層高まっているところである。マンションにおける日照阻害、風害、眺望、良好な環境そのものなどが環境的な価値として取り上げられるようになっている。本件は、マンションの南側隣接地にマンションが建築される計画が公表され、購入したマンションの専有部分の日照阻害、通風等が告知義務違反（説明義務、情報提供義務違反ということもできる）が問題になったものである。

・本判決は、マンションの専有部分の購入を検討していた者に対して販売業者の担当者が南側隣接地の建物の建築につき言及したこと等を重視し、販売業者の告知義務違反を認めたものであるが、重要な事例として参考になるものである。

・本判決の評釈として、本多智子・判タ1096号58頁、森田憲右・判タ1178号136頁がある。

18 未完成マンションの分譲と眺望の瑕疵

売主は実物検分と同程度の正確な情報を提供する義務を負うとした事例

大阪高判平成11年9月17日判夕1051号286頁

事案　Xは、Y1株式会社が建築する計画のマンションの603号室を購入し、手付金を支払ったが、購入の際、販売代理店であるY2株式会社のパンフレットに二条城の眺望が広がると記載され、Y2の従業員からも二条城の方向の視界が通っているとの説明を受けた。マンションが完成して見ると、603号室は西隣のビルの本体よりも高いものの、その屋上のクーリングタワーが西側の眺望の妨げになっていることが判明した。Xは、売買契約を解除し、Y1に手付金の返還を求めたが、Y1がこれに応じなかった。Xは、Y1、Y2に対して不法行為に基づき損害賠償を請求した。

第一審判決は、請求を棄却したため、Xが控訴した。

本件では、完成前のマンションの専有部分につき説明義務違反の成否が争点になった。

本判決は、分譲業者等の説明義務違反を認め、原判決を変更し、請求を認容した。

判旨　「二1　未だ完成前のマンションの販売においては、購入希望者は現物を見ることができないから、売主は購入希望者に対し、その売買予定物の状況について、その実物を見聞できたのと同程度にまで説明する義務があるというべきである。

そして、売主が説明したところが、その後に完成したマンションの状況と一致せず、かつそのような状況があったとすれば、買主において契約を締結しなかったと認められる場合には、買主はマンションの売買契約を解除することもでき、この場合には売主において、買主が契約が有効であると信頼したことによる損害の賠償をすべき義務があると解すべきである。

2　これを本件についてみるに、被控訴人ら作成のパンフレット等では、本件マンションの本件居室からは二条城の眺望・景観が広がると説明し、本件居室の西側には窓があるとされており、二条城は、本件マンションの西側に存するのであるから、西側窓からも二条城の景観が広がると説明したことになる。また、販売代理人である被控訴人Y2の社員Aは、控訴人の質問に対し、隣接ビルは五階建であって六階にある本件居室の西側窓からは視界が通っていると発言しているのである。

3　ところが、現実に建築された結果では、本件居室の南側バルコニーからはやや斜めに二条城を望むことができるが、西側窓の正面に隣接ビルのクーリングタワーがあるため、窓に接近しないと二条城の緑がほとんど見えない状態であったのである。

この状態は、右2に説明の「二条城の眺望・景観が広がる」状態とは明らかに異なるものである。

　4　控訴人は本件居室を購入するに当たり、被控訴人Ｙ２の担当者に対して、視界を遮るものがないかどうかについて、何度も質問しており、被控訴人Ｙ２においても、控訴人が二条城への眺望を重視し、本件居室を購入する動機としていることを認識し得たのであるから、被控訴人Ｙ２は、未完成建物を販売する者として、本件居室のバルコニー、窓等からの視界についてその視界を遮るものがあるか、ないかについて調査、確認して正確な情報を提供すべき義務があったといわざるを得ない。」

・本件は、未完成のマンションの専有部分の分譲がされたところ、完成後に予定されていた眺望が阻害されていることが判明したため、買主が分譲業者、販売代理店に対して損害賠償を請求した控訴審の事案である。本件は、予定されていた眺望が二条城を眺めることができるという大都市内の眺望であること、マンションの販売が未完成の段階で行われたことに事案としての特徴がある。
・本判決は、未だ完成前のマンションの販売においては、購入希望者は現物を見ることができないから、売主は購入希望者に対し、その売買予定物の状況について、その実物を検分できたのと同程度にまで説明する義務を認め、本件では眺望を調査、確認し、正確な情報提供義務違反を認めたものであり、事例として参考になるとともに、未完成の段階のマンションの販売を行うマンションの分譲業者に対して重要な義務を認めるものである。
・本判決の評釈として、山野目章夫・判タ1068号96頁、永野剛志・判タ1178号138頁がある。

19 眺望の説明義務

眺望損害の程度が僅かであり説明義務違反を否定した事例

大阪地判平成11年12月13日判時1719号101頁

事案　A株式会社は、18棟のマンションの建築を計画し、順次建築し、分譲していたところ、Aの関連会社であるY１株式会社のほか、Y２株式会社が14階建てのマンションを建築し、Y３株式会社が販売代理として分譲した。Xは、本件マンションの３階の専有部分を購入したが、本件専有部分の南側がテニスコート等であったところ、取り壊され、Y１によって８階建て、14階建てのマンションが建築された。Xは、Y１らに対して眺望に関する説明義務違反を主張し、損害賠償を請求した。

本件では、眺望侵害の有無、説明義務違反の成否が争点になった。

本判決は、説明義務違反を否定し、請求を棄却した。

判旨　「７　以上の事実を前提にして、被告らに信義則上の説明義務違反があったかについて判断する。

本件においては、前記２で指摘したとおり、客観的に見ても、本件居室が事実上享受していた眺望利益はさほど大きくなかったし、前提となる事実関係（一）ないし（四）によれば、本件セールストークに先立ち、被告らにおいて、本件建物の販売に当たり、南側の眺望について何らかの利益を長期間享受しうべきごとき外観を予め作出していたとはいえない。また、前記認定にかかる販売員の原告に対するセールストークも、マンション建設計画を全く知らず、容易に知り得べき立場にもなかった者としては、当時認識可能であった客観的な状況を前提にして、当時としては妥当な推論に基づいたものであったというべきであって、通常の不動産取引における駆け引きを越えたものであるとは到底認められない。したがって、被告売主らの代理人である被告Ｙ３及び被告売主ら（被告Ｙ１を除く。）において、原告に対して信義則上の説明義務に違反したとはいえない。

また、被告Ｙ１も、平成七年に至るまで南側隣地をＡが売却することを知らされていなかったのであるから、原告が本件居室を購入した時点においては他の被告らと同様の立場にあったというべきであって、本件居室の売買契約締結段階において、同被告が信義則上の説明義務に違反したとはいえない。」

- 本件は、マンションの専有部分の購入者が眺望侵害を理由に損害賠償を請求した事案であるが、マンションの地域性、環境、分譲の経過、専有部分の位置に照らすと、眺望侵害の程度が僅かであったところに事案の特徴がある。
- 本判決は、眺望に関するマンションの販売業者らの説明義務違反を否定したものであり、事例として参考になるものである。本判決は、眺望に対する一般の関心が高まりつつあることを示す事例として参考になる。

20 値引き販売と分譲業者の責任
債務不履行、不法行為を否定した事例

福岡地判平成13年1月29日判時1743号112頁

事案

Xら（70名）は、Y公団（住宅・都市整備公団）が分譲したマンションを購入した。Yの分譲は、売れ行きが悪く、Yは、その後、22.5パーセント値引きして販売した。Xらは、Yに対して、債務不履行、不法行為等に基づき損害賠償を請求した。

本件では、Yの債務不履行、不法行為の成否が争点になった。

本判決は、社会的に看過できないほど不当性があるとはいえない等とし、請求を棄却した。

判旨

「5　以上2ないし4の説示によれば、原告ら主張の、公団の購入者たる原告らに対する法的義務としての適正価格決定義務を認めることはできないから、右義務違反を理由とする原告らの損害賠償請求は理由がない。

さらに、前記2ないし4の説示に加えて、本件売買契約が、法律的に見れば対等な公団と原告ら間の私法上の契約であること及び後記二2の説示に照らすと、原告ら指摘の本件マンション売れ残りの事実、本件値下げ販売行為及び公団の承継人である被告において施行規則12条1項所定の各原価項目の各金額ないし合計額について何ら主張立証をしていないことを考慮に入れても、本件売買契約の各譲渡対価が何らかの意味で原告らの損害賠償請求を理由あらしめるほどに適正さを欠いていたと認めるに足りる証拠はないというべきである。」

・マンションの値下げ分譲が行われると、従来専有部分を購入した区分所有者らに不公平感が広がることは否定できないものの、マンションの分譲価格は、分譲の状況、経済事情等の事情によって影響を受けることは当然である上、分譲業者も事業者として適切な事業の遂行を図るべき要請もあるし、価格変更の特約がある等の特段の事情のない限り、専有部分の売買契約が後に生じた事情によって変更されるとか、違法になることはないというべきである。

・本判決は、売れ残り物件の値引き販売についてマンションの分譲業者の債務不履行、不法行為を否定したものであり、事例として参考になるものである。

21 売れ残りマンションの値下げ販売
分譲時の説明義務違反を認めた事例

東京地判平成15年2月3日判時1813号43頁

事案 Xら(合計58名)は、Y公団(住宅・都市整備公団)の公団住宅(マンション。A団地、B団地)の住宅を賃借していた。Yが団地の建替事業を行った際、入居者が建替え事業に協力した場合には、希望者に対する一般公募に先立つ優先入居を認める等の約束をし、Xらは、平成6年、7年に建替え後の住宅の専有部分につき分譲を受けた。Yがその後一般公募を実施せず、平成10年7月、大幅に値下げした上分譲を開始した(A団地では、平均引下率25.5%、B団地では、平均引下率29.1%)。Xらは、Yに対して、主位的に債務不履行、不法行為に基づき損害賠償、予備的に売買契約の錯誤無効による差額分の不当利得の返還を請求した。

本件では、分譲の際に一般公募をしないとの説明義務違反があったか等が争点になった。

本判決は、適正価格設定義務違反、錯誤無効等を否定したものの、分譲当時、一般公募を考えていなかったことにつき説明義務違反を認め、各住戸ごとに慰謝料150万円を認め、請求を一部認容した。

判旨 「ウ 前記認定のとおり、公団は、本件各売買契約時点で、原告らへの譲渡価格がやや高額に過ぎ、仮にその価格で一般公募を行っても買い手がつかないことを認識しており、そのため、一般公募を原告に対するあっせんに引き続いて直ちに行う意思を有していなかったものと認められる。

これに対し、原告らは公団の本件建替事業に協力し、優先入居条項を含む本件覚書を締結しているところ、前記説示のとおり、優先入居条項には、一般公募が原告らの入居に引き続いて直ちに行われた場合には価格の面でも同等の条件で販売するという内容を含んでいるうえ、一般公募を当面行わないということは通常予想できる状況ではないから、原告らにおいては、本件各売買契約締結当時、一般公募が原告らの入居後直ちに行われ、価格の面でも同等の条件で販売されるものと認識していたものと認められる。

そして、優先入居条項においては、一般公募が原告らの入居後直ちに行われないという事態を想定していたものではないうえ、そのような特別な事態に至ったのは、経済情勢を別にすれば、買い手のつかないような価格設定を行った公団に原因があることは明らかであるから、このような場合、公団は、信義則上、原告らに対し、本件各売買契約を締結するに際し、現時点で一般公募を行うことを考えていないことを説明する義務があるというべきである。

しかるに、公団は、原告らに対し、何らこのような説明をしておらず、適切な説明

を欠いたのであるから、公団（被告）は、原告らに対し、前記説明義務違反を理由とする損害賠償義務を負うというべきである。」

Key point
・本件は、分譲された公団団地の値下げ販売につき、既に購入した者が公団に対して差額分等の損害賠償等を請求した事案である。バブル経済の崩壊の時期には、宅地分譲、マンションの分譲に際して、売れ残った宅地、マンションの専有部分の値下げ販売が実施されることがあり、本件と同様な法律問題が生じる可能性があるし、将来も同様な法律問題が生じる可能性は否定できない。
・本判決は、分譲に至る経緯（本件の購入者らは、もともと建替え前の公団住宅の賃借人であり、建替えに際して優先入居権が認められていたものである）、値下げ販売に至る経緯、値下げ幅等の事情を認定し、本件の事情の下、分譲当時、一般公募を考えていなかったことにつき説明義務違反を認めたものである。本判決は、本件の事情の下における特殊の事情を考慮し、説明義務違反を認めたものであり、その射程距離は相当に狭いというべきものである。
・本判決は、説明義務違反による慰謝料として各住戸ごとに150万円を認めたものであるが、その具体的で合理的な根拠を見出すことは困難である。

22 競売物件に関する執行官の注意義務

競売物件が自殺物件であっても国に責任はないとした事例

福岡地判平成17年9月13日判時1953号150頁

事案　Aは、マンションの専有部分の区分所有者であり、Bのために抵当権を設定していた。その後、Aが自殺をし、Bが不動産競売の申立てをし、執行官、評価人Y2が調査、評価をし、入札手続が行われた。Xが不動産競売手続で落札し、不動産業者であるC有限会社の仲介によりDが購入する予定になったが、Dが自殺物件であることを知り、購入を拒んだ。Xは、Y1（国）に対して、執行官の過失、Y2の過失を主張し、国家賠償責任、使用者責任に基づき、Y2に対して、不法行為に基づき損害賠償を請求した。

本件では、執行官の現況調査における注意義務違反、評価人の評価における注意義務違反が認められるか等が争点になった。

本判決は、元所有者が区分所有建物内で自殺したことを窺わせる具体的な情報や風評に接した場合は格別、執行官において自殺物件であるか否かについて管理人らから事情を聴取すべき義務はない等とし、請求を棄却した。

判旨　「二　争点(1)（執行官の注意義務違反の有無）について

(1) 民事執行手続における現況調査（民執法五七条）の目的は、執行官が執行裁判所の命令に基づいて不動産執行又は不動産競売の目的不動産の形状、占有関係その他の現況を調査し、その結果を記載した現況調査報告書を執行裁判所に提出することにより、執行裁判所に売却条件の確定や物件明細書の作成等のための判断資料を提供するとともに、現況調査報告書の写しを執行裁判所に備え置いて一般の閲覧に供することにより、不動産の買受けを希望する者に判断資料を提供することにある。このような現況調査制度の目的に照らすと、執行官は、執行裁判所に対してはもとより、不動産の買受希望者に対する関係においても、目的不動産の現況をできる限り正確に調査すべき注意義務を負うものと解される。もっとも、現況調査は、民事執行手続の一環として迅速に行わなければならず、また、所有者等の関係人の十分な協力を得ることが困難な場合があるなど調査をする上での制約があること等を考慮すると、現況調査報告書の記載内容が目的不動産の実際の状況と異なっても、そのことから直ちに執行官が前記注意義務に違反したと評価するのは相当ではなく、執行官が現況調査を行うに当たり、通常行うべき調査方法を採らずあるいは、調査結果の十分な評価、検討を怠るなど、その調査及び判断の過程が合理性を欠き、その結果、現況調査報告書の記載内容と目的不動産の実際の状況との間に看過し難い相違が生じた場合には、執行官が前記注意義務に違反したものと認められ、国は、誤った現況調査報告書の記載を信じたために損害を被った者に対し、国家賠償法一条一項に基づく損害賠償の責

任を負うと解するのが相当である（最高裁判所第三小法廷平成九年七月一五日判決・民集五一巻六号二六四五頁参照）。

(2) これを本件についてみると、前記認定した事実によれば、本件不動産の現況調査を担当した丁原執行官は、本件不動産の占有状況について、丙山管理人に対し事前に電話で尋ねた上、現場に臨場して電気メーター等を調査し、実際に内部に立ち入って各部屋の状況を現認して、本件不動産が空き家で賃借人等占有者がいないことを確認し、さらには相続財産管理人に対し書面で占有状況を照会してその回答を得、また管理組合に対し管理費及び同滞納額についても管理組合に照会してその回答を得た上で、これら調査結果に基づいて本件報告書を作成したというのであるから、丁原執行官は、建物の現況調査として通常行うべき調査方法を採り、その調査結果を十分に評価、検討してその結果を現況調査報告書（本件報告書）に記載したものと認めることができる（民事執行規則二九条参照）。こうした調査の過程で、本件不動産内でもと所有者が自殺したことを窺わせる具体的な情報や風評に接した場合は格別、そうでない本件の場合には、丁原執行官において、それ以上に本件不動産が自殺物件であるか否かについて管理人あるいは近隣住民から事情を聴取すべき義務があったとはいえない。」

Key point
・本件は、マンションの専有部分につき不動産競売の申立てがされ、競落されたところ、元の所有者が自殺した物件であったため、競落人が国等に対して損害賠償を請求した事案である。
・マンションの中古物件の販売、購入に当たって、自殺物件であることが判明した場合には、買主が売主、仲介業者に対して債務不履行、不法行為、瑕疵担保等に基づき法的な責任を追及することがあるが、本件は、物件が競売物件であったところに特徴がある。
・本判決は、前記のとおり、原則として執行官、評価人の注意義務を否定し、国の責任を否定したものであり、事例として参考になるものであり、マンションの中古物件を競売手続で購入する場合における留意すべき点の1つを示したものである。

23 防火設備の操作方法

宅建業者は防火設備の説明義務を負うとした事例

最二小判平成17年9月16日判タ1192号256頁

事案

宅地建物取引業者であるＹ２株式会社は、マンションの専有部分（802号室。床面積210㎡）の所有者であるＹ１株式会社（Ｙ２は、Ｙ１の100％出資の子会社である）から委託を受け、平成11年４月30日、Ｙ１からＡが専有部分を買い受ける売買契約の締結手続をした。本件専有部分には中央付近に防火戸が設置され、北側と南側を区切り、出火した側の区画から他の区画に延焼等することを防止する構造になっていた。Ａは、平成12年４月７日、本件専有部分の引渡しを受け、その後、妻Ｘとともに居住していた。Ｙ２は、Ａらの入居時までにＡらに対して重要事項説明書、図面等を交付したが、本件防火戸の電源スイッチの位置、操作方法、火災発生時の作動の仕組み等を説明しなかった。平成12年10月４日、本件専有部分の北側にある主寝室から出火し、消防署による消火活動が行われたが、主寝室等98㎡等が焼損し、Ａは、本件火災により火傷等を負い、同年11月15日、死亡した。Ａの法定相続人は、Ｘのほか、Ａの姉妹、弟である。Ｘは、Ｙ１に対して電源スイッチが切られ作動しない状態で引き渡されたことが隠れた瑕疵に当たる等と主張し、瑕疵担保責任等に基づき、Ｙ２に対して電源スイッチの位置、操作方法等につき説明義務違反があったことを主張し、不法行為等に基づき損害賠償を請求した。

第１審判決（東京地判平成15年２月28日金利1232号31頁）は、瑕疵、説明義務を否定し、請求を棄却したため、Ｘが控訴した。控訴審判決（東京高判平成16年７月14日金利1232号27頁）は、Ｙ１の瑕疵担保責任自体は肯定したものの、Ｙ２の説明義務違反等を否定し、損害との因果関係を否定する等し、控訴を棄却したため、Ｘが上告した。

本件では、Ｙ１の説明義務違反による不法行為責任等の成否、Ｙ２の説明義務違反による不法行為責任等の成否が争点になった。

本判決は、Ｙ１は、Ａに対し、少なくとも売買契約上の付随義務として電源スイッチの位置、操作方法等につき説明すべき義務があるとし、Ｙ２が業務において密接な関係にあるＹ１から委託を受け、Ｙ１と一体となって、売買契約の締結のほか、Ａに対する引渡しを含めた一切の事務を行う等の本件の事情の下においては、信義則上、Ｙ１と同様の義務があったというべきであり、その義務違反によりＡが損害を被った場合には、不法行為による損害賠償義務を負うものとし、Ｙ２の義務違反を否定した原審の判断には、審理不尽の結果、法令の適用を誤った違法がある等とし、原判決を破棄し、本件を東京高裁に差し戻した。

なお、差戻控訴審判決は、東京高判平成18年８月30日金利1251号13頁である。

判旨

「(1) ア　前記１の事実関係によれば、本件防火戸は、火災に際し、防火設備の一つとして極めて重要な役割を果たし得るものであることが明らかであるところ、被上告人Ｙ１から委託を受けて本件売買契約の締結手続をした被上告人Ｙ２は、本件防火戸の電源スイッチが、一見してそれとは分かりにくい場所に設置されていたにもかかわらず、Ａ又は上告人に対して何らの説明をせず、Ａは、上記電源スイッチが切られた状態で802号室の引渡しを受け、そのままの状態で居住を開始したため、本件防火戸は、本件火災時に作動しなかったというのである。

イ　また、記録によれば、㋐被上告人Ｙ２は、被上告人Ｙ１による各種不動産の

販売等に関する代理業務等を行うために、被上告人Ｙ１の全額出資の下に設立された会社であり、被上告人Ｙ１から委託を受け、その販売する不動産について、宅地建物取引業者として取引仲介業務を行うだけでなく、被上告人Ｙ１に代わり、又は被上告人Ｙ１と共に、購入希望者に対する勧誘、説明等から引渡しに至るまで販売に関する一切の事務を行っていること、(ｲ)被上告人Ｙ２は、802号室についても、売主である被上告人Ｙ１から委託を受け、本件売買契約の締結手続をしたにとどまらず、Ａに対する引渡しを含めた一切の販売に関する事務を行ったこと、(ｳ)Ａは、上記のような被上告人Ｙ２の実績や専門性等を信頼し、被上告人Ｙ２から説明等を受けた上で、802号室を購入したことがうかがわれる。

　ウ　上記アの事実関係に照らすと、被上告人Ｙ１には、Ａに対し、少なくとも、本件売買契約上の付随義務として、上記電源スイッチの位置、操作方法等について説明すべき義務があったと解されるところ、上記イの事実関係が認められるものとすれば、宅地建物取引業者である被上告人Ｙ２は、その業務において密接な関係にある被上告人Ｙ１から委託を受け、被上告人Ｙ１と一体となって、本件売買契約の締結手続のほか、802号室の販売に関し、Ａに対する引渡しを含めた一切の事務を行い、Ａにおいても、被上告人Ｙ２を上記販売に係る事務を行う者として信頼した上で、本件売買契約を締結して802号室の引渡しを受けたこととなるのであるから、このような事情の下においては、被上告人Ｙ２には、信義則上、被上告人Ｙ１の上記義務と同様の義務があったと解すべきであり、その義務違反によりＡが損害を被った場合には、被上告人Ｙ２は、Ａに対し、不法行為による損害賠償義務を負うものというべきである。

　そうすると、802号室の販売に関し、被上告人Ｙ２が被上告人Ｙ１から受けた委託の趣旨及び内容、被上告人Ｙ２の具体的な役割等について十分に審理することなく、被上告人Ｙ２の上記義務を否定した原審の判断には、審理不尽の結果、法令の適用を誤った違法があるといわざるを得ない。」

・本判決は、控訴審判決が宅地建物取引業者の説明義務違反を否定し、損害との因果関係を否定した判断を誤りであるとし、控訴審である東京高裁に事件を差し戻したものであり、この事案における宅地建物取引業者の説明義務違反を肯定した判断は、理論的にも、事例としても参考になるものである。

・宅地建物取引業者は、宅地建物取引業法上、重要事項の説明義務を負っており（35条）、法令に列挙された事項以外の事項についても、事情によっては説明義務を負うものと解されることがある。また、この説明義務違反は、その性質上、宅地建物取引業者に対する行政上の制裁事由になるものであるが、裁判例においては、他の事情をも考慮して債務不履行責任、不法行為責任の事由に当たると解されている。本判決は、本件の防火戸が火災発生の際における重要な防火、あるいは延焼防止の手段であること等の事情を考慮し、宅地建物取引業者が防火戸の電動スイッチの位置、操作方法等につき説明義務を負うと解したものであり、従来見られなかった事項につき説明義務を認めたものであり、理論的にも参考になるものである。また、本判決は、Ｙ１とＹ２の密接な関係等の事情からＹ２の説明義務違反を肯定したものであるが、この判断は、説明義務違反の事例としても参考になるわけである。本判決のこれらの判断の射程距離は、本判決がＹ１とＹ２の密接な関係を重視していることに照らすと、Ｙ２が建物の防火設備を知るべきである特段の事情がある場合に限られると解することが穏当であろう。

・本判決の評釈として、小粥太郎・民商134巻２号143頁、野澤正充・判評569号２頁がある。

24 眺望の説明義務

分譲業者の説明義務違反を認め債務不履行を肯定した事例

福岡地判平成18年2月2日判タ1224号255頁

事案

X株式会社は、福岡市東区所在の博多湾に近接した地域にマンションを建築し、分譲し、Yに代金2640万円、手付金100万円、違約金528万円の約定で301号室を売り渡し、Yから手付金100万円を受領した。Yは、301号室内のオプション工事をしたが、本件マンションが博多湾に面したオーシャンビューを売り物にしていたのに、301号室から博多湾の側には高さ15メートルの電柱が立てられていたことから、残代金の支払いを拒否した。Xは、売買契約を解除し、Yに対して違約金の支払いを請求したが、逆に、Yは、反訴として消費者契約法による取消し、説明義務違反等を主張し、債務不履行、不法行為に基づく損害賠償等を請求した。

本件では、主としてマンションの分譲業者による説明義務違反による債務不履行、不法行為が認められるか等が争点になった。

本判決は、分譲会社が海側の眺望をセールスポイントとして販売活動を行っているから、眺望に関し、可能な限り正確な情報を提供して説明すべき義務があったとし、説明義務違反を認めてXの債務不履行を肯定し、Xの本訴請求を棄却し、Yの反訴請求を容認した。

判旨

「2 原告の債務不履行責任について

建築前にマンションを販売する場合においては、購入希望者は現物を見ることができないのであるから、売主は、購入希望者に対し、販売物件に関する重要な事項について可能な限り正確な情報を提供して説明する義務があり、とりわけ、居室からの眺望をセールスポイントとしているマンションにおいては、眺望に関係する情報は重要な事項ということができるから、可能な限り正確な情報を提供して説明する義務があるというべきである。そして、この説明義務が履行されなかった場合に、説明義務が履行されていれば買主において契約を締結しなかったであろうと認められるときには、買主は売主の説明義務違反（債務不履行）を理由に当該売買契約を解除することができると解すべきである。

これを本件についてみると、原告は、本件マンションの販売の際、海側の眺望をセールスポイントとして販売活動をしており、被告もこの点が気に入って5階と眺望の差異がないことを確認して301号室の購入を検討していたのであるから、原告は、被告に対し、眺望に関し、可能な限り正確な情報を提供して説明すべき義務があったというべきである。そして、上記認定の事実（前記争いのない事実等(5)）によれば、301号室にとって、本件電柱及び送電線による眺望の阻害は小さくないのであるから、原告は、本件電柱及び送電線が301号室の眺望に影響を与えることを具体的に説明す

べき義務があったというべきであり、原告がこの説明義務を怠ったのは売主の債務不履行に当たるというべきである。

　そして、本件電柱及び送電線による眺望阻害の程度、被告は眺望を重視し、301号室と501号室のいずれかにするか決定する際、丙山から眺望には変わりがないとの説明を受けたので301号室に決めたものであることなどからすると、原告が上記説明義務を履行していれば、被告は501号室を購入して301号室を購入しなかったことが認められるから、被告は本件売買契約を解除することができるというべきである。」

Key point
・本件は、マンションの眺望妨害の類型の事件であるが、オーシャンビューをセールスポイントとする販売活動が行われたこと、ベランダから見た前に電柱が立っていたことに特徴がある。
・本判決は、本件の事情の下において、分譲会社には、眺望に関し、可能な限り正確な情報を提供して説明すべき義務があったとし、説明義務違反を認め、債務不履行を肯定したものであり、事例として参考になる。マンションの販売に当たっては、様々な方法、内容の販売促進活動が行われるところであり、この販売における表示等が実際と異なっていた場合、分譲会社がどの範囲で法的な責任を負うかは、問題になることが少なくないし、なかなか困難な問題であるが、本判決は、限界的な事例ということができる。

25 売れ残りマンションの値下げ販売

分譲残りのマンションの値下げ販売につき不法行為が認められた事例

大阪高判平成19年4月13日判時1986号45頁

事案

　Y公社（兵庫県住宅供給公社）は、平成11年1月、マンション（A棟、B棟合計203戸）を建築し、分譲し（1坪当たり平均154万円で売り出された。なお、分譲に当たり、引渡しから5年間は、Yの承諾なく第三者に譲渡することができない旨の特約が付されていた）、Xらが購入したところ、平成13年2月の時点で70戸が売れ残ったことから、Yが売残物件を約49.6％値下げして分譲し、平成15年5月までに62戸を販売したため、XらがYに対して債務不履行、不法行為に基づき値下げ分につき損害賠償を請求した。

　本件では、多数の戸数のマンションの分譲販売において、販売業者の値下げ販売に係る不法行為責任の成否、損害額が争点になった。

　第一審判決は、請求を棄却したため、Xらが控訴した。

　本判決は、市場価格を10％以上も下回る価格で値下げ販売したことは信義則上の義務に違反する過失があるとし（経済的損害を否定し、慰謝料として各自につき100万円を認めた）、不法行為を認め、原判決を変更し、請求を認容した。

判旨

「イ　しかし、分譲マンションは、購入後の人生の大半を過ごすべく、長期保有の目的で、多くの場合は長期のローン負担をして購入される、取引機会の少ない（一生に一度ともいわれている）、極めて高額の商品（耐久消費財）であり、通常の商品とは異なる特性を有している。

　しかも、マンションの分譲業者は、地域におけるマンションの需要と供給の動向を、将来の見通しを含めて認識、判断し得る立場にあるから、マンションを分譲する際には、完売ないしそれに近い状態を実現するため、適正な価格を設定することができる。仮に、当該マンションを早期に完売できなくても、他の物件と通算して経済的採算を考えることができるし、将来の値上がりを待つ等、合理的な経済行動をとることもできる。

　ウ　さらに、被控訴人は、前記のとおり、住宅の不足の著しい地域において、住宅を必要とする勤労者に居住環境の良好な集団住宅及びその用に供する宅地を供給し、もって住民の生活の安定と社会福祉の増進に寄与することを目的とする（法一条）、地方の住宅政策の責任の一端を担う公的な法人であるところ、法は、住宅供給公社が住宅又は宅地の譲渡に関する業務を行う際は、その譲渡価格が適正なものとなるように努めなければならない（法二二条）と定めているから、被控訴人は、その価格設定について、一般の分譲業者と比較して、より重い責任が課せられているものというべきである。消費者は、被控訴人の公的性格から、被控訴人の販売するマンション等の譲渡価格の設定が適正になされているものと信頼して、これを購入している（公知の事実）。

また、《証拠略》によれば、被控訴人は、平成一〇年当時、戸建て、宅地あわせて二〇団地、約七〇〇戸の分譲を行っていたことが認められるから、一般分譲業者と同様、分譲住宅の需要と供給の動向を、将来の予想も含め、認識・判断し、適正な譲渡価格を設定し得る立場にあったということができる。

　エ　そのほか、本件売買契約には、前記のとおり、買主は、本件マンションの引渡しを受けた後五年間、被控訴人の承諾を受けずに第三者に譲渡できない旨の条件（本件譲渡禁止特約）が付されていた。

　したがって、控訴人らは、被控訴人が本件マンションの売残住戸を市場価格の下限を下回る価格で廉価販売しようとしている場合にも、その影響によって既購入物件に生じる価格下落等による損失を回避し、又は小さくするため、購入物件を早期に転売することができないことになっていた。

　この点について、被控訴人は、現実の運用としては、上記の法一条所定の目的を潜脱するおそれがないと認められる場合には、例外的に再譲渡が承諾されると主張するが、価格下落等による損失を避けるべく転売するため、被控訴人の承諾を求めた場合に、法一条の文言に照らすと、直ちに上記転売が住民の生活の安定と社会福祉の増進につながるものとして、被控訴人の承諾が得られるかどうか明らかではなく、その保証はないといわざるを得ないから、上記被控訴人の主張は理由がない。

　オ　上記イないしエのような分譲マンションの特性、被控訴人の性格及び本件売買契約の特性等を総合考慮すると、被控訴人には、本件マンションを含む分譲マンション等の売残住戸が生じた場合、完売を急ぐあまり、市場価格の下限を相当下回る廉価でこれを販売すると、当該マンション等の既購入者らに対し、その有する住戸の評価を市場価格よりも一層低下させるなど、既購入者らに損害を被らせるおそれがあるから、信義則上、上記のような事態を避けるため、適正な譲渡価格を設定して販売を実施すべき義務があるものというべきである。」

・本件は、多数の戸数からなるマンションの分譲販売が行われ、数年を経て、売れ残った物件につき値下げ販売されたことから、販売業者の従前の購入者らに対する不法行為責任が問題になった事件である。本件では、販売業者は、市場の動向に照らし、自由に価格を設定し、販売することができるところ、販売業者が県の住宅供給公社であり、売主者の値下げ販売しない義務の存否、義務違反の判断基準、損害額が問題になったことに特徴がある。

・本判決は、本件では、分譲マンションの特性、販売業者の性格及び本件売買契約の特性等を総合考慮すると、販売業者には、分譲マンション等の売残住戸が生じた場合、完売を急ぐあまり、市場価格の下限を相当下回る廉価でこれを販売すると、マンション等の既購入者らに対し、その有する住戸の評価を市場価格よりも一層低下させるなど、既購入者らに損害を被らせるおそれがあるとし、信義則上、このような事態を避けるため、適正な譲渡価格を設定して販売を実施すべき義務があるとしたこと、損害賠償の範囲として、経済的損害を否定したこと、慰謝料として各購入者に100万円の損害を認めたことを判示the。

・本判決がマンションの販売業者に前記内容の信義則上の義務を認めた判断は、議論を呼び、疑問の残るものであり、本判決の論理を認める場合には、その妥当する範囲は相当に限定的に解するのが穏当である。また、本判決は、前記信義則上の義務違反の損害として慰謝料を各購入者ごとに100万円を認めたが、この判断の合理的な根拠は見出し難い。

26 観光地マンションの眺望侵害
眺望侵害の不法行為が否定された事例

東京地判平成20年1月31日判タ1276号241頁

事案　Xらは、温泉地の傾斜地に建築されたマンション（14階建て。288戸）の分譲を受けていたところ、不動産業を営むY1株式会社、Y2株式会社が海岸沿いに16階建てのマンションを建築したため、Y1らに対して眺望侵害を主張し、共同不法行為に基づき損害賠償を請求した。

本件では、眺望侵害による不法行為責任の成否が争点になった。

本判決は、法的に保護すべき眺望権の侵害が認められず、違法な侵害は認められないとし、請求を棄却した。

判旨　「(1)　建物居住者の眺望利益は、建物の所有ないし占有と密接に結びついた生活利益ではあるが、当該建物の所有者ないし占有者が当該建物自体について有する排他的、独占的な支配と同じ意味で支配、享受できる利益ではなく、特定の場所からの眺望利益は、たまたまその場所の独占的占有者のみが事実上これを享受し得ることの結果としてその者に独占的に帰属するにすぎず、その内容は、周辺における客観的状況の変化によって自ずから変容ないし制約を被らざるを得ないものであって、眺望の利益を享受している者は、人為によるこのような周囲の環境の変化を排除しうる権能を当然に持つということはできない。しかし、特定の場所がその場所からの眺望の点で格別の価値を持ち、このような眺望利益の享受を一つの重要な目的としてその場所に建物が建設された場合のように、当該建物の所有者ないし占有者による眺望利益の享受が社会観念上からも独自の利益として承認せられるべき重要性を有するものと認められる場合には、当該眺望利益は法的見地からも保護されるべき利益であると解される。

…………

(3)ア　以上の認定事実によれば、確かにAマンションは、熱海市内のJR熱海駅から程近く、屋内プールや共同温泉浴場等の施設が設けられるなど、本件眺望以外にも優れた点を有していることは認められるが、本件マンションが建築される以前にAマンションの南側各室から得られた本件眺望は大変良好なものであり、一定の価値を有する眺望であったということができること、Aマンションの南側各室は、本件眺望を重視して建築されたものであり、本件眺望を望むことのできない東側及び西側の各室と比較しても、本件眺望に格別の価値を見出して販売活動が行われていたこと、Aマンションの南側各室を購入しあるいは保有する原告らは、各室から得られる本件眺望に格別高い価値を見い出していることが認められるのであり、これらによれば、原告らのうち、Aマンションの南側各室を区分所有し（共有し）あるいは占有する者、す

なわち上記(2)ウ(ア)及び(ウ)記載の原告らについては、本件眺望利益の享受は、社会観念上からも独自の利益として承認せられるべき重要性を有するものと認めることができる。この点、Aマンションの区分所有権者（共有者）である原告らのうちには、Aマンションに居住しておらず、リゾートに利用する者もいるが、これらの者についても、本件眺望に格別高い価値を見い出してAマンションの南側各室を購入しあるいは保有していることに変わりはないのであり、リゾートに利用する際に各室から享受することのできる本件眺望利益についても、独自の利益として承認せられるべき重要性を認めることができる。

…………

エ　以上のAマンション及び本件土地の周辺地域は、国際的な保養地域で多くの高層マンションやホテル等の建物が存在しており、本件土地もマンションの建築に適した土地であったこと、ケイ・エイチプランニング及び被告らは法令や条例及び本件指導要綱に従って適法に本件マンションの建築を行い、原告らの眺望を阻害するにつき、被告らに加害意思等があったともいえないこと、本件マンションにより原告らの被った眺望利益の阻害の程度は各居室毎に相当に異なり、あまり本件マンションの影響を受けない室が存在する居室もあれば、眺望の多くが阻害された居室もあるが、後者のようにその眺望利益の阻害の程度が著しい居室であっても、以前得ていた眺望の全てが失われたとまでは認められない上、原告らとしても、本件土地上にマンションが建築され、自らが享受してきた眺望が一定程度阻害される可能性があることを予見することができたことに加え、そもそも眺望利益は絶対のものではなく、常に変容の可能性を内包する権利であることも勘案すれば、被告らによる本件マンション建築行為が、社会通念上受忍し得る程度を超えて不当に原告らの眺望利益を侵害したものとまでは認められず、被告らによる本件マンション建築行為に違法性があるということはできない。」

・本件は、著名な温泉地に所在するマンションの海岸沿いにマンションが新たに建築されたため、区分所有者らが新築マンションの建築主らに対して不法行為に基づき損害賠償を請求した事件である。本件は、著名な温泉地に所在するマンションの区分所有者らに対する眺望侵害の有無、不法行為責任の成否が問題になったものであり、観光地にあるマンションの眺望侵害をめぐる紛争である。
・本判決は、建物居住者の眺望利益は、建物の所有ないし占有と密接に結びついた生活利益であること、建物の所有者ないし占有者が当該建物自体について有する排他的、独占的な支配と同じ意味で支配、享受できる利益ではなく、特定の場所からの眺望利益は、たまたまその場所の独占的占有者のみが事実上これを享受し得ることの結果としてその者に独占的に帰属するにすぎないとしたこと、眺望利益の内容は、周辺における客観的状況の変化によって自ずから変容ないし制約を被らざるを得ないものであり、眺望の利益を享受している者は、人為によるこのような周囲の環境の変化を排除しうる権能を当然に持つということはできないとしたこと、特定の場所がその場所からの眺望の点で格別の価値を持ち、眺望利益の享受を一つの重要な目的としてその場所に建物が建築された場合等、当該建物の所有者ないし占有者による眺望利益の享受が社会観念上からも独自の利益として承認せられるべき重要性を有するものと認められる場合には、当該眺望利益は法的見地からも保護されるべき利益であるとしたこと、本件では、マンション建築行為が社会通念上受忍し得る程度を超えて、不当に既存のマンションの区分所有者らの眺望利益を侵害したとはいえず、マンション建築行為に違法性がないとしたことに特徴がある。本判決は、マンションの眺望侵害による不法行為責任について、理論的に例外的にこの責任を認めつつ、本件では不法行為責任を否定したものであり、眺望侵害による不法行為責任を否定した事例を加えるものである。

27 自殺に関する説明義務

区分所有建物の売買において居住者の自殺に関する仲介業者の告知・説明義務違反が認められた事例

東京地判平成20年4月28日判タ1275号329頁

事案　Xは、不動産仲介業を営むYの仲介により、A、Bの所有するマンションの区分所有建物（メゾネットタイプ）を購入することになり、説明を受けたが、Aらの子であるCが本件建物から転落して死亡した旨の説明を受け（事故の原因・種類はプライバシーの保護の観点から解明できなかった旨が重要事項説明書に記載されていた）、代金1億7500万円で買い受けたところ、Cが飛び降り自殺したことが判明したため、XがYに対して告知・説明義務違反を主張し、損害賠償を請求した。

本件では、マンション内の区分所有建物の売買契約における仲介業者の告知・説明義務違反の成否、損害額が争点になった。

本判決は、告知・説明義務違反を認め、民事訴訟法248条の趣旨を援用し、慰謝料として2500万円の損害を認め（経済的損害の主張は、具体的な主張、立証がないとして排斥した）、請求を認容した。

判旨　「3　そして、飛び降り自殺があった物件であることは、価格にも一定の影響があることは明らかであるから、相手方がこれを購入するか否かを検討する際に告知、説明しておく必要のある事柄であることも明白である。したがって、被告には、本件売買契約の約2年前に本件建物から居住者が飛び降り自殺する本件死亡事故があったことを知っていた以上、不動産を取り扱う専門業者として、当該不動産を売り渡そうとする相手方である原告に対し、当該事実を告知、説明すべき義務があったというべきである。

被告は、本件不動産を賃貸による収益物件として売りに出し、原告も、これを収益物件として購入したこと、本件死亡事故から約2年間を経過していることなどを強調して、告知、説明義務を争うが、一般に、飛び降り自殺があった物件であることは、これを購入しようとする者、賃借しようとする者に主観的な忌避感を生じさせるおそれがある事実であり、たとい買主が賃貸による収益を主目的とする物件であっても、買主にとって、賃借人を募集する関係上、飛び降り自殺があった物件であることは、客観的にも経済的不利益を生ずる可能性がある。したがって、不動産を販売する不動産業者としては、販売の相手方の購入意思決定に影響を及ぼすべき本件事故の事情を認識している以上、販売の相手方に対し、当該情報を提供する義務があるというべきであり、相手方が当該不動産を購入するか否かは、相手方が自らの意思によって決すべきものであって、販売する側において当該情報の要否を勝手に判断することができないことは当然である。よって、本件不動産が賃貸による収益物件として売りに出さ

れ、原告も、これを収益物件として購入したことは、被告の責任を否定する理由とはならない。また、自殺事故による忌避感は、それ自体としては主観的要素に基づくものであるから、性質上、時間の経過により薄まっていくことは首肯し得るものの、本件売買契約当時、本件死亡事故からは未だ２年間を経過したにすぎないから、被告の告知、説明義務を消滅させるには至らない。」

Key point

・本件は、マンション内の区分所有建物の売買において、建物からの転落死亡事故が発生していたことから、仲介業者が購入希望者に事故の説明をしたものの、転落が自殺によるものであることを説明しなかったため、買主が仲介業者に対して告知・説明義務違反を主張し、損害賠償を請求した事件である。本件では、仲介業者の損害賠償責任が追及されたこと、買主が購入後賃貸に提供する予定であったこと、仲介業者の告知・説明義務違反が問われたこと、転落事故が居住者の飛び降り自殺によるものであり、仲介業者が転落事故の説明をしたものの、自殺であることの説明をしなかったこと、売買は自殺の約２年後に行われたことに事案の特徴がある。

・本判決は、建物の売買において飛び降り自殺があった物件であることは、価格にも一定の影響があることは明らかであるとしたこと、自殺は、購入希望者がこれを購入するか否かを検討する際に告知、説明しておく必要のある事柄であることも明白であるとしたこと、仲介業者は、売買契約の約２年前に建物から居住者が飛び降り自殺する死亡事故があったことを知っていた以上、不動産を取り扱う専門業者として、当該事実を告知・説明すべき義務があったとしたこと、本件では告知・説明義務違反が認められるとしたこと、損害賠償について経済的損害を否定したこと、民事訴訟法248条の趣旨により、慰謝料として2500万円の損害を認めたことに特徴がある。

・従来、不動産の売買において自殺、犯罪等の現場であったことについては、代金額に影響を与える事情であることが広く認められているところ、本判決は、飛び降り自殺の事故、売買の約２年前の自殺事故は、仲介業者による告知・説明義務の違反に含まれるとし、仲介業者がこの事実を知っていたことから、告知・説明義務違反を肯定したものであり、従来の判例に、その旨の事例を加えるものである。

・本判決は、買主が賃貸を予定して区分所有建物を購入した事案について、買主の経済的損害を否定したが、その旨の事例を提供するものである。もっとも、本判決は、民事訴訟法248条の趣旨により、買主に慰謝料を認めた上、2500万円もの慰謝料を認めたものであるが、同条の適用の要件を満たすかどうか疑問が残るだけでなく、2500万円の慰謝料を認めることには合理的な根拠は見出し難い。

28 大都市高層マンションの眺望侵害

周辺環境の変化により当然に変化すると眺望侵害の不法行為が否定された事例

大阪地判平成24年3月27日判時2159号88頁

事案　Y1株式会社は、Y2株式会社に請け負わせ、大阪市内に20階建てのマンションを建設し、分譲販売し、平成17年5月から平成18年7月にかけてXら（合計25名）が購入したところ、平成23年9月、Y1がY2に請け負わせ、本件マンションに隣接して24階建てのマンションを建設したため、XらがY1らに対して売買契約の付随義務違反、眺望に関する説明義務違反等を主張し、損害賠償を請求した。

本件では、マンションの建築による眺望侵害の不法行為責任の成否が争点になった。

本判決は、本件マンションの所在地は都市機能の集中化、高層建物の建設予定地であることから、眺望は周辺環境の変化に伴って当然に変化し、本件マンションからの眺望に客観的価値を認めることはできないし、誤った情報が提供されたことはない等とし、Xらの主張に係る義務違反を否定し、請求を棄却した。

判旨　「ア　本件眺望の客観的価値について

(ア)　原告らは、本件眺望のうち、生駒山から昇る朝日は文化的・歴史的な意義を有しており、大阪都心の高層ビル群と水辺景観とのコントラストは都市景観として文化的・社会的な価値を有しているなどと主張する。

しかしながら、生駒山から昇る朝日については、一般的に、朝日が昇る場面に関する眺望が直ちに文化的・歴史的価値を有するに至っていることを認めるに足りないから、このような眺望が、原告らにとっての主観的な価値を超えて、文化的・社会的な客観的価値を有するに至っているとまでは、当然にいうことはできない。

また、高層ビル群と水辺景観については、高層ビル群の光景を含む夜景等が良好な景観とされることは否定できないものの、それが都市景観である以上、都市の発展や衰退に伴って、当然に移ろいゆくものであるというべきであるし、都市景観を享受している者は、自らも都市の内部又はその周辺部に居住している以上、当然に周辺環境の変化を受け入れざるをえないというべきである。したがって、このような眺望は、自然物に係る眺望などとは異なり、その時々で、利益の享受者がたまたま享受できているにすぎないという一過性のものといわざるをえず、客観的な価値を有するに至っているとまではいえない。

(イ)　かえって、この点については、前提事実(2)ウのとおり、本件原告マンションの周辺は、地区計画の目標として、ユニバーサルシティ駅が立地し、ユニバーサルスタジオジャパンを中心とする商業、宿泊、居住等の機能が複合した地区であることを前

提に、複合的な市街地の形成、都市機能の導入を図ることが定められ、大阪市による再開発が行われている地域であって、中でも、本件地区は、その範囲内にユニバーサルシティ駅を含んでいることから、本件地区周辺地域の中核をなす地区となることが予定されていたとみるべきであり、実際にも、本件地区内における建築物については、容積率の最高限度が周辺地域の中で最も高い六〇〇パーセントとされていたのである。そうすると、本件地区は、都市機能を有する地区の中核として、当初から、都市機能の集中化、及び、それに伴う建物の高層化が予定されていたというべきである。

したがって、本件原告マンションからの眺望がある時点で良好だったとしても、本件原告マンションが、上記のような地域内にある以上、それは、たまたま周囲に高層の建物が存在しなかったために得られていた一過性のものといわざるをえない。

(ウ) なお、原告らは、被告リバー産業が設定した本件原告マンション各居室の価格が、上階になるほど高額になっていることをもって、本件原告マンションは、眺望を重視したマンションであるといえるなどと主張する。

しかしながら、一般に、マンションの各居室の価格が上階になるほど高額になるのは、防犯上の問題、騒音、排ガス、一般的に形成されている上階ほど高級という印象等様々な要因によるものであるから、このような事情があるからといって、本件原告マンションの眺望が重視されていたなどということはできない。

(エ) 以上の事実に照らせば、本件原告マンションは、都市機能の集中化や高層の建物の建設が予定されていた本件地区内に存在しているのであるから、本件原告マンションからの眺望は、周辺環境の変化に伴って、当然に変化するものであるというべきであって、本件原告マンションからの眺望に、客観的な価値を認めることはできない。」

Key point
・本件は、大都市における高層マンションの建築により眺望侵害があったとし、既存のマンションの区分所有者が高層マンションの建設業者らに対して不法行為責任を追及した事件である。
・本判決は、マンションの所在地は都市機能の集中化、高層建物の建設予定地であることから、眺望は周辺環境の変化に伴って当然に変化し、マンションからの眺望に客観的価値を認めることはできない等とし、眺望侵害の不法行為を否定したものであり、その旨の事例を加えるものである。

29 マンション建設による風環境の悪化

マンションの建築、管理による風環境の悪化につき建築業者、管理組合の不法行為が否定された事例

大阪地判平成24年10月19日判時2201号90頁

事案　X１株式会社（代表取締役はX２）は、店舗を設け、和菓子の製造、販売等を業としていたところ、Y１株式会社が本件店舗の南側に11階建てのマンション（高さ約33m）を建築し、分譲されたところ（Y２管理組合が設立された）、X１らがY１らに対して風環境が悪化し、受忍限度を超える等と主張し、防風フェンスの設置、損害賠償等を請求した。

本件では、マンションの建築、管理による風害に係る不法行為の成否が争点になった。

本判決は、本件マンション建築の風環境の悪化により受忍限度を超える被害が発生したと認める証拠はない等とし、請求を棄却した。

判旨　「(ウ)　上記(イ)記載の諸事情に照らせば、本件見解書等の結果には、なお正確性、信用性の点で疑問が残るものといわざるを得ず、原告らが主張するような事情を裏付ける証拠としては、これらを直ちに採用することができず、本件見解書等をもって、本件店舗において本件マンションの建築後風害が受忍限度を超える程度の風環境の悪化が生じたものとも認められない。

エ　以上のとおり、前記ア(イ)、(ウ)記載の各証拠をもって、同(ア)の本件マンション建築後の風環境の悪化による受忍限度を超えた被害（利益侵害）の発生に係る原告らの主張は認められず、他に同主張を認めるに足りる証拠はない。」

Key point
・本件は、店舗の南側に11階建てのマンションが建築し、分譲されたことから、店舗の所有者が建築業者、管理組合に対して風害が受忍限度を超えると主張し、不法行為に基づき損害賠償等を請求した事件である。
・本判決は、マンションの建築後、受忍限度を超える店舗の風環境が悪化したと認められないとし、建築業者、管理組合の不法行為を否定したものであり、その旨の事例として参考になる。

3

建物・建具の瑕疵

30 ベランダからの漏水
占有者・区分所有者の土地工作物責任を否定した事例

東京地判平成4年3月19日判時1442号126頁

事案　X1は、マンションの602号室を区分所有し、X2は、601号室を区分所有者Aから賃借し、X3と同居していた。Y1は、階上の701号室を区分所有し、Y2株式会社が賃借して貸しスタジオとして使用していた（Y2は、清算中であり、Y3が清算人であった）。701号室のベランダに溜っていた雨水が漏水し、601号室、602号室の天井、壁等に染みが残り、家具等が汚損した。X1らは、Y1、Y2、Y3に対して、土地工作物責任に基づき損害賠償を請求した。
　本件では、漏水事故の原因、土地工作物責任の成否が争点になった。
　本判決は、Y3が排水口の塵芥を完全に除去すれば漏水を防止することができたとして、Y1らの責任を肯定し、請求を認容した。

判旨　「(一)　以上によれば、本件豪雨による浸水事故は、被告Y3が忠実に南側排水口及び東側の排水口の塵芥を完全に除去していれば、発生を回避することができた可能性を否定することはできない。少なくとも、そのような完全な注意を行っていれば、かかる大きな損害の発生は回避できたことは明らかである。本件事故の原因となった豪雨は、1時間当たりの雨量が非常に大きく、両方の排水口の塵芥が完全に除去されていても、浸水を回避することができなかった可能性も否定できないので、被告Y3の過失と事故発生との因果関係について問題がないわけではないが、少なくとも、忠実に塵芥の除去を行っていれば、かかる大きな事故発生は回避することができたことは明らかであるので、被告Y3の過失と事故の発生の因果関係の存在を否定することはできない。
　そうすると、被告Y3に過失が認められる以上、同人が清算人となっており、かつ、契約上701号室の使用者であった被告Y2に損害賠償の責任があることを否定することができないことは明らかである。
(二)　ところで、原告らは、被告Y3についても、占有者としての責任を主張し、被告Y3はこれを争っている。
　確かに、701号室の契約上の使用者は、被告Y2であったことは前記のとおりであるが、民法717条1項の規定により損害賠償の責任を追うべき『占有者』とは、工作物を事実上支配し、その瑕疵を修補することができ、損害の発生を防止することができる関係にある者を意味するから、被告Y3も、そのような地位にあったものであることが明らかであるので、被告Y3も、占有者として損害賠償の責任を負うものと認めるのが相当である。
(三)　さらに、原告らは、被告Y1について工作物の所有者としての責任を求めてい

るところ、同被告は、事故発生について占有者に損害賠償責任が認められる場合には、所有者としての責任は認められるべきでない旨主張している。

確かに、本件事故の発生については、右に認定したように被告Y3及び被告Y2に占有者として損害賠償責任が認められる。

しかし、本件事故の発生には、本件ベランダの構造が大きく影響を与えていることは否定することができないところである。

すなわち、本件ベランダの東側の排水口は、サンルームの構築により、塵芥の完全な除去が容易でない状況となっており、このため、本件事故による損害が増大していることは前記したとおりである。また、本件ベランダがタイル張りのために底上げされ、そのために、損害の発生が増大したことも前記のとおりであるから、これによる損害増大部分の責任を占有者に負わせることはできず、その部分は、所有者たる被告Y1が負わなければならない。

これらサンルームの構築、ベランダの底上げは、被告Y1が701号室を購入する以前の所有者がしたものであるが、それだからといって、事故発生当時の所有者である被告Y1の責任を否定することはできない。

(四) そして、被告Y2又は被告Y3の負うべき損害部分と、被告Y1が負うべき損害部分とを区分けすることができない以上、被告らは、連帯して、原告らに生じた損害を賠償する義務があるというべきである。」

Key point
・本件は、マンションのベランダに溜まっていた雨水が漏水し、階下の専有部分の漏水事故が発生し、被害を受けた区分所有者らが階上の占有者、区分所有者らの土地工作物責任に基づき損害賠償を請求した事案である。
・本判決は、漏水事故の原因がベランダに雨水が溜まり、排水口を塞いだことによって生じたものであり、排水口の塵芥を除去していれば漏水事故の発生を回避することができたとし、階上の占有者、区分所有者らの土地工作物責任を肯定したものであり、漏水事故の土地工作物責任を肯定した事例として重要な事例ということができる。

31 瑕疵による債務不履行
債務不履行を認め逸失賃料等の損害を認めた事例
東京高判平成6年2月24日判タ859号203頁

事案
　Xは、A株式会社が請け負って建築したマンションの専有部分を分譲販売業者であるY株式会社から購入し、第三者に賃貸していた。本件建物内の湿気と異臭が強く生活に適しておらず、短期間で賃借人が退去する等したため、Xは、Y、Aと原因調査を実施したところ、その原因は、共用排水管の通気管の先端が建物の内部に開口していたためであることが判明した。Xは、Yに対して本件建物に瑕疵があると主張し、売買契約上の債務不履行、瑕疵担保責任に基づき損害賠償を請求した。
　第一審判決は、請求を一部認容したため、Yが控訴し、Xが附帯控訴した。
　本件では、債務不履行の成否が争点になった。
　本判決は、建物に瑕疵があったことが債務不履行に当たるとし、逸失賃料の一部、修理費用につき相当因果関係にある損害と認め、控訴に基づき原判決を変更し、請求を一部認容し（逸失賃料、修理費用、弁護士費用の損害を認めたものの、売却差額、慰謝料の損害を否定した）、附帯控訴を棄却した。

判旨
　「三　成立に争いのない甲第一号証、原審における証人Bの証言によりその成立が認められる甲第七号証及び弁論の全趣旨によれば、本件売買契約は新築マンションを目的としたものであり、同契約には、売主である控訴人が買主である被控訴人に対し、瑕疵のない建物を引き渡す旨の合意（本件合意）が存在していたことが認められ、したがって、本件建物に本件瑕疵があったことは、控訴人の被控訴人に対する債務の不履行であるというべきであるから、控訴人は被控訴人に対し、本件瑕疵によって被控訴人が被った損害を賠償すべき責任があるものというべきである。」

・マンションは、新築であっても、中古であっても、様々な瑕疵が存在している可能性があるが、このような場合、買主としては、売主に対する損害賠償責任、建築業者、設計士に対する損害賠償責任の追及をすることが考えられる。本件は、湿気、悪臭の発生が瑕疵として問題になり、売主の損害賠償責任が問題になったところに特徴があるものである。
・本判決は、売買契約上の債務不履行を認め、逸失賃料等の損害を認めたものであり、事例として参考になる。逸失賃料の損害は、理論的には、履行利益の喪失であり、瑕疵担保責任に基づく損害には含まれないと解するのが通常である。
・本判決の評釈として、安井宏・私法判例リマークス11号72頁がある。

32 自動ドアの瑕疵・欠陥

通常の使用では危険な状態は考えられないと瑕疵・欠陥を否定した事例

東京地判平成6年3月29日判タ868号217頁

事案

Xは、75歳の高齢者であり、右下半身麻痺の障害を有していたが、建設業者であるY株式会社との等価交換方式によりマンションを建築し、その一部の専有部分を所有していた。Xは、右半身麻痺であり、杖を使用して歩いていたところ、本件マンション1階玄関の出入口の自動ドアの閉扉の際に転倒して、負傷した。Xは、Yに対してドアのセーフティストップ機能に瑕疵あるいは欠陥があったと主張して、請負契約上の債務不履行に基づき損害賠償を請求した。

本件では、請負契約上の債務不履行の成否が争点になった。

本判決は、開扉後閉扉まで40秒を要するが、通常の使用形態においてはおよそ危険な事態は考えられないとして、瑕疵、欠陥がなかったとし、請求を棄却した。

判旨

「そうすると、本件ドアの構造は、原告主張のとおり、身障者や高齢者にとって、いわゆるゴムマット式もしくは静止感知式を採用し、かつ安全光線スイッチを設置した場合に比して安全性に欠ける憾みがあるから、身障者や高齢者の使用に特別な配慮をすべきような場合には、その設置に問題がないとはいい難い（身障者や高齢者がドアに接触する位置において、身体の自由を失ったような場合には、危険な状態となろう）。

2 しかしながら、……によると、⑴本件ドアが使用している電磁マットスイッチの検出範囲は、屋内側はタテ50センチメートル・ヨコ100センチメートル、屋外側がタテ70センチメートル・ヨコ100センチメートルであり、通常の健康状態の者なら、検出範囲に踏み入れて本件ドアを通過するのに2ないし3歩、約4秒であるから、本件ドアのように開扉後閉扉が始まるまでに40秒の余裕がとられているのであれば、通常の使用形態を想定する限り、およそ危険な事態は考えられないこと、⑵現に、本件ドアと同様の構造のドアは、昭和45年ころから実用化され、平成2年度まで約20年間、延べ約6万5000箇所に設置され、一般のビルのみならず、市庁舎、図書館、ホテル、病院等の不特定多数の人々が出入りする建物で使用されてきたが、その間、製造メーカー及び被告において、その製造・設置について見直しを迫られるような事故例の報告を受けたことはなく、業界の安全指針に適ったものであること、が認められる。

そうすると、本件ドアは、身障者や高齢者の使用を専らにするなど特段の事情ないし合意がない限り、瑕疵ないし欠陥のあるものとはいい難い。」

Key point

・社会全体で高齢者、障害者が安心して生活することができるようなバリアフリー化が進行しているが、本件は、高齢者が玄関の自動ドアの開閉速度が速い等の原因でつまづき転倒したため、自動ドアの安全性が問題になったものである。

・本判決は、本件自動ドアに安全性に問題がないではないとしながらも、当時の業界の安全指針を重視し、マンションの設計・施工において身障者や高齢者の使用を専らにするなど特段の事情ないし合意がない限り、瑕疵、欠陥があるとはいえないとしたものであるが、事例として参考になるものである。また、マンションの設備によっては、管理組合の損害賠償責任も問題になり得ることにも注意が必要である。

33 自宅玄関のドアによる事故の損害賠償責任

取り付け業者らの責任を否定した事例

東京地判平成7年11月15日判タ912号203頁

事案

　Xは、11歳の子供であり、新築マンション内の自宅の玄関ドアに入ろうとし、ドアに指を挟まれ、小指を切断する等の傷害を負った。本件マンションは、Y1株式会社が建築し、Y2株式会社が分譲し、Y3株式会社が玄関ドアを取り付ける等したものであった。玄関ドアには、スチール製のドアクローザーが取り付けられており、一定速度で自動的に閉扉する仕組みになっていたが、強風の影響があり、Xが指を挟まれた。Xは、Y1らに対して、通常予想される風による荷重が加わっても安全に閉まる速度に調整して引き渡すべき義務を怠ったなどと主張し、不法行為、債務不履行に基づき損害賠償を請求した。

　本件では、玄関ドアの閉扉の調整不良の過失の有無が争点になった。

　本判決は、ドアクローザーは建設省告示「建築物性能等認定事業登録規程」の安全性に関する要求基準に適合していた等として、過失を否定し、請求を棄却した。

判旨

「1　前示一3、4のとおり、BL住宅部品は、これを取り付けた住宅の居住者等に対する安全性を十分に考慮して定められた認定基準をクリアしているものと認められること、P73BLは平成2年以降毎年5万個以上出荷され、平成6年には約6万9800個になっているが、これまで本件事故以外にP73BLを使用したドアで指を切断する事故は起きていないこと等の事実を総合すると、前示のような確認方法により基準作動速度で閉扉することを確認して本件ドア及びドアクローザーの取付工事をした被告Y3には、本件ドアの閉扉速度の調整について注意義務違反はないものと認めるのが相当である。

　…………

　しかし、原告主張の適切閉扉速度の内容は、本件部屋の周囲の環境から通常予測される程度の風による荷重を一平方メートル当たり何キログラム又は風速毎秒何メートルと主張するのかが不明確で、結局どのような閉扉速度に調整すべきか不特定である。

　仮に、原告主張の適切閉扉速度が現状の速度であるとしても、前示一8のとおり、現状の速度では自動的にラッチングしないこと、前示一2、4のとおり、本件ドア及びドアクローザーは取付後自動的にラッチングするよう設計され防火扉としての機能を期待されていることに照らすと、被告Y3に現状の速度に調整すべき義務があるとはいえない。

　また、建設省告示の登録規程は、玄関ドアの取付場所が様々であり、時に強風の影

響を受ける場所もあることを前提として、前示のとおりのＢＬ制度基準速度を定めているものと認められ、閉扉速度はユーザーにおいて市販の器具を使用してその責任で自由に調整できる構造になっていることから、ドア及びドアクローザー取付業者に対し、ＢＬ制度基準速度以外に他の条件を考慮してドア取付調整を行う義務があるというためには、当該場所が通常予測される玄関ドアの取付場所以上に強風の影響を常時受けることが明白かつ容易に予測される等の特別な事情が必要であるというべきであるところ、河川沿いに立地し周囲に高層建築物がないマンションは珍しい存在ではないし、本件マンションに対する風向も一定ではないのであるから、本件ドア及びドアクローザーの取付場所が通常予測される玄関ドアの取付場所以上に強風の影響を常時受けることが予測されるということはできない。

　また、前示一7のとおり、本件事故当日の午後6時の気象観測結果が新木場で北西の風毎秒11メートルであったこと、本件事故当時南西側洋室の窓が開いていたと認められることから、本件事故当時、本件ドアに対して瞬間的に毎秒11メートル前後の荷重が加わったことが考えられる。したがって、原告主張の適切閉扉速度に調整したとしても、当時の状況下で本件事故の発生が回避できたか不明であり、この点でも原告の主張は理由がない。」

Key point
・マンションにおいては、敷地、玄関、ベランダ、階段、エレベーター等の様々な箇所で人身事故が発生する可能性があるが（専有部分内でも人身事故の発生する可能性があることはいうまでもない）、マンションの専有部分、共用部分の区分に従ってその損害賠償責任の所在が異なるし（区分所有法9条参照）、これらの責任とは別に設計、施工等に原因がある場合には、建築業者、販売業者らの責任も問題になり得る。本件では、マンション内の自宅の玄関ドアによる事故の損害賠償責任の成否が問題になったわけである。
・本判決は、事故時の風速、ドアクローザーの性能等の事情を考慮し、玄関ドアの閉扉速度の調整について注意義務違反はないとしたものであり、玄関ドアの取付業者らの損害賠償責任を否定した事例として参考になる。本件の事故は、その態様、原因に照らすと、強風によって突然に玄関ドアが閉まり（部屋内の窓が開けられていたことからより速度が速くなったものである）、たまたま指が挟まれた偶然の事故というほかないものである。

34 暴力団員の居住
隠れた瑕疵に当たるとした事例

東京地判平成9年7月7日判時1605号71頁

事案 X1、X2は、マンションの区分所有建物をY1、Y2から購入した。本件マンションにおいては、暴力団幹部が区分所有権を有し、組員が出入りしていた。X1らは、Y1らに対して瑕疵担保責任等に基づき損害賠償等を請求した。
　本件では、民法570条所定の隠れた瑕疵があったかどうかが争点になった。
　本判決は、隠れた瑕疵を肯定し、損害賠償を一部認容した。

判旨「(三) ところで、民法570条にいう瑕疵とは、客観的に目的物が通常有すべき設備を有しない等の物理的欠陥が存する場合のみならず、目的物の通常の用途に照らしその使用の際に心理的に十全な使用を妨げられるという欠陥、すなわち心理的欠陥も含むものであるところ、建物は継続的に生活する場であるから、その居住環境として通常人にとって平穏な生活を乱すべき環境が売買契約時において当該目的物に一時的ではない属性として備わっている場合には、同条にいう瑕疵にあたるものというべきである。

　右 (一) (二) の各認定事実によれば、本件マンションは、暴力団員である訴外丙が新築当時から敷地と等価交換により居住しはじめ、同人所属の暴力団組員を多数出入りさせ、更に夏には深夜にわたり大騒ぎし、管理費用を長期間にわたって滞納する等、通常人にとって明らかに住み心地の良さを欠く状態に至っているものと認められ、右状態は、管理組合の努力によっても現在までに解消されていないことに加え、本件売買契約締結前の経緯に照らし、右事情はもはや一時的な状態とはいえないから、本件事情は本件不動産の瑕疵であると認められる。」

・民法570条は、売買において物に隠れた瑕疵が存在していた場合には、契約の解除、損害賠償を認めるものであるが、この瑕疵は、物理的な瑕疵が含まれることは当然であるものの、本件のような心理的な瑕疵、生活環境的な瑕疵が含まれるか、本件の状態が隠れた瑕疵に当たるかが問題になる。
・本判決は、隠れた瑕疵を認め、売主の損害賠償責任を肯定したものであり、事例として参考になる。本判決は、この瑕疵について、居住環境の視点を基準にしているものであることに照らすと、生活環境的な瑕疵を認めたものと評価することができるが、生活環境的な瑕疵を認めた先例として位置づけることができることになる。

35 屋上防水層工事の瑕疵
補修工事の合意の成否が争われた事例

札幌地判平成11年1月27日判夕1054号267頁

事案

　A管理組合（権利能力のない社団）は、平成7年4月頃、B管理組合連合会にマンションの簡易診断を依頼したところ、Bの建築コンサルタントから屋上防水層に膨れやひび割れが多数発生していることを指摘された。Aは、平成8年9月、屋上防水層の一部を抜き取り、C株式会社に組織分析を依頼する等し、マンションの販売業者であるY1株式会社の担当者、建設業者であるY2株式会社との間で防水工事のやり直しの交渉を行った。Aの管理者Xは、Y1、Y2に対し、やり直しの合意が成立したと主張し、本件合意に基づく履行請求、これを怠ったことによる弁護士費用相当額の損害賠償、竣工図どおりに屋上防水層工事を行わなかった不法行為に基づく損害賠償を請求した。

　本件では、やり直しの合意の成否、不法行為に基づく損害賠償請求の原告適格の有無等が争点になった。

　本判決は、やり直しの合意の成立を否定し、履行請求、弁護士費用相当額の損害賠償請求を棄却し、不法行為に基づく損害賠償請求については、原告適格を欠くとし、訴えを却下した。

判旨

　「2　右事実を前提に判断すると、先ず、被告Y1に関しては、平成八年一〇月一六日の話し合いの場でも、同被告の従業員の丙は、屋上防水層の修理について特に発言はしなかったのであるし、他に被告Y1が、本件管理組合との間において、本件マンションの屋上防水層を全面的にC-2工法でやり直す旨の合意をしたことを認めるに足る証拠はない。

　次に、被告Y2に関しては、工務部長である甲が、平成八年一〇月一六日の被告組合との話し合いの席上で、屋上防水層が竣工図通りのC-2工法ではないことが明らかになった場合には、全面的にC-2工法でやり直す旨の発言をしたことは確かであるが、甲は、本件マンションの屋上防水層の実際の施工が竣工図通りのC-2工法ではなかったときのことまで深く考えて右の発言をしたものではない。他方、当時、本件管理組合において建物補修について被告らとの交渉の窓口になっていた乙においても、被告らが、平成八年一一月五日に被告らが屋上防水層がC-2工法で施工されていないことを認めたにもかかわらず、その後も、被告らに対し、屋上防水層の補修方法について具体的に提示をするように求め、また、平成九年八月三一日開催の本件管理組合の総会の議案の説明書に、平成八年中に既に、被告らとの間で、屋上防水層を全面的にC-2工法でやり直す合意ができていたとの記載をしていないなど、平成八年一一月五日に屋上防水層をC-2工法でやり直すことが確定したとは考えていなかったことを窺わせる行動を取っているのであるから、右のような事情の下では、平

成八年一〇月一六日に、被告らと本件管理組合との間で、屋上防水層が竣工図どおりに施工されていないときには屋上防水層を全面的にやり直すことについて、法的な意味での意思の合致があったと認めることはできないといわざるを得ない。」

Key point
・マンションに物理的な瑕疵、機能的な瑕疵が存在する場合、瑕疵が存在する箇所（専有部分、共用部分）によって、瑕疵の補修工事の交渉をし、交渉がまとまったときに合意をする主体が異なる。共用部分の補修工事の場合には、管理組合、あるいは区分所有者全体を代理する者が交渉を行い、合意を有効にとりまとめることができるが、専有部分の補修工事の場合には、個々の区分所有者、あるいはその代理人が交渉を行い、合意をすることができるものである。専有部分と共用部分の双方に瑕疵があり、同時に双方の補修工事を施工することが効果的で、効率的である場合には、管理組合がまとめて交渉を行うことが有利に交渉を進行されることができるし、区分所有者の手間をかけないことになるが、後日、専有部分の補修工事に関する合意の成否、効力が争われることがある。
・本件では、管理組合が交渉の主体になって建築業者らと交渉を進めたものであるが、補修工事に関する合意の成否そのものが争われたものである。
・本判決は、交渉の経緯、内容に照らして、合意の成立を否定したものであるが、事例として参考になる。本件のような交渉を行う場合には、仮に合意が成立し、合意書を作成しなかったとしても、口頭の合意にすぎないときは、後日、その成否が争われやすいものであるから、できるだけ交渉の経緯、内容を書面によって記録しておくことが重要である。
・なお、本件では、共用部分に関する損害賠償請求については、管理者が原告適格を欠くかどうかが問題になっているが、現在では、区分所有法が改正され、管理者の原告適格が認められている（区分所有法26条4項、2項）。

36 漏水事故と管理組合の責任
管理組合の土地工作物責任を認めた事例

福岡高判平成12年12月27日判タ1085号257頁

事案　X1は、建築後約15年経過したマンションのうち、903号室の区分所有者であり、X2は、その賃借人である。X3は、同マンションの303号室の区分所有者、X4は、その配偶者である。903号室では、平成7年5月、マンション屋上ドレーンのゴミ詰まりによって漏水事故が発生する等したことから、X1、X2は、内装等の損害が発生したと主張し、Y1管理組合、管理業者であるY2株式会社、保険会社であるY3株式会社に対して土地工作物責任等に基づき損害賠償を請求した。また、303号室では、平成8年1月、503号室床下排水管の亀裂に起因する漏水事故が発生し、X3、X4は、同様な根拠で、Y1ないしY3に対して損害賠償を請求した。

第一審判決は、屋上ドレーンの清掃につきY1に過失はなく、503号室床下排水管は専有部分である等としてY1の責任を否定する等し、請求を棄却したため、X1らが控訴した。

本件では、主としてY1の土地工作物責任の成否が争点になった。

本判決は、マンションの屋上ドレーンにゴミが溜まって排水できなかったことによる漏水事故は、Y1に回避義務違反があったとし、X1との関係で管理規約上の債務不履行を肯定し（もっとも、X1との関係では示談が成立しており、損害が認められなかった）、X2との関係で土地工作物責任（民法717条2項）を肯定し、X2との関係で原判決を変更し、請求を認容し、その余のXらの控訴を棄却した。

判旨　「2　被控訴人管理組合は、管理規約は自治規範であり被控訴人管理組合と区分所有者との間に契約関係はないと主張するが、管理組合は、建物の区分所有等に関する法律三条に基づき区分所有の目的とする建物並びにその敷地等の管理のために区分所有者全員をもって構成するものとされ（管理規約六条）、敷地及び共用部分等の管理をその責任と負担において行うものとされている（同二三条本文）のであるから、管理組合において管理すべき共用部分に起因して個々の区分所有者に損害が発生した場合、その区分所有者の責に帰すべき事情がない限り、その損害が最終的には全区分所有者間でその持分に応じて分担されるとしても、先ずは管理規約に基づいて管理組合に対して請求できると解するのが相当である。そして、右の管理組合と個々の区分所有者の関係を準委任類似の関係とみるかどうかはともかく、控訴人X1らの主張が右の管理規約に基づく請求を含むものとする余地があるので、さらに検討する。

　　…………

4　屋上排水ドレーンのゴミ詰まりによる漏水事故

第一事故が発生した屋上排水ドレーンが共用部分であることは当事者間に争いがない。

証拠（甲四八の一ないし四、乙イ二の一、二、乙ロ七、原審証人Ｂ、原審控訴人Ｘ１）によれば、第一事故の約三年前である平成四年四月二八日に屋上排水ドレーンにゴミ（鳥が運んできたわら等）がたまって排水できず、低位置にあった通気孔から九〇三号室に水漏れが生じ、さらに八〇三号室まで水漏れが生じたという事故があり、その際被控訴人管理組合と被害者二名（九〇三号室の控訴人Ｘ１及び八〇三号室のＡ）との間で示談書が交わされ、被控訴人Ｙ３から被控訴人管理組合に対し損害保険金が支払われたことが認められること、ゴミがたまって屋上排水ドレーンが詰まるのを防ぐための措置をとることが著しく困難であるとは考え難いこと（毎月の掃除のほか、排水口に大きめの椀型の網の蓋をかぶせ、また通気孔を高くする方法等が考えられ、現に平成九年二月に同様の改修工事が行われた。）などにかんがみると、被控訴人管理組合は屋上排水ドレーンのゴミ詰まりによる漏水事故の結果を予見してこれを回避することが可能であり、そうすべき義務があったというべきであり、これを怠った過失を認めることができる。また、右は工作物の設置又は保存の瑕疵に該当するというべきである。したがって、屋上排水ドレーンを管理していた被控訴人管理組合は右瑕疵によって損害を蒙った者に対し管理規約に基づく責任あるいは工作物の不法行為責任を免れない（民法七一七条一項）。

　以上によれば、右漏水事故によって控訴人Ｘ１らに損害が発生したとすれば、被控訴人管理組合は、控訴人Ｘ１に対しては管理規約による管理責任として、控訴人Ｘ２に対しては不法行為責任として、同控訴人らの損害を負担すべきことになる。

5　屋上等のクラックからの雨水等の侵入

　管理規約八条によれば屋上、外壁は共用部分であるから、前記のとおり、被控訴人管理組合がその管理義務を怠った場合には管理規約による管理責任が認められる余地がある。また、屋上等のクラックから雨水等が侵入するのは、本件マンションが通常有すべき安全性を欠いていたというべきであり、工作物の保存に瑕疵（民法七一七条一項）があったというべきであるから、工作物責任も免れないことになる。」

Key point

- 本件は、マンション内の漏水事故について、主として管理組合の損害賠償責任の有無が問題になった控訴審の事案である（控訴審で問題になった漏水事故は2件である）。
- マンションにおける漏水事故は、重大な事故の１つであり、マンションの安全性、快適性に重大な影響を与えるものである。漏水事故の原因は、様々であり得るが、漏水の原因につき故意・過失がある場合には、故意・過失のある者に対して不法行為責任の追及が可能であり、マンションに漏水の原因となる瑕疵がある場合には、専有部分・共用部分の所在に従って（もっとも、区分所有法９条参照）、区分所有者、管理組合らに対して土地工作物責任の追及が可能である。
- 本判決は、903号室の漏水事故については、管理組合の屋上ドレーンの管理過誤を認め、区分所有者との関係では管理規約上の債務不履行責任を肯定し、賃借人との関係では土地工作物責任を肯定したものであり、いずれの判断も重要な事例として参考になる。
- また、本判決は、303号室の漏水事故については、漏水箇所が階上の専有部分に属するものであるとし、管理組合の責任を否定したものであり、この判断も事例として参考になる。

37 青田買いマンションの欠陥

瑕疵を認めた売買契約の解除、売主の賠償責任を肯定した事例

東京地判平成15年4月10日判時1870号57頁

事案　Y1株式会社は、マンションの建築を計画し、Y2株式会社に設計・監理を依頼し、A株式会社に建築工事を請け負わせた。Aは、建築工事を施工し、Y1がマンションの完成前から販売を開始したところ、X1、X2がマンションの1階を青田買いし、各専有部分を購入した（X1につき、代金4,210万円、X2につき、代金4,310万円）。Xらは、マンションの完成の後、引渡しを受け、居住したが、浸水が発生した。X1らがY1に対して債務不履行、瑕疵担保、不法行為に基づき、Y2に対して不法行為に基づき損害賠償を請求した。なお、Aは、平成11年1月、会社更生手続開始決定を受けた。

本件では、Y1のマンションの瑕疵・欠陥の有無・程度、債務不履行責任の成否、瑕疵担保責任の成否、不法行為責任の成否、Y2の不法行為の成否、損害額等が争点になった。

本判決は、マンション周辺の地域的特色として浸水しやすい状態にあったにもかかわらず、設計段階から盛り土等の十分な対策をとらなかった瑕疵がある等とし（マンションの欠陥を肯定した）、売買契約の解除、損害賠償責任を肯定し、損害賠償の範囲については、実質的に説明義務違反の債務不履行ないし不法行為をも構成するものであるとし、売買代金、購入に要する費用、修補費用、慰謝料、調査鑑定費用、雑損、弁護士費用の各損害を認め、Y1に対する請求を認容し、Y2に対する請求を棄却した。

判旨　「イ　そこで、本件浸水被害が、被告らの責任の有無・態様はさておき、その責任判定の対象となる本件マンションの欠陥に起因するものであるということができるか否かについて検討すると、《証拠略》によれば、本件マンションは、その完成直前に、雨水が一階部分に浸水する事件が発生したことがあったこと、そこで、被告Y1は、その対策として、本件マンションの玄関に防潮板を設置したこと、本件マンションの近隣にある類似のマンションでは、その敷地に盛り土をして、地表面をかさ上げして建築している場合が多く、そのようなマンションでは、本件マンションに溢水被害が発生した程度の雨水では、浸水被害は発生していないことが認められるのである。本件浸水被害は、要するに、本件マンションの地表面が浸水し易い状態であったのに、盛り土もしないで、そのまま建築されたため、一階部分が浸水し易い状態となって発生したものであって、設計段階から、本件マンションの以上のような立地条件を把握していれば、本件マンションの地表面をそのままにして建築することはなかったと推認されるところである。上記の防潮板も、いわば泥縄式の対策であって、《証拠略》から窺われるその形状・外観などに鑑みても、マンションの分譲業者であれば、当初からそのような防潮板をマンションの玄関に設置しては、当該マンションが「売り物」にならないことが火を見るより明らかといえるほどに、マン

ションの居住者に不便を強い、美観も損ね、ひんしゅくすら買いかねないものであって、浸水被害の対策としても杜撰というほかなく、そのことも、当初から、浸水被害の対策が考えられていなかったことを物語るものである。

　ウ　被告らは、本件浸水被害が不可抗力であったように主張するが、以上認定のとおり、本件マンションに近隣するマンションでは、本件各室に浸水被害があった降雨のときであっても、浸水被害が生じてないと認められるのである。これら近隣のマンションと本件マンションとが盛り土の有無以外に殊更に浸水対策において差異があると認めるに足りる証拠はない。したがって、本件浸水被害があった日の雨量等を検討するまでもなく、この点で既に不可抗力であったという被告らの主張は当たらない。

　エ　また、被告らは、本件浸水被害の発生後に施した対策で浸水事故は防止し得るので、欠陥はなくなっているようにも主張する。しかし、平成九年の段階では、なお浸水事故を防止し得なかったことは以上認定のとおりであり、また、平成一四年の段階では、いわば一階レベルに本件マンションの内外を遮断する仕切りを設置したというに等しい。本件マンションへの出入りが阻害された状態で、浸水事故が防止し得たといっても、浸水被害の対策として杜撰というほかなく、本件マンションへの出入りを可能にした上での防水対策でなければ、居住を目的としたマンションとしては、十分でないといわなければならない。

　オ　本件マンションの一階部分に浸水事故が発生し、その防水対策のため、上記のような防潮板を設置し、仕切りをせざるを得ないことは、居住用の本件マンションの機能を著しく損なうものであって、結局のところ、本件マンションに盛り土をせず、他に十分な浸水対策をとっていない点で、本件マンションに欠陥があるといわざるを得ない。」

Key point

・本件は、マンションの欠陥が浸水被害であること、マンションの建設業者が倒産したことから、売主、設計・監理業者の不法行為責任等が問題になったことに事案としての特徴がある。本件では、マンションの建設業者の責任が問われておらず、販売業者、設計業者の責任が問題になったものである。

・本判決は、まず、マンションの浸水に関する欠陥の有無、原因について、居住用のマンションであることを前提とし、盛り土が十分でなかったことによって浸水が生じる欠陥を肯定し、瑕疵担保責任における瑕疵を認めたものである。本判決のこの判断は、様々な内容・態様の不具合、欠陥が問題になり得るマンションについて、浸水の欠陥を肯定した事例になるものである。

・本判決は、この欠陥を前提として瑕疵担保責任を肯定し、売買契約の解除を認め、売主の損害賠償責任を肯定したものであるが、新築マンションの売主の瑕疵担保責任を肯定した事例として一例を加えたものである。

・また、本判決は、設計業者の責任については、設計自体に問題があったわけではないとし、その不法行為を否定したものであり、設計業者の不法行為を否定した事例判断として参考になるものである。

・本判決は、さらに、売主の瑕疵担保責任に基づく損害賠償の範囲について、売買代金、購入に要する費用、修補費用、慰謝料、調査鑑定費用、雑損、弁護士費用の各損害を認めているが、同種の裁判例と比べてみると、相当に広く損害賠償を認めている。本判決のこの判断については、理論的にも疑問が残るし、事案の判断としても疑問が残るものであって、先例として利用するに当たっては慎重な検討が必要である。

38 シックハウス

高濃度のホルムアルデヒドは隠れた瑕疵に当たるとした事例

東京地判平成17年12月5日判時1914号107頁

事案

　Y株式会社は、新聞折込ちらし、パンフレットに環境物質対策基準を遵守した旨を記載し、マンションを分譲していたところ、X1、X2は、平成14年7月27日、Y株式会社からマンション（本件建物）を代金4350万円で購入し、平成15年5月29日、本件建物の引渡しを受け、所有権保存登記を経由した。X1らは、台東保健所に依頼し、平成15年7月25日、室内空気環境調査の簡易測定を行ったところ、高い濃度のホルムアルデヒドが測定された。X1らは、同年8月22日、本件建物に搬入した家財道具を搬出し、同月28日、書面により、Yに対して消費者契約法4条による取消し、瑕疵担保責任に基づく解除等の意思表示をした。X1、X2は、本件建物がシックハウスであり、居住が不可能であると主張し、Yに対して消費者契約法4条1項に基づく売買契約の取消し、売買契約の無効、詐欺に基づく取消しを理由とする不当利得返還、瑕疵担保責任による契約解除・損害賠償、債務不履行、不法行為に基づく損害賠償を請求した。

　本件では、消費者契約法に基づく取消しの成否、詐欺による取消しの成否、錯誤による無効の成否、瑕疵担保の成否、債務不履行の成否、不法行為の成否等が争点になった。

　本判決は、X1らに本件建物が引き渡された当時のホルムアルデヒドの濃度が$100\mu g/m^3$を相当程度超える水準にあったものと推認し、本件売買契約においては、本件建物の備えるべき品質として、本件建物自体が環境物質対策基準に適合していること、ホルムアルデヒド等の環境物質の放散につき、少なくとも契約当時行政レベルで行われていた各種取組みにおいて推奨されていたというべき水準の室内濃度に抑制されたものであることが前提とされていたとし、行政レベルの水準が$100\mu g/m^3$（$0.1mg/m^3$）であるとし、本件建物にはこれを超える瑕疵があったとし、Yの瑕疵担保責任を肯定し（債務不履行、不法行為は否定した）、信頼利益の賠償額として4791万円余を認定し、損害賠償請求を認容した。

判旨

「イ　瑕疵の内容

　前提事実(3)記載のとおり、被告は、本件建物を含むマンションの分譲に当たり、環境物質対策基準であるJASのFc0基準及びJISのE0・E1基準を充足するフローリング材等を使用した物件である旨を本件チラシ等にうたって申込みの誘引をなし、原告らがこのような本件チラシ等を検討の上被告に対して本件建物の購入を申し込んだ結果、本件売買契約が成立したのである。そうである以上、本件売買契約においては、本件建物の備えるべき品質として、本件建物自体が環境物質対策基準に適合していること、すなわち、ホルムアルデヒドをはじめとする環境物質の放散につき、少なくとも契約当時行政レベルで行われていた各種取組において推奨されていたとい

うべき水準の室内濃度に抑制されたものであることが前提とされていたものと見ることが、両当事者の合理的な意思に合致するものというべきである。

　そこで、本件売買契約において前提とされていたと見るべき本件建物内のホルムアルデヒド濃度の水準について検討する。住宅室内におけるホルムアルデヒド濃度に関しては、厚生省（当時）の組織した「快適で健康的な住宅に関する検討会議住宅関連基準策定部会化学物質小委員会」が、世界保健機構による室内濃度指針値の提案を吟味した結果として、平成九年六月、「ホルムアルデヒドの室内濃度指針値として、三〇分平均値で〇・一ミリグラム／立方メートル以下を提案する。」とした（厚生省指針値）。また、財団法人住宅・建築省エネルギー機構の健康住宅研究会は、この提案を踏まえ、平成一〇年三月、住宅建築の設計、施工の立場から居住者の健康被害を排除することを目標とした検討の結果として住宅生産者向けの「室内空気汚染の低減のための設計・施工ガイドライン」及び消費者向けの「室内空気汚染の低減のためのユーザーズ・マニュアル」を作成、公表した。その後も、建築物における衛生的環境の確保に関する法律の定める建築物環境衛生管理基準として、ホルムアルデヒドの量につき「空気一立方メートルにつき〇・一ミリグラム以下」と定められる（同法四条一項、同法施行令二条二号）など、建築物におけるホルムアルデヒドに関する法的規制が行われた。さらに、平成一四年七月五日には、ホルムアルデヒドを規制対象化学物質の一つとしてシックハウス症候群対策のための規制の導入を盛り込んだ建築基準法等の一部を改正する法律案が国会で可決成立し、平成一五年七月にはこれが施行された。

　以上の取組をはじめとする本件売買契約当時までの住宅室内のホルムアルデヒド濃度に関する一連の立法、行政における各種取組の状況を踏まえると、当時行政レベルで行われていた各種取組においては、住宅室内におけるホルムアルデヒド濃度を少なくとも厚生省指針値の水準に抑制すべきものとすることが推奨されていたものと認めるのが相当である。

　そして、本件においては、前記のとおり、原告らに対する引渡当時における本件建物の室内空気に含有されたホルムアルデヒドの濃度は、一〇〇マイクログラム／立方メートル（〇・一ミリグラム／立方メートル）を相当程度超える水準にあったものと推認されることから、本件建物にはその品質につき当事者が前提としていた水準に到達していないという瑕疵が存在するものと認められる。

　また、当該瑕疵は科学的な測定によってはじめて具体的に存在を知りうる性質のものであること、健康被害が具体的に発生するには相応の期間高濃度のホルムアルデヒドその他の化学物質に曝されていることを要することなどを考えると、当該瑕疵は取引上要求される一般的な注意を払っていても容易に発見し得ないものであるというべきである。したがって、当該瑕疵の存在につき原告らは善意無過失であり、隠れた瑕疵ということができる。

そして、当該瑕疵の結果、原告らはいったんは搬入した家財道具をわずか一か月後に再度搬出し、以後本件建物に居住していないのであるから（前提事実(7)）、当該瑕疵により本件売買契約の目的を達成することができないことは明らかである。」

・本件は、マンションが分譲され、専有部分等を購入したところ、高い濃度のホルムアルデヒドが測定されたため、区分所有者が分譲業者に対して瑕疵担保責任等に基づき損害賠償等を請求した事案である。建物における化学物質過敏症がシックハウスの問題として関心を呼び、建築業者、建材の提供業者、行政当局等において問題が取り上げられ、対策が検討されてきたが、本件は、マンションの分譲においてシックハウスが瑕疵担保責任等として問題になった事件である。
・マンションの分譲に当たっても、購入者において敷地の土壌汚染、建材の安全性等の安全・安心の問題に対する関心が高まっているところであり、今後とも本件のような事件が発生する可能性が相当にある。
・本判決は、ホルムアルデヒド濃度が行政当局の指針値を超えていること等から、隠れた瑕疵であることを認め、瑕疵担保責任を肯定したものであり、事例として参考になる。

39 外壁タイルの剥落

財産的損害のほか精神的損害を認めた事例

福岡高判平成18年3月9日判タ1223号205頁

事案

X1〜X6は、Y株式会社が分譲したマンション（総戸数260戸）の各専有部分を購入した。ところが、その頃から、外壁タイルが剥離、剥落したことから、マンション工事を施工したA株式会社等が調査し、補修工事を施した。X1〜X6は、Yに対して瑕疵担保責任に基づき財産的損害、慰謝料を請求した。

第一審判決は、慰謝料を認める根拠がなく、財産的損害は補修工事によって現在は存在しないとし、請求を棄却したため、X1らが控訴した。

本件では、瑕疵担保責任が認められるか、損害額がいくらであるかが争点になった。

本判決は、瑕疵担保責任を認めた上、財産的損害として代金額の5パーセントを下らないとし、慰謝料として20万円を認め、原判決を変更し、請求を認容した。

判旨

「(1) 財産的損害について

ア　前提事実のとおり、被控訴人が新築した本件マンションの外壁タイルに、その後剥離・剥落という瑕疵が存したことや控訴人らが被控訴人から本件マンションの各室を購入したことは、当事者間に争いがない。そして、前提事実及び事実関係で認定したとおり、控訴人らが本件マンションの各室を購入したのは、いずれもその竣工後間もなくであり、これらはいわゆる新築物件であること、本件外壁タイルの剥離・剥落は、既に本件マンションの竣工前である平成10年11月ころから見られ、その後も継続、拡大したものであること、被控訴人は、控訴人らに対する各室の販売の際、この外壁タイルの剥離・剥落を知っていた可能性がうかがわれること、控訴人らが入居して1年ないし2年足らずで、大規模な本件補修工事に至ったこと、本件マンションの外壁タイルは、高級感や意匠性が重視されていたものであるところ、本件補修工事は、施工方法につき、新築時の工法と異なり、目地の仕上げを浅く変更したり、一部アンカーピンニング工法を採用するなどして、完全な意味での回復を図ったものではないことは明らかである。そうすると、まず、本件マンションの上記瑕疵により、控訴人らが購入した各室の経済的価値が、いずれもその購入時において、上記瑕疵がない場合のそれと比較して低下していることは否定しがたいところである。すなわち、本件マンションの売主である被控訴人は、売主の瑕疵担保責任として、瑕疵の存在を知らずに合意した売買代金額と瑕疵を前提にした目的物の客観的評価額との差額に相当する、この経済的価値の低下分について、損害賠償義務を負わなければならないことになる。そして、本件補修工事によって上記瑕疵が修復された結果、外壁としての機能上の問題は今のところ解消されたということができようが、本件マンションの外観上の完全性が回復されたということはできない。すなわち、本件マンションの上記瑕疵が顕在化したことから一度生じた、本件マンションの新築工事には外壁タイル以外にも施工不良が存在するのではないかという不安感や新築直後から本件マンションの外壁タイルに対して施工された大規模な本件補修工事から一般的に受

ける相当な心理的不快感、ひいてはこれらに基づく経済的価値の低下分は、本件補修工事をもってしても到底払拭しがたいといわなければならない。そして、いわゆるマンション分譲における各室の購入者は、その経済的価値としては、各室の使用価値とともに交換価値（資産価値）にも重大な関心を有していることが一般である。実際、903号室に関する不動産競売手続において、外壁タイルの剥離・剥落をもって減額要素の1つとして評価されているのである。かかる事情からすれば、本件補修工事後においても、なお、控訴人らが購入した本件マンションの各室については、その共用部分である外壁タイルの瑕疵に起因する経済的価値の低下が存続していることは否定できない。そして、本件では、外壁タイルの施工不良が新築直後から顕在化していることからしても、この瑕疵による各室の交換価値の低下分を売主の瑕疵担保責任でもって填補する必要性は大きいといわなければならない。このように、この各室の交換価値の低下分をもって売主の瑕疵担保責任における財産的損害とする以上、外壁タイルの剥離・剥落が専ら共用部分に生じたものであっても、その共用部分を共有する建物区分所有者たる控訴人らの損害賠償請求が否定される理由はないことになる。したがって、上記瑕疵が本件マンションの共用部分に存することを理由に、控訴人らによる個別の売主の瑕疵担保責任に基づく損害賠償請求を認める余地はない旨の被控訴人の主張は、採用できない。

　　イ　そこで、上記瑕疵による各室の交換価値の低下分について検討する。
(ア)　上記事実関係で認定した本件マンションの各室の売却事例（以下「参考売却事例」という。）は、いずれも本件補修工事中ないし工事後になされているから、外壁タイルの剥離・剥落及び本件補修工事を前提に取引されたとみることができるものである。そして、各売却価額と新築当初の売り出し価格を比較すると、(1)709号室は約3年5か月の間に約24パーセント、(2)1403号室は同期間の間に約17パーセント、(3)323号室は約2年5か月の間に約13パーセント、(4)411号室は約2年3か月の間に約12パーセント、(5)423号室は約2年7か月の間に約13パーセント、(6)523号室は約2年2か月の間に約14パーセントのそれぞれ販売価格の下落が認められる。また、競売手続の行われた903号室については、外壁剥離の事実を含めた維持・管理の状況、リフォームの必要状況に関し、全体で30パーセントの減額要素としていることは既に見たとおりである。そこで、これらの外壁タイルの剥離・剥落の時期・状況、本件補修工事の内容、参考売却事例などを総合すると、現存する上記瑕疵に起因する控訴人らが購入した本件マンションの各室の交換価値の低下分は、それぞれ控訴人らの購入した各室の建物価格の5パーセントを下らないと認めるのが相当である。」

・本件は、マンションの分譲前後から外壁のタイルの剥離、剥落が判明し、施工業者によって補修工事が施工されたが、区分所有者の一部が分譲業者に対して財産的損害、慰謝料を請求した控訴審の事案である。本件は、外壁のタイルの剥離、剥落という瑕疵のあることは明白であったが、補修工事を施工していること、財産的損害、精神的損害が主張されたことに特徴がある。
・本判決は、前記のとおり、財産的損害、精神的損害を認めたものであり、事例として参考になる。

4

専有・共用部分の区分

40 所有権保存登記をした車庫

専有部分の2要件として構造上・利用上の独立性を示した事例

最一小判昭和56年6月18日民集35巻4号798頁

事案　Xらは、A株式会社が分譲したマンションの区分所有者らで、管理者である。Aは、マンション内の車庫（3面がブロック塀で囲まれ、出入口は鉄パイプによる遮蔽装置が取り付けられている）、倉庫（壁、扉等によって区分されているが、大きく2つの部分に区切られており、床にマンホール、壁にスイッチ等が設置され、パイプ等が通っている）について、所有権保存登記を経ていた。Aにつき会社更生手続が開始され、Yが更生管財人に選任された。Xらは、Yに対して所有権保存登記の抹消登記手続を請求した。

本件では、車庫、倉庫が専有部分であるかどうかが争点になった。

第一審判決（東京地判昭和51年10月12日判時851号198頁）は、倉庫につき、共用施設が設置されており、利用上の独立性を有しないとし、専有部分であることを否定し、車庫につき専有部分であるとし、倉庫に関する所有権保存登記の抹消登記手続請求を認容したため、Xら、Yが控訴した。

控訴審判決（東京高判昭和53年8月16日判時906号46頁）は、第一審判決と同様に解し、双方の控訴を棄却したため、Xらが上告した（本件では車庫が専有部分であるかどうかのみが争点になった。なお、Yの上告した事件は別件になっている）。

本判決は、共用施設が設置されている場合であっても、専有部分になり得るとし、本件車庫は専有部分に当たるとし、上告を棄却した。

判旨　「建物の区分所有等に関する法律1条にいう構造上他の部分と区分された建物部分とは、建物の構成部分である隔壁、階層等により独立した物的支配に適する程度に他の部分と遮断され、その範囲が明確であることをもって足り、必ずしも周囲すべてが完全に遮蔽されていることを要しないものと解するのが相当である。そして、このような構造を有し、かつ、それ自体として独立の建物としての用途に供することができるような外形を有する建物部分は、そのうちの一部に他の区分所有者らの共用に供される設備が設置され、このような共用設備の設置場所としての意味ないし機能を一部帯有しているようなものであっても、右の共用設備が当該建物部分の小部分を占めるにとどまり、その余の部分をもって独立の建物の場合と実質的に異なるところのない態様の排他的使用に供することができ、かつ、他の区分所有者らによる右共用設備の利用、管理によって右の排他的使用に格別の制限ないし障害を生ずることがなく、反面、かかる使用によって共用設備の保存及び他の区分所有者らによる利用に影響を及ぼすこともない場合には、なお建物の区分所有等に関する法律にいう建物の専有部分として区分所有権の目的となりうるものと解するのが相当であ

る。
　…………
　右事実関係のもとにおいては、本件車庫が、建物の区分所有等に関する法律にいう、一棟の建物のうち構造上他の部分と区分され、それ自体として独立の建物としての用途に供することができる建物部分であり、建物の専有部分として区分所有権の目的となるものとした原審の判断は、正当として是認することができ、原判決に所論の違法はない。」

・マンション内の建物部分は、構造上の独立性、利用上の独立性の２つの要件を満たす場合、専有部分と認められるものであると解され、実務上も同様に取り扱われているところである。本件では、倉庫、車庫につき専有部分であるかが問題になったところ、上告審では、車庫のみが問題になったものである（倉庫が問題になった事件は別件になった）。
・本判決は、構造上の独立性については、建物の構成部分である隔壁、階層等により独立した物的支配に適する程度に他の部分と遮断され、その範囲が明確であることをもって足り、必ずしも周囲すべてが完全に遮蔽されていることを要しないものと解するのが相当であるとし、利用上の独立性については、建物部分のうちの一部に共用施設が設置されていても、その共用設備がその建物部分の小部分を占めるにとどまり、その余の部分をもって独立の建物の場合と実質的に異なるところのない態様の排他的使用に供することができ、かつ、他の区分所有者らによるその共用設備の利用、管理によってその排他的使用に格別の制限ないし障害を生ずることがなく、反面、かかる使用によって共用設備の保存及び他の区分所有者らによる利用に影響を及ぼすこともない場合には、専有部分となりうるものと解するのが相当であるとし、本件では、車庫に共用施設が設置され、利用されていても、専有部分に当たるとしたものである。本判決は、専有部分として認められる要件として、構造上の独立性、利用上の独立性の２つの要件が必要であることを明らかにした上、共用施設が設置されている場合の利用上の独立性の判断基準を明らかにし、共用施設が設置された車庫につき専有部分に当たるとした事例であり、理論的にも、事例判断としても重要な判例である。
・本判決の評釈として、大塚直・法協100巻４号151頁、丸山英気・判評276号20頁、判タ472号31頁、遠藤賢治・ジュリスト749号108頁がある。

41 所有権保存登記をした倉庫

共用施設が設置され利用されていたとしても専有部分になる可能性があるとした事例

最一小判昭和56年6月18日判時1009号63頁

事案　Xらは、A株式会社が分譲したマンションの区分所有者らで、管理者である。Aは、マンション内の車庫（3面がブロック塀で囲まれ、出入口は鉄パイプによる遮蔽装置が取り付けられている）、倉庫（壁、扉等によって区分されているが、大きく2つの部分に区切られており、床にマンホール、壁にスイッチ等が設置され、パイプ等が通っている）について、所有権保存登記を経ていた。Aにつき会社更生手続が開始され、Yが更生管財人に選任された。Xらは、Yに対して所有権保存登記の抹消登記手続を請求した。

本件では、車庫、倉庫が専有部分であるかどうかが争点になった。

第一審判決（東京地判昭51年10月12日判時851号198頁）は、倉庫につき、共用施設が設置されており、利用上の独立性を有しないとし、専有部分であることを否定し、車庫につき専有部分であるとし、倉庫に関する所有権保存登記の抹消登記手続請求を認容したため、Xら、Yが控訴した。

控訴審判決（東京高判昭53年8月16日判時906号46頁）は、第一審判決と同様に解し、双方の控訴を棄却したため、Yが上告した（本件では倉庫が専有部分であるかどうかのみが争点になった。なお、Xらの上告した事件は別件になっている）。

本判決は、共用施設が設置されている場合であっても、専有部分になり得るとし、倉庫が専有部分になる可能性があるとし、原判決を破棄し、本件を東京高裁に差し戻した。

判旨　「しかしながら、一棟の建物のうち構造上他の部分と区分され、それ自体として独立の建物としての用途に供することができるような外形を有する建物部分であるが、そのうちの一部に他の区分所有者らの共用に供される設備が設置され、このような共用設備の設置場所としての意味ないし機能を一部帯有しているようなものであっても、右の共用設備が当該建物部分の小部分を占めるにとどまり、その余の部分をもって独立の建物の場合と実質的に異なるところのない態様の排他的使用に供することができ、かつ、他の区分所有者らによる右共用設備の利用、管理によって右の排他的使用に格別の制限ないし障害を生ずることがなく、反面、かかる使用によって共用設備の保存及び他の区分所有者らによる利用に影響を及ぼすこともない場合には、なお建物の区分所有等に関する法律にいう建物の専有部分として区分所有権の目的となりうるものと解するのが相当である。

これを本件についてみると、原審が認定した前記事実によれば、第二倉庫は、構造上他の部分と区分され、それ自体として独立の建物としての用途に供することができる外形を有する建物部分であるが、他の区分所有者らの共用に供される設備として、床から高さ約2.05メートルの高さの部分に電気、水道等のパイプが設置されていると

いうにすぎず、右共用設備の利用、管理によって第二倉庫の排他的使用に格別の制限ないし障害を生ずるかどうかの点についてはなんら明確にされていないから、原審の認定した事実のみでは、少なくとも第二倉庫についてはそれが建物の区分所有等に関する法律にいう建物の専有部分として区分所有権の目的となることを否定することはできないものといわなければならない。そうすると、原審が、右の点を斟酌することなく第二倉庫を含め本件倉庫全体を共用部分であると判断し、本件倉庫についてされた所有権保存登記の抹消登記手続を認容すべきものとしたのは、建物の区分所有等に関する法律の解釈適用を誤った違法があるといわざるをえず、論旨は理由がある。」

Key point
・マンション内の建物部分は、構造上の独立性、利用上の独立性の２つの要件を満たす場合、専有部分と認められるものであると解され、実務上も同様に取り扱われているところである。本件では、倉庫、車庫につき専有部分であるかが問題になったところ、上告審では、倉庫のみが問題になったものである（車庫が問題になった事件は別件になった）。
・本判決は、利用上の独立性について、建物部分のうちの一部に共用施設が設置されていても、その共用設備がその建物部分の小部分を占めるにとどまり、その余の部分をもって独立の建物の場合と実質的に異なるところのない態様の排他的使用に供することができ、かつ、他の区分所有者らによるその共用設備の利用、管理によってその排他的使用に格別の制限ないし障害を生ずることがなく、反面、かかる使用によって共用設備の保存及び他の区分所有者らによる利用に影響を及ぼすこともない場合には、専有部分となりうるものと解するのが相当であるとし、本件では、倉庫に共用施設が設置され、利用されていても、専有部分に当たり得る可能性があるとしたものである。本判決は、専有部分として認められる要件として、構造上の独立性、利用上の独立性の２つの要件が必要であることを明らかにした上、共用施設が設置されている場合の利用上の独立性の判断基準を明らかにし、共用施設が設置された倉庫につき専有部分に当たり得るとした事例であり、最一小判昭和56年６月18日民集35巻４号798頁とともに、理論的にも、事例判断としても重要な判例である。
・なお、本件は、差戻しの後、東京高判昭和57年４月20日判時1047号80頁は、本件倉庫が専有部分であるとし、請求を棄却したため、Ｘらが上告したところ、最二小判昭和61年４月25日判時1199号67頁は、本件倉庫が専有部分として、上告を棄却し、「一棟の建物のうち構造上他の部分と区分され、それ自体として独立の建物としての用途に供することができるような外形を有する建物部分は、そのうちの一部に他の区分所有者らの共用に供される設備が設置され、このような共用設備の設置場所としての意味ないし機能を一部帯有しているようなものであって、右の共用設備が当該建物部分の小部分を占めるにとどまり、その余の部分をもって独立の建物の場合と実質的に異なるところのない態様の排他的使用に供することができ、かつ、他の区分所有者らによる右共用設備の利用、管理によって右の排他的使用に格別の制限ないし障害を生ずることがなく、反面、かかる使用によって共用設備の保存及び他の区分所有者らによる利用に影響を及ぼすこともない場合には、なお建物の区分所有等に関する法律にいう建物の専有部分として区分所有権の目的となりうるものと解するのが相当である（最高裁昭和53年オ第1373号同56年６月18日第一小法廷判決・民集35巻４号798頁、同昭和55年オ第554号同56年７月17日第二小法廷判決・民集35巻５号977頁参照）。
・これを本件についてみるに、……(6) 本件第一倉庫及び本件第二倉庫を排他的に使用することによって、その内部に設置されている前記共用設備の保存及び他の区分所有者らによるその利用に影響を及ぼすこともない、というのである。右事実関係のもとにおいては、本件第一倉庫及び第二倉庫が、建物の区分所有等に関する法律にいう、一棟の建物のうち構造上他の部分と区分され、それ自体として独立の建物としての用途に供することができる建物部分であり、建物の専有部分として区分所有権の目的となるものとした原審の判断は、正当として是認することができ、原判決に所論の違法はない。」と判示している。

42 所有権保存登記をした車庫

共用施設設置の場合の利用上の独立性を判断する基準を明らかにした事例

最二小判昭和56年7月17日民集35巻5号977頁

事案

マンションの建築業者であるＹ１株式会社は、自己が建築した複合マンションの地階部分にある車庫について所有権保存登記を経た後、その一部を改造して、店舗等としてＹ２らに賃貸していた。マンションの区分所有者Ｘらは、車庫らが共用部分に当たると主張し、Ｙ１に対して車庫、店舗部分の所有権保存登記の抹消登記手続、Ｙ１、Ｙ２らに対して明渡しを請求した。本件車庫は、天井に配線や配水管が取り付けられ、床下には浄化槽、受水槽があり、床にはマンホール、排水ポンプが設けられていた。

本件では、車庫が専有部分であるかが争点になった。

第一審判決は、車庫が専有部分であるとして、請求を棄却したため、Ｘらが控訴した。

控訴審判決は、車庫が共有部分であるとして、第一審判決を取り消し、請求を認容したため、Ｙ１らが上告した。

本判決は、専有部分の可能性があるとして、原判決を破棄し、本件を原審に差し戻した。

判旨

「しかしながら、一棟の建物のうち構造上他の部分と区分され、それ自体として独立の建物としての用途に供することができるような外形を有する建物部分であるが、そのうちの一部に他の区分所有者らの共用に供される設備が設置され、このような共用設備の設置場所としての意味ないし機能を一部帯有しているようなものであっても、右の共用設備が当該建物部分の小部分を占めるにとどまり、その余の部分をもって独立の建物の場合と実質的に異なるところのない態様の排他的使用に供することができ、かつ、他の区分所有者らによる右共用設備の利用、管理によって右の排他的使用に格別の制限ないし障害を生ずることがなく、反面、かかる使用によって共用設備の保存及び他の区分所有者らによる利用に影響を及ぼすこともない場合には、なお建物の区分所有等に関する法律にいう建物の専有部分として区分所有権の目的となりうるものと解するのが相当である（最高裁昭和53年（オ）第1373号同56年6月18日第一小法廷判決参照）。

これを本件についてみると、原審が認定した前記事実によれば、本件車庫は、構造上他の部分と区分され、それ自体として独立の建物としての用途に供することができる外形を有する建物部分であるが、他の区分所有者らの共用に供される設備として、前記のように、天井には配管類が取り付けられ、床下にはし尿浄化槽と受水槽があり、床面には床下に通ずるマンホールが設けられ、本件車庫内に手動ポンプが設置されて

いて、右浄化槽等の点検、清掃、故障修理のため随時専門業者が本件倉庫内に立ち入って作業をすることが予定されているというにすぎず、右共用設備の利用、管理によって本件車庫の排他的使用に格別の制限ないし障害を生ずるかどうかの点についてはなんら明確にされていないし、マンション内の車庫は車庫であるとの理由によって区分所有者らの共用部分であると認める論拠に乏しいから、原審の認定した事実のみでは、本件車庫が建物の区分所有等に関する法律にいう建物の専有部分として区分所有権の目的となることを否定することはできないものといわなければならない。そうすると、原審が、右の点を斟酌することなく本件車庫を共用部分であると判断したのは、建物の区分所有等に関する法律の解釈適用を誤った違法があるといわざるをえず、この違法が原判決に影響を及ぼすことは明らかであるから、論旨は理由がある。」

・本件は、マンションの分譲業者がマンション内の車庫につき所有権保存登記を得た上、その一部を店舗に改装し、他に賃貸したため、車庫・店舗部分につき専有部分に当たるか、共用部分に当たるかが区分所有者らと分譲業者らとの間で争われた事案であり、車庫に区分所有者らの共用施設が設置され、利用されていたことから、利用上の独立性を欠くものではないかと問題になったものである。
・本判決は、利用上の独立性について、建物部分のうちの一部に共用施設が設置されていても、その共用設備がその建物部分の小部分を占めるにとどまり、その余の部分をもって独立の建物の場合と実質的に異なるところのない態様の排他的使用に供することができ、かつ、他の区分所有者らによるその共用設備の利用、管理によってその排他的使用に格別の制限ないし障害を生ずることがなく、反面、かかる使用によって共用設備の保存及び他の区分所有者らによる利用に影響を及ぼすこともない場合には、専有部分となり得るものと解するのが相当であるとし、本件では、車庫に共用施設が設置され、利用されていても、専有部分に当たるとしたものである。本判決は、専有部分として認められる要件として、構造上の独立性、利用上の独立性の2つの要件が必要であることを前提とした上、共用施設が設置されている場合の利用上の独立性の判断基準を明らかにし、共用施設が設置された車庫につき専有部分に当たり得るとした事例であり、理論的にも、事例判断としても重要な判例である。本判決は、最一小判昭和56年6月18日民集35巻4号798頁らの一連の判例に沿ったものであるが、これらの判例よって、判断基準がより強固になったということができる。
・本判決の評釈として、甲斐道太郎・判評281号27頁、山口忍・判タ472号34頁、丸山英気・別冊ジュリスト112号202頁がある。

43 バルコニーに設置したガラス戸の撤去

バルコニーは専有部分であり設置から年数が経過しているとして請求を棄却した事例

東京地判平成4年9月22日判時1468号111頁

事案　Yは、マンションの区分所有者であるが、バルコニーの手すり用障壁の上にガラス戸を設置したため、マンションの管理組合Xがその撤去、弁護士費用の損害賠償を請求した。

本件では、バルコニーが専有部分であるか、Yに撤去義務があるかが争点になった。

本判決は、バルコニーが専有部分であり、その設置後14年を経過したこと等を考慮し、請求を棄却した。

判旨　「(1)　専有部分といえるには、一棟の建物のうちの構造上区分された部分であること（構造上の独立性）と独立して住居、店舗、事務所又は倉庫その他建物としての用途に供することができるものであること（利用上の独立性）が必要である（建物区分所有法1条）ところ、本件バルコニーについて検討するに、被告が物置として利用していることから利用上の独立性の点はともかく、構造上の独立性という点において、今日の考え方からすると専有部分とはいい難い面がある。
(2)　しかし、本件建物が売買された昭和50年当時には、まだ専有部分と共用部分との区別が必ずしも確立しておらず、その区分もあいまいであったといわざるを得ない上、前記一の1認定のとおり、本件マンションの販売パンフレットでは、本件バルコニーは専有面積から除かれているが、売買契約書の物件の表示には専有部分と表示されていたことから、昭和50年6月14日のA株式会社とYの義兄間の売買契約において、本件バルコニーは、専有部分として売買されたといわざるを得ず、本件バルコニーは専有部分といわざるを得ない。なお、本件バルコニーが本件規約により共用部分となったと解することもできないことは、後記2のとおりである。
(3)　したがって、本件バルコニーが共用部分に属することを前提とし、本件工作物の撤去を求める原告の請求は理由がない。

…………

前記1のとおり本件バルコニーは、被告の専有部分といわざるを得ないが、集合住宅であるマンションにおいては、その自己の区分所有に属する専有部分についても組合員全員のために所有権の行使は制約されており、バルコニーについては、建物全体の美観、バルコニーの存立の安全確保及び共用避難通路の確保等の点において制約されているというべきである（同法6条参照）ことは、原告主張のとおりである。

そこで、右の点を検討するに、まず、建物全体の美観の点であるが、原告が主張す

るようにもともとマンションの美観はそこに住む組合員一人一人が日常生活をする上において審美的満足を得るという点で重要であるばかりでなく、統一美が保持されているか否かは建物の価値を維持存続させる点で経済的に多大の影響を及ぼすものであることを考えると組合員全員のためにその保持を図る必要がある。しかし、各人各様の意見があると思われるが、少なくとも被告の設置した本件工作物は、一見して本件マンションの美観を損ねるとまではいえない。

次に、バルコニーの存立の安全確保の点であるが、被告の設置した本件工作物は、前記争いのない事実3及び前記一の10のとおりの構造、利用方法であり、右工作物そのものによって、本件バルコニーの存立に直ちに危険を及ぼすと認めるに足りる証拠はない。

また、共用避難通路の点についてであるが、右一の10において認定したように、本件バルコニーは、軽い力で容易に突き破ることのできる仕切板で区切られるという構造ではなく、隣家からの共用避難通路であることを当初から予想していない。もっとも、被告の設置した本件工作物とバルコニーの障壁との間には空間があるからそれを避難通路として利用できなくはない。

そして、何よりも、本件には、被告が本件工作物を設置したのが昭和50年11月ころであるのに対して、本件マンションの理事会が本件工作物の存在を知ったのが平成元年3月以降でありそれまでは問題とされていなかったこと及び原告が被告に対して初めて撤去を求めたのは同年6月ころであり被告の設置行為から約14年も経っているという前記一の2、4及び6認定の特別の事情が存在する。したがって、右の特段の事情と本項のその他の各事情とを考え併せると、今更、被告に本件工作物を撤去させることはできないといわざるを得ない。」

Key point
・本判決は、バルコニーが専有部分であるとした上、ガラス戸等の設置から長年にわたって放置されていたこと等の事情から撤去請求を棄却したものである。バルコニーは個々の専有部分につき専用使用権が認められるものの、専有部分であるとはいえないものであるから、本判決の専有部分性を肯定した判断は誤りである。また、バルコニーに工作物を設置したことは、長年の放置を問わず、規約違反、共同の利益違反に当たるものであり、本判決の工作物の放置を是認する判断も不合理である。

・マンションの管理は、的確、適正に行うことが重要であるが、本判決のように、マンションの管理の基本的な意義を理解しない判決が出される可能性があることに照らすと、本判決は、日頃から的確な管理が重要であることを改めて示すものであるということができる。

44 管理人室

管理人室の利用上の独立性を否定し共用部分であるとした事例

最二小判平成5年2月12日民集47巻2号393頁

事案
Xらは、複合マンション（7階建て。1、2階は、店舗、駐車場、倉庫等の用途であり、3階以上が住居用である）の区分所有者らであるが、管理業者であるY2株式会社と管理費の値上げをめぐって紛争が発生した。Xらは、管理人室に隣接する管理事務室の返還を受け、管理人を雇用し、管理を実施していた。管理人室は、マンションの分譲業者の関連会社であるY1株式会社が保存登記を経ており、Y2が占有している。Xらは、Y1に対して保存登記の抹消登記手続、Y2に対して管理人室の明渡しを請求した。
　第一審判決は、請求を棄却したため、Xらが控訴した。
　控訴審判決は、管理人室の利用上の独立性を否定し、原判決を取り消し、請求を認容したため、Y1らが上告した。
　本件では、管理人室が専有部分であるか、共用部分であるかが争点になった。
　本判決は、管理人室の利用上の独立性を否定し、上告を棄却した。

判旨
「右各事実を総合してみれば、本件マンションは、比較的規模が大きく、居宅の専有部分が大部分を占めており、したがって、本件マンションにおいては、区分所有者の居住生活を円滑にし、その環境の維持保全を図るため、その業務に当たる管理人を常駐させ、多岐にわたる管理業務の遂行に当たらせる必要があるというべきであるところ、本件マンションの玄関に接する共用部分である管理事務室のみでは、管理人を常駐させてその業務を適切かつ円滑に遂行させることが困難であることは右認定事実から明らかであるから、本件管理人室は管理事務室と合わせて一体として利用することが予定されていたものというべきであり、両室は機能的にこれを分離することができないものといわなければならない。そうすると、本件管理人室には、構造上の独立性があるとしても、利用上の独立性はないというべきであり、本件管理人室は、区分所有権の目的とならないものと解するのが相当である。」

・専有部分・共用部分の区分の基準は、構造上の独立性、利用上の独立性の2つの要件によって判断するのが通説であり、実務である。マンションをめぐる初期の段階における紛争においては、専有部分・共用部分をめぐる紛争が多数発生していたが、最一小判昭和56年6月18日民集35巻4号798頁、最二小判昭和56年7月17日民集35巻5号977頁等の判例、裁判例によって相当に明確化されている。
しかし、本件の当時においては、管理人室、管理事務所について同様な紛争が生じたり、現在でも同様な紛争が生じることがある。本件で問題になった管理人室については、その構造、用途、施設の設置状況等の事情によって専有部分であるか、共用部分であるかが判断されるべきものであるところ、専有部分に当たる場合も相当にあると解されていた。
・本判決は、専有部分の判断基準として、構造上の独立性、利用上の独立性が必要であることを前提とした上で、比較的規模が大きいマンションにおける管理の必要性を強調し、利用上の独立性がないとし、管理人室を共用部分であるとしたものであり、管理人室を共用部分であるとした重要な事例として参考になるものである。また、本判決は、管理の必要性を強調し、その必要な範囲では構造上の独立性が認められる区分所有建物であっても、相当に広く共用部分性を認める姿勢を明らかにしたものであって、この意味でも、重要な判断基準を提示するものである。
・本判決の評釈として、丸山英気・民商110巻2号157頁、玉田弘毅・判評428号50頁、池田恒男・判タ834号50頁、橋本真一・判タ852号34頁がある。

45 分譲業者が保存登記した駐車場と管理事務室隣接の居室

駐車場の専有部分性を肯定、居室の独立性を否定し共用部分であるとした事例

東京地判平成5年9月30日判夕874号202頁

事案　Xは、マンションの管理組合であり、Y株式会社は、マンションを建築、分譲した業者である。Yは、マンション内の駐車場と管理事務室に隣接する居室につき保存登記を経た。Xは、Yに対して駐車場、管理事務室の隣室が専有部分に当たらないと主張し、保存登記の抹消登記手続を請求した。
　本件では、駐車場、管理事務室の隣室が専有部分に当たるかが争点になった。
　本判決は、駐車場は専有部分であるとしたものの、管理事務室に隣接する居室が専有部分に当たらないとして、請求を一部認容した。

判旨　「1　本件駐車場について
　(一)　建物の区分所有等に関する法律1条にいう構造上区分された建物部分とは、建物の構成部分である隔壁、階層等により独立した物的支配に適する程度に他の部分と遮断されており、その範囲が明確な建物部分をいい、必ずしも周囲すべてが完全に遮蔽されていることを要しない。
　これを本件についてみるに、本件駐車場は、前認定のとおり、その三方がコンクリート壁ないしはブロック壁で他とほぼ遮断されており、表側（道路側）には壁はないものの、その範囲は明確である。そうとすると、本件駐車場は、法1条にいう構造上区分された建物部分にあたるものというべきである。
　たしかに、原告主張のとおり本件駐車場の奥側はその一部が開いていて中庭に通じる構造にはなっているが、右開口部分は、幅が約1.5メートル程度に過ぎず、未だ右結論を左右するには足りないものというべきである。
　(二)　また、たしかに、前認定のとおり、本件駐車場内には分電盤やマンホール等の設備が存し、これらは区分所有者らの共用に供されるものであり、更に、本件駐車場の一部にはごみ用ポリバケツ置場があり、また、本件マンションの居住者が中庭に行くためには通常は本件駐車場を通らざるを得ないものである。
　しかし、(1)右共用設備部分は本件駐車場のうちのごくわずかな部分を占めるに過ぎず、その余の部分は排他的使用に供され得るものであり、(2)また、本件マンションの居住者がごみを置きに行きあるいは中庭に行くためには本件駐車場を通るであろうが、それは長時間にわたるものではなく、したがって、そのような通行の負担があるからといって本件駐車場が駐車場としての排他的使用を格別制限されるわけでもないのである。

(三)　そうすると、本件駐車場は、専有部分として区分所有権の目的となり得るものと解するのが相当である。
　したがって、原告の本件駐車場に関する請求は認容することができない。
2　本件居室について
　前認定のとおり、本件居室は廊下への固有の出入口がなく、廊下へ出るためには隣接する管理事務所（規約共用部分である。）を通らざるを得ない。また、本件居室は、その構造上、管理事務所と一体となって使用されることが予定されているものということができる。
　そうすると、本件居室は、たとえ法1条にいう構造上区分された建物部分にあたるとしても、独立して建物としての用途に供することができる部分にはあたらないものというべきであって、区分所有権の目的とはならないものというべきである。
　したがって、原告の本件居室に関する請求は正当として認容することができる。」

・本件は、マンションの建築、分譲業者が分譲に当たり、マンション内の駐車場、管理事務室に隣接する居室につき保存登記をし、区分所有権を留保した外形を整えていたところ、管理組合が駐車場、居室が専有部分に当たらないと主張し、保存登記の抹消登記手続を請求した事案であり、駐車場、居室が専有部分・共用部分のいずれに当たるかが問題になったものである。
・専有部分であることが認められるためには、構造上の独立性、利用上の独立性の2つの要件を満たすことが必要である。本件で問題になった駐車場、居室は、その性質に照らして、いずれの可能性もあるものである。
・本判決は、駐車場については、共用の設備が設けられているものの、構造上の独立性、利用上の独立性が認められるとし、専有部分であることを認めたものであり、駐車場の専有部分性を肯定した事例として参考になる。
・また、本判決は、居室については、構造上の独立性を認めたものの、管理事務所のために利用されているものであるとし、利用上の独立性を認めず、専有部分ではないとしたものであり、管理事務室に隣接し、そのために利用される居室の専有部分性を否定した事例として参考になるものである。

46 ピロティ

無断で利用したピロティ部分の明渡請求を認容し、損害賠償請求を棄却した事例

東京高判平成7年2月28日判時1529号73頁

事案 A株式会社は、マンションを建築し、103号室を除き、分譲した。103号室は、Aが区分所有権を留保しており、管理人室と呼ばれていたが、実際には使用されなかった。Aは、数年後、103号室をY1に売り渡したが、Y1は、ピロティ部分に壁を設け、物置として使用していた。マンションの管理組合（自治会）の会長（管理者）Xは、Y1に対して区分所有法57条に基づき壁の撤去、共用部分の明渡し、撤去費用等の損害賠償を請求したが、その後、103号室の区分所有権がY2に譲渡され、Y3に賃貸されたため、Xは、Y2、Y3に対し、壁の撤去、共用部分の明渡し等を追加して請求した。

第一審判決（浦和地判平成3年11月19日判時1529号78頁）は、壁の撤去、共用部分の明渡請求を認容したが、損害賠償請求を棄却したため、双方が控訴した。

本件では、管理組合の会長（管理者）の撤去請求、明渡請求の可否、損害発生の有無が争点になった。

本判決は、撤去請求等は理由があるとしたものの、撤去費用の損害賠償については、損害として発生していないとして、原判決を維持し、控訴を棄却した。

判旨 「2 以上によれば、103号室の現区分建物所有者である被控訴人Y2及び占有者である同Y3は本件マンションの共用部分である本件1階吹き抜け部分をほしいままに使用・占有して、本件マンションの使用に関し区分建物所有者の共同の利益に反する行為をしているものということができるから、法57条により、区分建物所有者らに対し、被控訴人Y2は本件1階吹き抜け部分に設置したベニヤ・タル木製外壁を撤去する義務があり、また、被控訴人Y2及び同Y3は右外壁の出入口部分に取り付けたアルミ製ガラス戸及びその下部に設置した基礎ブロック並びに本件1階吹き抜け部分内にある一切の物品を撤去して、同部分を明け渡す義務があり、控訴人Xの被控訴人Y3及び同Y2に対する本件請求は理由があるというべきである。
……………

ところで、強制執行で必要な費用は債務者の負担とされ、その費用の額は申立てにより執行裁判所がこれを定めるとされている（民事執行法42条参照）。そして、本件においては、前示一のとおり、被控訴人Y2に対し本件1階吹き抜け部分に設置した前記外壁を撤去すること、被控訴人Y2及び同Y3に対し右外壁の下部に設置した基礎ブロック等を撤去することを命じるものであるから、同被控訴人らが任意に右外壁等を撤去しない場合、いわゆる代替執行により右撤去が行われることになり、その場合に要する撤去費用は執行費用として被控訴人Y2及び同Y3の負担となるべきもの

である。そうすると、本件において控訴人Xが被控訴人らの前記行為により被った損害として主張するところの撤去費用相当額は未だ損害として発生していないものといわざるを得ない。なお、控訴人Xの請求を将来発生する損害の賠償請求と解する余地があるとしても、本件では予め請求をなす必要があるとすべき事情を見いだすことができない。」

・本件は、マンションの1階の専有部分の区分所有者がピロティ部分に壁を設置し、物置として使用したため、管理者が壁の撤去、共用部分の明渡し、損害賠償を請求した控訴審の事案である(訴訟の提起後、この専有部分が譲渡され、他に賃貸されている)。
・本判決は、区分所有者らの行為が共同の利益に反するものであるとした上、区分所有法57条所定の要件を満たすとし、区分所有者らの壁の撤去義務等を肯定したものであるが、共用部分の侵害事例、同条の違反事例として参考になる。
・また、本判決は、損害賠償請求については、壁の撤去費用等は、強制執行の手続において執行費用として負担すべきものであるとし、損害の発生を否定し、請求を棄却したものであるが、やや専門的な事柄であるものの、実務上参考になる。

47 ピロティ
専有部分に当たるとした事例

神戸地判平成 9 年 3 月26日判夕947号273頁

事案　Y株式会社は、マンションの分譲業者であり、X1は、区分所有者であり、管理組合X2から訴訟の提起権限を授与された者である。Yは、マンションを建築し、分譲した後、マンションに区分所有建物を区分所有しているところ、配電盤や配水設備が設置されたマンション1階のピロティ部分の外周に外壁を設置する工事を行い、専有部分として所有権保存登記を経るなどした。X1は、Yに対して外壁の撤去、登記の抹消等を、X2は地震による復旧工事の分担金の支払いを請求した。

本件では、ピロティが専有部分に当たるか、共用部分に当たるかが争点になった。

本判決は、ピロティが専有部分に当たるとし、X1の請求を棄却したが、負担金の支払請求は認容した。

判旨　「三　以上の認定事実によれば、本件マンションの建築分譲当初、区分所有者にとって、その専有部分の所有、利用に必要である本件マンションの構造部分としては、玄関とそれに続く郵便受けの設置されたロビー部分、階段、廊下、電気室、機械室等であり、本件係争部分は、専有部分の所有、利用にとって不可欠な部分ではなかったというべきである。

本件係争部分は、その構造上、脚柱のみの開放部分が多いが、北部の西側ロビー部分に接する部分にはコンクリート製の隔壁が設けられ、西部の北側半分もコンクリート製の壁面が設置されており、ロビー部分はタイル貼りであるのに対し、本件係争部分は、舗装されていなかったのであって、ロビー部分と本件係争部分との境界は明確であり、住民が二階以上の専有部分への出入りのために自由に立ち入ることができる構造ではなく、一応独立の物的支配が可能な程度に他から遮断されているものといえる。

被告は、当初から本件係争部分を資材置場として利用する意図で、自己の専有部分として留保し、実際にも資材置場として利用してきたのであり、本件係争部分を共用部分とする意図は全くなく、分譲の際にもそのような説明をしておらず、分譲価格の決定に当たっても本件係争部分の利用の対価を反映させなかったものと考えられる。本件マンションの各戸の分譲を受けた区分所有者も、本件係争部分の利用が可能であることを前提として専有部分の分譲をうけたものとは考えられず、また、各区分所有者としても、前記の原告組合の管理規定の記載や敷地の持分権の登記の記載、敷地にかかる固定資産税等の支払状況に照らせば、本件係争部分が被告の専有部分として留保されていることを認識することができたものといえる。

以上の認定判断によれば、本件係争部分は、被告の専有部分に属し、本件マンションの法定共用部分ではないというべきである。」

Key point
　・専有部分・共用部分の区分は、構造上の独立性、利用上の独立性の要件によって判断するのが通説であり、実務である（判例も同旨であると解されている）。本件では、ピロティにつき、その法的な性質が問題になったわけである。
　・本判決は、ピロティの構造、従来の利用状況、分譲の際の認識から専有部分であるとしたものであり、事例を提供するものである。もっとも、本判決が専有部分とした判断は微妙なものである。

48 全体共用と一部共用の区分

一部共用部分であることが明らかでない場合は全体共用部分であるとした事例

東京地判平成10年5月14日判時1667号81頁

事案　土地を所有していたYは、不動産業者であるA株式会社と等価交換方式によるマンションの建築を共同して行い、完成したマンションの101号室の区分所有権等、1階から4階の区分所有建物を取得し（Aは、5階から11階までの区分所有建物を取得した）、敷地に鉄扉等を設置した。マンションのB管理組合は、昭和58年以降、共用部分を管理してきたが、Yが全体共用部分の管理費（Yの関係しない別個のエレベーターの法定点検費等をも含む）の支払いを拒否した。B管理組合の管理者Xは、Yに対して、管理費の支払い、鉄扉等の撤去を請求した。

本件では、別個に設置されたエレベーターの管理費等をYが負担すべきであるかが主として争点になった。

本判決は、Yが管理規約を承認していたものと推認できる等とし、エレベーターの管理費等を共用部分の割合で負担すべきであり、鉄扉等を敷地に設置したことは管理規約に違反するとし、請求を認容した。

判旨　「右の事実によれば、被告は、本件建物建築の経緯、管理規約の内容等に照らして管理規約を承認していたことが推認できるのであって、被告は、右規約に基づき、全体共用部分の維持管理にかかる費用について共有持分の割合である1万分の4274の割合で負担しなければならないと認めることができる。なお、被告が管理組合の集会に招集の通知を受けて出席していたことを認めるに足りる証拠はなく、したがって、個々の管理費の支出について承認していたと認めることはできないが、被告は、全体共用部分の維持管理にかかる費用について共用持分の割合である1万分の4274の割合で負担することを本件建物建築時に包括的に承認しているのであるから、全体共用部分の管理費として認めることが著しく不相当なものでない限りその責めを免れることはできないというべきである。管理組合が支出した管理費については後述のとおりであるが、その支出が著しく不相当であると認めるに足りる証拠はない。

…………

右の事実によれば、住戸部分の居住者のためのエレベーターは、専有部分に属しない建物の附属物として法定共用部分であるところ、被告においても屋上キュービクルの保守点検のため定期的に使用しているのであるから、一部の区分所有者のみの共用に供されるべきことが明らかであるとは必ずしもいえないのであって、管理規約の定めにかかわらず全体共用部分というべきである。したがって、昇降設備保守費は全体共用部分に関係する費用ということができる。」

・本件のマンションのような等価交換方式のマンションにおいては、マンションを建築した敷地の元所有者を専用使用権、管理の負担等で優遇していることが少なくないため、後日、他の区分所有者、管理組合との間で紛争が発生することがある。本件のようなエレベーターの管理費等の負担をめぐる紛争も等価交換方式のマンションにおいて生じ得るものの1つであり、法的には全体共用部分・一部共用部分の区分が問題になるわけである。

・本判決は、まず、元地主が管理規約の設定に関する区分所有者の集会に招集されていないものであっても、本件の事情に照らし、管理規約を承認したものであるとした上、本件のエレベーターが一部の区分所有者のみの共用に供されるべきことが明らかであるとはいえないとして全体共用部分であるとし、元地主の管理費等の負担義務を肯定したものである。本判決のこれらの判断は、いずれも事例として参考になる。また、本判決は、全体共用部分と一部共用部分の区分が明らかでない場合には、一部共用部分であることが明らかでない限り、全体共用部分であるとしたものであり、共用部分の区分の判断基準を提示するものとしても参考になる（訴訟の実務上は、共用部分は、一部共用部分であることが証明されない限り、全体共用部分として取り扱われることになり、一部共用部分につき立証責任があることになる）。

49 排水管

排水管の枝管が共用部分に当たるとした事例

最三小判平成12年3月21日判夕1038号179頁

事案

Xは、マンションの707号室を区分所有し、Y1は、その階下の607号室を区分所有し、Y2とともに居住していた。607号室において水漏れ事故が発生し、排水管の枝管の部分からの水漏れが原因であったことから、Y1らがXに損害賠償金の支払いを求めていた。Xは、Y1、Y2に対して損害賠償債務の不存在確認、管理組合であるY3らに対し排水管が共用部分であることの確認、Y3に対し支払った排水管の修理代金の返還を請求した。

第一審判決(東京地判平成8年11月26日判夕954号151頁)は、排水管の枝管が共用部分であり、損害賠償債務が存在しないこと等を認め、請求を認容したため、Y3が控訴した。

控訴審判決(東京高判平成9年5月15日判時1616号70頁)は、排水管が共用部分に当たるとし、控訴を棄却したため、Y3が上告した。

本件では、排水管の枝管が専有部分か、共用部分かが争点になった。

本判決は、排水管の枝管が共用部分に当たるとし、上告を棄却した。

判旨

「1 本件建物の707号室の台所、洗面所、風呂、便所から出る汚水については、同室の床下にあるいわゆる躯体部分であるコンクリートスラブを貫通してその階下にある607号室の天井裏に配された枝管を通じて、共用部分である本管(縦管)に流される構造となっているところ、本件排水管は、右枝管のうち、右コンクリートスラブと607号室の天井板との間の空間に配された部分である。
2 本件排水管には、本管に合流する直前で708号室の便所から出る汚水を流す枝管が接続されており、707号室及び708号室以外の部屋からの汚水は流れ込んでいない。
3 本件排水管は、右コンクリートスラブの下にあるため、707号室及び708号室から本件排水管の点検、修理を行うことは不可能であり、607号室からその天井板の裏に入ってこれを実施するほか方法はない。

右事実関係の下においては、本件排水管は、その構造及び設置場所に照らし、建物の区分所有等に関する法律2条4項にいう専有部分に属しない建物の附属物に当たり、かつ、区分所有者全員の共用部分に当たると解するのが相当である。これと同旨の原審の判断は正当として是認することができ、原判決に所論の違法はない。」

Key point

・本判決は、第一審判決、控訴審判決と同様に、排水管の枝管の部分が共用部分に当たるとしたものであり、重要な事例判断として参考になるものである。
・マンションの様々な建物部分については、従来から専有部分に当たるか、共用部分に当たるかが様々な法律問題の中で問題になってきたが、本件は、排水管の枝管につき問題になったものである。排水管の本管の部分が共用部分であることは明らかであるのに対し、枝管の部分は、一見すると、専有部分に当たると解する余地が相当にあるところ、本判決は、共用部分であると解したものであり、最高裁として初めての判断を示したものである。もっとも、本件は、漏水事故の原因者の問題であり、本判決のような争点の立て方が唯一の解決ではなく、管理費等の負担等の問題においては別の解釈も成り立ち得るところである。
・本判決の評釈として、鎌野邦樹・私法判例リマークス23号30頁、河内宏・判評505号11頁がある。

4章 専有・共用部分の区分

50 駐車場へのスロープ部分

構造上の独立性が認められず共用部分であるとした事例

東京地判平成12年7月21日判夕1109号255頁

事案　Y株式会社は、地下2階7階建てマンションを建築し、分譲した。Yは、分譲に当たり、地下2階部分と公道から2階部分に通じるスロープ部分につき所有権を留保し、地下駐車場等として使用した後、倉庫として使用していた。マンションの区分所有者Xらは、Yの取扱いに不満をもち、Yに対して、地下2階部分とスロープ部分につき共用部分であると主張し、共用部分であることの確認を請求した。

本件では、スロープ部分が共用部分であるかどうかが争点になった。

本判決は、利用上の独立性を欠くとして、共用部分であるとし、請求を認容した。

判旨　「二　区分所有法1条によれば、ある建物部分が専有部分であるというためには、当該建物部分が構造上他の建物部分から区分され（構造上の独立性）、かつ、独立して住居、店舗、事務所又は倉庫その他建物としての用途に供することができる（利用上の独立性）ことが必要とされているところ、A・B部分が右要件を満たしているものかについて以下前記認定事実を前提として判断する。

1　A部分について

（一）　構造上の独立性の具有について

(1)　前記認定によれば、A部分（なお、地下二階の構造上、ドライエリア自体が独立の建物としての機能を有するものでないことは明らかであるから、ドライエリアはA部分と一体の建物部分と解するのが相当であり、以下においては、これを前提として、A部分とドライエリアとを併せた建物部分についての構造上の独立性を検討する）は、その四方を本件マンションの構成部分である壁や擁壁で、上部は地階建物部分の床下及び本件広場床で、下部はコンクリート打ちの床面でそれぞれ囲まれ、その範囲は東棟地下二階部分、西棟地下二階部分、本件敷地、地階及び地下二階床下との間で明確に区分されているから、A部分は、一応構造上の独立性を有しているものと認めるのが相当である。

(2)　原告らは、A部分の周辺を囲む遮蔽物のうち、本件南側及び北側擁壁は本件敷地の土留めのための工作物にすぎず、本件マンションの構造壁ではないから、A部分には構造上の独立性がないと主張するが、本件北側擁壁は地下二階の床下にまで達して、本件マンション全体を支える基盤と接着し、左右で西棟地下二階部分及び東棟地下二階部分とも接続しているものであり、また本件南側擁壁は西棟から南北方向に走る梁と接着して本件マンションを支え、東棟地下二階部分とも接着しているのであるから、

本件マンションを構成する建物部分であると解するのが相当というべきである。したがって、原告らの右主張は理由がない。

(二) 利用上の独立性の具有について

(1) Ａ部分は、その構造上複数の共用部分と接し、そのうち電気室及びゴミ集積場への唯一の出入口となっており、特に、ゴミ集積場からのゴミを公道へと持ち出したり、Ａ部分に設置されている共用設備を管理する専門業者が出入りするための通路となっている。また、Ａ部分を通らなければ外部へは出られない構造となっている倉庫三は、被告の専有部分となっているところ、仮にＡ部分が専有部分であるとすると、倉庫三は、外部へ通じる出入口を有しないことになり、利用上の独立性を有しないことになる。しかも、Ａ部分は、西棟地下二階部分及びゴミ集積室から東棟階段へと避難する際の避難通路にもなっているほか、Ａ部分の天井には、ほぼ全面にわたり給水管等の配管が広範囲にわたって張りめぐらされており、それらの保守点検のための空間として重要な機能を有している。

以上の事実に加え、被告はＡ部分を本件マンションの延床面積に含めないで登記及び建物取得届をし、同部分についての固定資産税をも負担していないことをも考慮すれば、Ａ部分は、外部から東棟及び西棟へ、両棟及びゴミ集積室から外部へ、又は両棟相互へ出入りするための通路並びに地下二階に設置されている様々な共用設備の補修・管理をするための区画として機能すべきものであり、本件マンションの区分所有者全員の利益のために必要な建物部分であると認めるのが相当である。そして、Ａ部分の構造、面積、形状、機能、管理の必要性及びその他の事情に照らして考えれば、右建物部分を専有部分として排他的使用に供した場合には、区分所有者等の利用に支障を来すものというべきである。」

・本件は、マンションの一部の建物部分について、区分所有権を留保した分譲業者と区分所有者らとの間で共用部分であるか、専有部分であるかが争われた事案であり、区分所有者らが分譲業者に対して共用部分であることの確認を請求したものである。マンションの建物の部分が専有部分であるか、共用部分であるかが争われ、その部分の明渡し、区分所有権登記の抹消登記手続、共用部分の確認等の訴訟において争点にされることがある。

・本件は、スロープ部分が共用部分であるかどうかが問題になったという特徴のある事件である。

・本判決は、マンションにおいて専有部分であると認められるためには、構造上の独立性と利用上の独立性が必要であるとした上、前記建物部分は、構造上の利用性が一応認められるものの、利用上の独立性が認められないとし、共用部分であるとしたものであり、共用部分を肯定した事例として参考になる。

・本判決が指摘するように、専有部分・共有部分は、構造上の独立性、利用上の独立性という２つの要件によって判断されるのが一般的であり（区分所有法１条）、本判決もこれを基準として判断している。本判決は、共用部分の事例を加えた意義のあるものである。

51 共用部分の使用

共用部分への掲示板の設置が区分所有権の侵害に当たらないとした事例

東京高判平成14年9月30日判時1806号45頁

事案　X株式会社は、大型駅ビル（地下4階、地上22階）の区分所有者であり、Y株式会社は、本件ビルの区分所有者であり、かつ管理者である。本件ビルの11階から21階は、事務所であり、その区分所有者は、XとYのみである（地下2階から地上10階までが百貨店の店舗である）。Yが2階事務階ラウンジ部分に電照式掲示板等を設置し、本来事務所用の用途であるのに、店舗部分の一般顧客の使用を促すようにした。Xは、電照式掲示板等の設置について、Yに対して共有持分権、区分所有権を侵害するとか、管理者としての善管注意義務に違反するなどと主張し、案内板等の撤去を請求した。

第一審判決は、2階事務階ラウンジ等が法律上当然に全体共用部分であり、掲示板等の設置によって事務所関係者の使用が著しく阻害されているとはいえない等とし、区分所有権等の侵害を否定する等し、請求を棄却したため、Yが控訴した。

本件では、掲示板等の設置が区分所有権の侵害に当たるか、管理者としての善管注意義務違反に当たるかが争点になった。

本判決は、共有持分権、区分所有権を侵害しないし、管理者としての善管注意義務違反もないとし、控訴を棄却した。

判旨　「二(1)　本件電照式案内板及び本件各看板の設置が控訴人の共有持分権等を侵害し、あるいは管理者としての善管注意義務に違反するものであるかどうかについて

上記のとおり、二階事務階ラウンジ、本件エレベーター、本件エレベーター室及びこれに隣接するエレベーターホール（地下四階、地下三階、地上一階、二階、一一階から二一階）については、本来事務所の区分所有者のみの用に供され、店舗の区分所有者は当然にはこれを使用する権利を有しないものというべきであるが、だからといって、被控訴人が上記無権利者の使用を積極的に認めたり、その者らの事実上の利用によって事務所区分所有者の使用に障害が生じているのでない限りは、管理者である被控訴人において、これらの場所に事務所関係者以外の立入りを禁じる旨の表示をしなかったとしても、そのことから直ちに被控訴人において事務所の区分所有権や事務所共用部分の持分権を侵害し、あるいは管理者としての善管注意義務に違反したことになるものではない。

本件電照式案内板は、二階事務階ラウンジに設置されており、本件エレベーターが停止する八階から二一階の店舗及び事務所のテナントの名称が表示されているものである。

また、本件各看板は、八階から一〇階の本件エレベーター室に隣接するエレベーターホールの各入口に設置されていて、原判決別紙物件目録(3)ないし(5)のとおりの記載があるほか、その上部には「オフィスタワー入口」と表記されている。
　これによれば、本件電照式案内板及び本件各看板は、ことさら店舗の利用者あるいは事務所に用のない者の利用を促すものではなく、単に本件エレベーターの停止階の案内をするにすぎないものと認められる。そして、停止階の案内は事務所の区分所有者あるいは利用者にとって便宜であること、殊に本件各看板については「オフィスタワー入口」と表記して事務所用のエレベーターであることが表示され、関係者以外の事務所への立入りを遠慮するよう記載されていることも勘案すると、これらの設置が直ちに控訴人の共有持分権等を侵害するということはできない。店舗の利用者あるいは事務所に用のない者が本件エレベーターを利用することによって事務所の区分所有者や利用者による使用が現実に阻害されている状況にあることを示す証拠がないことからすると、本件電照式案内板及び本件各看板の設置が控訴人の区分所有権あるいは事務所共用部分の持分権を侵害するものとは認め難いし、本件ビルの管理者としての善管注意義務に違反するものともいえない。
(2)　店舗用台車の通行が控訴人の共有持分権等を侵害し、あるいは管理者としての善管注意義務に違反するものであるかどうかについて
　そもそも本件エレベーター室に隣接する八階及び九階のエレベーターホールは全体共用部分であるから、同部分を店舗用台車が通行したとしても控訴人の共有持分権等を侵害するものではなく、しかも、現在店舗用台車が同エレベーターホールを通行していないことは控訴人も自認するところである。したがって、控訴人の共有持分権等が侵害されているとはいえないし、本件ビルの管理者としての善管注意義務に違反するものともいえない。」

・本件は、区分所有建物である複合店舗ビルにおいて、大規模な区分所有者（株式会社）同士で共用部分の使用をめぐって発生した紛争であり、エレベーターの入口付近に掲示板等を設置したことが区分所有者の区分所有権を侵害するか、設置した区分所有者が管理者であったことから、管理者としての善管注意義務違反に当たるかが問題になったものである。本件のような大規模な区分所有者であっても、本件のような些細な問題で訴訟に至ることがあることを示すものであり、区分所有者間の紛争の事例として特徴がある。
・本判決は、掲示板等の内容、設置目的等を認定し、区分所有者の区分所有権侵害を否定したものであり、事例として参考になる。
・また、本判決は、管理者の善管注意義務違反を否定したものであり、この判断も事例として参考になる。

52 未登記の規約共用部分

規約共用部分が登記されていない場合、その取得者が背信的悪意者であるとし、共用部分の対抗が肯定された事例

東京高判平成21年8月6日判夕1314号211頁

事案

B株式会社は、マンションを建築、分譲したが、その際、自己名義の洗濯室、倉庫等を規約共用部分としていたものの（登記上は、洗濯場、倉庫として記載されていた）、共用部分の登記をしていなかったところ（住民が共同して使用する洗濯場、理事会開催場所等として使用されてきた）、本件洗濯室等が競売に付され、A株式会社が競落し、居宅事務所、事務所と変更登記をし、C管理組合に改修工事の届出をしたのに対し、Cがこれを認めなかったことから、Aが代表者の姉XにX分所有権を譲渡し、XがCの管理者Yに対して専用使用権の確認、工事承諾等を請求した。

第一審判決は、共用部分であることの登記がされていなかったため、Yは第三者であるXに対抗することができないとし、専有使用権の確認等の請求を容認したため、Yが控訴した。

本件は、規約共用部分がその旨の登記（区分所有法4条2項）がされていない間、この部分の区分所有権が第三者に取得され、共用部分であることの対抗力が問題になった状況において、第三者が背信的悪意者であるかが争点になった。

本判決は、Aが建築当初からの規約共用部分としての利用状況等を知って洗濯室等を取得し、登記がないことを奇貨として競落後間もなく用途変更登記をし、Yによる共用部分の主張を封ずる手立てを講じたものであり、背信的悪意者に当たるとし、Xはその承継者であるとし、登記がなくても規約共用部分であることを主張することができるとし、原判決を取り消し、請求を棄却した。

判旨

「3　被控訴人が本件洗濯室及び本件倉庫を専用使用する権利を有するとの確認請求について

前記1の認定事実によれば、本件洗濯室及び本件倉庫は、規約上の共用部分である。しかし、その旨の登記がされていないので、控訴人は、本件洗濯室及び本件倉庫の所有権を取得した被控訴人に対し、これらの建物部分が規約上の共用部分であることを主張することができない（建物の区分所有等に関する法律4条2項ただし書）。

これに対し、控訴人は、所有者である被控訴人は、背信的悪意の第三者であり、信義則上、本件洗濯室及び本件倉庫について共用部分である旨の登記がないことを主張する正当の利益を有しないと主張するので、この点について判断する。

前記1及び2の認定事実によれば、本件洗濯室及び本件倉庫は、本件マンション建築当初から、規約上の共用部分であるとされ、区分所有者共用の洗濯室及び倉庫（トランクルーム）として使用されてきたものである。しかも、外見上も、本件洗濯室においては、洗濯機設置場所が3か所設けられ、競売の時点においても、2台の洗濯機

が設置され、トイレの設備や電話線の敷設はなく、加えて、正面幅120センチ、奥行15センチ、高さ190センチの引込開閉器盤が設置され、建物全体のブレーカー設備としての役割を果たしていたものである。また、本件倉庫においては、木製仕切り板で仕切られ、扉が付いた22の区画が設けられ、空きスペースはない状態であり、室内には水道やトイレの設備がなく、電話線も敷設されていない状況にあったものである。加えて、本件洗濯室、本件倉庫とも、区分所有者であれば負担すべき管理費及び修繕積立金の徴収の対象とされていない。

　しかも、本件洗濯室と本件倉庫の上記現状は、競売に際し、物件明細書、現況調査報告書及び評価書の中で明らかにされ、これを競落した参加人もその実情を認識した上でこれらを買い受けたものである。のみならず、参加人は、競落後、時を移さず、本件規約上求められている管理組合への施設変更届等の提出の措置を講じており、また、同じく競落後、時を移さず、本件洗濯室及び本件倉庫の用途を「洗濯場」「倉庫」から、それぞれ「居宅事務所」「事務所」に変更登記しており、このことからすると、参加人は競落以前からマンションの規約一般及び本件マンションの規約を熟知し、規約上共用部分であっても、登記がない限り第三者に対抗できないことについて競落以前から周到に研究した上でこれらを買い受けていることが推認できる。

　そうすると、参加人は、本件洗濯室及び本件倉庫が本件マンションの区分所有者の共用に供されている現状を認識しながら、あえてこれを低価格となる競売手続により買い受け、本件洗濯室及び本件倉庫について共用部分である旨の登記がないことを奇貨として、時を移さず登記を「洗濯場」「倉庫」から「居宅事務所」「事務所」に変更するなどして控訴人による共用部分の主張を封ずる手立てを講じたものであり、これら一連の事実関係からすると、参加人は、控訴人に対し、規約共用部分について登記がないことを主張することを許されない背信的悪意の第三者というべきである。

　被控訴人は、参加人の代表者の姉であり、本訴においても参加人に従属する訴訟行動をしていることからみても、参加人の依頼により、控訴人の権利主張をより困難にするために、本件洗濯室及び本件倉庫の移転登記を受けたものであり、参加人の背信的悪意を承継した者というべきである。

　以上のとおりであるから、参加人及び被控訴人は、控訴人に対し、本件洗濯室及び本件倉庫について共用部分としての登記がないことを主張することができない背信的悪意の第三者というべきであり、控訴人は被控訴人に対し、本件洗濯室及び本件倉庫が規約上の共用部分であることを主張し得るものということができる。したがって、被控訴人は控訴人に対し、本件洗濯室及び本件倉庫を排他的に使用する権利を有しないものというべきであるから、被控訴人が本件洗濯室及び本件倉庫を専用使用する権利を有することの確認を求める請求は、理由がないものというべきである。」

Key point

・本件は、区分所有建物につき規約によって共用部分であるとされたが、その旨の登記（区分所有法4条2項）がされなかったところ、この区分所有建物が競売に付され、競落された後、買受人が区分所有建物の区分所有権を第三者（買受人である会社の代表者の親族）に譲渡したため、管理組合が第三者に共用部分であることを主張できるかが問題になった事件である。本件では、不動産取引における対抗問題（民法177条）と同様な問題が生じており、登記がなければ、第三者に権利を対抗（主張）することができないところ、その例外として、第三者が背信的悪意者である場合には、登記なくして第三者に権利を対抗（主張）することができるとの法理が判例上形成されており、この法理の適用が問題になったものである。

・第一審判決は、管理組合が共用部分である旨の登記をしていなかったことから、第三者に対抗することができないとしたが、本判決は、競売で区分所有権を取得した者が背信的悪意者であり、譲渡を受けた第三者は背信的悪意を承継したものであるとし、管理組合が共用部分であることを対抗することを肯定したものである。本判決は、規約共用部分について同様な紛争が発生した場合に利用できる事例を提供するものであるとともに、マンション管理の実務において登記等の事務も的確に行うべきことを改めて示すものである。

5

専有部分の使用

53 原状回復請求の当事者適格

共同の利益に反した者には個々の区分所有者が請求できるとした事例

東京高判昭和53年2月27日金判552号34頁

事案　マンションの区分所有者Yは、専有部分の外壁に換気装置を設置するために、直径15センチメートルないし20センチメートルの円筒形の開口をして、木枠を取り付けたりなどした。区分所有者Xは、Yに対して共同の利益に反するものであるなどと主張し、開口部分の原状回復を請求した。

　　第一審判決は、請求を棄却したため、Xが控訴した。

　　本件では、共同の利益に反するか、個々の区分所有者が原状回復請求をすることができるかが争点になった。

　　本判決は、個々の区分所有者が共同の利益に反した区分所有者に対して原状回復請求をすることができ、本件では、共同の利益に反する工事がされた等とし、原判決を変更し、請求を認容した。

判旨　「二　建物の区分所有等に関する法律5条1項によれば、区分所有者は共同の利益に反する行為をしてはならないとされているのであるが、同条項の立法趣旨からすれば、区分所有者が同条項に違反する行為をした場合には、他の区分所有者は、区分所有権または共用部分の共有権に基づき違反行為者に対し、当該違反行為の停止を求めることができるほか既になされた違反行為によって生じた共同の利益に反する状態を排除して原状に回復せしめることを請求できるものと解すべきである。そして当該行為が前記規定にいう共同の利益に反する行為にあたるかどうかは、当該行為の必要性の程度、これによって他の区分所有者が被る不利益の態様、程度等の諸事情を比較考量して決すべきものである。

　そこで、右の見地に立って本件について判断する。

　1　西側外壁の開口部分について

　…………

　なお、本件建物の外壁は本件建物の基本的構造部分として前掲法律3条1項所定の法定共用部分に属するものというべきところ、被控訴人が外壁の前記既存開口部分を利用し、換気装置を設置して右外壁部分を使用することは、同法9条の「用法に従う使用」ということができず、したがって共用部分を自己のために不当に使用しているともいえるわけであるけれども、そのこと自体によって控訴人その他の区分所有者の利用が妨げられ、あるいは不利益を被っている事実も格別認められないから、右の程度の使用は、社会通念上、共同の利益に反する行為にはあたらないというべきものであり、被控訴人に対しては換気装置等の除去を求めることも許されないものといわなければならない。

2 北側外壁の開口部分について

　被控訴人が北側外壁に開口して換気装置を設置したことは前示のとおり被控訴人の認めるところであるが、……を総合すると、北側外壁の構造は控訴人の主張するとおりであって、被控訴人はこの外壁に直径15ないし20センチメートルの円筒形の開口をし、右開口部分の周囲の壁面を1ないし1.5センチメートル幅に削り取って木枠を取付け、換気装置を設置したものであり、右外壁は耐震壁ではないけれども、右の程度のものでも開口したままで放置しておいた場合には、壁面強度が弱くなり、延いては建物全体の安全性を弱める結果を招来するおそれがあることが認められ、右認定に反する証拠は存在しない。

　右認定事実からすると、右の開口は前掲法5条の例示する「建物の保存に有害な行為」にあたるものというべきであり、しかも原審証人Aの証言によると、本件建物の排気は、その中央部分に地階から屋上まで貫通しているパイプシャフトと屋上に設置してあるモーターによってする構造で、各専有部分の排気は右パイプシャフトに対してすることとなっており、そのため本件建物の管理組合もたとえ換気の必要からであっても外壁に開口することは許可していないことが認められるから、多少なりとも存する建物の安全性を害する危険をおかしてまで、外壁に開口して換気をはかる程の必要性があるとはいい難く、結局右の開口は共同の利益に反する行為にあたるものであって、被控訴人は右の開口をしたことによって、その原状回復義務を負担するに至つたものといわざるをえない。」

Key point
・本件は、区分所有者が専有部分の外壁に開口部を開ける工事をしたため、他の区分所有者が開口部の原状回復請求をした控訴審の事案である。
・区分所有者が共同の利益に反する行為をし、その違反状態が残存している場合には、その違反状態を除去し、原状に回復することが重要であり、違反者は、原状回復義務を負うと解することができる。問題は、誰が原状回復請求権を有するかであるが、現在は、区分所有法57条を根拠として判断することができる（本件は、同条が追加される前の事件である）。もっとも、個々の区分所有者が原状回復請求をすることができるかも問題になるが、外壁が共用部分に当たり、個々の区分所有者が保存行為として原状回復請求することも考えられる。
・本判決は、外壁に開口部を設けたことが共同の利益に反するとした上、区分所有者が違反者に対して原状回復請求することができるとしたものであり、理論的にも、事例としても参考になる。

54 管理者の同意を得ない店舗営業
規約違反を認め営業の差止めと損害賠償を認めた事例

大阪地判昭和57年3月24日判タ475号130頁

事案　複合マンションの管理規約、使用細則において、1階部分は、店舗、事務所の用に供する、店舗については、互いに競業関係になることを避けるために、その営業内容につき、営業を開始する前に、管理者の書面による同意を得る、営業内容を変更する場合も同様とするとの規定が設けられていた。1階店舗部分の区分所有者Xらは、宝石、貴金属、時計等の販売、クリーニングの取次ぎを営業していた。Yらも、1階店舗部分の区分所有者であったが、当初眼鏡店を営業する予定で管理者の同意を得ていたところ、開店せず、その後、宝石、時計販売店の営業をするために同意願いを管理者に提出した。本件マンションの管理者は、競業関係になるため、同意を与えなかったところ、Yは、同意を得ないままに開店した。Xは、Yに対して、営業の差止め、損害賠償を請求した。

本件では、管理者の同意を得ない宝石等の店舗の開店が規約違反になるかが争点になった。

本判決は、規約・使用細則が合理的な範囲で効力を有するものであり、競業する店舗の開店に当たっては管理者の書面による同意を得ることが必要であるとし、本件では、Yに規約違反があったとして、請求を認容した。

判旨　「2　しかして、以上認定の事実からすれば、本件（一）の建物についての本件管理規約及び使用細則は、建物の区分所有等に関する法律（同法23条以下）に基づいて作成されたものであるから、その合理的な限度で、法律に準じた効力があるというべく、また、本件管理規約及び使用細則には、本件（二）の建物や本件（三）の建物その他本件（一）の建物の一階部分は、店舗又は事務所とし、かつ、そこで営む営業の業種については、互いの競業関係を避けるため、あらかじめ管理者の書面による同意を得ることと定められているところ、被告らは、右の如き定めのある本件管理規約及び使用細則を承認し、これを遵守することを約して本件（三）の建物を買受けたものというべきであるから、被告らは、本件（一）の建物の管理者の同意を得なければ、本件（三）の建物において、時計、宝石、貴金属の販売等の営業を営むことはできないのであって、被告らがこれに違反して右営業を営んだ場合には、本件管理規約及び使用細則の定められた趣旨、その他前記認定の如き本件（一）の建物が分譲された経過に照らし、被告らと同じく本件管理規約及び使用細則を承認し、これを遵守することを約して本件（一）の建物の店舗部分を買受けたもので、かつ、被告らと競業関係にあって損害を被るものは、本件管理規約及び使用細則違反を理由に、被告らに対し、直接その営業の禁止（差止め）を求める権利があるものと解すべきである。ところで、前記認定の事実からすれば、原告らは、本件管理規約及び使用細則を承認し、これを遵守することを約して本件（二）の建物を買受け、かつ、

その営む営業につき、本件（一）の建物の管理者であった訴外Aの書面による同意を得て、適法に、本件（二）の建物において、ホームドライクリーニングの取次店、宝石、貴金属、時計の販売等を営んでいるところ、一方、被告らは、本件（一）の建物の管理者の同意を得ることなく、本件（三）の建物で、原告らと競業関係にある時計、宝石、貴金属の販売等を営み、もって原告らに後記損害を被らせているものというべきであるから、原告らは、被告らに対し、右営業の禁止を求める権利があるものというべきである。」

Key point
・複合マンションにおいては、居住専用のマンションとは別の類型の区分所有者間の紛争が生じるが、本件もそのような事例の1つである。本件では、規約・使用細則の効力、規約違反の有無が主に問題になったわけである。
・本判決は、規約・使用細則が合理的な範囲で効力を有するものとし、本件のような店舗の開店に当たっては管理者の書面による同意を得ることが必要であり、その同意が得られていないとし、規約違反を認めたものである。本判決は、複合マンションにおける店舗部分の競業する店舗の開店に関する制限を認めた事例として参考になる。

55 専有部分の外壁に穴を空ける行為
共同の利益に反するとし原状回復請求を認めた事例

東京地判平成3年3月8日判時1402号55頁

事案

Yは、Aから中古のマンションの専有部分を購入して、区分所有者になった。Aは、風呂のバランス釜を撤去していたので（ガス湯沸かし器から給湯をしていたが、故障がちであった）、専有部分の外壁に3個の穴を開け、配管等をしてバランス釜を設置した。管理組合の管理者Xは、Yに対して工事が共同の利益に反すると主張し、区分所有法57条に基づきバランス釜の撤去、原状回復を請求した。

本件では、外壁に穴を開けたことが共同の利益に反するかが争点になった。

本判決は、区分所有者の共同の利益に反するとして、請求を認容した。

判旨

「被告は、本件孔は小さなものである上、その穿孔にはダイアモンドカッターを使用して慎重を期し、鉄筋を切断又はそれに損傷を加えていないし、本件釜は小型であって本件壁柱には殆ど負担がかからないから、本件壁柱の強度を弱めていないし、その強度に影響を及ぼす行為ではない、と主張している（被告は一級建築士であって専門知識を有するので、穿孔等については特に慎重を期したと主張している。）。しかし区分所有法57条により、その行為の結果の除去を求めることができる行為は、建物の保存に現実に有害な行為に限定されない。区分所有法17条1項は、共有部分の変更は、区分所有者及び議決権の四分の三以上の多数による集会の決議で決するものと定める。各区分所有者がたとえ建築の専門家であったとしても、それぞれ独自の判断により、悪影響を及ぼさないとの結論を下して、共有部分に変更を加えること自体、現実には建物に有害なことではないとしても、有害となるおそれがあるために、建物の管理又は使用に関し、区分所有者の共同の利益に反する行為ということができる（区分所有法6条1項）。もっとも被告は、現実に有害な行為の結果だけが除去の対象となることを主張しているのではなく、本訴請求が権利の濫用となることの理由の一つとして被害がないことを主張しているのであるが、そうだとしても複数の区分建物を有する一棟の建物の保守維持のためには、各区分建物所有者の判断による勝手な行動は許されず、そのためにはまず集会の議を経なければならないという原則は遵守されなければならず、現実の被害の有無は権利濫用の理由の一つとしても重きを置くことはできない。」

・本件の紛争の背景には、マンションにおいて長年適切な管理が行われず、工事が放置されていたこと、マンションの諸設備の機能が劣化していたことがあるようである。マンションにおいては、管理を的確、適切に行うことが極めて重要であり、些細な違反につきあれこれ指摘をすることは、住み辛さを生じさせ、居住の雰囲気を乱すことにもなるが、これを放置することは、中長期的には、マンションの管理を杜撰なものにさせ、居住環境を悪化させ、マンションの価値を下落させるものである。

・本判決は、専有部分の外壁（共用部分）に穴を3個開ける工事をしたことは、その穴の規模・構造、建物への影響を問わず、区分所有者らの共同の利益に反するとし、区分所有法57条所定の要件を満たすとしたものであり、共同の利益の意義を明らかにした重要な判断事例である。

56 カラオケスタジオの深夜営業

共同の利益に反するとし使用禁止の仮処分を決定した事例

東京地決平成4年1月30日判時1415号113頁

事案　Xは、マンションの管理組合の理事長であり、Y有限会社は、1階の店舗部分でカラオケスタジオを営業していた。マンション内でカラオケスタジオによる騒音、風紀等の悪化が問題になった。Xは、Yに対して午前0時から午前4時までの間のスタジオ使用禁止の仮処分を申し立てたところ、これが認容されたため、Yが異議を申し立てた。

本件では、共同の利益違反の有無が争点になった。

本決定は、区分所有法57条による差止請求として検討し、共同の利益に反するとして、原決定を変更し、申立てを一部認容した。

判旨　「債権者は、本件申立てがいわゆる団体的権利に基づくものであるとし、前記第一の二11ないし3の根拠を選択的に挙げている。

右3の主張について検討するに、まず、後記五4及び6認定のとおり、管理組合は、平成3年1月6日の臨時総会において本件建物部分をカラオケスタジオとして使用することは規約違反であるとして『法廷闘争』を行うこと及び『弁護士の選定等』を理事会に一任することを内容とする本件決議をしたこと、債権者及びその他の理事全員を含む本件マンションの住人らは同年2月15日に本件仮処分命令申立てをしたが債権者以外の者は同年7月3日にその申立てを取り下げたことが認められる。そして、規約60条1項(8)の趣旨は法6条1項と同様に共同の利益に反する行為を禁止しているものであり、本件決議では、債務者の右使用がこれに違反するとして『法廷闘争』すなわち訴訟の提起を行うとされており、また、規約81条1項(1)は『管理者は、集会の決議を経て、共同の利益に反する行為の停止等の請求（法57条）の訴訟追行権を行使することができる』旨定められていることからすれば、本件決議において管理者たる債権者に本件仮処分命令申立ての追行権を授権した（法57条3項は事前の包括的授権を認めていないが、本件マンションの住人らは、右規約81条1項(1)の規定により債権者が管理者として訴訟追行すること又は区分所有者である住人ら自ら訴訟追行することを前提として、本件決議をした。）ものということができ、債権者の本件仮処分命令の申立ては本件決議の授権に基づくもので適法というべきである……。

ところで、右3の主張は、債務者の本件スタジオ営業が法6条1項所定の共同の利益に反する行為に該当することを前提とするところ、共同の利益に反する行為といえるか否かは、結局債務者の本件スタジオの営業により本件マンションの住人らが被っている被害の有無及び程度等によって決せられ、また、本件仮処分命令申立ては、民

事保全法23条2項に定める仮の地位を定める仮処分命令を求めるものであって、この仮処分命令は『争いのある権利関係について、債権者に生ずる著しい損害又は急迫の危険を避けるためこれを必要とするときに発することができる』ところ、仮処分命令による債務者の本件スタジオの使用禁止は、右被害が受忍限度を超えている場合に認められるものである。そして、右共同の利益及び受忍限度を判断するに当たっては、本件マンションの存する地域の状況、本件マンションの利用状況、債務者の本件スタジオの営業状況、当事者間の交渉経過等をも総合考慮すべきであると考えられる。

…………

　睡眠・休息は人間生活にとって不可欠であることはいうまでもなく、その睡眠・休息の場である住居における平穏な生活状態は最大限尊重されなければならない。他方、店舗等の営業あるいはこれによる経済的利益も保護されるべきではあるが、前記一のとおり、区分所有建物においては、そのうち大部分が居住用に充てられ店舗としての利用が一部分に限定されていて、その営業の種類・態様等によって居住用部分の住人らの平穏な生活が脅かされるような場合には共同の利益に反する行為となり、更にそれが受忍限度を超えるときは、仮処分命令によってその営業の全部又は一部が禁止されることがあるというべきである。

　本件においては、前記二ないし六認定のように、本件マンションは、甲州街道に面していてもともと閑静な住居とまではいえないものの、住居地域に位置する主として居住用の建物であり、実際に債権者ほか多数の者が居住しているのであって、本件スタジオのように、住居とは異質な娯楽施設で公共性が乏しく、不特定多数の者が出入り可能な店舗の営業が本件マンションの一階部分で深夜にわたって行われることは、本件マンションの住人らの享受してきた従前の居住環境の変化、風紀及び治安状態の悪化をもたらし、睡眠・休息を妨げて平穏な生活を阻害するものであり、これが無限定に行われるときは区分所有者の共同の利益に反する行為となり、かつ、受忍限度を超えるものというべきである。

　ところで、原決定は、曜日等を問わず一律に深夜午前０時から午前４時までの間の営業を禁止したものである。しかし、右時間帯の営業は、債務者にとって売上の大きな部分を占める重要なものであり、特に休日の前日から翌日にかけての時間は来店客が多く、これらの日についても他の日と全く同様に営業を午前０時以降禁止することは、債務者に与える打撃がきわめて大きく酷である。また、本件においては、住人らの平穏な生活を阻害しているのは本件スタジオからのいわゆるカラオケ騒音ではない上、債務者は、睡眠・休息の妨害となるような自動車の駐発車音の防止のため来店客の駐車場の位置を変更するなど、住人らの平穏な生活を維持するための改善措置を一部実施し、更に最大限の努力を誓約し、原決定を遵守している。これらのことからすれば、休日の営業に限って原決定の禁止時間を一時間短縮すること、すなわち、休日の前日から継続している本件スタジオの営業使用を他の日より一時間延長することと

しても、住人らに受忍限度を超える被害を与えるものとはいえないと考えられ、右の限度で原決定を変更するのが相当である。」

・本件は、マンションの1階の店舗部分でカラオケスタジオが営業され、騒音、風紀の悪化等が問題になり、管理者が経営者に対して午前0時から午前4時までの間のスタジオ使用禁止の仮処分を申し立てた事案である。
・本件は、マンション内におけるカラオケスタジオの騒音等が問題になったものであること、裁判が仮処分の申立てであったことに事案としての特徴がある。
・本決定は、深夜のカラオケスタジオの営業が区分所有者の共同の利益に反するとし、原則として営業者は午前0時から午前4時までの間のスタジオ使用を禁止すべきであり、休日の前日については、午前1時からの使用を禁止すべきであるとしたものである。本決定は、マンション内の平穏な生活の確保と営業者の営業の利益の調整を図ろうとしたものであり、きめ細かく営業の禁止の範囲を検討し、判断したところに特徴のあるものである。
・本判決の評釈として、伊豆隆義・判タ1062号187頁がある。

57 住居部分の事務所としての使用
使用を拒絶した管理組合の不法行為責任を認めた事例
東京地判平成4年3月13日判時1454号114頁

事案　Xは、複合マンション（10階建て。1、2階は、店舗用、3階以上は、住居用）の専有部分（住居部分）を区分所有しており、これを事務所として他に賃貸していた。管理組合Yは、区分所有者の集会を開催し、住居部分を事務所として使用する場合には、Yの承認を受けなければならない旨に規約を改正（変更）した。Xは、コンピュータ事業を営むA株式会社に賃貸し、Yの承認を得ようとしたものの、Yがこれを拒絶した。Xは、Aとの賃貸借契約を合意解約した。Xは、Yに対して拒絶が不当であると主張し、不法行為に基づき賃貸借契約の解約による損害につき損害賠償を請求した。

本件では、承認拒絶による不法行為の成否が争点になった。

本判決は、Yが賃貸借を承認すべき義務に違反したとして、請求を認容した（賃料相当額388万3870円、権利金相当額40万円、改修工事費用額85万円の損害を認めた）。

判旨　「(三)　新規約12条1項は、区分所有者が住居部分を事務所に使用する場合には被告の承認を受けなければならない旨規定しているが、被告が右の承認を与えるか否かは、住居部分を事務所に使用しようとする区分所有者に重大な影響を及ぼすのであるから、その判断に当たっては、事務所としての使用を制限することにより全体の区分所有者が受ける利益と、事務所としての使用を制限される一部の区分所有者が受ける不利益とを比較考量して決定すべきである。

これを本件についてみると、たしかに、事務所としての使用を無制限に放任した場合は、床の荷重の問題のほか、消防設備あるいは電話設備等の改修工事の要否等、波及する影響は大きく、費用負担の軽減及び居住環境の悪化防止等の観点からも、その制限には一般論として合理性を是認できないわけではない。

しかし、本件においては、マンション分譲時に成立した旧規約の26条に専有部分のうち住居部分は住居又は事務所以外の用に供してはならない旨の定めがあり、本件専有部分の属する三階以上の建物部分についても事務所としての使用が許容されていたと認められるのであるから、区分所有者にとってその同意なくして専有部分を事務所として使用することが禁止されることは所有権に対する重大な制約となることはいうまでもないところである。

特に、原告は、今回の規約改正の10年以上前から本件専有部分を賃借して事務所としての使用を開始し、2年余り前にはこれを購入し、右規約改正の1か月以上前から事務所用の物件として賃借人を募集し、新規約発効時には賃借人が本件専有部分を現実に事務所として使用していたのであるから、その既得権を奪われることによる原告

の不利益は極めて大きいといわざるを得ない。しかも、賃借人であるA社は、コンピューターソフトの開発を業とする会社で、従業員が2、3名という小規模な会社にすぎず、その入居を認めることにより床の荷重の問題が生じたり、あるいは消防設備等を設置することが不可欠となるかは疑問の余地がないではなく、また、本件専有部分を事務所として使用することにより直ちに著しく居住環境が悪化するとも思えないのであって、事務所としての使用を認めることによる被害が重大なものとはいいがたい。

　右の双方の利害状況を比較考量すれば、本件の承認拒絶により原告が受ける不利益は専有部分の所有権者である原告にとって受忍限度を越えるものと認められるから、被告は、本件賃貸借契約を承認する義務を負っていたものと解するのが相当である。

　したがって、被告は、本件賃貸借契約の承認を拒絶することにより、原告の所有権を違法に侵害したものと認められる。」

・本件は、複合マンションにおいて住居部分を事務所の用途に使用する場合には、管理組合の承認を得ることが必要である旨に規約が改正されたが、その前から事務所として賃貸していた住居部分の区分所有者が、その後、新たに事務所として賃貸するため管理組合の承認を求めたところ、承認が拒絶されたため、区分所有者が管理組合に対して不法行為に基づき損害賠償を請求した事案であり、規約の運用をめぐる紛争であるところに特徴がある。
・本判決は、承認を求めた区分所有者の従来の使用状況、賃借人の事業内容・規模等の事情を考慮し、管理組合が賃貸借契約を承認する義務を負っていたとし、その承認拒絶が不法行為に当たるとしたものであり、規約の運用による不法行為を肯定した事例を提供するものである。本判決が不法行為を認めた判断は、マンションの適切な管理を実現する観点からは疑問が残るものであり、限界的な事例ということができる。
・また、本判決は、本件の不法行為による損害額として、賃料相当額388万3870円、権利金相当額40万円、改修工事費用額85万円の損害を認めたものであるが、管理組合の承認拒絶との因果関係の判断、損害額の認定について疑問の余地のあるものである。

58 住居部分の事務所としての使用
用途違反・規約違反・共同の利益に反するとした事例
東京地八王子支判平成5年7月9日判時1480号86頁

事案　Xは、1階が店舗、2階以上が住宅である複合マンションの管理組合の管理者であり、Y1は、2階部分の専有部分の区分所有者であり、Y2は、その区画を賃借し、事務所として使用していた。Y2が事務所として使用することは、用途外使用であった。Xは、Y1、Y2に対して、区分所有法60条の規定に基づき賃貸借契約の解除、専有部分の明渡しを請求した（Y1は、口頭弁論期日に出頭せず、請求を認諾する旨の書面を提出した）。

本件では、事務所として使用したことが共同の利益に反するかが争点になった。

本判決は、事務所としての使用が区分所有者の共同生活上の障害が著しいとして、請求を認容した。

判旨　「2　よって、検討するに、本件建物のように住居専用部分と店舗専用部分からなる複合住宅において、本件管理規約及び使用細則の定める右専用部分の区画に従って利用することは、居住者の良好な環境を維持する上で基本的で重要な事柄であり、区分所有者である居住者の共同生活上の利益を維持・管理するために不可欠な要件であると認められる。

即ち、本件建物は1階16戸を店舗専用部分、2階ないし7階38戸を住居専用部分と明確に区画している複合用途のマンションであるが、このようなマンションにおいては、当初から、右の明確な区画の維持によって良好な居住環境を確保することが予定されている。その2階の住居専用部分（二百五号）が被告会社の事務所として使用されること自体により、周囲の居住環境に変化をもたらすことは否定できない。更に、被告会社の管理規約違反を放置すると、住居専用部分と店舗専用部分との区画が曖昧になり、やがては居住環境に著しい変化をもたらす可能性が高いばかりでなく、管理規約の通用性・実効性、管理規約に対する信頼を損なう、ひろく、他の規約違反を誘発する可能性さえある。

加えて、管理組合が繰り返して被告会社に対し、用途違反を是正し、本件専有部分から退去するよう勧告したが、これに対する被告会社の対決・強硬の態度が変わらず、本件が本件建物における他の事例とは事案を異にしていることなど、前記1（一）ないし（一三）の事実関係も併せ考えると、被告会社の前記三1（二）（三2）の事務所使用は、建物の管理又は使用に関し区分所有者の共同の利益に反する行為（建物の区分所有等に関する法律第6条1項）で、それによる区分所有者の共同生活上の障害が著しく、他の方法によってその障害を除去して区分所有者の共同生活の維持を図ることが困難であるとき（同法第60条1項）に当たるものというべきである。」

・本件は、複合マンションの住居用の専有部分の区分所有者が賃貸し、賃借人が事務所として使用したため、マンションの管理者が区分所有者、賃借人に対して区分所有法60条に基づき賃貸借契約の解除、専有部分の明渡しを請求した事案である。

・マンションにおける用途は、マンションの管理の実施、価値の維持・向上に重要であり、規約によって明確に定めておくことが重要である。特に住居用部分のほか、店舗、事務所等の用途が認められる複合マンションにおいては、用途違反が問題になるおそれが少なくないことから、管理が重要である。本件は、複合マンションの住居用の専有部分が賃貸され、事務所として使用されたため、用途違反、規約違反、共同の利益違反が問題になったわけである。

・本判決は、用途違反、規約違反、さらに共同の利益に反するものである等とし、区分所有法60条1項所定の要件を満たすものであるとしたものであり、共同の利益の違反事例として参考になる。

59 ペット不可マンションでの犬の飼育
共同の利益に反するとし飼育の禁止・賠償を認めた事例
東京地判平成6年3月31日判時1519号101頁

事案　Xは、マンションの管理組合であり、Y1、Y2は、区分所有者である。Xの管理規約、細則（「共同生活の秩序維持に関する細則」）においては、小鳥及び魚類以外の動物の飼育が禁止されていたところ、違反者が存在したため、ペットクラブの自主管理によって、当時飼育中の犬猫に限りその飼育を認める集会の決議を行った。ペットクラブに所属しないY1、Y2が犬の飼育を始めた。Xは、集会の決議によって、Y1、Y2に対し、犬の飼育の禁止、弁護士費用につき損害賠償を請求した。

本件では、犬の飼育を禁止する規約、細則の効力が争点になった。

本判決は、決議に従わない犬の飼育は、区分所有者の共同の利益に反するものであるとして、請求を認容した（弁護士費用の損害賠償請求も、一部認容した）。

判旨　「2（一）　区分所有法は、区分所有者及び区分所有者以外の専有部分の占有者は、建物の保存に有害な行為その他建物の管理又は使用に関し区分所有者の共同の利益に反する行為をしてはならない旨規定し（6条1、3項）、建物又はその敷地若しくは附属施設の管理又は使用に関する区分所有者相互間の事項は、この法律に定めるもののほか、規約で定める事ができると規定して（30条1項）、同法3条所定の区分所有者の団体が定める規約に法的な効力を賦与し、かつ、「区分所有者の共同の利益に反する行為」として、具体的にどのような事項を盛り込むかについて、右団体の自治に委ねる態度をとっている。

（二）　原告においては、規約24条に基づく細則の本件規定により、犬猫の飼育を禁止しているが、前示1に認定の事実によれば、原告の構成員の多数が今なお本件規定の遵守を組合員等に求めていることが容易に認められるものであって、ペットクラブの自然消滅を期し、厳格な管理の下に、ペットクラブ発足時の犬猫一代限りの飼育のみを承認するものとしている原告の構成員の多数の意思に反し、それ以外の犬猫を飼育する行為は、区分所有法6条1項所定の「区分所有者の共同の利益に反する行為」に該当するものとして、同法57条1項により差止（飼育禁止）請求の対象となるものというべきである。

（三）　被告らは、ペットクラブの会員による犬猫の飼育との対比において、本件規定の効力を否定するが、ペットクラブを設立させることとした昭和61年6月1日の総会の決議の趣旨は前示1に認定したとおりであり、ペットクラブの会員でも、新たな犬猫を飼育することは禁止されているのであるから、本件規定の効力が及ぶものであることは明らかである。また、ペットクラブ設立後の原告の運用において右決議の趣

旨に反する措置があったものと認めることはできない。平成2年7月末ころから始めた被告らの犬の飼育に対し、本件規定の遵守を求め、飼育を止めるように要求することは共同生活の秩序維持を図る原告の自治的活動として、なんら不合理なものということはできない。

　犬猫等のペットをかけがえのないパートナーとして求める人がいることは否定できないとしても、原告の総会において本件訴訟の提起が決議されていることからすれば、原告の構成員の多数が心情的にせよ、犬猫の飼育を是認しているとまで認めることはできない。本件規定の効力を否定する被告らの主張はいずれも理由がない。

　…………

　（二）　右事実関係の下においては、本件規定に違反し犬を飼育し続けている被告らの行為は、原告を構成する区分所有者の共同の利益に反する違法な行為により、原告をして共同生活の秩序維持のために金銭的負担を伴う措置をとることを余儀なくさせるものであって、原告に対する不法行為を構成するというべきである。」

Key point

・本件は、規約に基づき細則によって犬猫の飼育が禁止されていたところ、区分所有者らが犬を飼育したため、管理組合が区分所有者に対して犬の飼育の禁止、弁護士費用相当の損害賠償を請求した事案である。
・本件のようなペットの飼育をめぐる紛争は、マンションにおいては比較的問題になることが多かったが、近年は、様々な規制を設けてペットの飼育を認めるマンションも増加している傾向にある。ペットの飼育は、区分所有者らの間の好悪の感情が強く、いったん紛争が発生すると、その内容、態様は些細なものであっても、深刻な紛争に発展するおそれがある。また、規約、細則によってペットの飼育に関する規制を設けた場合には、その遵守を厳格に実施しなければ、規制が有名無実化するおそれがある。
・本判決は、規則、細則、集会の決議によって犬猫の飼育が禁止されている場合、規約、規則を有効であるとし、これに違反した区分所有者の行為が共同の利益に反するものであり、不法行為に当たるとしたものであり、事例として参考になる。
・また、本判決は、訴訟の提起・追行のための弁護士費用の損害賠償を認めたものであり、この判断も事例として参考になる。

60 床のフローリング化による騒音の発生

生活騒音が受忍限度を超えていないとし請求を棄却した事例

東京地判平成6年5月9日判時1527号116頁

事案　X1は、マンションの専有部分の区分所有者であり、X2は、その妻である。X1の専有部分の上の階の専有部分を区分所有するYが床にフローリング工事を行った。その後、Yの家族らの生活音が伝播することになり、X1は、不眠症等の症状が生じ、専有部分を売却し、他に転居した。X1らは、Yに対して不法行為に基づき慰謝料、建物の減価分につき損害賠償を請求した。

本件では、生活騒音が受忍限度を超えたものであるかが争点になった。

本判決は、生活騒音が受忍限度を超えていないとして、請求を棄却した。

判旨　「三　以上のような事実関係の下において検討すると、本件のマンションにおけるような集合住宅にあっては、その構造上、ある居宅における騒音や振動が他の居宅に伝播して、そこでの平穏な生活や安眠を害するといった生活妨害の事態がしばしば発生するところであるが、この場合において、加害行為の有用性、妨害予防の簡便性、被害の程度及びその存続期間、その他の双方の主観的及び客観的な諸般の事情に鑑み、平均人の通常の感覚ないし感受性を基準として判断して、一定の限度までの生活妨害は、このような集合住宅における社会生活上やむを得ないものとして互いに受忍すべきである一方、右の受忍の限度を超えた騒音や振動による他人の生活妨害は、権利の濫用として不法行為を構成することになるものと解すべきところである。

これを本件についてみると、被告が被告居宅に敷設した本件フローリング床の仕様は、必ずしも遮音性能に優れたものではなく、当時の建築技術の水準に照らしてむしろ最低限度の仕様のものであって、これによって少なくとも軽量床衝撃音の遮断性能が低下したことは、容易に推認することができる。

しかしながら、被告居宅における騒音の発生源は、前記のとおり、最小限度の構成の家族による起居、清掃、炊事等の通常の生活音に限られていた上、騒音の発生する時間帯も、比較的短時間であったことに照らすと、右のような仕様の本件フローリング床を敷設したこと自体をもって直ちに不当又は違法とすべき理由はなく、被告又はその家族としては、本件フローリング床の軽量床衝撃音の遮断性能が十分ではないことを踏まえた上で、日常生活上、不当又は不要に床衝撃音を発生させて原告らの平穏な生活や安眠を害することがないように注意義務を尽くすことをもって足りるものと解するのが相当である。そして、被告及びその妻のAは、原告X1からの苦情を受けた後においては、前記のとおり、被告居宅の居間・食堂のテーブルの下に絨毯を敷き、

テーブル及び椅子の足にフェルトを貼るなどの措置を講じたり、Yの子の遊具を制限するなどして、必要な配慮をしているのであるから、これをもって右注意義務に欠けるところはなかったものと解するのが相当である。原告らが被告居宅での足音や椅子の移動音等を気に病んで不眠症を訴え、原告居宅に在室することを苦痛に感じるようになって、原告居宅を第三者に売却して他に転居したことは、前記のとおりであるけれども、この種の騒音等に対する受け止め方は、各人の感覚ないし感受性に大きく依存し、また、上下階間での人間関係に左右されたり、気にすれば気にするほど我慢ができなくなるという性質を免れ難いものである以上、当該騒音等による生活妨害が社会生活上の受忍限度を超えたものであるかどうかは、平均人の通常の感覚ないし感受性を基準として判断せざるを得ないところである。

　また、原告X1は、被告が敷設した本件フローリング床の遮音効果が不十分であるために原告居宅が減価を来し、これによって財産上の損害を被ったと主張するけれども、本件フローリング床を敷設したこと自体をもって直ちに不当又は違法とすることはできないことは、前記のとおりである上、これによって原告居宅が減価を来したことを認めるに足りる的確な証拠もない。」

・本件は、階上の専有部分の区分所有者が床にフローリング工事を施工したところ、階下の専有部分に生活騒音が伝わるようになり、階下の専有部分の区分所有者と家族が病気になり、区分所有権を売却し、他に転居したことから、階上の区分所有者に対して不法行為に基づき損害賠償を請求した事案であり、マンション内の生活騒音をめぐる不法行為の成否が問題になったものである。
・マンション内における騒音は、マンション紛争の多数を占めるものであり、その解決の基準が必ずしも具体的に明確でないため、長期化するおそれのあるものである。また、解決がいったん図られたとしても、関係者の間の人間関係がなかなか元の状況に回復されることが困難である等の事情から、再度紛争が発生する可能性があるため、解決困難な類型の紛争である。
・本判決は、生活騒音が不法行為に当たるかは、平均人の通常の感覚、感受性を基準として受忍限度を超えるかどうかで判断せざるを得ないとした上、本件では、受忍限度を超えていないとし、階上の区分所有者の不法行為を否定したものであり、受忍限度を超えたことを否定した事例として参考になる。

61 住居専用部分の保育室としての使用

幼児の騒音が共同の利益に反するとし使用差止めを認容した事例

横浜地判平成6年9月9日判時1527号124頁

事案

Xは、マンションの管理組合であり、マンションは、規約によって住居専用であることが定められていたところ、Y1は、住居用の専有部分の区分所有者、Y2は、その夫である。Y1らは、専有部分を自ら経営する病院の看護婦等の幼児の保育室として使用した。XはY1らに対し、規約違反を理由として保育室としての使用差止めを請求した。

本件では、規約違反の有無が争点になった。

本判決は、幼児の騒音等によって保育室としての使用が他の区分所有者の共同の利益に反するとして、請求を認容した。

判旨

「ところで、本件のようにいわゆるマンション形式の集合住宅では、相互に居住者の生活空間が接しており、それぞれの居住場所での生活が相互に他に影響しやすくなっているばかりか、それぞれの部屋に行くためなどには共用の通路等を歩行しなければならないのであるから、このような生活空間に居住し、これを利用する住民は相互に他の利用者に迷惑をかけないように生活するということが最低限のルールである。そして、このように密接した生活空間に居住する者は、騒音、振動、臭気等についてはそれぞれが発生源となり得る関係にある以上、それが多少のものである限り、いわば『お互い様』という言葉をもって表現されるように、相互に我慢し合うということが必要であるが、これが、一定の許容限度を超えるならば、それは建物の区分所有等に関する法律6条1項所定の『区分所有者の共同の利益に反する』として、このような使用方法が許されなくなるというべきである。そして、これを判断する際には、当該行為の性質、必要性の程度、これによって他の住民らが受ける不利益の態様、程度等の事情を十分比較して、それらが住民らの受忍の限度を超えているかどうかを検討するのが相当である。

このことは、本件規約の文言の解釈に当たっても、同様であり、単に、一定の行為を禁止する規約があるからといって、形式的にこれに該当する行為をすべて一律に禁止するということは相当ではなく、その規約の趣旨、目的を集合住宅の居住者同士という観点から検討して、その当否を判断すべきであり、本件規約20条も、区分所有者がその建物を住居専用に使用しないことで、組合員共通の利益が侵害され、良好な居住環境が維持できなくなることを禁じているものと解される。

そこでこのような見地から検討すると、前記の各事実によれば、被告Y2の経営する本件病院の運営については、看護婦等の確保のために保育施設を有することが必要であり、それが確保されないと人員確保ができず、ひいては地域社会にとって必要な施設で、その意味では公共性が高い施設である病院が運営できなくなるおそれがある

ところ、被告らが本件建物を本件病院の看護婦等の子供の保育施設として利用するに至ったのは、以前他のマンション等においても同様の目的で利用していたが住民の反対があったためであると認められるが、従前の保育施設の設置経過、本件部屋が保育施設となった経緯等からすれば、被告Y2は、他に保育用の施設を設置しようとすれば本件病院の敷地内等に設置するなど、他に方法がないわけではないのに対し、本件マンションの住民らが前記被害を避けるため他に転居しようとしても、経済的理由等により困難であることは容易に推認できるから、結局、被告らは、本件病院の公共性、人員確保の必要性等の理由があるとしても、本件マンションの区分所有者の負担において、本件建物を保育施設とすることにより病院経営が成り立つという経済的利益を得ていることになる。そうすると、被告らは、他の住民らの一方的不利益により（住民らが本件病院で受診できることをもって受益しているとするのは、対比すべき事由としては必ずしもふさわしくないというべきであろう。）、受益を得ていることになる。なお、被告らは、本件建物を保育室として使用することは、大家族が本件マンション内に居住している場合と違いがないと主張するが、大家族の場合は、その家族も他の居住者の生活騒音等を受忍していることになり、その意味では『お互い様』といい得るが、本件では、保育に当たっているのは、本件病院の職員であり、その部屋を生活の場としている者と職場にしている者とを同列に扱うことは相当ではないから、この点からも右主張は採り得ない。

　以上によれば、被告らが本件建物を保育室として利用することについては、本件病院の公共性、人員確保の必要性等の理由があるとしても、それにより本件マンションの住民らの前記被害を受け、その程度も少なくないこと、本件マンションの所在地の環境が比較的閑静であること、被告らの右利用により、右住民らが一方的に不利益を受けるのに対して、被告らは病院経営による経済的利益等を得ること、被告らには他の代替手段がないわけではないこと等を考慮すれば、住民らにおいてこのような使用を受忍すべきであるということはできないといわざるを得ない。したがって、本件においては、被告らが本件建物を保育室として使用することは、本件規約20条1、2項に反し、しかも、それにより他の区分所有者に被害を与えるから、他の区分所有者の共同の利益に反する使用方法であるというべきである。」

・本件は、住居用のマンションの専有部分の区分所有者が自己が経営する病院の従業員のための保育室として使用したため、管理組合が規約違反を主張し、保育室としての使用禁止を請求した事案であり、専有部分の用途違反、規約違反の有無が問題になったものである。
・本判決は、規約違反の判断に当たっては、一定の行為を禁止する規約があるからといって、形式的にこれに該当する行為をすべて一律に禁止するということは相当ではなく、その規約の趣旨、目的を集合住宅の居住者同士という観点から検討して、その当否を判断すべきであるとした上、本件では、住民らの受ける被害の程度が少なくない等の事情から、区分所有者の共同の利益に反し、規約に違反するとしたものであり、規約違反の事例として参考になるものである。もっとも、本判決は、規約違反の有無について、諸事情を考慮した実質的な判断が必要であるとしているところであり、その意図は必ずしも明確ではないものの、マンションにおける規約の重要性に照らすと、厳格な遵守が必要であると解することが重要であり、結論は別として、本判決の基本的な姿勢には問題が残る。

62 パチンコ店の営業

パチンコ店の営業を一切禁止するのは受忍限度を超えるとした事例

東京地判平成7年3月2日判時1553号98頁

事案　Xは、複合マンション（15階建てのマンションであり、1階は店舗、2階は事務所、3階以上は住居である）の管理組合であり、Y株式会社は、マンションの分譲業者であり、店舗、事務所を区分所有している。Yは、管理者の許可なく、店舗部分を第三者に賃貸し、パチンコ店を開店しようとした。区分所有者らは、集会を開催し、店舗部分をパチンコ店営業の用途にすることの差止請求の訴訟を提起する旨の決議をした。Xは、Yに対して区分所有法57条に基づきパチンコ店営業の用途に供することの差止め、物件の撤去を請求したのに対し、Yが反訴としてパチンコ店の営業をする権利の確認を請求した。

本件では、複合マンションの店舗部分においてパチンコ店を営業することが共同の利益に反するかが争点になった。

本判決は、規約の内容、付近の状況等から店舗部分で風俗営業がされることはあり得るところ、パチンコ店営業を除外することはできないとし、パチンコ店営業そのものを一切禁止することは受忍限度を超えるとして、Xの本訴請求を棄却し、Yにパチンコ店営業の具体的権利は認められないとし、Yの反訴請求を棄却した。

判旨　「(4)　ところで、訴外会社が準備した本件マンションの3階以上の住宅専用部分の販売用パンフレットにおいては、特記事項として『1本建物1階店舗、2階事務所については、現在業種は未定ですが、風俗営業が入る場合があります。2本建物1階店舗、2階事務所の区分所有者及びその特定承継人が売主の指定する部分に店舗営業用看板を設置すること及び1階店舗前空地部分(イ)部分を店舗来客用自転車置場等として、又、(ロ)部分を空調室外機置場として、専用使用することを他の区分所有者は認めていただきます。』との記載がある。……

　　…………

以上の事実によれば、本件規約所定の『共同の利益』は、本件店舗において『風俗営業』がなされることもあり得ることを前提として解釈するのが相当である。そして、『風俗営業』が、風俗営業等の規制及び業務の適正化等に関する法律によって規律されていることは顕著な事実であるから、同法律2条1項7号に照らしても、右風俗営業についてパチンコ営業を除外することはできないものといわなければならない。

してみると、本件店舗のパチンコ営業そのものを一切禁止することは、本件店舗の区分所有者たる被告が受忍すべき限度を超えるものと認定するのが相当である。したがって、被告において本件内外装工事をして本件店舗をパチンコ店営業の用途に供すること自体が『共同の利益』に違反するものではないというべきであるから、これが

直ちに本件規約1条、8条、11条、12条1項及び2項、本件細則1条1号、2号、6号及び18号に違反するものではないといわなければならない。」

Key point

・本件は、複合マンションの店舗部分で区分所有者がパチンコ店を営業しようとし、管理者が区分所有者の共同の利益に反するとし、区分所有法57条に基づきパチンコ店営業の用に供することの差止め等を請求した事案である。

・複合マンションにおいては、専有部分は、住居のほか、事務所、店舗等の様々な用途が併存して利用されているが、どのような用途が認められるかは、個々のマンションにおける規約の内容によるところである。専有部分の用途をめぐる紛争を防止するためには、できるだけ具体的、明確に規約の内容を定めることが重要であるが、言うは易く、定めることは難いのも現実である。本件では、規約上は、マンションの1階部分は、店舗としての用途が認められていたものの、風俗営業が入ることがあることも明記されていたところであり、パチンコ店がこの店舗、風俗営業に含まれるか、仮に反するところがあっても、区分所有者の共同の利益に反するかが問題になったわけである。

・本判決は、本件マンションの店舗部分では風俗営業がなされることもあり得ることを前提としているとし、パチンコ店も風俗営業から除外されないこと、パチンコ店営業そのものを一切禁止することは店舗部分の区分所有者の受忍限度を超えるものであることを指摘し、共同の利益に反することを否定したものであり、規約の解釈事例、共同の利益違反の否定事例として参考になる。

63 目的外使用による明渡請求

賃借人の不法行為を認め賃貸借契約の解除と明渡しを認めた事例

東京地判平成8年5月13日判時1595号77頁

事案

区分所有者Y1は、マンションの専有部分を住居としてY2に賃貸したところ、Y2が大工業務用の資材を置き、仕事場等として使用した。Y2が目的外使用をし、他の区分所有者らに様々な迷惑行為を行う等した。X管理組合は、所定の手続を経て訴訟を提起することとし、Y1、Y2に対して区分所有法60条1項に基づき賃貸借契約の解除、専有部分の明渡しを請求したものである。

本件では、共同の利益に反する行為があったかが争点になった。

本判決は、共同の利益に反する行為があったことを認め、請求を認容した。

判旨

「3 以上によれば、目録に記載された事実には、15や追記の四記載の事実のように必ずしも認定できないものもあり、認定できた分についても、細部までそこに記載されたとおりに認定できないものもある。

しかし、目録記載の各事実は、これらの認定できない事実や異なる認定となる事実があることを考慮しても、全体として、これらのことがあれば、被告Y2によって建物の管理または使用に関し、区分所有者の共同の利益に反する行為がなされていると評価されてもやむを得ないものであるし、右各事実によれば、同被告が本件マンションに留まっていると、これらの行為に類似する行為が今後も反復され、それが区分所有者の共同生活に著しい障害となるものであり、その障害を除去して共用部分の利用の確保その他区分所有者の共同生活の維持を図るためには、契約解除及び引渡し請求以外の方法によるしかないと多数の区分所有者が考えたとしても、それには相応の合理性があるものといわざるを得ない。

本件議決は、区分所有者の四分の三を越える多数の者が加わって行われたものであり、被告Y2においては、承服できないものがあるとしても、その多数の意思には従わざるを得ないものというべきである。」

Key point

・本判決は、賃借人による迷惑行為の繰り返しが区分所有者の共同の利益に反するものであるとし、区分所有法60条1項所定の要件を満たすとしたものであり、同条項を適用した事例として参考になる。

・特定の区分所有者が共同の利益に反する行為（区分所有法6条）をした場合には、管理者、管理組合としてはその違反状態を是正する措置を厳格にとることが、マンション管理を適切に行うために重要であるが（違反状態を放置すると、管理が杜撰になり、マンション内の平穏な生活に支障が生じるし、マンションの価値が下落することになる）、行き過ぎると、村八分のような紛争に発展するおそれがある。本件の場合には、むしろ遅すぎた措置であったと考えられる。

64 ペット不可マンションでの犬の飼育
共同の利益に反するとし規約違反を認めた事例

東京地判平成8年7月5日判時1585号43頁

事案 マンションのX管理組合において、管理規約に基づき共同生活の秩序に関する細則が定められ、細則においてペットの飼育を禁止していたところ、管理規約、細則に違反して犬猫等のペットを飼育する者がいたため、総会を開催し、当時飼育していたペット一代限りで飼育を認めることにする決議をし、ペットを飼育していた者同士でペットクラブが設立された。区分所有者Yは、その後に犬を飼育し、Xは、犬の飼育を中止するように申し入れたが、Yがこれを拒否した。Xは、Yに対して犬の飼育の禁止、弁護士費用相当額の損害賠償を請求した。

本件では、犬の飼育が管理規約に違反するか、弁護士費用相当の損害金の賠償を請求することができるかが争点になった。

本判決は、規約違反を肯定し、弁護士費用相当の損害賠償を認め、請求を認容した。

判旨 「本件の飼育差止め請求は、原告が、被告による犬の飼育が本件規約に基づき定められた本件規定に違反するとして、その差止めを求めるものであるところ、規約は区分所有者に対して効力を生ずるのであり（区分所有法30条、46条参照）、区分所有者は規約において定められた義務を遵守しなければならないが、規約は管理組合内部の規範であるから、そこに定められた義務は区分所有者の管理組合に対する義務であり、これに対応する権利は法人格なき社団としての管理組合に帰属する。

したがって、管理組合は、民訴法46条に基づき自己の名において差止め訴訟を提起することができる。

…………

すなわち、マンションは入居者が同一の建物内で共用部分を共同して利用し、専有部分も上下左右又は斜め上若しくは下の隣接する他の専有部分と相互に壁や床等で隔てられているにすぎず、必ずしも防音、防水面で万全の措置が取られているわけではないし、ベランダ、窓、換気口を通じて臭気が侵入しやすい場合も少なくないのであるから、各人の生活形態が相互に重大な影響を及ぼす可能性を否定することはできない。

したがって、区分所有者は、右のような区分所有の性質上、自己の生活に関して内在的な制約を受けざるを得ないものと考えられる。

区分所有法6条1項は、右内在的制約の存在を明らかにしており、その一棟の建物を良好な状態に維持するにつき区分所有者全員の有する共同の利益に反する行為、すなわち建物の正常な管理や使用に障害となるような行為を禁止するものである。

そして、右の共同の利益に反する行為については、区分所有者は管理規約において

これを定めることができるものとされている（同法30条1項）。

そして、マンション内における動物の飼育は、建物の構造上前記のような問題点があることからすれば、糞尿によるマンションの汚損や臭気、病気の伝染や衛生上の問題、鳴き声による騒音、咬傷事故等、建物の維持管理や他の居住者の生活に有形の影響をもたらす危険があることはもちろんのこと、動物の行動、生態自体が他の居住者に対して不快感を生じさせるなどの無形の影響をも及ぼすおそれのある行為であるといわざるをえない。

たしかに、飼主が責任を持って必要な措置を十分に執れば、動物の種類、生態等によっては、右のような有形、無形の影響を及ぼす危険、おそれを実際上無視し得るほど小さくすることは可能であるものの、飼主の生活領域内での飼育であるだけに飼主及びその家族の良識と判断にゆだねざるを得ず、遺憾ながら規範意識、責任感、良識に欠ける者がペットを飼育する可能性を否定できない。

そうすると、居住者の自主的な管理にゆだねることは限界があり、大方の賛同を得ることは困難である。

また、具体的な実害が発生した場合に限って規制することとしたのでは、右のような不快感等の無形の影響の問題に十分対処することはできないし、実害が発生した場合にはそれが繰り返されることを防止することも容易でないことが考えられる。

したがって、規約の適用に明確さ、公平さを期すことに鑑みれば、右禁止の方法として、具体的な実害の発生を待たず、類型的に前記のような有形、無形の影響を及ぼす危険、おそれの少ない小動物以外の動物の飼育を一律に禁ずることにも合理性が認められるから、このような動物の飼育について、前記共同の利益に反する行為として、これを禁止することは区分所有法の許容するところであると解するのが相当である。

したがって、本件規定について被告の主張するような限定解釈を加える必要はなく、本件マンションにおいて犬を飼育することは、共同生活上の利益に対する具体的被害やその蓋然性の有無にかかわらず、それ自体で本件規定に違反する行為というべきである。」

・本件は、マンション内におけるペットの飼育をめぐる紛争であり、特定の要件を満たす場合を除き、ペットの飼育を禁止する規約、細則が設定されている場合、管理組合が犬を飼育する区分所有者に対して犬の飼育の禁止を請求した事案である。

・マンション内における共同生活を平穏に行うためには、各区分所有者、占有者が個々のマンションに相応しい秩序を維持することが重要であり、秩序に違反した専有部分の使用は、秩序違反として是正されることが必要である。マンション内の共同生活を妨げる迷惑行為としては様々なものがあるが、騒音、ペットの飼育、用途外使用などは代表的な事例である。ペットの飼育については、長年、全面的な禁止を定める規約を設定する事例が多かったが、近年は、一定の要件の下で犬の飼育を認める規約を設定する事例も増加しつつあるようである。本件では、本来は、犬猫の飼育を禁止する規約、細則が設定されていたところ、違反者が多く、一代限りでこの飼育を認める規約、細則に改正されたが、これにも違反した区分所

有者が出たため、その飼育の禁止が求められたという経緯がある。
・本判決は、犬の飼育が区分所有者の共同の利益に反するものであり、具体的な被害、その蓋然性の有無にかかわらず、規約に違反することを認めたものであり、重要な事例として参考になるものである。
・また、本判決は、規約に基づき規約違反の行為を是正するために訴訟を提起した場合の弁護士費用の損害賠償請求を認めたものであるが、議論のあるところであり、肯定事例を加えたものである。

65 床のフローリング化による騒音
受忍限度を超えるとし不法行為を肯定した事例
東京地八王子支判平成8年7月30日判時1600号118頁

事案　X1、X2は、3階建のマンションの1階に区分所有権を有し、居住しており、Yは、2階に区分所有権を有し、家族とともに居住していた。Yは、絨毯張りの床をフローリング床に張り替えたため、騒音（歩く音、椅子を引く音等の生活騒音）が発生するようになった。X1らは、Yに対して騒音が受忍限度を超えていると主張し、不法行為に基づき損害賠償、人格権侵害に基づき絨毯張りへの復旧工事を請求した。

本件では、騒音が受忍限度を超えているか、人格権侵害・そのおそれが認められるかが争点になった。

本判決は、騒音が受忍限度を超えているとし、損害賠償請求を認容したものの、差止めを認めるほどの違法性がないとし、復旧工事の施工請求を棄却した。

判旨　「3　ところで、本件マンションのような集合住宅における騒音被害・生活妨害については、加害行為の有用性、妨害予防の簡便性、被害の程度及びその存続期間、その他の双方の主観的及び客観的な諸般の事情に鑑み、平均人の通常の感覚ないし感受性を基準として判断して、一定の限度までの騒音被害・生活妨害は、このような集合住宅における社会生活上止むを得ないものとして受忍すべきである一方、右の受忍限度を超える騒音被害・生活妨害は、不法行為を構成するものと解せられる。

4　これを前記1において認定した各事実に基づき検討すると、被告が敷設した本件フローリングの有用性は一応肯認できるが、右敷設の緊急性はないところ（被告）被告は本件フローリング施工に際し、本件フローリング敷設による階下への騒音等の問題を認識しながら、右騒音等の問題に対する事前の対策は不十分なまま、本件マンションの管理組合規約・使用細則に違反する形で、即ち、原告らの承認を得ること及び本件マンションの管理組合理事会への正規の届け出なく、本件フローリングを施工し、しかも、本件フローリングは、絨毯張りの場合と比べ防音・遮音効果が4倍以上悪化する『トップ・イレブン』なる防音措置（遮音材）の施されていない1階用床板材を使用して敷設されたものであったことから、本件フローリング敷設により平成5年11月中旬ころから、従前静ひつが保たれていた原告ら建物において、被告建物に発生する歩く音・椅子を引く音等の生活音全てが断続的に、階下の原告ら建物内に響き聞こえてくるようになり、このため、原告X1は被告一家（被告本人及び子供〔成人男女二名〕）が寝静まるのを待って就寝し、原告X2は被告らが起床して歩き出す音で目が覚めるという生活が続くに至ったものであるが（なお、前記認定の（六）（七）

の各事実は、右判断を左右するとまでは言えない。）、右のとおり、被告における本件フローリング敷設による右騒音被害・生活妨害は、被告の右騒音等の問題に対する事前の対策が不十分なまま、原告らの承認を得ること及び本件マンションの管理組合理事会への正規の届け出なくされた本件フローリング敷設によりもたらされたもので、本件フローリングに防音措置（遮音材）の施されている床板材を使用すれば相当程度防音・遮音され、また、その費用もそれほど掛かるものではないことをも勘案すれば、右加害行為の態様は芳しくないものであり、しかも、多数回、かつ、現在まで約２年半にわたり継続して、従前より４倍以上の防音・遮音悪化の状態でなされたものであり、そのうえ、早朝または深夜にわたることも度々であったのであるから、確かに、この種の騒音等に対する受け止め方は、各人の感覚ないし感受性に大きく左右され、気にすれば気にするほど我慢ができなくなるという性質を免れないものではあるが、平均人の通常の感覚ないし感受性を基準として判断してもなお、本件フローリング敷設による右騒音被害・生活妨害は社会通念上の受忍限度を超え、違法なものとして不法行為を構成すると言うことができる。

…………

次に、騒音被害・生活妨害による人格権または人格的利益の侵害ないし侵害の恐れに基づく妨害排除・予防請求としての差止め請求が認められるか否かは、侵害行為を差止める（妨害排除・予防する）ことによって生ずる加害者側の不利益と差止めを認めないことによって生ずる被害者側の不利益とを、被侵害利益の性質・程度と侵害行為の態様・性質・程度との相関関係から比較衡量して判断されるが、前述したように、被告における本件フローリングによる前記騒音被害・生活妨害は受忍限度を超えたものであり、したがって、右侵害行為（被告における本件フローリングによる前記騒音被害・生活妨害行為）の差止めを認めないことによって生ずる被害者側たる原告らの不利益は決して小さくないと言うべきであるが、本件フローリングの有用性は前記認定のとおりであり、本件フローリングに対する差止めないし差止めによる原状回復については、被告に対し相応の費用と損害をもたらすことは明らかであり、しかも、後記四に説示するとおり、若干の問題はあるものの原告ら及び被告に対し本件勧告が有効になされ、原告らもこれを一旦は受け入れた経緯に鑑みると、なおのこと、被告における本件フローリングによる前記騒音被害・生活妨害行為は直ちに、右差止請求を是認する程の違法性があると言うことは困難と言わざるを得ない。」

・本件は、マンション内の平穏な生活についての代表的な紛争である騒音をめぐる紛争であり、階下の区分所有者が階上の区分所有者に対して騒音を理由に損害賠償、絨毯張りへの復旧工事の施工を請求した事案であり、そのきっかけが絨毯張りからフローリングの床にしたことにあることに事案の特徴がある。
・マンション内の騒音をめぐる紛争は、多くのマンションで発生しているが、騒音の程度・時間帯、マンションの構造、区分所有者の使用状況、区分所有者の音に対する感覚、日頃の

人間関係等の事情によって紛争として現実化し、あるいは訴訟に発展するかが異なることになる。騒音が不法行為に当たるかは、通常人の受忍限度を基準として判断される裁判例（受忍限度の理論）が形成されているが、この基準によるとしても、その基準も抽象的であり、判断がまちまちになりがちであること、音に感受性が強い区分所有者の不満を解消できないこと等の問題がある。また、マンション内で区分所有者の間で騒音をめぐる紛争が現実に発生した場合（紛争が現実化するまでには、特定の区分所有者の間で不満が燻り、潜在的に紛争が発生することが多い）、管理組合、その理事会がどのような対応をするかが注目され、管理組合が紛争の解決を仲介したりすることがあるが、仲介に当たって、どのような立場に立って仲介するかによって、紛争が一層深刻になることもある（管理組合が紛争の当事者として騒音の問題を解決すべき必要が生じることもある）。

・本判決は、本件の騒音の状況を詳細に認定し、受忍限度を超えたものであるとし、階上の区分所有者の不法行為を肯定したものであり、不法行為の肯定事例として参考になる。

・また、本件では、絨毯張りへの復旧工事の施工請求が求められたものであるが、本判決は、この請求を是正するほどの違法性があるとはいえないとし、人格権侵害・そのおそれを否定したものであり、事例判断を提供するものである。

66 専有部分の用途制限に関する合意
合意当事者の特定承継人には拘束力はないとした事例
最一小判平成9年3月27日判時1610号72頁

事案　Aは、土地を所有していたところ、マンションの分譲業者Bとマンションを建築し、等価交換により1階部分の屋内駐車場（101号室）の区分所有権を取得し（2階以上が住宅の用途であった）、Bとの間で駐車場以外の他の用途に変更しない旨の合意をした（規約には規定されなかった）。Aは、101号室をCに遺贈したが、その後、店舗に改造され、ブティック営業に使用されていたところ、101号室がさらに譲渡され、X株式会社が区分所有権を取得した。マンションのY管理組合は、臨時総会を開催し、専有部分を専ら住宅として使用する旨の規約に改正した。Xは、Yに対して使用目的の確認等を請求したのに対し、Yが反訴として住宅以外の用途の使用禁止を請求した。

第一審判決（東京地判平成2年5月31日判タ748号159頁）は、用途制限に関する合意が特定承継人にも効力があるとし、Xの請求を一部認容し、Yの請求を認容したため、Yが控訴した。

控訴審判決（東京高判平成3年9月26日判タ780号194頁）は、当初の合意が特定承継人にも効力を有するとし、控訴を棄却したため、Xが上告した。

本件では、駐車場以外の用途に変更しない旨の合意の特定承継人に対する拘束力が認められるかが争点になった。

本判決は、当初の合意の特定承継人に対する拘束力を否定し、原判決を破棄し、本件を東京高裁に差し戻した。

判旨　「四　しかしながら、原判決の右判断は是認することができない。旧規約制定当時、昭和58年法律第51号による改正前の建物区分所有法が施行されていたが、同法は、建物の使用に関する区分所有者相互間の事項については、これを規約で定めることができるものとし（23条）、かつ、規約は区分所有者の特定承継人に対してもその効力を生ずる旨を定めていた（25条）。その趣旨は、区分所有建物の特殊性にかんがみ、区分所有権を取得しようとする者は、規約を点検することによって、自己が権利を得ようとする物件について存在する各種の制限を知り得ることを前提としたものである。したがって、特定承継人をも拘束し得る制限条項を設けるためには、すべて画一的に規約（現行法の下においては、規約又は集会決議）によってこれを明記しておくことが求められるのであって、元所有者又は前所有者がした債権契約に基づく権利制限の合意を安易に規約上定められた制限条項と同視することは許されない。また、原判決は、住居としてのみ使用し得ることを定めた新規約12条が101号室にも適用されるとするが、「住戸部分を取得した区分所有者」につき規定した同条が同室に適用されるものか否かは規定上必ずしも明確でなく、仮にその適用があるとしても、同条の規定は、「一部の区分所有者の権利に特別の影響を及ぼすべきと

き」に当たるから、当時の同室の所有者であるAの承諾を得なければならないところ（建物区分所有法31条1項後段）、同社は、規約の改正に当たり白紙委任状を提出しているとはいうものの、これによって同社の個別的承諾を得たものとは認められず、いずれにせよ、同室の区分所有権を前所有者であるCから売買により取得したにすぎない上告人は、原判決の説示する諸事情を考慮しても、右制限に拘束されることはないものというべきである。」

Key point
・本件は、マンションの分譲の際、分譲業者と区分所有権を取得した者との間の専有部分の用途制限に関する合意が特定承継人も拘束するかが争点になった上告審の事案である。
・マンションの区分所有者間の法律関係は、法律を別とすれば、規約、集会の決議にマンション固有の強力な効力が認められているところであり（区分所有法46条参照）、決議に反対した者、特定承継人にもその効力が認められている。規約、集会の決議以外にも区分所有者を法的に拘束することは、契約によって可能であるが、個別の同意・承諾が必要である。本件では、専有部分の用途制限に関する合意（規約に定められていない）が合意をした当事者の特定承継人にも効力が及ぶかが問題になったものである。
・本判決は、個別の承諾がある場合は各別、特定承継人にはその効力が及ばないとしたものであり、当然の事理を明らかにしたものであるが、マンションの管理実務において問題になり得るところであり、参考になる。
・本判決の評釈として、丸山英気・私法判例リマークス17号10頁がある。

67 騒音をめぐる発言と名誉毀損

騒音の発生を否定し、発言につき名誉毀損を認めた事例

東京地判平成9年4月17日判夕971号184頁

事案

Xは、マンションの7階の区分所有者であり、Yは、階下の6階の区分所有者であるところ、Yは、階上から騒音が聞こえるとし（Xが室内でゴルフの練習を行っていると疑った）、管理組合の総会で騒音を問題にしたり、理事会で騒音の発生源としてXの氏名を指摘したものの、管理組合ではこの騒音問題に関与できないと通告されたため、XがYに対して名誉毀損に基づき損害賠償等を請求したのに対し、Yが反訴として騒音の差止め、損害賠償を請求した。

本件では、騒音の発生源に関する発言が名誉毀損に当たるかが争点になった。

本判決は、騒音の発生を否定し、Yの反訴請求を棄却したが、Yの理事会における発言が名誉毀損に当たるとし、Xの損害賠償請求を認容した。

判旨

「（一）　前記認定及び判断によれば、原告が被告の主張するような騒音を発生させた事実は、いまだ認めることができない。それにもかかわらず、被告は三年間にわたり、合計三回の管理組合の総会において、階上からの騒音を問題とし、しかもその際、騒音の発生源が原告方であることを示唆する発言を行い、また理事会では、具体的に原告の名をあげて、原告が騒音を発生させていることを明言してきたものである。本件マンションのような集合住宅においては、他の居住者の迷惑となる行為をしないこと、とりわけ階下その他周辺居住者の生活の平穏を害する騒音を発生させないことは、いわば居住者として当然に守るべき最低限のルールである。ところが、前記認定の被告の発言は、これを聞く者に対し、原告が税理士という地位にあり、しかも管理組合によって夜間の生活騒音を防止するよう要請していたにもかかわらず、こうした最低限のルールすら守ろうとしない自己中心的かつ規範意識のない人物であるかのような印象を与えるものである。

したがって、本件における被告の発言は、原告の社会的評価を低下させ、その名誉を毀損するものとして、違法と断じられるべきものである。」

Key point

・本件は、マンションの上下の区分所有者間で騒音をめぐる紛争が発生し、騒音の被害を受けたと主張する区分所有者が総会において騒音問題を取り上げたため、階上の区分所有者が名誉毀損による損害賠償を請求し、階下の区分所有者が騒音の差止め等を請求した事案であり、マンション特有の紛争である。

・マンションにおける騒音問題は、日常的な問題であるとともに、社会常識によって解決すべき問題であるが、いったんこじれると、執拗な紛争に発展しやすい性質を持ち（人格紛争の性質も持つものである）、解決が困難な類型のものである。本件では、騒音の問題が名誉毀損の問題に発展し、訴訟に至ったものである。

・本判決は、騒音の発生を否定したものの、総会で複数回騒音の問題を取り上げた区分所有者に名誉毀損を認めたものであり、事例として参考になる。

・なお、マンション内において紛争が発生すると、総会の場等で売り言葉に買い言葉の論争に発展することがあり、名誉毀損、プライバシーの侵害をめぐる紛争が派生的に発生することがあり、本件もその1つの事例を提供するものである。

68 改装工事をめぐる騒音
施工業者らの不法行為責任を肯定した事例

東京地判平成 9 年10月15日判夕982号229頁

事案　X１ないしX４は、マンション（１階は事務所、店舗であり、２階以上が住宅であった）の７階（702号室）に居住していたが、８階（802号室）に居住することになったAが部屋の改装工事を行った。工事は、一級建築士Y１が設計・監理を行い、Y２が施工したが、工事の施工の際、騒音、振動が発生し、一時期ホテルに避難することになった。Xらは、Y１、Y２のほか、Aの相続人Y３、Y４に対して不法行為に基づき損害賠償を請求した。

本件では、施工に伴う騒音・振動が受忍限度を超え、不法行為に当たるかが争点になった。

本判決は、工事期間のうち７日間は受忍限度を超えるものとし、Y１、Y２の不法行為責任を認め、請求を認容したが（X１につき、給湯管の修理費等、X２ないしX４につき、慰謝料として20万円ないし10万円を認めた）、Y３、Y４に対する請求を棄却した。

判旨　「１　マンションの改装工事によって発生する騒音・振動が受忍限度を超えているかどうかは、当該工事によって発生した騒音・振動の程度、態様及び発生時間帯、改装工事の必要性の程度及び工事期間、騒音・振動の発生のより少ない工法の存否、当該マンション及び周辺の住環境等を総合して判断すべきであると解する。

２　本件鑑定の結果及び証人甲の証言（以下、併せて「本件鑑定意見」という。）によれば、マンションの改装工事では、工事によって発生した音が躯体を伝搬して下階に音として放散し、伝搬した部屋では天井及び四方の壁の全面から聞こえてくるものであり、上階の音が床を伝搬した場合は下階に床衝撃音が発生すること、702号室における暗騒音は、窓を閉めた状態（以下「窓閉」という。）で50デシベル、窓を開けた状態（以下「窓開」という。）で64デシベルであること、802号室でのテストピースによる再現実験において、軽量ブロックのダイヤモンドカッター（ディスクグラインダー）による切断による702号室の伝搬音は73デシベル（窓閉、窓開）、軽量ブロックの振動ドリルによる穴開けによる伝搬音は78デシベル（窓閉）、79デシベル（窓開）であり、右各数値に７デシベル程度を加算した数値が実際の発生音量であると推定されること、同再現実験において、丸ノコによる木板の切断による伝搬音は、実際の発生音量への補正値５デシベルを加えて54デシベル（窓閉）、60デシベル（窓開）であること、同再現実験において、木板に対する金槌による釘打ちによる伝搬音は72デシベル（窓閉）、74デシベル（窓開）であり、右各数値に５デシベルを加算した数値が実際の発生音量であると推定されることが認められる。

3　以上認定した本件工事の内容等全ての事実を前提として、本件工事による騒音・振動は床衝撃音が主であるが長時間継続するものではなく断続的で、その発生は3か月間だけで昼間に限られていること、Yが802号室について本件工事をすることを計画したことには不当と解すべきところはなく、設計内容に違法なところはないこと、本件工事で使用された電動工具より騒音・振動の発生の少ない機器が当時開発されていたり、マンション・リフォームについて騒音・振動の発生の少ない工法が当時開発されていたりしたことはないこと、Yは802号室にピアノを置く予定でいたが取り止め防音工事を中止したこと、702号室における暗騒音は窓閉で50デシベル、窓開で64デシベルであることなどを考慮して判断すると、ダイヤモンドカッターが使用された昭和63年8月3日ないし6日、同月20日、同年9月12日及び同月17日の騒音並びに台所の既存タイルはがし工事がされた同月13日の騒音は、受忍限度を超えたものであるというべきである。」

・マンション内では、様々な改装工事が行われるが、工事の施工に当たっては、マンションによっては、理事会の同意等が必要であるとの管理規約が設定されていることがあり、その遵守が求められることがある。仮に工事の施工につき管理規約上の手続を経ていても、施工の仕方によっては他の居住者らに騒音・振動の被害が生じることがある。一般的にもマンション内では騒音をめぐる紛争が発生しがちであるところ、工事の施工によってより深刻な騒音である旨の苦情が生じることを予想することは容易である。
・本判決は、工事の施工状況を詳細に検討し、工事期間のうち一部の工事の施工によって受忍限度を超える騒音が発生したとし、建築士、施工業者の不法行為責任を肯定したものであり、事例として参考になる。なお、本件のような騒音が違法であるかどうか、不法行為に当たるかどうかは、通常人が受忍すべき限度を超えたものであるかという基準（受忍限度の理論）によって判断されるのが一般的である。

69 暴力団組事務所としての使用
使用禁止の仮処分を認容した事例

東京地決平成10年12月8日判タ1039号271頁

事案
　Xらは、マンションの区分所有者らであるが、区分所有者AらがY1有限会社に専有部分を賃貸し、Y1は、専有部分を暴力団事務所に改装し、組事務所を示す標章物、ビデオカメラ等を設置し、会長Y2、代行Y3らが組事務所として使用し、対立する暴力団と抗争をする等したため、XらがY1らに対して区分所有法57条に基づき使用禁止等を求める仮処分を申し立てた。
　本件では、共同の利益に反するか等が争点になった。
　本決定は、共同の利益違反を認め、申立てを認容した。

判旨
　「1　債権者らは、建物の区分所有等に関する法律五七条に基づいて、本件マンションの区分所有者以外の専有部分の占有者（同法六条三項）である債務者らが本件マンションの管理又は利用に関し区分所有者の共同の利益に反する行為をした場合又はその行為をするおそれがある場合に、区分所有者の共同の利益のため、その行為を停止し、その結果を除去し、又はその行為を予防するため必要な措置を採ることを請求することができる。

　2　これを本件についてみると、先に認定したとおり、過去に対立抗争を繰り返し、最近もS会系の組との間で対立抗争を行い、今後も対立抗争を起こすおそれの高いK会に属する乙川総業が、拳銃の発砲を含む対立抗争に備えて、一の4（二）で認定したような装備を備えながら本件建物を組事務所などとして使用することが、区分所有者の共同の利益に反することは明らかで、抗争に巻き込まれることの危険や現在におけるその不安を除去すべき緊急の必要性もあるから、債務者らに対し直ちに乙川総業の組事務所などとして使用することの禁止を求める債権者らの申立ては理由がある。

　3　また、他の組との対立抗争に備えるべく、本件マンションの廊下及び避難用バルコニー部分にテレビカメラを、エレベーターの前に防護扉を、九〇八号室及び九〇九号室の窓部分に金属板を設置するほか、本件マンションの廊下など共用部分に、対外的に乙川総業が組事務所として使用していることを表示する代紋等の標章物を掲げることは、これによって、他の区分所有者が本件マンションの廊下やエレベーターなど共用部分を使用することの妨げになることはもとより、これらの者が乙山総業と対立する組との間の拳銃の発砲を含む抗争に巻き込まれるなどして共同の生活上の利益が害されるおそれがあり、その危険や現在における不安を除去すべき緊急の必要性もあるから、債務者らに対し直ちにこれらの物件の除去を求める債権者らの申立ても理由がある。

　さらに、債務者らは、対立する組の組員らによる侵入を防ぐために、エレベー

にサービス階切り離し設備を付け加えるなどしてエレベーターが九階に停止しないようにするなどエレベーターの管理権を事実上支配し、あるいは、九階屋外階段入口扉の錠を付け替えるなどして常に施錠することによって、他の区分所有者らが同共用部分を日常使用することを妨げており、これが区分所有者らの共同の利益に反する行為に当たることは明らかであるから、債権者らは、債務者らに対し、かかる状態を原状に復させることを求める権利がある。本件マンション九階に債務者ら以外の占有者による専有部分（九〇三号室）があることからすれば、右の必要性は一層高いものといえる。」

・本件は、マンションの専有部分が暴力団関係者に賃貸され、組事務所に改装され、組事務所として使用されたため、区分所有者らが区分所有法57条に基づき専有部分の使用禁止等を求める仮処分を申し立てた事案であり、裁判が仮処分手続であることに特徴がある。
・本決定は、暴力団の組事務所としての使用が区分所有者の共同の利益に反することを認め、区分所有法57条に基づく請求を仮処分として認めたものであり、事例として参考になるものである。
・本決定の評釈として、山本剛史・判タ1065号294頁がある。

70 宗教団体施設としての使用
共同の利益に反するとした事例

大阪高判平成10年12月17日判時1678号89頁

事案　Xは、マンションの管理組合の理事長（管理者）である。マンションの区分所有者Y1が宗教団体の信者Y2らに賃貸し、専有部分が教団の施設として使用された。マンションへの入居者以外の者の出入りが、通常の家族が住居として使用している場合と比較して多数であり、深夜から未明にかけての出入りも多かった。Xは、専有部分の使用が共同の利益に反するとし、Y1らに対して賃貸借契約の解除と退去・引渡しを請求した。

第一審判決（京都地判平成10年2月13日判時1661号115頁）は、入居者以外の者が多数出入りをし、深夜から未明にかけての出入りが多く、防犯上極めて好ましくないとし、共同の利益に反するとして、請求を認容したため、Y1らが控訴した。

本件では、宗教団体の施設として使用することが共同の利益に反するかどうかが争点になった。

本判決は、共同の利益に反することを肯定し、控訴を棄却した。

判旨　「すなわち、本件専有部分は本件マンションの住居部分のうちの一室であり、その居住者、占有者は、他の各室の居住者と同様に、区分所有法あるいは本件マンションの管理組合規約にしたがって、平穏で良好な居住環境を維持すべき義務を負うものであり、本件専有部分における占有が他の居住者の平穏を受忍限度を超えて侵害する場合には、その侵害は区分所有法の定める共同利益背反行為として排除されうるものとなることは、いうまでもない。本件マンションのような多数の居住者がいる共同住宅においては、居住者相互の利害を調整して居住者の円満な共同生活を維持しなければならないものであり、そのため区分所有法は個々の居住者の占有権原に特別の制約を加えることを認めていることは右引用した原判決の説示のとおりであり、その占有権原が本件専有部分におけるように賃借権であっても区分所有権の場合と何ら変わることはない。右引用した原判決の詳しい説示及び前記付加した説示から認められるように、本件専有部分の賃借人である第一審被告乙山は間接占有は残しているとはいえ、本件専有部分からすでに転出し、現在は実質的に教団が頻繁に出入りする（深夜から未明にかけての出入りも多い。）信者のための宗教施設として使用している状態が変わらずに継続しているのであり、本件マンションの居住者においては、かつて教団ないしその関係者が教団外部の一般社会においていわゆる地下鉄サリン事件等をひき起こして社会に重大な不安をもたらしたことなどから、本件専有部分の前記現状における態様の使用については耐え難い不安感を抱いているものであり（なお、教団関係者の前記事件等への関与ないしその刑事責任の有無は、刑事事件

においてまだ確定していないものが多いが、それだからといって、右事件等からの連想による本件マンションの居住者の抱く不安感はそれなりに客観的な根拠に基づいていて社会的に広く承認されるものであることを否定することはできず、これを単なるうわさ等による根拠に乏しい不安感として無視することはできない。）、そして、本件マンションの居住者の右不安感は、第一審被告乙山、同丙川らが原判決説示の占有移転禁止の仮処分を守らずに、教団の信者の出入りを従前同様に容認していることが示すように、同第一審被告らないし教団によって解消も軽減もされていないのである。」

・本件は、住居用のマンションの専有部分の区分所有者が宗教団体の信者に賃貸し、多数の信者が出入りするようになったため、管理者が共同の利益に反すると主張し、賃貸借契約の解除、専有部分の明渡しを請求した控訴審の事案である（区分所有法60条参照）。

・本判決は、賃貸された専有部分の使用の実態を認定し、区分所有者の共同の利益に反するものであると認め、区分所有法60条所定の要件に該当することを肯定したものである。本判決は、第一審判決と同様に、区分所有法60条所定の要件を認めた事例として参考になるが、本件の宗教団体は、重大な犯罪に関与したものとして社会的な不安を惹起させていたものであるという状況があったものであり、本判決を先例として利用するに当たってはその射程距離に注意することが必要である。

71 居酒屋のダクト設置・深夜営業

共同の利益に反するとし、撤去と深夜営業の禁止を認めた事例

神戸地尼崎支判平成13年6月19日判時1781号131頁

事案

　　居酒屋を営むＹ２有限会社は、Ｘ管理組合のマンションの１階部分をＹ１から賃借し、居酒屋を営業していた。Ｙ２は、毎日深夜まで営業し、規約に違反して厨房換気ダクト、造作、看板等を設置していた。Ｘは、Ｙ１、Ｙ２に対して、共同の利益を侵害していると主張し、区分所有法57条、規約に基づき、ダクトの撤去、深夜の営業禁止を請求した。

　　本件では、共同の利益の侵害の有無、区分所有法57条１項の要件の具備の有無が争点になった。

　　本判決は、共同の利益の侵害を認め、Ｙ２に対する請求を認容し、Ｙ１に対する請求を棄却した。

判旨

　　「(2)　ダクトの設置が区分所有者の共同の利益に反しているか否か。

　　本件管理規約第68条が「区分所有者または占有者が、建物の保存に有害な行為その他建物の管理もしくは使用に関し区分所有者の共同の利益に反する行為をした場合、またはその行為をするおそれがある場合には、区分所有法第五七条から第六〇条までの規定に基づき必要な措置をとることができる。」と規定しているのは前記第二の一(2)エのとおりであるが、区分所有法57条は、区分所有者が同法６条１項に規定する行為をした場合またはその行為をするおそれがあり、区分所有者の共同の利益に反する場合にはその行為の結果の除去等を請求することを定めると同時にその訴訟の要件及び手続を定めている。そして、同法６条１項にいう区分所有者の共同の利益に反する行為には、他人の財産や健康にとって有害、迷惑、不快となるような生活妨害（ニューサンス。騒音、臭気、振動など。）を含むと解される。

　　そして、……によれば、Ｙ２の営業中に異臭を感じている住民は大多数に上っていること、しかもその分布状況は本件マンション全域に及んでいること、臭気のため暑くても南側窓を開けられない、窓を閉めていても換気口から臭気が部屋に入ってくる、Ｙ２の営業時間中はベランダに洗濯物を干せないなどの迷惑、不快感を感じている住民が多数いること、実際、本件ダクト等の設置場所付近の住民の中には、洗濯物に臭いがついたり、ベランダの油汚れを感じている者もいることなどが認められる。

　　これらによれば、本件マンションの住民が、本件ダクト等が店舗南側に設置されていることによって、本件ダクト等から排出される油煙や臭気のため迷惑、不快感を示していることが認められるのであって、本件ダクト等の設置は区分所有者の共同の利益に反していると認めることができる。

もっとも、被告Y2本人は、本件マンションの住民の中には、布団をベランダの手すりに直接干している者や、Y2の営業中にも洗濯物を干している者がいることを指摘するが、一部にそうした事例はあるにせよ、大多数の住民が本件ダクト等から排出される油煙や臭気のために迷惑、不快感を被っているという前記認定を覆すに足りないというべきである。

(3)　被告Y1が本件ダクト等の撤去ないし移設義務を負うか否か。

　被告Y1が、被告Y2本人に本件管理規約を遵守させる義務を負っていることは原告の主張のとおりである（前記第二の一(2)ア）。

　しかしながら、本件ダクト等は、被告Y1から本件建物を賃借した被告Y2本人が設置したもので、同人の所有に属するものであることは争いがない。そして、賃貸人といえども、賃借人の所有物をその意思にかかわらず自ら処分することは違法であるから、被告Y1に本件ダクト等の撤去ないし移設義務を負わせることは、被告Y1に不可能を強いることになる。

　そうすると、被告Y1は、本件ダクト等を本件管理規約に合致するように是正することを被告Y2本人に請求する義務を負うとしても、これから直ちに、自ら本件ダクト等を撤去ないし移設する義務までは負わないというべきである。

　したがって、原告の被告Y1に対する本件ダクト等の撤去ないし移設請求は理由がない。」

Key point

・本件は、複合マンションの店舗部分の区分所有者から専有部分を賃借した居酒屋がダクトを設置し、悪臭を外部に放出する等したため、管理組合が区分所有者、賃借人に対して深夜の営業禁止、ダクトの撤去等を請求した事案である。
・本件は、店舗部分である専有部分の賃借人が近隣の迷惑行為をしたことが規約違反、区分所有法57条1項所定の要件の該当性が問題になったものである。
・本判決は、専有部分の賃借人の行為が共同の利益に反することを認めた上、規約違反、区分所有法57条1項所定の要件に当たるとし、賃借人に対する請求を認容し、区分所有者に対する請求を棄却したものであり、共同の利益に反した迷惑行為の事例として参考になるものである。

72 店舗の営業時間

規約に基づく営業時間の規制を有効とした事例

東京高判平成15年12月4日判時1860号66頁

事案　X有限会社は、12階建ての複合マンションの2階の区分所有権の共有持分を有しており、店舗の営業を予定していた。マンションの管理組合の設立総会において、規約とともに設定された使用規則に基づき、店舗の営業時間を午前10時から午後10時までとする決議がされた。XはY管理組合に対して、専有部分の営業時間の制限は規約で定めるべきであり、決議が無効であると主張し、午前10時前、午後10時以降も店舗で営業できる地位にあることの確認を請求した。

第一審判決は、請求を棄却したため、Xが控訴した。

本件では、店舗として使用される専有部分の営業時間について、設定された規約において使用細則に基づくものとされ、使用細則において集会の決議によって定めることができるとされていたところ、この集会の決議の効力が争点になった。

本判決は、店舗として使用される専有部分の営業時間を集会の決議で定めることができるとし、控訴を棄却した。

判旨　「(2) 区分所有法三条は、「区分所有者は、全員で、建物並びにその敷地及び附属施設の管理を行うための団体を構成し、この法律の定めるところにより、集会を開き、規約を定め、及び管理者を置くことができる。」と規定しているところ、ここでいう「建物」には専有部分も含まれるものと解すべきであるから、同条は、区分所有法中の強行法規に反したり、同法が一般的、抽象的規定を設けて制限したり、わが国の法秩序全体から導かれる制約に反しない限り、専有部分の建物の管理についても、集会の決議によることを許容しているものと解される（同法四六条二項が、専有部分の建物の占有者は、区分所有者が規約又は集会の決議に基づいて負う義務と同一の義務を負う旨を規定しているのも、上記のような解釈を前提にしているものといえる。）。

そして、区分所有法三〇条一項は、「建物又はその敷地若しくは附属施設の管理又は使用に関する区分所有者相互間の事項は、この法律に定めるもののほか、規約で定めることができる。」と定めているが、専有部分の管理又は使用について、規約で定めなければならないとは規定しておらず、専有部分の権利者の保護については、同法三一条一項後段で、「規約の設定、変更又は廃止が一部の区分所有者の権利に特別の影響を及ぼすときは、その承諾を得なければならない。」と規定しているだけである。また、同法一八条一項、二一条は、共用部分の管理を集会の普通決議事項と定めているが、このことから専有部分の管理については、規約で定めなければならないと解することもできない。

このように考えた場合、専有部分の建物の管理に関しては、規約によって制限する

方法、集会の決議によって制限する方法、ないしは、規約に基本的な事項を定め、細目を規則や集会決議にゆだねるなど、いくつかの方法を執ることが考えられ、例えば、規約によって規制する場合は、その設定や変更に集会の特別決議という厳格な手続を要するため、恒久性がある反面、事態の推移に応じて適宜改定することが困難になるなど、区分所有者が選択した方法のいかんによって、手続や機能に差異を生じることになるが、そのいずれを選択するかは、区分所有者による私的自治にゆだねられるものと解され、そのようにして定められた事項については、区分所有者の意思が反映されたものとして、これを尊重すべきである。

　そして、複合マンションにおける店舗部分の営業時間の制限は、前記強行法規等の制限に反するものとは解されないから、集会の決議によって定め得るものと解するのが相当であるが、店舗の営業時間の制限は、その区分所有者にとって、不利益となる場合があることも考えられる。このような場合、区分所有者が被る不利益がその権利に「特別の影響を及ぼす」と認められるときには、区分所有法三一条一項後段の趣旨に従い、当該区分所有者の承諾を要するものと解すのが相当である（最高裁平成一〇年一一月二〇日第二小法廷判決・裁判集民事一九〇号二九一頁参照）。

　(3)　以上の観点から本件をみるに、本件で問題とされた店舗の営業時間の制限は、原判決が認定するように、本件規約と一体となった店舗使用規則に定められたもので、これに基づいて設立総会で決議されたものであるが、上記のとおり、複合マンションにある店舗の営業時間については、集会の決議で決することができるものと解すべきであるから、設立総会でされた上記決議に基づく営業時間の制限は、本件店舗の区分所有者である控訴人の権利に特別の影響を及ぼすものでない限り、有効であるものということができる。

　ところで、本件店舗の営業時間が制限されることになると、その所有者である控訴人は、本件店舗にテナントを入居させる際、業種によっては誘致が困難となるなど、本件建物の使用に制約を受けることは容易に推測することができる。しかし、本件マンションの構造が、地下一階及び地上二階が店舗部分で、四階から一二階までが居住区画であることを考えると、居住者の生活環境を維持するため、店舗の使用にある程度の制約が課せられることは避け難いというべきである。そして、設立総会で決議された午前一〇時から午後一〇時までという営業時間は、通常の商店や飲食店の営業時間を考えると、合理性を欠くものであったということはできない。確かに、二四時間営業のコンビニエンスストアや深夜営業を要するレンタルビデオ店などでは、上記時間帯での営業は困難であるから、これらの業者を本件店舗に誘致することはできないことになるが、上記設立総会の決議がされたのは昭和六二年一二月一二日であり、当時は、コンビニエンスストア等の営業が一般的であったとはいえないことにかんがみれば、このような制限が控訴人の権利に「特別の影響を及ぼす」ものであると認めることはできないというべきである。

(4) 以上のとおり、本件店舗における営業時間の制限は、本件規約と一体となった店舗使用規則に基づき、設立総会の議決で定められたもので、この制限が控訴人の権利に特別の影響を及ぼすものであるということもできないから、控訴人の承諾を要するものとはいえない。

したがって、控訴人は、本件店舗において、午前一〇時から午後一〇時までの時間帯においてのみ、営業することができるにすぎない。」

・本件は、複合マンションにおいて店舗の使用時間の規制の手段・方法が問題になったものであり、具体的には、本件では、専有部分の使用規制につき規約が設定され、規約において店舗の使用につき使用細則が定められており、使用細則において使用時間につき集会の決議によるものとされており、集会において店舗の使用時間を午前10時から午後10時までと決議されたため、その決議の効力が問題になったわけである。
・本判決は、専有部分の建物の管理については、規約によって制限する方法、集会の決議によって制限する方法、規約に基本的な事項を定め、細目を規則や集会決議にゆだねる方法などが考えられること、どの方法によるかは、区分所有者の私的自治に委ねられていること、区分所有者の権利に特別の影響を及ぼすときは、その区分所有者の承諾が必要であることを明示した上、前記のような事情の本件においては、専有部分の使用制限につき規約、使用規則が設定され、使用規則に従って集会の決議がされ、店舗の営業時間が一般的に合理性を欠くものとはいえず、店舗の区分所有者に特別の影響を及ぼすものではないとし、店舗の営業時間を定めた集会の決議が有効であるとしたものである。
・本判決は、店舗の営業時間を定めるために使用規則が規約に基づき設定され、使用規則に基づきされた集会の決議を有効としたものであり、従来から管理組合において利用されている専有部分の使用規制の方法を有効とした先例として重要な意義を持つ。
・本判決の評釈として、尾崎一郎・判評555号15頁がある。

73 住居専用部分のカイロプラクティック治療院としての使用

使用禁止請求は権利の濫用に当たるとした事例

東京地判平成17年6月23日判タ1205号207頁

事案　マンションの専有部分を区分所有するＹ１は、専有部分をＹ２に賃貸し、Ｙ２は、カイロプラクティック治療院として使用していた。マンションは、管理規約上、住居部分は住宅、事務所部分は事務所、店舗部分は店舗として使用することが定められており、Ｙ１の区分所有に係る専有部分は、住居部分に属するものであった。管理組合Ｘ（権利能力のない社団）は、Ｙ２の使用が管理規約に違反するか、共同の利益に反すると主張し、Ｙ２に対する治療院としての使用禁止、Ｙ１、Ｙ２に対する弁護士費用相当額の損害賠償を請求した。

本件では、専有部分の使用が管理規約に違反するか、管理組合の使用禁止請求が権利の濫用に当たるか等が争点になった。

本判決は、管理規約上住戸部分とされている専有部分の賃借人が治療院として使用したことが管理規約に違反するものであるが、マンション内の使用実態を考慮し、管理組合が使用禁止を請求することは権利の濫用に当たるとし、請求を棄却した。

判旨　「(1)　原告は、住戸部分である本件居室を治療院として使用する被告Ｙ２の行為は、本件管理規約12条に違反する旨主張し、被告らは、これを否認する。そこで、「治療院」としての使用は、「住戸使用」に含まれるかについて検討する。

(2)　「住居」とは、居住者の生活の本拠であり、「住戸使用」とは、居住者の生活の本拠としての使用であるか否かによって判断されるべきものである。そして、その使用方法は、生活の本拠というに相応しい平穏さが求められるところ、被告Ｙ２の経営するカイロプラクティック治療院は、上記認定のとおり、①入居者は被告Ｙ２１名、②設備はベッド２台、③営業日は月曜日から土曜日（日・祭日休業）まで、④営業時間は午前９時から午後７時（ただし、土曜日は午後１時まで）まで、⑤利用者は完全予約制、⑥治療方法は施術者被告Ｙ２の手による方法で営業しているというものであり、治療院の使用態様は、その規模、予想される出入りの人数、営業時間、周囲の環境等を考慮すると、事業・営業等に関する事務を取り扱うところである「事務所」としての使用態様よりも、居住者の生活の平穏を損なう恐れが高いものといわざるを得ず、到底住戸使用ということはできない。

(3)　そうだとすると、「治療院」としての使用は、「住戸使用」には含まれず、住戸部分である本件居室を治療院として使用する被告Ｙ２の行為は、本件管理規約12条に違反するものと解するのが相当である。

…………

(1) 上記に認定判断したとおり、被告Ｙ２の本件居室の使用態様は、区分所有者の共同の利益に反する行為であり、原告は、原則として、治療院としての使用の禁止を求めることができることになるが、被告らは、これに対し、本件訴訟の請求は権利の濫用である旨主張するので、この点について検討する。

(2) 前記１に認定の事実によれば、①本件マンションの５階から９階までは、住戸部分29戸と事務所部分10戸とが並存しており、住戸部分29戸のうち住居として使用されているものが２戸、不明が３戸であり、その余の24戸はいずれも会社等の事務所として使用されていること、②そして、これらの用途違反については、これまで原告から改善の注意や警告が発せられたことはなかったが、平成15年10月になって初めて、原告は、正式に被告Ｙ２ら３件の治療院についてその使用の禁止を求めていること、③被告Ｙ１の夫であるＡは、本件居室を取得した当時から、本件居室を事務所として賃貸してきており、平成13年10月に、同被告が被告Ｙ２に対し、本件居室を治療院として貸与したときも、被告Ｙ１は、特に用途違反につき認識をしていなかったこと、④平成16年２月10日の原告の臨時総会において、用途違反に対する行為差止請求の法的手続き実施に関する件につき、総会成立のための有効議決権数838（議決権総数1000）のうち、賛成議決権788、反対議決権13で、反対票を投じたのは、被告Ｙ１だけであり、上記のとおり、住戸部分29戸のうち、用途違反を行っている24戸の区分所有者である組合員は、棄権をしたものを除いて、すべてが被告Ｙ２及びＢの各居室の治療院としての使用禁止を求める上記案件に賛成票を投じた結果可決されたものであることを認めることができる。そうだとすると、原告が、住戸部分を事務所として使用している大多数の用途違反を長期間放置し、かつ、現在に至るも何らの警告も発しないでおきながら、他方で、事務所と治療院とは使用態様が多少異なるとはいえ、特に合理的な理由もなく、しかも、多数の用途違反を行っている区分所有者である組合員の賛成により、被告Ｙ２及びＢに対して、治療院としての使用の禁止を求める原告の行為は、クリーン・ハンズの原則に反し、権利の濫用といわざるを得ない。」

・本件は、住居、事務所、店舗から構成される複合マンションにおいて、住居部分の区分所有者が専有部分を賃貸し、賃借人がカイロプラクティック治療院として使用したため、管理組合が規約違反等を主張し、専有部分の使用禁止等を請求した事案である。
・複合マンションに限らず、マンションにおいては、各専有部分の用途に違反した使用が行われることがあり、管理組合、管理者が規約違反、あるいは区分所有法57条、58条、60条違反を主張し、違反行為の是正を図ることがあるが、このような違反行為を放置していると、マンションの管理が不適切になり、人間関係が悪化し、マンションの価値が低下するような事態が生じることになる。
・本判決は、賃借人の専有部分の使用が規約違反であることを認めたものの、マンション内の複数の区分所有者も規約違反を犯していること等から管理組合が使用禁止を請求することが権利の濫用に当たるとし、使用禁止請求を棄却したものである。本判決は、マンション内の規約違反行為につき権利の濫用を肯定した事例として引用される可能性があるが、本判決は、マンションの管理の悪化を助長するにすぎないものであり、その判断には疑問が残る。

74 託児所としての使用
共同の利益に反するとし使用禁止を認めた事例

東京地判平成18年3月30日判時1949号55頁

事案

マンションの専有部分を区分所有するＹ１は、その夫Ｙ２、その子Ｙ３とともに、専有部分において無認可で託児所を経営していた。託児所における子供の泣き声、騒音等につき他の区分所有者から苦情が出され、警察官の臨場を招く事態も生じた。管理組合Ｘは、管理規約違反、共同の利益違反（区分所有法57条）を主張し、Ｙ１らに対して託児所としての使用禁止を請求した。

本件では、区分所有者が専有部分を無認可託児所として使用したことが共同の利益に反するかどうか、区分所有法57条１項所定の要件を満たすかどうかが争点になった。

本判決は、託児所としての使用が共同の利益に反するとし、他の区分所有者が事務所として使用していても託児所としての使用とは比較にならない等とし、請求を認容した。

判旨

「(5) 以上検討したところを総合すると、本来住居目的とされている五〇二号室において本件託児所を営業することは、他の区分所有者に対して一方的に深刻な騒音等の被害を及ぼしながら、被告Ｙ２らは原告からの働きかけに対して真摯に具体的な改善策を提示することもせず、あまつさえサミット乱入事件をはじめ警察官の臨場を招くような事態を引き起こして居住者の不安を招き、近時にはある程度の改善はみられるものの、いまだ十分とはいえないものであり、何よりも被告らの利益のために本件マンションの居住者が一方的な犠牲を強いられて居住用マンションとしての居住環境を損なわれることは相当でないことは明らかであり、さらに、火災等の災害時には生命身体への危険も考えられなくもないのであって、こうした状態をもたらした本件託児所の経営は、区分所有法６条１項に規定する「区分所有者の共同の利益に反する行為」であるというべきである。」

Key point

・本件は、区分所有者らが住居目的の専有部分を託児所として使用し、近隣に迷惑をかける等したため、管理組合が託児所としての使用禁止を請求した事案である。
・本件では、区分所有法57条１項違反等が問題になったものであり、その要件の１つである区分所有者の共同の利益に反するかが問題になったわけである。
・本判決は、住居目的の専有部分を託児所として使用することが共同の利益に反する等とし、使用禁止請求を認容したものであり、共同の利益違反の肯定事例を加えるものである。なお、本件では、他にも区分所有者が用途に違反して使用する事例があるが、このような事情を考慮しても共同の利益に反するとしたものであり、当然の判断とはいえ、参考になる。

75 受忍限度を超える生活騒音

受忍限度を超える生活騒音を認めた事例

東京地判平成19年10月3日判時1987号27頁

事案　Xは、平成8年7月、妻Aと共有持分2分1ずつで専有部分を購入し、居住していたところ、平成16年2月頃、Yがその階上の専有部分を賃借し、家族とともに居住したが、Yらの生活音（子供が跳んだり跳ねたりする音等）をめぐる紛争が発生し、XがYに対して不法行為に基づき損害賠償を請求した（Yら家族は、平成17年11月、退去した）。

本件では、音が社会生活上受忍すべき限度を超えているかが争点になった。

本判決は、受忍限度を超えていることを認め（慰謝料として30万円、弁護士費用として6万円を認めた）、請求を認容した。

判旨　「本件音は、被告の長男（当時3〜4歳）が廊下を走ったり、跳んだり跳ねたりするときに生じた音である。本件マンション2階の床の構造によれば、重量床衝撃音遮断性能（標準重量床衝撃源使用時）は、LH-60程度であり、日本建築学会の建築物の遮音性能基準によれば、集合住宅の3級すなわち遮音性能上やや劣る水準にある上、本件マンションは、3LDKのファミリー向けであり、子供が居住することも予定している。しかし、平成16年4月ころから平成17年11月17日ころまで、ほぼ毎日本件音が原告住戸に及んでおり、その程度は、かなり大きく聞こえるレベルである50〜65dB程度のものが多く、午後7時以降、時には深夜にも原告住戸に及ぶことがしばしばあり、本件音が長時間連続して原告住戸に及ぶこともあったのであるから、被告は、本件音が特に夜間及び深夜には原告住戸に及ばないように被告の長男をしつけるなど住まい方を工夫し、誠意のある対応を行うのが当然であり、原告の被告がそのような工夫や対応をとることに対する期待は切実なものであったと理解することができる。そうであるにもかかわらず、被告は、床にマットを敷いたものの、その効果は明らかではなく、それ以外にどのような対策を採ったのかも明らかではなく、原告に対しては、これ以上静かにすることはできない、文句があるなら建物に言ってくれと乱暴な口調で突っぱねたり、原告の申入れを取り合おうとしなかったのであり、その対応は極めて不誠実なものであったということができ、そのため、原告は、やむなく訴訟等に備えて騒音計を購入して本件音を測定するほかなくなり、精神的にも悩み、原告の妻には、咽喉頭異常感、食思不振、不眠等の症状も生じたのである。

以上の諸点、特に被告の住まい方や対応の不誠実さを考慮すると、本件音は、一般社会生活上原告が受忍すべき限度を超えるものであったというべきであり、原告の苦痛を慰謝すべき慰謝料としては、30万円が相当であるというべきである。」

・本件は、マンションの階上の居住者の生活騒音について、階下の居住者が不法行為に基づき損害賠償を請求した事件であり、マンション内の紛争の典型的な事例である。共同住宅における騒音の不法行為は、受忍限度の理論によって判断するのが判例であり、訴訟の実務である。

・本判決は、騒音の状況、程度、時間、交渉の経緯等を認定した上、階上の居住者の住まい方、対応の誠実さをも考慮し、問題の騒音が一般社会生活上、階下の居住者が受忍すべき限度を超えるものとしたこと、階上の居住者の不法行為責任を肯定したこと、慰謝料として30万円の損害を認めたことに特徴がある。マンション内においては様々な生活音をめぐる騒音トラブルが発生しているのが実情であり、関係者の努力によって任意に解決されていることが多い。トラブルの中には、本件のように訴訟に発展する深刻な事例があるが、本判決は、受忍限度の理論の適用事例として参考になる。

76 税理士事務所としての使用

税理士事務所としての使用が区分所有者の共同の利益に反するとされた事例

東京高判平成23年11月24日判タ1375号215頁

事案　X管理組合法人の管理に係るマンションは、昭和44年に建築されたが、当時、規約において住居専用規定が設けられていなかったものの、昭和58年5月、住居専用規定（1階の一部を除き、区分所有者は専有部分を専ら住居として使用する旨の規定）を盛り込む規約の改正が行われ、税理士Yは、同年12月、妻と共同で専有部分を購入し、住居として使用していたところ（税理士事務所は別に設けていた）、昭和60年7月、本件区分所有建物を税理士事務所として使用し始め（登記は、Yの単独登記とされた）、平成19年8月頃、Xが税理士事務所として使用されていることを知ったことから、XがYに対して管理規約の違反を主張し、区分所有法57条1項等に基づき税理士事務所としての使用禁止を請求した。

第一審判決（東京地判平成23年3月31日判タ1375号219頁）は、本件マンションにおいては2階以上で皮膚科医院、歯科医院があったことがあり、現在もカラオケ教室があり、税理士事務所があるため日常的に騒音等の多大な被害が生じているとはいえない等とし、区分所有者の共同の利益に反しているとはいえないとし、請求を棄却したため、Xが控訴した。

本件では、マンションの住居用建物を税理士事務所として使用することが区分所有者の共同の利益に反するかが争点になった。

本判決は、Yが管理規約の改正後に区分所有権を取得したものであり、当初住居として使用していたものの、その後、税理士事務所として使用し始めたものであり、Xも住居専用規定に沿った使用方法になるように努めている等とし、Yが区分所有者の共同の利益に違反し、規約に違反する等とし、原判決を取り消し、請求を認容した。

判旨　「(2) 住居専用規定の規範性について
　被控訴人は、控訴人が住居以外に使用している区分所有者に対して使用の停止を求めたことはなかったし、住居専用規定を設けた後も多くの居室が住居以外の目的で使用されており、住居専用規定は制定当時から空文として扱われてきたもので、規範性がないと主張する。

　しかし、前記認定事実によれば、昭和58年に住居専用規定が設けられた当時、本件マンションの2階以上の階において、皮膚科医院及び歯科医院として使用されていた区分所有建物が各1戸あったが、いずれも遅くとも平成6年ころまでに業務を廃止し、住居として使用されるに至っていることが認められる。住居専用規定が設けられて以降、控訴人は、新たに本件マンションの区分所有権を取得した者に対し、本件管理規約の写しを交付してその周知を図り、住居専用規定に反すると考えられる使用方法がある場合には、住居専用規定に反する使用方法とならないよう努め、被控訴人が税理

士事務所としての使用を継続して、住居専用規定の効力を争っているのを除き、順次住居専用規定に沿った使用方法になるよう使用方法が変化してきていることが認められる。

　上記の認定事実に照らせば、住居専用規定が被控訴人主張のように規範性を欠如しているものとは認めがたい。

(3)　共同の利益に反しないかどうかについて

　被控訴人は、本件建物部分を税理士事務所として使用していることが区分所有法57条にいう「区分所有者の共同の利益に反する行為」に当たるとはいえないと主張する。

　しかし、住居専用規定は、本件マンションの2階以上において、住居としての環境を確保するための規定であり、2階以上の専有部分を税理士事務所として営業のために使用することは共同の利益に反するものと認められる。被控訴人の上記主張は理由がない。」

Key point

・本件は、2階以上の建物部分につき住居専用とする規約の定めのあるマンションにおいて、2階以上の建物部分を税理士事務所として使用する区分所有者がいたため、管理組合法人が区分所有法57条1項に基づき税理士事務所としての使用禁止を請求した控訴審の事案である。本件は、住居専用規定がマンションの建築後相当の年月を経て規約の改正により導入されたこと、住居専用規定に反して、過去皮膚科医院、歯科医院があったことがあり、現在もカラオケ教室があること、第一審判決が区分所有者の共同の利益に反することを否定したことに特徴がある。

・本判決は、規約上の住居専用規定が有効であるとし、税理士事務所として住居部分を使用することは区分所有者の共同の利益に反するとしたものであり、その旨の事例として参考になる。

77 階下からの深夜の騒音

マンションの階下の部屋における深夜の騒音に係る不法行為が肯定された事例

東京地判平成26年3月25日判時2250号36頁

事案

　Ｘ１、Ｘ２夫婦は、Ｘ１が購入した都心所在の13階建てマンションの８階に居住していたところ、Ｙ１が階下の７階（Ｙの父母Ｙ２、Ｙ３の区分所有）に居住し、平成14年６月頃からロック調の歌を歌うようになり、深夜を含めて長時間歌うことがあり、平成15年、マンションの管理会社を介してＹに歌を歌わないよう注意をしてもらったものの、歌が止まず、管理会社を介してＹに防音ルームの設置を申し入れたものの、拒否される等したため、Ｘ１らがＹ１らに対して所有権に基づく妨害排除として騒音の差止め（午前６時から午前８時までは45デシベル、午前８時から午後８時までは50デシベル、午後８時から午後11時までは45デシベル、午後11時から翌日午前６時までは40デシベルを超える騒音を建物の内部に侵入させてはならない旨の裁判）、Ｘ１らがＹ１らに対して不法行為に基づき損害賠償を請求した（Ｘ１らは、平成24年12月、建物を退去した）。

　本件では、マンションの階下の部屋の区分所有者の深夜の騒音（ロック調の歌を歌うこと）につき不法行為の成否が争点になった。

　本判決は、本件騒音は最大41デシベルであり、東京都の都民の健康と安全を確保する環境に関する条例の規制に照らすと、深夜（午後11時から翌日午前６時までの間）については規制を超え、受忍限度を超え、他の時間帯は受忍限度を超えないとし、これによってＸ１らの生活上の支障が生じていたとし、Ｘ１らの退去後には苦情が生じなかったこと等からＸ１の所有権侵害の具体的なおそれがなかったとし、差止請求を棄却し、Ｙ１に対する損害賠償請求を一部認容し（Ｘ１については、慰謝料10万円、弁護士費用２万円、Ｘ２については、慰謝料20万円、弁護士費用４万円の損害を認め、その余の治療費等、引越費用、騒音計等のレンタル費用の損害の主張を排斥した）、その余の請求を棄却した。

判旨

　「イ　環境条例136条は、何人も別表第13に掲げる規制基準を超える騒音、振動を発生させてはならないと定めている。この基準の適用については、その騒音等の測定場所が、音源の存する敷地と隣地との境界線とされているため、本件のように音源と測定場所が上下関係にある場合にはこの基準によることは直接想定されていないということができるが、環境条例が、現在及び将来の都民の健康で安全かつ快適な生活を営む上で必要な環境を確保することを目的として定められている（１条）ものであることに照らせば、上記規制基準は、本件のような場合にも騒音等が受忍限度を超えるかどうかの判断につき、一つの参考数値として考慮するのが相当である。

　そして、前記(1)オの測定結果によれば、８△△号室に伝播する被告Ｙ１の歌声の騒音レベルは、最大41デシベル程度であったものと認められ、これは、環境条例の規制

基準（商業地域）において、午前6時から午前8時までは55デシベル、午前8時から午後8時までは60デシベル、午後8時から午後11時までは55デシベル、午後11時から翌日午前6時までは50デシベルと定めているところを超えるものではない。

　また、本件検証の結果によれば、被告Y1の歌声は、少なくとも深夜（午後11時から翌日午前6時まで）以外の時間帯においては、通常人において特段不快に感じるようなものであるとは認められない。

　ウ　もっとも、深夜における騒音については、本件マンションが商業地域内にあることはあまり重視すべきではないと考えられるところ、被告Y1の歌声は、生活音とは明らかに異質な音であり、その音量が最大41デシベルにとどまるとしても、入眠が妨げられるなどの生活上の支障を生じさせるものであるといえる。また、環境条例における深夜の規制基準は50デシベルであるが、建物の防音効果を考慮すると、建物内においてはより厳格な数値が求められているものである。これらの点を考慮すると、最大41デシベルに及ぶ深夜における被告Y1の歌声は、受忍限度を超えるものであるというべきである。

　エ　なお、原告らは、被告Y1の歌声の音量は、本件検証時に原告X2が騒音計を使用して測定した結果、8△△号室と7××号室の双方の窓を閉めた状態で60ないし70デシベル、双方の窓を開けた状態で70ないし80デシベルにも達していた旨主張する。

　しかしながら、上記測定結果は、専門家がJIS Z 8731：1999「環境騒音の表示・測定方法」に従って測定したものではない上、それ自体、被告Y1の歌声による騒音レベルの上昇を示すものであるとは認められず、他に被告Y1の歌の音量が原告らの主張するレベルに達していたことを認めるに足りる証拠はない。

　オ　以上によれば、被告Y1は、平成14年4月ないし5月に7××号室に入居して以降、年に数回程度、深夜に歌を歌い、8△△号室に受忍限度を超える騒音を伝播させたものであると認められ（以下「本件不法行為」という。）、その限りで不法行為責任を負うべきものである。」

・本件は、マンションの階下の部屋の区分所有者が深夜、騒音（ロック調の歌を歌うこと）を出したため、階上の部屋の区分所有者らが騒音の差止め、不法行為に基づく損害賠償を請求した事件である。本件は、騒音が深夜のものであったこと、騒音がロック調の歌を歌ったことによること、階下の部屋の居住者（区分所有者の子）の階上の区分所有者、居住者に対する不法行為責任等が問題になったことに特徴がある。

・本判決は、東京都の都民の健康と安全を確保する環境に関する条例の規制を一つの基準としたこと、深夜（午後11時から翌日午前6時までの間）については規制を超え、受忍限度を超え、他の時間帯は受忍限度を超えないとしたこと、差止請求の根拠である区分所有者の所有権侵害の具体的なおそれがなかったとしたこと、騒音を出した居住者の不法行為責任を肯定したこと、損害として、慰謝料、弁護士費用のみを認め、その余の損害を否定したこと、居住者の父母の責任を否定したことに特徴があり、事例として参考になる。

6

専用使用権

78 専用使用権の設定方法

売買契約上承諾していたとし設定を適法と認め公序良俗に反しないとした事例

大阪高判昭和55年4月25日判時979号66頁

事案　A株式会社がマンションを建築し、分譲したが、分譲に当たって、敷地の一部を駐車場にし、マンションの購入者に抽選で有償の専用使用権を設定した（Aとの売買契約上、専用使用に関する条項が含まれていた）。マンションの購入者X、Yが抽選をしたが、Xは抽選にもれ、Yは当たった。Xは、Yに対して、このような専用使用権の設定は公序良俗に反するなどと主張し、専用使用権の不存在の確認を請求した。

第一審判決（大阪地判昭和53年11月29日判タ375号105頁）は、公序良俗違反であるとまでは言えないとして、請求を棄却したため、Xが控訴した。

本件では、専用駐車場の設定が公序良俗に反するか、適法であるかが争点になった。

本判決は、分譲業者との売買契約上、専用使用権の設定に関する条項が含まれており、購入者はこれを承諾していたこと等を認定し、専用使用権を与えることが適法であり、公序良俗にも違反しない等とし、控訴を棄却した。

判旨　「2　右認定事実によれば、訴外会社は、本件マンションの分譲販売にあたつて、本件敷地の一画に駐車場を設置し、本件マンション（住宅）の分譲とは別個に本件マンション購入者に対して右駐車場専用使用権を分譲する権利を留保したうえで本件マンションを分譲したものであり、控訴人を含む購入者はすべて、右の権利が訴外会社に留保されること並びに訴外会社から右駐車場専用使用権の分譲を受けた者及びその譲受人が右駐車場を専用使用することを容認・承諾して本件マンション分譲契約を締結したものというべきであつて、本件マンション分譲契約と同時になされた右駐車場専用使用権に関する約定の趣旨とするところは、訴外会社がその名において、本件マンション分譲後購入者の共有となる本件敷地の一画に設けられた駐車場の専用使用契約を、その使用を希望する本件マンション購入者（希望者が多数の場合は抽選による。）との間で締結すること並びに右専用使用契約の効力が本件マンションの分譲と同時に本件敷地の共有持分権を取得した者に対しても及ぶこと、換言すれば、右専用使用契約に基づいて右駐車場の専用使用を認められた者及びその承継人に対し本件マンション購入者（本件敷地の共有持分権者）が右駐車場を専用使用させる義務を負うことを、右購入者及び訴外会社の双方が承諾し、合意したものであると解するのが相当である。したがつて、本件マンション（462号住宅）の分譲を受けた後訴外会社との間で本件土地についての駐車場専用使用権を代金40万円で買い受ける旨の契約を締結した被控訴人は、右契約に基づいて、本件土地についての駐車場

専用使用権を取得したものというべきであり、しかも、右専用使用権は控訴人ら本件マンション購入者（本件敷地の共有持分権者）に対する関係においてもその効力を有するものというべきである。

　三　控訴人は、本件マンションの敷地である本件敷地についても区分所有法の共用部分の管理に関する諸規定が準用されるべきことを前提として、本件敷地に駐車場専用使用権を設定することは、同法12条にいう共用部分の変更と同様に解すべきであり、本件マンション区分所有者全員の合意を必要とするところ、訴外会社が被控訴人に分譲した駐車場専用使用権は区分所有者全員の合意を得ないで設定されたものであるから、区分所有法に違反し無効である旨主張する。しかし、区分所有法は、区分所有の目的とすることができる「建物」について区分所有者の権利義務、共用部分の管理等に関する事項を規定したものであるから（建物の敷地については、「専有部分を所有するための建物の敷地」に関する権利を有しない区分所有者に対する区分所有権売渡請求権の規定（7条）のほか、建物又はその敷地等の管理又は使用に関する区分所有者相互間の事項を規約で定めることができる旨の規定（23条）があるにすぎない。）、控訴人主張の同法の趣旨を考慮に入れても、建物とは別個の不動産である敷地の管理についてまで区分所有法の建物共用部分の管理に関する諸規定が準用されるものと解するのは困難であり、したがって、本件共有地について区分所有法12条等の建物共用部分の管理に関する諸規定が準用されることを前提とする控訴人の右主張は、すでにこの点において採用することができない。

　四　また、控訴人は、共有地に駐車場専用使用権を設定することは共有物の変更に該当し、民法251条により共有者全員の同意を要するところ、本件敷地に駐車場専用使用権を設定することについては本件敷地共有者全員の同意がなかったから、訴外会社のなした右専用使用権の設定は無効である旨主張する。

　しかし、本件敷地に本件のような駐車場専用使用権を設定することが共有物の変更にあたると解することは困難であり、仮に共有物の変更にあたるとしても、前記二の認定事実によれば、訴外会社は、本件マンションの分譲販売にあたって、その所有であって分譲後は購入者の共有となる本件敷地の一画に設置した駐車場の専用使用権をマンション分譲とは別個に購入者に対して分譲（設定）する権利を留保したうえで、本件マンション及び本件敷地の共有持分権を分譲したものであり、控訴人を含む購入者もすべて、右の権利が訴外会社に留保されること並びに訴外会社から右駐車場専用使用権の分譲（設定）を受けた者及びその譲受人が右駐車場を専用使用することを容認・承諾して、訴外会社との間で本件マンション分譲契約を締結したのであるから、本件マンション分譲後訴外会社が購入者に対して駐車場専用使用権を分譲（設定）することについては、購入者（本件敷地共有者）全員が予め同意していたものといわざるをえない。

　…………

五　さらに控訴人は、本件駐車場専用使用権の設定に関する約定は公序良俗に違反し無効である旨主張するので、この点について検討する。

　1　控訴人は、訴外会社は、マンション購入者の知識ないし情報不足や分譲業者の提示する契約条項を購入者が包括的に承認せざるをえない立場にあることなどに乗じて、本件マンションの分譲により二重に利益を得ようと企図し、本件マンション分譲契約と同時に購入者に対して本件敷地に駐車場専用使用権を設定することを承諾させたものであり、しかも右駐車場専用使用権の設定に関する約定は本件マンション分譲契約中に包括された附合契約である旨主張する。なるほど訴外会社は、前記認定のとおり、本件敷地の共有持分権付きで本件マンションを分譲しながら、これとは別個に、本件敷地の一画に設置された駐車場の専用使用権を1台分40万円で分譲しているから、一見同一土地によつて二重に利益を得たかのごとき疑いもあるが、分譲業者の販売政策として、敷地付マンション本体の分譲と駐車場専用使用権の分譲とを別個にするものの、それぞれの分譲価格は総合して収支計算をし、これに基づいてマンションの分譲販売計画をたてることも十分に考えられるのであつて（……によると、本件マンションの分譲販売についても、駐車場専用使用権の分譲代金が右のような形で考慮されていることが窺われる。）、訴外会社が右駐車場専用使用権を別個に分譲したことによつて、同一土地から二重に利益を得たものと速断することはできない。

　…………

　2　また、控訴人は、本件マンション購入者が本件敷地の全部につき固定資産税等を負担しながら、駐車場とされた部分についてはみずからこれを使用しえない不利益を受けている旨主張するが、前記のとおり、本件マンション購入者はすべて、本件敷地に設置された駐車場の専用使用権をマンション本体の分譲とは別個に購入者に対して分譲（設定）する権利が訴外会社に留保されること並びに訴外会社から右駐車場専用使用権の分譲（設定）を受けた者及びその譲受人が右駐車場を専用使用することを容認・承諾して、訴外会社との間で本件マンション分譲契約を締結したのであるから、いわば一部の土地につき借地権等土地使用権の負担のある所有権を譲り受けた場合と大差がないのであつて、控訴人の右主張するような事態は本件マンション分譲契約締結当時当然考えられたところであり、これをもつて右駐車場専用使用権の設定に関する約定が公序良俗に違反するとは到底いえないのである。

　3　さらに控訴人は、本件マンション購入者（区分所有者）のうち駐車場専用使用権を取得した者とこれを取得しなかつた者との間に著しい不平等がもたらされている旨主張するが、前記のとおり、右専用使用権を取得した者は、駐車場を専用使用することができる反面、その取得の対価として40万円を支払つたほか、毎月非取得者より約500円ほど多いマンション管理費を納入しているのである……から、右専用使用権の取得者と非取得者との間でそれ程不平等があると認めることはできない……。

　4　また、……によれば、大阪府建築振興課や日本高層住宅協会は、本件において

訴外会社が採用したような駐車場専用使用権の分譲方式には疑問があるとして、マンション分譲業者に対し、できるだけ右分譲方式をやめていわゆる賃貸方式（土地を共有するマンションの区分所有者全員が駐車場をその利用者に賃貸し、当該賃料はマンション管理費に組み入れるという方式）をとるように指導もしくは要望し、昭和49年以降においてはそのほとんどが右賃貸方式になつていることが認められるが、そうであるからといつて、本件マンション購入者と訴外会社との間でなされた駐車場専用使用権の設定に関する前記約定が直ちに公序良俗に違反するものとは認められないのであり、そのほか本件全証拠を検討しても、右約定が公序良俗に違反し無効であると認めるべき事情は見あたらない。」

・本件は、マンションの駐車場の専用使用権をめぐる紛争であるが、マンションの分譲に際して、分譲業者が敷地の一部を利用した駐車場につき有償の専用使用権を設定し、抽選で選択したところ、抽選から外れた区分所有者が抽選に当った区分所有者に対して専用使用権の不存在確認を請求した控訴審の事案である。駐車場の専用使用をめぐる紛争は、本件だけでなく、全国各地のマンションにおいて多数の多様な紛争が発生しているようである。本件は、分譲業者、あるいは等価交換マンションにおける元の地主が関係した紛争ではなく、前記のとおり、区分所有者間の紛争であるところに特徴のあるものである。駐車場の専用使用をめぐる紛争は、本判決の後にも、マンションの分譲実務、管理実務、行政等の分野で議論が賑やかになっている。
・本判決は、駐車場の専用使用をめぐる様々な争点について判断を示し、マンションの専有部分を購入した区分所有者が売買契約上承諾していたことを根拠に適法であり、利害関係に照らして公序良俗に反しないとしたものであり、参考になるものである。もっとも、駐車場の専用使用権の設定は、様々な方法、内容のものがあり、個々の事案の違いが相当にあるものであって、個々の事案の実情に則して適切な検討、判断をすることが重要である。
・なお、専用使用権の設定は、管理規約によって行われることが多いが、現在は、このような管理規約は、法律上の制約があることに留意する必要がある（区分所有法30条3項）。
・本判例の評釈として、丸山英気・判評265号27頁がある。

79 平屋建ての店舗の設置・利用

分譲時の区分所有者の専用使用権合意を認め利用を認めた事例

大阪高判昭和61年11月28日判時1242号55頁

事案

Xは、マンションの区分所有者であり、Yは、マンションの1階部分の区分所有者である。Yは、マンションの分譲の際に、分譲業者であるA株式会社らとの間で敷地の一部を専用使用することができる旨の承認を得た上、平屋建ての店舗（工作物）を設置して、利用していた。XがYに対して主位的に共有持分権の保存行為として、予備的に管理規約等に基づき工作物の撤去、土地の明渡しを請求した。訴訟の提起後、ZがYから区分所有権の譲渡を受け、訴訟に参加した。

第一審判決は、請求を棄却したため、Xが控訴した。

本件では、敷地の一部につき専用使用権が認められるかが争点になった。

本判決は、専用使用権を認め、控訴を棄却した。

判旨

「（二）しかるところ、参加人は、右本件土地部分については参加人にいわゆる専用使用権が認められている旨主張し、右の主張は、共有物の一部分に関し特定の持分権者（被控訴人ひいては参加人）の独占使用を容認することを内容とする特段の協議ないし合意が存する旨の主張であると解しうるから、次に右主張の当否について検討する。

……を総合すると、被控訴人が本件店舗等を購入したさいの経緯、なかんずく売買契約書の記載はおおむね参加人主張のとおりであって、被控訴人が本件店舗等を購入したさい、売買当事者間では、本件土地部分は被控訴人がこれを独占的に使用できるとの諒解があったこと、すなわち、売買契約書1条には売買目的物件の一つとして建物の「専用部分の所有権」欄に本件店舗すなわち専有部分の記載のほかに「専用バルコニー（登記対象外）7.26平方メートル」との記載が存し、買主被控訴人と売主原始分譲業者との間ではこれを本件土地部分を表示するものと理解し、被控訴人もこれを納得して本件店舗等を購入し、早速本件工作物を設置したものであることが認められるから、いま、右契約書上専用バルコニーの記載面積が本件土地部分の面積と若干喰い違う点、右契約書では区分所有法所定の「専有部分」の概念と「専用」なる用語及び建物とその敷地の表示個所等について混同が存する点等を暫らくおけば、被控訴人は、要するに、本件店舗等を購入するさい、原始分譲業者との間では本件土地部分の独占使用ができる旨の約定をとりつけたものと解することが可能である。

またさらに前記規約、協定によれば、本件管理組合は特に参加人ら一階店舗部分区分所有者に対する専用使用権設定条項（協定13条）を設け、具体的に、1項には「店舗の前面北側空地」（本来、共有敷地部分）「店舗北側庇部分」（本来、共用建物部分）

をそれぞれ定めているほか、3項にはさらに「店舗専用設備」をも挙げ、その設置場所の専用使用を認める趣旨を定めていることが認められる。

　これらの事実のほか、一般に、区分所有建物の各購入者は、特段明示の協定等がなくても、例えば、建物の共用部分でもその構造上特定の区分所有者のみによって利用されることが看取され、かつ特段他の区分所有者の利用が予定されていないと認められるような個々の建物専有部分に付随した閉鎖的バルコニー等については共有者全員が当該持分権者の専用的使用を黙示的に合意したものと解すべきであること等を彼此総合すると、参加人の本件土地部分の独占使用は前記売買契約時の特約及び前記協定13条3項によって全共有者間の合意で許容されたものと解すべきである（なお、本件においても、前掲各証拠によれば、本件工作物の存する本件土地部分は全区分所有者の共有敷地とはいえ、本件共同住宅のいわば裏側（南側）にあってその南側にある他の建物とコンクリート塀を隔てて至近の距離にあるため、表側（北側）ほど人目に立たず、またその面積も奥行約1.8メートル前後、幅約3.75メートルの狭少かつおおむね閉鎖的な部分であって……、通常の場合、区分所有者が明確な目的に基づいて使用しているとは認められず、全体としては、前示のバルコニーに準ずるものと認められなくはないと解されるところである。）。

(三)　そうすると、控訴人の参加人に対する共有持分権に基づく保存行為としての本件工作物収去本件土地部分明渡請求は失当であるからこれを棄却すべきである。」

・本件は、マンションの分譲に際して、1階の専有部分を購入した者が敷地の一部に工作物を設置していたところ、他の区分所有者が工作物の撤去等を請求した控訴審の事案である。マンションの敷地は、様々な目的で使用されるが、マンションによっては、1階の専有部分に隣接する敷地の一部の利用をその区分所有者に独占的に認めることがある。このような利用権を認める根拠としては、区分所有者の合意、規約が通常であるが、本件では、分譲の際の区分所有者の合意の有無が主として問題になったものである。

・本判決は、分譲業者と個々の区分所有者との間の売買契約を介して認められる区分所有者の合意を認め、敷地の一部につき専用使用権が認められるとしたものであり、事例として参考になる。

80 車路専用使用権の総会決議による変更
専用使用権者の承諾なしでは無効とした事例

東京地判平成 9 年 7 月23日判夕980号267頁

事案

マンションに立体駐車場が設置され、マンションの分譲業者であるＹ１株式会社がその29分の24、敷地の一部の所有者であるＹ２が29分の5を有していた。Ｙ２がＹ３株式会社にその持分権を譲渡していたところ、駐車場から公道までにおいて、マンションの他の部分と構造上区分された車路が通じ、この車路は管理規約上専用使用箇所と規定されていた。Ｘ管理組合は、平成4年7月、区分所有者の集会において、この車路の専用使用に関する規定を削除する決議をし、管理規約を変更した（Ｙ１らの承諾を得なかった）。Ｘは、Ｙ１らに対し、法律上原因なく無償で車路を使用しているとして、駐車場収入の1割相当額につき不当利得の返還を請求した。

本件では、本件車路の専用使用権を規約の変更によって廃止することにつき専用使用権者の承諾が必要であるか、規約の変更が有効であるかが争点になった。

本判決は、車路の専用使用権を廃止する決議は特別の影響を受ける使用者の承諾なく行われたものであり、無効であるとし、請求を棄却した。

判旨

「（二）規約の変更が「一部の区分所有者の権利に特別の影響を及ぼすべきとき」（法31条1項後段）に当たるか否かは、規約変更の合理性ないし必要性と影響を受ける区分所有者の蒙る不利益との比較考量により決すべきものと解される。

本件において、前記争いのない事実等によれば、本件車路が本件駐車場と公道を結ぶ自動車用通路として設計・建築されたことはその構造上明らかであり、また、本件車路は公道から本件駐車場へ進入するための唯一の自動車用通路であるから、本件駐車場の区分所有者にとって本件車路の専用使用権は必要不可欠な権利であるといえる。これに対し、本件車路の右構造に照らせば、本件駐車場の区分所有者以外の本件マンションの区分所有者が本件車路を使用する必要性は認められず、他に本件車路の専用使用権の廃止の合理性ないし必要性を基礎付けるに足りる事情が存することの主張立証は存しない（被告ら以外の本件マンションの区分所有者が本件車路の被告らによる専用使用に対し不満を抱いているとしても、このことが専用使用権の廃止の合理性ないし必要性を基礎付ける事情となり得ないことはいうまでもない。）。以上によれば、旧規約を変更して本件車路の専用使用権を廃止する合理性ないし必要性よりも、右専用使用権の廃止により被告Ｙ１及び被告Ｙ２の蒙る不利益の方が格段に大きいといえる。

（三）したがって、本件車路の専用使用権を廃止する旨の規約の変更には被告Ｙ１及び被告Ｙ２の承諾が必要であったというべきであり、右承諾を得ずになされた規約

の変更は無効である。」

Key point
・本件は、マンションにおいて立体駐車場が設置され、駐車場から公道に至る車路が敷地の一部に開設され、管理規約によって駐車場の共有持分権者のために車路に専用使用権が認められていたところ、管理組合が総会を開催し、専用使用権を廃止する旨の管理規約の変更を決議し、管理組合が共有持分権者に対して駐車場の使用料の一部につき不当利得を主張し、その返還を請求した事案である。本件では、専用使用権が認められていた駐車場の共有持分権者の承諾のないままに管理規約の変更がされていたことから、特別の影響を及ぼすときに当たるか、さらに管理規約の変更が有効であるかが問題になったものである(区分所有法31条1項後段)。

・本判決は、まず、特別の影響を及ぼすべきときの意義について、規約変更の合理性ないし必要性と影響を受ける区分所有者の蒙る不利益との比較考量により判断すべきであるとした上、本件では、専用使用権の廃止により駐車場の共有持分権者・専用使用権者の受ける不利益が格段に大きいとし、特別の影響が及ぶときであったことを認め、管理規約の変更を無効としたものである。本判決の採用する特別の影響の及ぶときの意義は、通説的な見解であり、本判決は、敷地の一部に設定された車路の専用使用権者の承諾なくして行われた管理規約の変更が無効であるとした事例として参考になる。

81 駐車場専用使用権の分譲代金
分譲の対価は分譲業者に帰属するとした事例

最一小判平成10年10月22日民集52巻7号1555頁

事案　Xは、マンションの管理組合の理事長であり、Y株式会社は、マンションの分譲販売業者である。Yは、マンションの区分所有建物とは別に、マンションの敷地の一部を専用使用権付駐車場（25区画）として区分所有者らに販売し、その代金を受領した（区分所有権の売買代金が1390万円から2140万円であったのに対して、駐車場の分譲代金は、80万円から110万円であった）。Xは、Yに対して主位的に分譲代金につき不当利得として返還、予備的に委任事務処理上の金員引渡請求権に基づき引渡しを請求した。

第一審判決（福岡地小倉支判平成6年2月1日判時1521号107頁）は、Yが管理組合の代理人として分譲代金を取得したものであるとして、主位的請求を棄却し、予備的請求を認容したため、Yが控訴した。

控訴審判決（福岡高判平成8年4月25日判時1582号44頁）は、分譲代金は委任事務処理に当たって受け取ったものであるとして、原判決の判断を正当であるとし、控訴を棄却したため、Yが上告した。

本件では、マンションの敷地の一部を使用した駐車場の専用使用権の分譲代金が分譲業者に帰属するかが争点になった。

本判決は、駐車場の専用使用権の分譲の対価につき分譲業者に帰属するものであるとし、原判決を破棄し、第一審判決のうち予備的請求に関する部分を取り消し、Xの予備的請求を棄却した。

判旨　「1　前記一の売買契約書、重要事項説明書、管理規約案の記載に照らすと、本件駐車場の専用使用権は、本件マンションの分譲に伴い、上告人が特定の区分所有者に分譲したものであるところ、右専用使用権を取得した特定の区分所有者は右駐車場を専用使用し得ることを、右専用使用権を取得しなかった区分所有者は右専用使用を承認すべきことをそれぞれ認識し理解していたことが明らかであり、分譲業者である上告人が、購入者の無思慮に乗じて専用使用権分譲代金の名の下に暴利を得など、専用使用権の分譲契約が公序良俗に反すると認めるべき事情も存しない。なお、本件のように、マンションの分譲に際し分譲業者が専用使用権を分譲して対価を取得する取引形態は、好ましいものとはいえないが、このことのゆえに右契約の私法上の効力を否定することはできない。

2　そして、右売買契約書の記載によれば、分譲業者である上告人は、営利の目的に基づき、自己の利益のために専用使用権を分譲し、その対価を受領したものであって、専用使用権の分譲を受けた区分所有者もこれと同様の認識を有していたと解されるから、右対価は、売買契約書に基づく専用使用権分譲契約における合意の内容に従って上告人に帰属するものというべきである。この点に関し、上告人が、区分所有

者全員の委任に基づき、その受任者として専用使用権の分譲を行ったと解することは、右専用使用権分譲契約における当事者の意思に反するものであり、前記管理委託契約書の記載も右判断を左右しない。また、具体的な当事者の意思や契約書の文言に関係なく、およそマンションの分譲契約においては分譲業者が専用使用権の分譲を含めて包括的に管理組合ないし区分所有者全員の受任者的地位に立つと解することも、その根拠を欠くものといわなければならない。

3 したがって、委任契約における受任者に対する委任事務処理上の金員引渡請求権に基づき右対価の引渡しを求める被上告人の予備的請求は、理由がない。」

・本件は、マンションの分譲業者が分譲に当たり、敷地の一部に駐車場の専用使用権を留保し、区分所有建物とは別に分譲したため、管理者が分譲業者に対して分譲代金の返還、引渡しを請求した上告審の事案である。第一審判決、控訴審判決ともに、分譲業者が受任者の地位に立つものとし、事務処理上取得した金員の引渡請求を認容したため、上告審の判断が問われたものである。
・従来、マンションの一部の分譲業者が敷地の一部につき駐車場として専用使用権を留保し、その使用権を区分所有建物とは別に分譲する取扱いをする事例が見られ、不当で不公平な取引であると考えられてきたが、判例（最二小判昭和56年1月30日判時996号56頁）は、公序良俗には違反しないとの判断を示していたところである。もっとも、この判例にもかかわらず、このような専用使用権の設定、分譲については批判が強かった。
・本件では、マンションの分譲業者のこのような駐車場の専用使用権の設定、分譲について、管理者から分譲代金の返還等が請求され、その当否が改めて問われたものである。
・本判決は、マンションの分譲に際し分譲業者が専用使用権を分譲して対価を取得する取引形態は、好ましいものとはいえないとしたこと、このことのゆえにこの契約の私法上の効力を否定することはできないとしたこと、分譲業者が専用使用権の分譲を含めて包括的に管理組合ないし区分所有者全員の受任者的地位に立つと解することは、その根拠を欠くとしたことに特徴がある。本判決の分譲業者が包括的に管理組合等の受任者的地位に立つものでないとする判断は合理的であるものの、分譲業者が不公平で不当な専用使用権取引を有効と認めた判断には重大な疑問が残るところである。
・本判決は、このように一部の分譲業者が行っていた駐車場の専用使用権の設定、分譲の取引を認める判断を示したものであるが、本判決の後、区分所有法が改正され、規約の設定に当たっては、区分所有者間の利害の衡平が図られるように定めなければならないとされていることに留意をすることが必要である（区分所有法30条3項）。今後は、分譲業者の行う不当な取引については、規約設定の場面には区分所有法30条3項の解釈、適用をめぐって問題にすることができるとともに、それ以外の場面では公序良俗違反をめぐって新たな視点から問題にすることができるものである。
・本判決の評釈として、中田裕康・法協117巻8号115頁、丸山英気・私法判例リマークス20号26頁、大野秀夫・判評487号31頁、林圭介・判タ1036号48頁、鎌野邦樹・ジュリスト1168号126頁、丸山絵美子・ジュリスト1175号82頁、山田誠一・ジュリスト1157号65頁がある。

82 駐車場使用料を増額する規約改訂
増額に関する判断基準を明確化した事例

最二小判平成10年10月30日民集52巻7号1604頁

事案

　Xらは、マンションの区分所有者らであり、Yは、マンションの管理組合である。本件マンションはA株式会社が分譲したものであるが、Aは、区分所有建物の分譲とは別にマンションの敷地内に設置された47台分の駐車場につき専用使用権を設定し、分譲し、Xらは、その割当てを受けた区分所有者らであるか、その権利を承継取得した区分所有者らである。Yにおいては、区分所有者の集会の決議によって規約を改正し、使用料を増額する旨の決議をしたが（使用料の増額は、規約の定めに基づき使用細則の制定によって行われた）、一部の区分所有者らがこれに応じないため、Yは、駐車場使用契約を解除した。Xらは、Yに対して駐車場専用使用権の確認、改訂された使用料支払義務の不存在の確認等を請求した。

　第一審判決（福岡地判平成6年7月26日）は、請求を一部認容したため（専用使用権を有することの確認請求等を認容したものであり、実質的にはXらの勝訴であった）、Xら、Yの双方が控訴した。

　控訴審判決（福岡高判平成7年10月27日判時1557号94頁）は、敷地に設置された駐車場の使用権は規約によって規定することができるとし、規約を有効とし、原判決を変更し、請求を一部認容したため（専用使用権の確認請求等を棄却したものであり、実質的にはYの逆転勝訴であった）、Xらが上告した。

　本件では、主として規約の変更における特別の影響の解釈、適用、駐車場使用契約の解除の当否が争点になった。

　本判決は、駐車場の使用料の増額に関する規約の設定、変更は、増額の必要性、合理性が認められ、増額された使用料が社会通念上相当な額である場合には、専用使用権者に特別の影響を及ぼすものではないが、増額された使用料の不払いを理由とする駐車場使用契約の解除は、効力を生じないとし、原判決の一部を破棄し、その一部につき控訴を棄却し、その余の部分を福岡高裁に差し戻した。

判旨

　「（一）本件の専用使用権は、区分所有者全員の共有に属する敷地の使用に関する権利であるから、これが分譲された後は、管理組合と組合員たる専用使用権者との関係においては、法の規定の下で、規約及び集会決議による団体的規制に服すべきものであり、管理組合である被上告人は、法の定める手続要件に従い、規約又は集会決議をもって、専用使用権者の承諾を得ることなく使用料を増額することができるというべきである。このことは、新規約の下におけるように、駐車場の使用が管理組合と専用使用権者との間の「駐車場使用契約」という形式を用いて行われている場合であっても、基本的に異なるところはないと解するのが相当である。

　（二）そして、法31条1項後段は、区分所有者間の利害を調整するため、「規約の設定、変更又は廃止が一部の区分所有者の権利に特別の影響を及ぼすべきときは、その

承諾を得なければならない」と定めているところ、右の「特別の影響を及ぼすべきとき」とは、規約の設定、変更等の必要性及び合理性とこれによって一部の区分所有者が受ける不利益とを比較衡量し、当該区分所有関係の実態に照らして、その不利益が区分所有者の受忍すべき限度を超えると認められる場合をいうものと解される。これを使用料の増額についていえば、使用料の増額は一般的に専用使用権者に不利益を及ぼすものであるが、増額の必要性及び合理性が認められ、かつ、増額された使用料が当該区分所有関係において社会通念上相当な額であると認められる場合には、専用使用権者は使用料の増額を受忍すべきであり、使用料の増額に関する規約の設定、変更等は専用使用権者の権利に「特別の影響」を及ぼすものではないというべきである。また、増額された使用料がそのままでは社会通念上相当な額とは認められない場合であっても、その範囲内の一定額をもって社会通念上相当な額と認めることができるときは、特段の事情がない限り、その限度で、規約の設定、変更等は、専用使用権者の権利に「特別の影響」を及ぼすものではなく、専用使用権者の承諾を得ていなくとも有効なものであると解するのが相当である。

そして、増額された使用料が社会通念上相当なものか否かは、当該区分所有関係における諸事情、例えば、(1) 当初の専用使用権分譲における対価の額、その額とマンション本体の価格との関係、(2) 分譲当時の近隣における類似の駐車場の使用料、その現在までの推移、(3) この間のマンション駐車場の敷地の価格及び公租公課の変動、(4) 専用使用権者がマンション駐車場を使用してきた期間、(5) マンション駐車場の維持・管理に要する費用等を総合的に考慮して判断すべきものである。

(三) さらに、本件のように、直接に規約の設定、変更等によることなく、規約の定めに基づき、集会決議により管理費等に関する細則の制定をもって使用料が増額された場合においては、法31条1項後段の規定を類推適用して区分所有者間の利害の調整を図るのが相当である。

…………

(一) 前記のとおり、管理組合は、規約の設定、変更等又は規約の定めに基づく集会決議をもって使用料を増額することができ、これが専用使用権者の権利に「特別の影響」を及ぼすものでない限り、専用使用権者は増額された使用料の支払義務を負うことになる。しかし、この「特別の影響」の有無、殊に、増額された使用料が社会通念上相当なものか否かは、裁判所の最終的な判断を待たなければ明らかにならない場合が少なくない。したがって、専用使用権者が訴訟において使用料増額の効力を争っているような場合には、裁判所の判断を待つことなく、専用使用権者が増額された使用料の支払に応じないことを理由に駐車場使用契約を解除し、その専用使用権を失わせることは、契約の解除を相当とするに足りる特段の事情がない限り、許されないものと解するのが相当である。

(二) これを本件について見るに、記録によれば、上告人らは、使用料増額の決議

の効力を争い、平成3年3月22日の被上告人の催告に先立つ平成2年10月30日に、被上告人の主張する増額使用料の支払義務の不存在確認請求を含む本件訴訟を提起し、右催告の時点までに三回の口頭弁論期日が開かれていたと認められること、被上告人は、上告人らが裁判で係争中であるにもかかわらず、前記一のとおり、上告人らに増額使用料を支払うよう催告し、これを支払わなかったとして契約を解除したものであること、本件においては、使用料増額の適否について一、二審が判断を異にしたように、被上告人の主張する使用料の増額が社会通念上相当なものであることが明白であるとはいい難いこと等にかんがみると、本件訴訟の提起後、上告人らが従前どおり月額700円の使用料の支払を続けたのにも無理からぬところがあり、他に契約の解除を相当とすべき特段の事情も認められないから、被上告人による契約の解除はその効力を生じないものと解すべきである。」

Key point
・本件は、マンションの分譲業者が分譲に当たり、敷地の一部に駐車場の専用使用権を留保し、区分所有建物とは別に分譲したところ、区分所有者の集会において、使用料を増額する旨の規約の改正がされたのに対し、一部の区分所有者らが増額に係る使用料の支払いを拒否し、管理組合が使用契約を解除したため、専用使用権を有していた区分所有者らが管理組合に対して専用使用権の確認等を請求した上告審の事案である。本件は、マンションの敷地の一部につき駐車場として専用使用権が設定されていたところ、区分所有者の集会において規約の改正、規約に基づく細則の制定によって使用料の増額が定められたところに事案の特徴が見られる。第一審判決と控訴審判決とで使用契約の解除の効力について見解が分かれる等し、上告審の判断が注目されていたものである。
・本判決は、まず、区分所有法31条1項後段の特別の影響が及ぶときの意義について、規約の設定、変更等の必要性及び合理性とこれによって一部の区分所有者が受ける不利益とを比較衡量し、区分所有関係の実態に照らして、その不利益が区分所有者の受忍すべき限度を超えると認められる場合をいうとしたこと、駐車場の使用料の増額については、増額の必要性及び合理性が認められ、かつ、増額された使用料が区分所有関係において社会通念上相当な額であると認められる場合には、専用使用権者は使用料の増額を受忍すべきであるとしたこと、増額された使用料がそのままでは社会通念上相当な額とは認められない場合であっても、その範囲内の一定額をもって社会通念上相当な額と認めることができるときは、特段の事情がない限り、その限度で、規約の設定、変更等は、専用使用権者の権利に特別の影響を及ぼすものではないとしたこと、増額された使用料が社会通念上相当なものか否かは、区分所有関係における諸事情（例えば、当初の専用使用権分譲における対価の額、その額とマンションの本体の価格との関係、分譲当時の近隣における類似の駐車場の使用料、その現在までの推移、この間のマンション駐車場の敷地の価格及び公租公課の変動、専用使用権者がマンション駐車場を使用してきた期間、マンション駐車場の維持・管理に要する費用等）を総合的に考慮して判断すべきものであるとしたことを明らかにしたものである。この判決は、実務上争われることが多い特別の影響を及ぼすときの意義を明確にするとともに、駐車場の専用使用権の使用料の増額に関する場合の判断基準を明確にしたものであり、重要な先例を提示したものである。
・また、本判決は、使用料の増額が規約の定めに基づき細則の制定によってされた場合の取扱いについて、区分所有法31条1項後段の規定を類推適用してその効力を判断すべきであるとしたものであるが、マンションの管理実務上、細則が使用されることが少なくない状況に照らすと、管理実務に重要な影響を与える判例であるということができる。
・さらに、本判決は、専用使用に関する使用契約の解除の効力について、専用使用権者が訴

訟において使用料増額の効力を争っているような場合には、裁判所の判断を待つことなく、専用使用権者が増額された使用料の支払いに応じないことを理由に駐車場使用契約を解除し、その専用使用権を失わせることは、契約の解除を相当とするに足りる特段の事情がない限り、許されないとしたものであり、契約解除の効力を制限する法理を提示したものであり、マンションの管理実務に重要な影響を与える判例として位置づけることができるものである。なお、本判決は、契約解除の効力を制限するこの法理を適用し、管理組合による使用契約の解除の効力を否定した事例としても参考になる。

・本判決の評釈として、直井義典・法協117巻12号132頁、丸山英気・私法判例リマークス20号26頁、鎌野邦樹・判評488号40頁、名越聡子・判タ1036号52頁、山田誠一・ジュリスト1157号65頁がある。

83 駐車場専用使用権の分譲代金

分譲の対価は分譲業者に帰属するとした事例

最二小判平成10年10月30日判時1663号90頁

事案　Xは、マンションの管理組合の理事長（管理者）であり、Y株式会社は、マンションの分譲販売業者である。Yは、マンションの分譲に当たり、区分所有建物の分譲とは別に、マンションの敷地の一部を専用使用権付駐車場（14区画）として区分所有者に販売し、その代金を受領していた（分譲を受けた者は、敷地の共有持分の譲渡を受け、登記を経ていた。なお、区分所有権の売買代金が1485万円から1880万円であったのに対して、駐車場の分譲代金は100万円から120万円であった）。Xが、Yに対して分譲代金につき主位的に不当利得の返還、予備的に委任事務処理上の金員の引渡請求権に基づき引渡しを請求した。

第一審判決（福岡地小倉支判平成6年2月1日判夕876号192頁）は、Yが管理組合の代理人として分譲代金を取得したものであるとして、主位的請求を棄却し、予備的請求を認容したため（なお、本件では、区分所有者らがマンションの敷地につき未分譲の共有持分を有するYらに対して共有持分の移転登記を請求したが、その請求も認容された）、Yが控訴した。

控訴審判決（福岡高判平成8年4月25日判時1582号44頁）は、分譲業者の専用使用権の設定の効力を否定すべきであるが、外形的に委任の範囲に属する行為がされたときは、委任者は受任者に受取物引渡請求権を有する等とし、予備的請求を認容した第一審判決を維持すべきであるとし、控訴を棄却したため、Yが上告した。

本件では、分譲業者が専用使用権の設定を区分所有者全員の委任を受けて行ったものであるか、分譲の対価は分譲業者に帰属するものであるかが争点になった。

本判決は、駐車場の専用使用権の分譲の対価につき分譲業者に帰属するものであるとし、原判決中、一部を破棄し、その部分の第一審判決を取り消し、予備的請求を棄却した。

判旨　「本件マンションの建物一階部分と本件敷地の一部に設けられた駐車場の専用使用権は、本件マンションの分譲に伴い、上告人Yから特定の区分所有者に分譲されたものであるところ、前記一の売買契約書、図面集の記載に照らすと、右専用使用権を取得した特定の区分所有者は右駐車場を専用使用し得るものとされ、また、右専用使用権を取得しなかった区分所有者は右専用使用を認諾・承認すべきものとされていることが明らかである。

そのほか、本件において、分譲業者である上告人Yが、購入者の無思慮に乗じて専用使用権分譲代金の名の下に暴利を得など、専用使用権の分譲契約の私法上の効力を否定すべき事情も存しない。

そして、前記一のとおり、分譲業者である上告人Yは、営利の目的に基づき、自己の利益のために専用使用権を分譲し、その対価を受領したものであり、さらに、専用

使用権の分譲を受けた区分所有者もこれと同様の認識を有していたと解されるから、右対価は、右分譲契約における合意の内容に従って同上告人に帰属するものというべきである。

この点に関し、上告人Yが、区分所有者全員の委任に基づき、その受任者として専用使用権の分譲を行ったと解することは、右分譲契約における当事者の意思に反するものであるといわなければならない。

また、ある者が自己のためにする意思の下にした行為が、他の者からの受任によってする行為と外形的に同一であったとしても、そのことだけで、関係者の具体的意思に反して、両者の間に委任契約が成立していたということはできないし、具体的な当事者の意思や契約書の文言に関係なく、およそマンションの分譲契約においては分譲業者が専用使用権の分譲を含めて包括的に管理組合ないし区分所有者全員の受任者的地位に立つと解することも、その根拠を欠くものである。

したがって、委任契約における受任者に対する委任事務処理上の金員引渡請求権に基づき右対価の引渡しを求める被上告人Xの予備的請求は、理由がない。」

・本件は、マンションの分譲業者が分譲に当たり、敷地の一部に駐車場の専用使用権を留保し、区分所有建物とは別に分譲したため、管理者が分譲業者に対して分譲代金の返還、引渡しを請求した上告審の事案である。第一審判決、控訴審判決ともに、理由づけは異なるものの、分譲業者が事務処理上取得した金員の引渡請求を認容したため、上告審の判断が問われたものである。
・従来、マンションの一部の分譲業者が敷地の一部につき駐車場として専用使用権を留保し、その使用権を区分所有建物とは別に分譲する取扱いをする事例が見られ、不当で不公平な取引であると考えられてきたが、判例（最二小判昭和56年1月30日判時996号56頁）は、公序良俗には違反しないとの判断を示していたところである。もっとも、この判例にもかかわらず、このような専用使用権の設定、分譲については批判が強かった。
・本件では、マンションの分譲業者のこのような駐車場の専用使用権の設定、分譲について、管理者から分譲代金の返還等が請求され、その当否が改めて問われたものである。
・本判決は、マンションの分譲に際し分譲業者が専用使用権を分譲して対価を取得する取引形態は、好ましいものとはいえないとしたこと、このことのゆえにこの契約の私法上の効力を否定することはできないとしたこと、分譲業者が専用使用権の分譲を含めて包括的に管理組合ないし区分所有者全員の受任者的地位に立つと解することは、その根拠を欠くとしたことに特徴がある。本判決は、最一小判平成10年10月22日民集52巻7号1555頁と同旨のものである。本判決の分譲業者が包括的に管理組合等の受任者的地位に立つものでないとする判断は合理的であるものの、分譲業者の不公平で不当な専用使用権取引を有効と認めた判断には重大な疑問が残るところである。
・本判決は、このように一部の分譲業者が行っていた駐車場の専用使用権の設定、分譲の取引を認める判断を示したものであるが、本判決の後、区分所有法が改正され、規約の設定に当たっては、区分所有者間の利害の衡平が図られるように定めなければならないとされていることに留意をすることが必要である（区分所有法30条3項）。
・本判決の評釈として、大野秀夫・判評487号31頁がある。

84 専用使用権を消滅させる集会決議の効力
専用使用権を有する者の承諾なしでは無効とした事例

最二小判平成10年11月20日判時1663号102頁

事案　Y株式会社は、土地を所有していたが、マンションを建築し、マンションの外壁、屋上、駐車場を含む敷地につき専用使用権を留保して分譲し、自らも住居・店舗併用マンションの店舗部分を区分所有した。マンションの分譲後、X管理組合が設立され、区分所有者の集会を開催し、Yの専用使用権の一部を消滅させ、残りの専用使用権につき利用料金を支払うこととする規約の設定を決議し、管理費、修繕積立金の値上げを決議した。Xは、Yに対して値上げ分の支払い、消滅した専用使用権の部分の使用の停止、利用料金の支払いを請求した。

第一審判決（東京地判平成6年3月24日判時1522号85頁）は、Yの承諾を要せず、規約の変更が有効であるとして、請求を認容したため、Yが控訴した。

控訴審判決（東京高判平成8年2月20日判タ909号176頁）は、Yの権利に特別の影響を与えるものであり、Yの承諾がない以上、規約の変更が無効であるとして、原判決を取り消し、請求を認容した。

本件では、規約の変更が専用使用権者に特別の影響を及ぼすものであるかが争点になった。

本判決は、無料であった駐車場の使用につき有料化した決議につき専用使用権者に特別の影響が及ぶかどうかの審理を尽くしていないとし、原判決の一部を破棄し、本件を東京高裁に差し戻した。

判旨　「1　法31条1項後段の「規約の設定、変更又は廃止が一部の区分所有者の権利に特別の影響を及ぼすべきとき」とは、規約の設定、変更等の必要性及び合理性とこれによって一部の区分所有者が受ける不利益とを比較衡量し、当該区分所有関係の実態に照らして、その不利益が区分所有者の受忍すべき限度を超えると認められる場合をいうものと解される。そして、直接に規約の設定、変更等による場合だけでなく、規約の定めに基づき、集会決議をもって専用使用権を消滅させ、又はこれを有償化した場合においても、法31条1項後段の規定を類推適用して区分所有者間の利害の調整を図るのが相当である（最高裁平成8年（オ）第258号同10年10月30日第二小法廷判決参照）。

本件においては、前記一のとおり、専用使用権に関する新規約14条が設定された後、その定めに基づき、集会決議をもって被上告人の専用使用権を消滅させ、又はこれを有償化したものであるところ、右新規約の定め自体はいまだ被上告人に現実的、具体的な不利益を及ぼすものではないから、右の「特別の影響」の有無は、消滅決議及び有償化決議について見るべきものである。

2　まず、消滅決議について、上告人は、南西側駐車場の専用使用権を消滅させることは、区分所有者全体にとって、管理用自動車、緊急自動車の駐車場を設置し、ま

た、全員のための自転車置場を設置するという高度の必要性があると主張している。しかしながら、本件区分所有関係についての前記諸事情、殊に、(1) 被上告人は、分譲当初から、本件マンションの一階店舗部分においてサウナ、理髪店等を営業しており、来客用及び自家用のため、南側駐車場及び南西側駐車場の専用使用権を取得したものであること、(2) 南西側駐車場の専用使用権が消滅させられた場合、南側駐車場だけでは被上告人が営業活動を継続するのに支障を生ずる可能性がないとはいえないこと、(3) 一方、被上告人以外の区分所有者は、駐車場及び自転車置場がないことを前提として本件マンションを購入したものであること等を考慮すると、被上告人が南西側駐車場の専用使用権を消滅させられることにより受ける不利益は、その受忍すべき限度を超えるものと認めるべきである。したがって、消滅決議は被上告人の専用使用権に「特別の影響」を及ぼすものであって、被上告人の承諾のないままにされた消滅決議はその効力を有しない。……

3　次に、有償化決議については、従来無償とされてきた専用使用権を有償化し、専用使用権者に使用料を支払わせることは、一般的に専用使用権者に不利益を及ぼすものであるが、有償化の必要性及び合理性が認められ、かつ、設定された使用料が当該区分所有関係において社会通念上相当な額であると認められる場合には、専用使用権者は専用使用権の有償化を受忍すべきであり、そのような有償化決議は専用使用権者の権利に「特別の影響」を及ぼすものではないというべきである。また、設定された使用料がそのままでは社会通念上相当な額とは認められない場合であっても、その範囲内の一定の額をもって社会通念上相当な額と認めることができるときは、特段の事情がない限り、その限度で、有償化決議は、専用使用権者の権利に「特別の影響」を及ぼすものではなく、専用使用権者の承諾を得ていなくとも有効なものと解するのが相当である（前掲平成10年10月30日第二小法廷判決参照）。

4　しかるに、原審は、被上告人が管理費等をもって相応の経済的な負担をしてきた権利を更に有償化して使用料を徴収することは被上告人に不利益を与えるものであるというだけで、有償化決議により設定された使用料の額が社会通念上相当なものか否か等については検討することなく、有償化決議は、被上告人の承諾がない以上、無効であると判断している。したがって、原審の判断には、「特別の影響」の有無について、法令の解釈適用の誤り、審理不尽の違法があるというべきであり、この違法は原判決の結論に影響を及ぼすことが明らかである。」

Key point
・本判決は、マンションの建築、分譲をした者がマンションの分譲に当たり、敷地の一部の駐車場、外壁、屋上の専用使用権を留保し、自己が専用使用権を取得したところ、管理組合が区分所有者の集会において、無償を有償にしたり、一部の専用使用権を消滅させる旨の規約を設定し、管理組合が専用使用権者に対して値上げ分の支払、消滅した専用使用権の部分の使用の停止、利用料金の支払を請求した上告審の事案である。第一審判決、控訴審判決が規約の設定の効力につき判断が分かれたため、

本判決の判断が待たれていたものである。
・本判決は、まず、区分所有法31条1項後段の特別の影響が及ぶときの意義について、規約の設定、変更等の必要性及び合理性とこれによって一部の区分所有者が受ける不利益とを比較衡量し、区分所有関係の実態に照らして、その不利益が区分所有者の受忍すべき限度を超えると認められる場合をいうとしたこと、規約の設定、変更によらず、集会の決議によって専用使用権の消滅、有償化をする場合には、区分所有法31条1項後段の規定を類推適用してその効力を判断すべきであるとしたこと、専用使用権の消滅は、専用使用権を有する者の承諾がない場合には、集会の決議は無効であるとしたこと、有償化は、一般的に専用使用権者に不利益を及ぼすものであるが、有償化の必要性及び合理性が認められ、かつ、設定された使用料が区分所有関係において社会通念上相当な額であると認められる場合には、専用使用権者は専用使用権の有償化を受忍すべきであり、そのような有償化決議は専用使用権者の権利に特別の影響を及ぼすものではないとしたこと、設定された使用料がそのままでは社会通念上相当な額とは認められない場合であっても、その範囲内の一定の額をもって社会通念上相当な額と認めることができるときは、特段の事情がない限り、その限度で、有償化決議は、専用使用権者の権利に特別の影響を及ぼすものではなく、専用使用権者の承諾を得ていなくとも有効なものであるとしたこと、本件では、特別の影響の有無の審理が尽くされていないとしたことに特徴がある。
・本判決の区分所有法31条1項所定の特別の影響を及ぼすときの意義の考え方については、最二小判平成10年10月30日民集52巻7号1604頁によるところであり、無償の専用使用権を有償化する集会の決議の効力についても同様の判断を示したものである。また、本判決は、専用使用権を消滅させる集会の決議の効力については、専用使用権を有する者の承諾がない場合には、無効であるとするものであり、特別の影響に関する判例の考え方により集会の決議を無効とした重要な事例を提供するものである。
・本判決の評釈として、鎌野邦樹・判評488号40頁、今泉秀和・判タ1036号50頁がある。

85 専用使用権の使用用途の追加
決議を有効とした事例

東京高判平成11年5月31日判時1684号64頁

事案

　Y1は、マンションの1階の複数の専有部分（店舗兼住宅）につき区分所有権を有し、その一部をY2に店舗として賃貸する等していた。マンションの管理規約には、1階の各区分所有者は、敷地のうち店舗等から道路に通じる部分は無償で通路、看板設置場所等としての用法で使用することができる旨の規定が設けられていた。X管理組合は、その総会において、無償使用の敷地部分につき従来の使用に加えて、1区画を月額1万円で駐車場として利用させることを通常決議により決議し、決議に基づき、Y1、Y2と駐車場としての利用契約を締結した。Y1らは、契約に基づき使用料を支払っていたが、その後、その支払いを拒否した。Xは、Y1、Y2に対して使用料の支払いを請求した。

　第一審判決（東京地判平成9年3月31日判時1684号66頁）は、前記契約につき無効であるとし、請求を棄却したため、Xが控訴した。

　本件では、前記決議が有効であるか、前記契約が無効であるかが争点になった。

　本判決は、前記決議が従来の使用に加えて駐車場として有償で利用されることを決議したものである等とし、従来の専用使用権が剥奪されたり、有償とされたりしたものではないとし、決議が有効である等とし、原判決を取り消し、請求を認容した。

判旨

　「1　被控訴人らは、本件決議の内容は被控訴人Y1の従来の専用使用権を剥奪するものであり、無償の右権利を有償とするものであるから、特別決議及び被控訴人Y1の同意が必要である旨主張する。

　しかし、本件決議自体において従来の無償の専用使用権を消滅させることが明らかにされているわけではなく、一方、決議の内容は月額一万円の対価を支払うことによって駐車場としての利用を認めるというものであるから、本件決議がされるに至った経緯に関する前記認定の事実に当審における証人Aの証言を合わせ考えると、本件決議は、従来一階の事務所、店舗の利用のためその前面に位置する敷地部分（北側専用使用部分）が実際の必要から駐車目的で使用されることが多かった現実と、駐車場としての使用を認めることへの強い要望とを背景とし、一方で、他の場所で有料の駐車場を借りている一階以外の区分所有者の負担との均衡を考慮し、一階の区分所有者（又は使用者）に従来無償とされていた用法に加えて、駐車場としての使用を認めるとともに、それを有料とすることによって右の点の調和を図ったものと認めるのが相当である。そして、控訴人と使用契約を締結したのは全員本件マンション一階の区分所有者又は店舗使用者であり、また契約の締結を拒否したB所有の区分所有建物に対する区画については第三者との間で使用契約が締結された形跡がないのであって、これらの点からみて、一階の区分所有者又は店舗使用者以外の者との間での使用契約の

締結は予定されていなかったとみられる。したがって、本件決議により被控訴人Ｙ１の専用使用権が剥奪されたり、有償とされたとみることはできない。

　なお、本件決議がされた総会において、有償の使用契約を締結しない場合に従前の無償の使用が引き続き可能かどうかが議論の対象とならなかったことはさきにみたとおりであるが、本件決議のされた経緯、趣旨が右のようなものであれば右の点が議論されなかったことは特段異とするに足りず（……によると、一階の区分所有者ないし使用者で駐車場として使いたくないという人はいなかったので、駐車場としての有償の使用をしない人の処置については全く議題に上らなかったというのであり、右供述記載はその間の事情を伝えるものとして信用するに足りるものということができる。）、右議論がなかったことからその点の定めがされなかったということはできず、かえって従来の定めがそのまま有効に存続することに変りはなかったというべきである（ちなみに、一階の区分所有者が駐車場としての使用を希望しないため有償の契約をしない場合に、その者の承諾があれば他の区分所有者との間に駐車場としての使用目的で有償の契約をすることは可能である。その場合でも従来の用法による無償の使用権は残ることになろう。）。」

Key point

・本件は、マンションの１階の専有部分につき管理規約において敷地の一部を通路、看板設置等の用途のために無償で使用することが認められていたところ、区分所有者の集会が開催され、敷地部分が駐車場として使用することにつき有償とする決議を行い、従来通路等として使用していた区分所有者と駐車場の使用契約を締結したが、区分所有者がこの契約が無効であるなどと争ったため、紛争に至った控訴審の事案である。

・マンションにおいては、敷地、共用部分を特定の区分所有者に専用使用を認める事例が少なくないが（特に等価交換マンションにおいては多く見られる事例である）、従来から専用使用権の問題として議論されている。専用使用が認められる場合であっても、使用箇所によっては当然に無償であると考えられることがあるが（例えば、ベランダ）、本件で問題になった敷地の専用使用の場合には、使用の目的・仕方、使用の順位、使用の対価等をめぐって区分所有者間で紛争が発生するおそれがある。敷地、共用部分の専用使用については、管理規約の設定、変更によって定めることが可能であるが（もっとも、区分所有法31条１項による制限に注意する必要がある）、本件では、従来、敷地の一部が特定の用途につき無償の使用が認められてきたところ、区分所有者の集会において決議で敷地の一部を有料の駐車場として使用させることを決議したところに、事案の特徴がある。

・本判決は、本件決議が従来の無償使用を有償としたのではなく、従来の使用とは別に駐車場としての使用を有償で認めるとの区分所有者の集会の決議であったとし、従来の専用使用権が剥奪されたり、有償とされたりしたものではないとし、決議が有効であるとしたものである。本判決については、本件決議がこのように限定的なものであったか、区分所有者の集会において本件決議が可能であるかといった疑問が残るものであり、先例として利用するに当たっては注意が必要である。

・本判決の評釈として、潮見佳男・判評495号22頁がある。

86 専用使用権の消滅

専用使用者の承諾がない規約の変更を有効とした事例

東京高判平成11年7月27日判タ1037号168頁

事案 Y株式会社は、マンションを分譲し、X管理組合が設立された。管理規約によって、Yに駐車場の専用使用権が認められ、専用使用代金1000万円を修繕積立金として納付する旨が定められていた。Yは、管理規約の定めにかかわらず、1000万円を納付しなかった。Xは、総会を開催し、専用使用権を消滅させる旨に管理規約を変更した。Xは、Yに対して、1000万円の支払い、駐車場の明渡しを請求した。

第一審判決は、請求を認容したため、Yが控訴した。

本件では、管理規約の変更が有効であるかが争点になった。

本判決は、本件規約変更はYの権利に特別の影響を及ぼすものではない等とし、控訴を棄却した。

判旨 「右1の事実によれば、控訴人は、本件マンションの分譲当初に、管理規約の定めに基づき、共用部分である本件駐車場の専用使用権を取得し、その対価として、被控訴人に代金1000万円を支払う義務を負っていたものである……。

しかし、控訴人は、被控訴人の再三にわたる催告にもかかわらず、使用権の代金1000万円を支払わないので、被控訴人は、控訴人に本件駐車場の明渡しを求めるため、平成8年12月28日の臨時総会で本件規約変更の決議をしたことは、右1の事実から明らかである。また、本件規約変更は、控訴人の専用使用権の根拠規定である管理規約16条を全面的に改め、右根拠規定をなくしたものである。したがって、本件規約変更は、控訴人の専用使用権を消滅させる趣旨であると認められる。

そして、「控訴人の専用使用権は、当初の管理規約においても、代金1000万円を支払うことと対価関係を有するものとして設定されたものであり、対価である1000万円を支払わずに、本件駐車場を専用的に使用する権利まで認められていたわけではない。したがって、控訴人が代金1000万円を支払わない以上、控訴人が専用使用権を取得できないのは、当初の管理規約においてすでに定められていたものといえるのであって、控訴人の専用使用権を消滅させる旨の本件規約変更は、控訴人の権利に特別の影響を及ぼすものではない。したがって、控訴人の承諾がなくとも、本件規約変更は有効である（建物の区分所有等に関する法律31条1項）。」なお、規約の変更に控訴人の承諾を要するとしても、控訴人は、当初の管理規約で定められた専用使用権の代金を支払わないのであるから、本件規約変更を承諾しないことについて正当な理由があるとは認められない。このことは、本件駐車場が控訴人の業務にとって必要不可欠である等控訴人主張の諸事情があったとしても、変わりはない……。」

Key point
・本件は、管理規約によって専用使用権（共用部分における駐車場）が認められていたところ、区分所有者の集会で専用使用権を消滅させるよう規約変更の決議がされたため、規約の変更の効力が問題になった事案であるが（区分所有法31条1項参照）、専用使用権を認める対価として1000万円を支払うこととされていたこと、専用使用権を認められた者が1000万円の支払いをしなかったこと、共用部分の駐車場につき専用使用権が設定されたことに特徴がある。

・本件は、共用部分の駐車場についての専用使用権の消滅をめぐる紛争であるが、駐車場の専用使用権の消滅、有償化をめぐる紛争は、従来から見かけることが多い類型のものである。専用使用権の消滅、有償化を内容とする規約の変更については、専用使用権を有する区分所有者に特別の影響を及ぼすものかどうかが重要な問題になるところであり、受忍限度論（最二小判平成10年10月30日判時1663号56頁、最二小判平成10年11月20日判時1663号102頁）が基準として採用されている。

・本判決は、専用使用権の設定が有償であり、専用使用権を認められたものが対価である代金の支払いをしていない場合について、その承諾を要することなく決議された、専用使用権を消滅させる規約の変更が有効であるとしたものであり、専用使用権を有する区分所有者の承諾を要しない規約の変更を有効とした事例として参考になる。

7

総会・規約

87 決議の手続上の瑕疵
議題の通知がなかったため決議を無効とした事例

東京地判昭和62年4月10日判時1266号49頁

事案　X1、X2は、A株式会社が建築、分譲したマンションの区分所有権を共有しているが、Y管理組合は、臨時総会を開催して、旧規約を廃止し、1、2階の各1室を事務所として使用し、その他の室を住居としてのみ使用するとの新規約に改正するとの決議をした（本件マンションでは、もともと住居の用途とする合意がなかったもののようである）。Yは、新規約の内容を示す掲示板を設置した。X1らは、Yに対して、この決議が定足数を欠いていたこと、議題の通知がなかったこと、議案の要領の通知もなかったことを理由に、決議の無効確認等を請求した。

本件では、規約を改正（廃止・設定）するための決議に関する手続上の瑕疵の有無が争点になった。

本判決は、議題の通知がなかったとして、決議の無効確認請求を認容した。

判旨　「しかしながら、（一）で確定した本件臨時総会の召集手続の瑕疵は、区分所有関係の基礎となるべき規約の廃止、設定という集会で決議すべき事項の中では最も重要な部類に属する議題に関するものであること、旧規約と新規約とを対照すると、新規約は、単に法に不適合の部分を改めるに留まらず、建物の用法に関して一章を置き、詳細な規定（その中には、本件ハイツを101号及び201号以外住居専用とする旨の規定もある。）を設けたこと（新規約12条ないし16条）、被告が区分所有者を代理して各種保険（その中には個人賠償責任保険も含まれている。）を締結し、保険金を受領し、これを修復費用に充当することを後者が承認する旨の規定を置いたこと（同24条1、2）、旧規約では認めていた借家人を代理人とする議決権行使を排除していること（同45条5）など本件ハイツの管理に関し改正された法に適合させるため不可欠とはいえない事項についても規定を新設していることが認められること……、法は区分所有建物の管理につき集会中心主義をとり、重要な事項はすべて集会の決議によつて定めることとし、とりわけ規約の設定、変更、廃止については区分所有者及び議決権の4分の3以上の多数の決議によることとする（法31条1項）とともに、あらかじめ通知することなく規約の設定、変更又は廃止を決議することは規約をもつてしても定めることができないとしていること（法37条2項）、集会において決議すべき事項については、区分所有者全員の書面による合意があつたときに限り、集会の決議があつたものとみなされること（法45条1項）としていることに鑑みれば、前記召集手続の瑕疵はけつして軽微なものとはいえず、右抗弁一ないし三の事情があるからといつて、右瑕疵を理由とする本件決議の無効を主張することができなくなるものと解することはできない。

更に、……を総合すれば、原告らは、昭和57年、同58年分の通信連絡費及び同年4月分以降の管理費等増額分を支払わないため、被告から渋谷簡易裁判所に訴えを提起されたことを認めることができる。しかしながら、……によれば、原告X1は、本件臨時総会後間もない昭和59年4月27日、被告に宛てて本件決議が召集通知に記載のない事項についてなされたものであり、これにより設定された新規約に従う義務はない旨の内容証明郵便を発していることを認めることができ、かつ、新規約で新たに規定された前記事項はその性質上原告らの本件専有部分の区分所有者としての利害に大きな影響を及ぼすものと認められることからすれば、前記訴訟の係属から直ちに、原告らがこれに対抗することのみを目的として本件訴訟を提起したものと認めることはできず、他にこれを認めるに足りる証拠はない。

以上の外原告らの新規約の無効確認請求が権利濫用にあたるものと認めるべき証拠はないから、被告の権利濫用の抗弁は失当である。

4 以上によれば、本件臨時総会の召集手続には本件決議に関する限り瑕疵があるから、これに基づいてなされた本件決議は無効というべきであり、したがつてまた、本件決議によつて設定された新規約は集会の決議によつて設定されたものということはできないから無効といわざるをえない。」

・本件は、マンションの用途に関する旧規約を廃止し、新規約を設定するために（実質的には、規約の変更に当たる）、区分所有者の集会が招集され、決議がされたところ、区分所有者が管理組合に対して決議の無効確認等を請求した事案であり、決議の手続上の瑕疵の有無、決議の効力が問題になったものである。
・区分所有者の集会は、区分所有法34条以下の規定に従って招集され、決議が行われることが必要であり、その手続上の瑕疵があった場合には、決議の内容、瑕疵の内容・程度によっては決議が無効であると解することができる。本件では、旧規約の廃止、新規約の設定（区分所有法31条参照）に関する決議の効力が問題になったものであり、区分所有者にとっては重要な決議事項であるということができる。
・本判決は、定足数に関する主張については、これを排斥したが、議題の通知に関する主張については、この通知がされておらず、この瑕疵が軽微であるということができないとし、決議が無効であるとしたものである。本判決は、区分所有者の集会の決議に関する手続について、軽微でない瑕疵がある場合には、決議が無効となるという法理を提示したものであり、区分所有法所定の決議に関する規定の解釈を明らかにした重要な意義をもつものということができる。また、本判決は、本件では、規約の廃止等の決議を行うに当たって、議題の通知をしなかったことが決議の無効に当たるとした事例としても重要な意義をもつものである。
・なお、本判決は、判決文上、「招集」とすべきところを「召集」としているが、誤解・誤記である。

88 招集通知の瑕疵

招集通知の瑕疵は重大な瑕疵に当たらず決議を無効ではないとした事例

東京地判昭和63年11月28日判タ702号255頁

事案　複合マンションのY管理組合は、集会を招集し、店舗の区分所有者の業種制限、営業方法、店舗内装工事の制限等について規約を変更した。区分所有者Xは、専有部分（103号室）で喫茶スナックを経営していたが、連絡先を通知しないまま、転居していたため、集会の招集通知を受けていなかった。Xは、Yに対して招集手続の瑕疵、特別の影響を受けるXの承諾を得ていないことを理由として、変更された規約の無効確認を請求した。

本件では、集会の招集通知を欠いた瑕疵が重大か、規約の変更決議が無効か等が争点になった。

本判決は、無効原因となる重大な瑕疵ではないとして、請求を棄却した。

判旨　「ところで、建物の区分所有等に関する法律35条によれば、集会の召集の通知は、各区分所有者に発すべきこととされており（同条1項）、右通知は、区分所有者が管理者に対して通知を受けるべき場所を通知したときはその場所に、これを通知しなかったときは区分所有者の所有する専有部分が所在する場所にあててすべきことになっているところ（同条2項）、前記認定事実によれば、原告は本件建物内に居住しておらず、また管理者に対して集会の召集の通知を受けるべき場所を通知していなかったことが認められる。

したがって、被告管理組合としては、総会召集の通知を原告の所有する専有部分（本件店舗）が所在する場所に通知すべきであったが、前記認定事実によれば、被告管理組合はこれを行わず、本件店舗の登記簿上の原告の住所に通知したため、これが原告の現住所に到達せず返送されたことが認められるので、右総会召集の通知手続には瑕疵があるというべきである……。

しかしながら、総会召集の手続に瑕疵があったとしても、それによって当然総会の決議が無効となるものではなく、右瑕疵が重大な瑕疵である場合に限り無効となるものと解される。

そこで、さらに検討するに、前掲甲第四号証によれば、右総会の決議は、議決権総数60人のところ、出席者及び委任状提出者計57人の一致でなされたことが認められ、右事実にかんがみると、右召集の通知の欠缺は総会決議に影響を与えるものとは認められないので、右瑕疵をもって、決議の無効原因となるような重大な瑕疵ということはできない。

次に、原告は、本件条項は原告の権利に特別の影響を及ぼすものであるにもかかわらず、原告の承諾を得なかったので無効であると主張するので、この点について検討

する。

　一般に、建物の区分所有者は、建物の保存に有害な行為その他建物の管理又は使用に関し区分所有者の共同の利益に反する行為をしてはならない（建物の区分所有等に関する法律6条1項）義務を負っており、このような一般的な制約を規約において具体的に規定したとしても、それが右の一般的制約の範囲である以上、これをもって一部の区分所有者の権利に特別の影響を与えたものということはできない。

　そこで、本件規約16条について検討するに、同条1項は「店舗区分所有者は次の各号に該当する業種について営業することができない。(1)本件マンションの住環境を著しく阻害する風俗営業等(2)著しく臭気を発生する業種又はおびただしい煙を発生する業種（中華料理店、焼肉店、炉端焼店、焼鳥屋等）」と規定し、同条2項は、右禁止条項に抵触するおそれのある業種を営業しようとする場合は、事前に理事長と打ち合わせ、その承諾を得るように規定しているが、……によれば、本件建物は一階が店舗部分、二階以上が住居部分の鉄骨鉄筋コンクリート造11階建の建物であり多数の区分所有者が共同生活を営んでいることが認められ、右事実にかんがみると、たとえ、一階部分が店舗部分であるとはいえ、一階部分において本件建物の住環境を著しく阻害する風俗営業、あるいは著しい臭気又はおびただしい煙を発生する業種の営業を行うことは、他の区分所有者の快適な生活を阻害し、平穏な住環境を損なうものであるから、これが本件建物の区分所有者の共同の利益に反することは明らかである。

　したがって、本件建物の店舗部分において右のような営業をすることを禁止することには合理性があり、それは本件建物の区分所有者が一般的に負っている制約の範囲内のものというべきである。」

・本件は、複合マンションの管理組合が集会を招集し、店舗部分の業種制限等を内容とする規約の変更決議をしようとし、1階の店舗部分の区分所有者に招集通知を郵送したところ、到達しなかったため、そのまま集会を開催し、決議を行ったことから、区分所有者が管理組合に対して招集通知の欠如等を主張し、集会の決議の無効確認等を請求した事案である。
・区分所有者の集会の招集に当たっては、区分所有者に対して招集の通知をすることが必要であり、通知場所については、区分所有法35条2項、3項に定められているところである（本判決もその内容を説示している）。本件では、通知を受ける場所が管理組合に通知されていなかったことから、本件マンション内の専有部分に通知することが必要であり、かつ、それで足りるものであったが、本件の管理組合は、区分所有者の登記簿上の住所に宛てて通知をし、これが到達しなかったものであり、招集通知の瑕疵が問題になったわけである。
・本判決は、招集手続の瑕疵が重大な場合には、決議が無効であるとした上、本件では招集通知の瑕疵は重大なものではないとし、決議が無効ではないとしたものである。本判決は、区分所有者の集会の決議に関する手続について、重大な瑕疵がある場合には、決議が無効となるという法理を提示したものであり、区分所有法所定の決議に関する規定の解釈を明らかにした重要な意義をもつものということができる。また、本判決は、本件では、規約の変更の決議を行うに当たって、招集の通知が到達しなかったことは、本件の事情の下では決議の無効に当たらないとした事例としても重要な意義をもつものである。
・なお、本判決は、判決文上、「招集」とすべきところを「召集」としているが、誤解・誤記である。

89 管理費の差別的取扱いを設けた規約の有効性

管理規約・集会決議を無効とした事例

東京地判平成2年7月24日判タ754号217頁

事案　マンションのX管理組合において、管理費の負担につき区分所有者が法人である場合と個人である場合とで差を設けることができる旨の管理規約が設けられ、区分所有者の集会で法人の場合には、個人の場合よりも約1.6倍の管理費、修繕積立金を支払う旨の集会の決議がされた。法人の区分所有者であるY有限会社は、決議に不満を抱き、管理費等の一部を支払わなかった。Xは、Yに対して未払いの管理費の支払いを請求した。

本件では、管理費等の差別的取扱いを設けた管理規約等の効力が争点になった。本判決は、管理規約、集会の決議が無効であるとして、請求を棄却した。

判旨　「二　抗弁について

2　区分所有法19条は、持分に応じて管理費を徴収することの例外を規約で定めることを認めており、管理費等の徴収額につき所有名義により法人組合員と個人組合員とで差異を設けること自体が直ちに同法に反するとまではいえない。

3　しかし、管理組合は全員加入である上、規約あるいは決議も、各区分所有者の専有部分の床面積の割合による多数決によって決定されるのであるから、管理費等につき少数者に不利な定めが設けられる虞がある。区分所有法も、直接管理費等について定めたものではないが、少数者の保護を図るために、規約の設定、変更等につき一定の制限を設けている（同法3条1項後段）。その趣旨は、区分所有者による建物等の自主的な管理を認めつつ、それが一部の者に特に不利益な結果になることを防止しようとした点にあると考えられる。さらに、区分所有法19条の趣旨や、元来建物の利用は持分に応じてなされていること等も考えると、同法は、管理費等の額につき法人組合員と個人組合員とで差異を設けることについては、その該当者の承諾を得ているなど特段の事情のない限り、その差異が合理的限度を超え、一部の区分所有者に対して特に不利益な結果をもたらすことまでは是認していないと考えるべきである。また、区分所有法を離れて考えてみても、かかる全員加入の非営利的な団体において、多数決で定められた負担金に差異を設ける規約、決議等は、目的又はその差別の方法が不合理であって、一部の者に特に不利益な結果をもたらすときは、私的な団体自治の範囲を超え、原則として民法90条の規定する公の秩序に反するものというべきである。

したがって、かかる合理的限度を超えた差別的取扱いを定めた規約及び決議は、区分所有法の趣旨及び民法90条の規定に違反し、無効となることがある。

4　かかる見地から本件を検討するに、本件では所有名義が法人か個人かという区

別によって管理費等の徴収額に、修繕積立金の増額前で約1.72対1、修繕積立金の増額後で約1.65対1の差異が設けられており、このような差異が設けられた理由については、原告は、負担能力の差を挙げるほかあまり合理的な説明を加えていない。

　しかしながら、法人の方が管理費等を経費として計理処理することができるので、税負担が軽いといえなくもないが、この点は、各税法は別途の理屈や、目的に従って課税の仕方を定めているのであるから、単に経費化できるという一事から税負担が小さいとはいいきれない（個人事業者も経費とすることがあり得るし、給与所得者は別途各種の控除がある。）。また、法人は通常営利を目的とし、収入も高いはずという点も、我が国に多い小規模法人を考えると必ずしもそうとは断言できない。しかも、いずれにせよ、負担力に応じるというのであれば、私的団体における差別目的としての合理性もさほど高くはない上、よりきめ細かな区分が必要なはずであり、名義上の個人と法人といった区分方法程度では、手段として不適切といわざるを得ない。したがって、このような区分方法では、前記のような大きな差異を課することは、不合理というべきである。

　また、管理費等のうち修繕積立金以外については、持分に応じた負担以外の考え方としては、より直接的に、各区分所有者が建物の共有部分等を使用する程度又はこれによる収益の程度に応じて、それぞれが負担するという理念もあり得よう。しかし、法人であるが故に必ずしも常に個人よりも共有部分等を多く使用しているとまでいうことはできない。使用程度あるいはこれによる収益の程度は、その業種、業態によって大きく異なる上、……によれば、組合員の中には個人の所有名義であるが、営業用に当該建物を利用している者もいることが認められる。実質的な利用状態を無視して、単に所有名義のみによって管理費等の徴収額に差異を設けることは、その手段において著しく不合理といわざるを得ない。したがって、前記の格差は、このような合理性の乏しい手段によるものとしては、不当に大き過ぎ、法人組合員に特に不利益な結果をもたらすものとして、是認できない。

　このように検討してみると、……本件組合規約及び金額の決議は、管理費等の徴収について、法人組合員につき差別的取扱いを定めた限度で、区分所有法の趣旨及び民法90条の規定に違反し、無効というべきである。」

・本件は、区分所有者の管理費等の負担をめぐる紛争であり、管理組合において法人の区分所有者と個人の区分所有者間に管理費等の負担に差を設けることができると定められ、集会の決議によって差を設けたが、法人の区分所有者が管理費の一部を支払わなかったため、管理組合がその法人の区分所有者に対して未払いの管理費等の支払いを請求した事案であり、管理費の差別的取扱いを定める管理規約、集会の決議の効力が問題になったものである。
・本件は、区分所有者間の管理費等の負担に差を設ける管理規約、集会の決議の効力が問題になった興味深い事案である。
・管理費は、主として共用部分の維持管理のために使用されるものであり、基本的には、規

約に別段の定めがない限り、各区分所有者が共用部分の持分に応じて負担するのが合理的であるが（区分所有法19条、14条参照）、マンションの管理実務において、規約によってどのような基準で、どのような差を設けることが認めることができるか、どの程度の差別的取扱いが許されるかが問題になることがある。一口でいえば、合理的な差別的取扱いは許され、不合理な差別は無効とすべきであるということができるものの、その具体的な基準が問題になり得る（その法的な根拠も問題になり得る）。
・本判決は、管理費等の負担を法人の区分所有者と個人の区分所有者との間で差を設け、法人の区分所有者が個人の区分所有者よりも約1.6倍に当たる管理費等の負担は、著しく不合理であるとし、それを定める管理規約、集会の決議は、区分所有法の趣旨及び民法90条の規定に違反し、無効であるとしたものである。本判決は、管理費等の負担の差別的な取扱いを定める管理規約、集会の決議が無効であるとした重要な事例であり、参考になるものである。また、本判決は、管理費等の負担を定める管理規約、集会の決議を無効とする法的な根拠として、区分所有法の趣旨及び民法90条の規定を援用していることも参考になる（なお、現在では、区分所有法30条3項参照）。
・本判決の評釈として、内田勝一・判タ765号83頁がある。

90 理事会の代理出席を認める集会決議の効力

規約により代理出席を認めることは違法ではないとした事例

最二小判平成2年11月26日民集44巻8号1137頁

事案

Xは、リゾートマンションの区分所有者である。Y管理組合法人においては、理事によって構成される理事会で管理組合の業務がなされていた。理事が多数の府県に居住していたため、Y管理組合の総会において、理事に事故があり、理事会に出席できないときは、その配偶者又は一親等の親族に限り、代理出席することができる旨の規約を決議した。Xは、Yに対して総会決議の無効確認を請求した。

本件では、理事会の代理出席を認める集会の決議の効力、規約の効力が争点になった。

第一審判決は、請求を認容したため、Yが控訴した。

控訴審判決（大阪高判平成元年12月27日判時1344号142頁）は、原判決を取り消し、請求を棄却したため、Xが上告した。

本判決は、理事会における理事の代理出席を認める規約が違法ではないとし、上告を棄却した。

判旨

「一　建物の区分所有等に関する法律（以下「法」という。）47条2項の管理組合法人（以下「管理組合」という。）が、その規約によって、代表権のある理事の外に複数の理事を定め、理事会を設けた場合において、「理事に事故があり、理事会に出席できないときは、その配偶者又は一親等の親族に限り、これを代理出席させることができる。」と規定する規約の条項（以下「本件条項」という。）は、法49条7項の規定により管理組合の理事について準用される民法55条に違反するものではなく、他に本件条項を違法とすべき理由はないと解するのが相当である。

二　すなわち、法人の理事は法人の事務全般にわたり法人を代表（代理）するものであるが、すべての事務を自ら執行しなければならないとすると、それは必ずしも容易ではないとともに、他方、法人の代理を包括的に他人に委任することを許した場合には、当該理事を選任した法人と理事との信任関係を害することから、民法55条の規定は、定款、寄附行為又は総会の決議によって禁止されないときに限り、理事が法人の特定の行為の代理のみを他人に委任することを認めて、包括的な委任を禁止したものであって、複数の理事を定め、理事会を設けた場合の右理事会における出席及び議決権の行使について直接規定するものではない。したがって、理事会における出席及び議決権の行使の代理を許容する定款又は寄附行為が、同条の規定から直ちに違法となるものではない。

三　ところで、法人の意思決定のための内部的会議体における出席及び議決権の行使が代理に親しむかどうかについては、当該法人において当該会議体が設置された趣旨、当該会議体に委任された事務の内容に照らして、その代理が法人の理事に対する委任の本旨に背馳するものでないかどうかによって決すべきものである。

　これを、管理組合についてみるに、法によれば、管理組合の事務は集会の決議によることが原則とされ、区分所有権の内容に影響を及ぼす事項は規約又は集会決議によって定めるべき事項とされ、規約で理事又はその他の役員に委任し得る事項は限定されており（法52条1項）、複数の理事が存する場合には過半数によって決する旨の民法52条2項の規定が準用されている。しかし、複数の理事を置くか否か、代表権のない理事を置くか否か（法49条4項）、複数の理事を置いた場合の意思決定を理事会によって行うか否か、更には、理事会を設けた場合の出席の要否及び議決権の行使の方法について、法は、これを自治的規範である規約に委ねているものと解するのが相当である。すなわち、規約において、代表権を有する理事を定め、その事務の執行を補佐、監督するために代表権のない理事を定め、これらの者による理事会を設けることも、理事会における出席及び議決権の行使について代理の可否、その要件及び被選任者の範囲を定めることも、可能というべきである。

　そして、本件条項は、理事会への出席のみならず、理事会での議決権の行使の代理を許すことを定めたものと解されるが、理事に事故がある場合に限定して、被選任者の範囲を理事の配偶者又は一親等の親族に限って、当該理事の選任に基づいて、理事会への代理出席を認めるものであるから、この条項が管理組合の理事への信任関係を害するものということはできない。

　四　そうすると、本件条項を適法であるとして上告人の請求を棄却した原審の判断は正当として是認することができ、原判決に所論の違法はない。」

・本件は、区分所有者の集会において理事会の出席につき理事の配偶者又は一親等の親族に限って代理出席を認める旨の規約の規定を設けたため、区分所有者が管理組合法人に対して集会の決議の無効確認を請求した上告審の事案である。
・本判決は、規約によって本件のような代理出席を認めることは違法ではないとしたものであり、管理組合法人における理事の代理を認めた重要な先例として位置づけることができるものである。
・本判決の評釈として、内田貴・法協108巻9号151頁、前田達明・民商105巻4号70頁、丸山英気・私法判例リマークス5号10頁、青山邦夫・判タ790号18頁、玉田弘毅・ジュリスト980号68頁がある。

91 総会決議不存在確認の訴え
確認の利益を否定し訴えを却下した事例

東京地判平成4年8月25日金法1354号41頁

事案

Xは、マンションの区分所有者であり、専用使用権をもって駐車場を使用していた。マンションのY管理組合は、総会を開催し、総会の決議を経て従来の駐車場を廃止して、新たに別の敷地に駐車場を設置したが、Xが旧駐車場の廃止、新駐車場の設置に不満を持った。Xは、Yに対して総会の決議の不存在確認、共用部分の変更につき区分所有者であるXの承諾を得る必要があることの確認を請求した。

本件では、区分所有者の総会の決議の不存在確認等の訴えの利益の有無が争点になった。

本判決は、決議の不存在確認の判決を得ても、駐車場の使用をめぐる紛争を適切に解決するものではないとして、確認の利益を否定し、訴えを却下した。

判旨

「ところで、(1)決議の対象である新駐車場の建設については、右一の2のとおり、工事資金調達方法として修繕積立金から支出するという金銭の支出の承認という観念的な面も含まれているが、基本的には駐車場を建設するという事実行為の承認である、(2)本件計画をめぐる紛争の解決方法として、新駐車場の撤去を含め新駐車場そのものに変更を加えること、原告に対する金銭解決等幅が広く、予想も立てにくい、(3)管理組合は、区分所有者の自治の強い団体である、等の本件における諸事情を考えると、仮に本件計画について被告の総会の決議不存在確認の判決を得ても、結局、事実上、被告の本件計画が区分所有法上、違法という評価を受けるに過ぎず、既に完成した新駐車場の建築又は廃止された旧駐車場の使用をめぐる原告と被告との間の紛争の具体的解決に有効・適切であるとは考えられない。原告としては、自己の権利救済に直結する新駐車場の撤去、旧駐車場の原告の専用使用権の確認、新駐車場の建設による損害賠償等を求める訴えを起こすほかないというべきである。右の理由は、被告の理事会の決議についても同様であり、仮に本件計画について被告の理事会の決議不存在確認の判決を得ても、既に完成した新駐車場の建築又は廃止された旧駐車場の使用をめぐる原告と被告との間の紛争の具体的解決に有効・適切であるとは考えられない。

次に、共用部分の変更について区分所有法17条2項の専有部分の所有者である原告の承諾を得る必要のあることの確認を求める訴えについても、前同様、その承諾の対象が必ずしも明らかでないが、本件計画を対象とするものと解する他ない。しかし、仮に右の確認判決を得ても、本件計画が、同法17条2項の「共用部分の変更が専有部分の使用に特別の影響を及ぼすべきとき」に該当し、専有部分の所有者である原告の承諾を得る必要のある場合に該当するという単なる事実が確認されるにとどまり、前

同様、原告と被告との紛争の具体的解決に有効・適切であるとは考えられない。
　したがって、本件計画について被告の総会又は理事会の決議の不存在確認を求める訴えは、不適法であり、却下を免れない。」

Key point
・本件は、旧駐車場をめぐる区分所有者と管理組合との間の紛争が生じているところ、区分所有者が管理組合に対して総会決議の不存在等の確認を請求する訴訟を提起したため、訴えの利益の有無が問題になったものである。
　・訴訟は、大きく分けて、給付訴訟、確認訴訟、形成訴訟に分けられ、このうち、確認訴訟は権利・義務の存否、法律関係の存否を判決によって確認することによって紛争を解決するというものであり、抽象的に紛争を解決するものであるため、確認訴訟が紛争の具体的解決に有効、適切なものであることが必要であるとされている（この意味で確認の利益が必要であると解されている）。
・本判決は、本件訴えの内容に照らし、確認の利益がないとしたものであり、マンションをめぐる訴訟につき確認の利益を否定した事例として参考になる。

92 管理規約の設定・変更

管理規約の規範性を認め元土地所有者への管理費等請求を認容した事例

東京地八王子支判平成5年2月10日判タ815号198頁

事案　Yは、土地を所有していたところ、不動産業を営むA株式会社と等価交換契約を締結し、複合マンションを建築し、Yがマンションの1階部分（店舗部分）等の区分所有権を取得した。Aは、マンションのその余の区分所有権について管理規約を作成して分譲した。Y以外の区分所有者らは、管理規約に従って管理費、補修積立金を管理組合Xに支払ってきたが、Yがその支払いをしなかった。Xは、Yに対して主位的に管理規約に基づき、予備的に不当利得ないし管理規約の遡及適用の決議に基づき管理費等の支払いを請求した。

本件では、管理規約の効力が争点になった。

本判決は、Y以外の区分所有者が管理規約を異議なく承諾したことを根拠に規範的効力を有するとして、主位的請求を認容した。

判旨　「マンションの管理規約は分譲業者が公正証書で設定することができるものであり（建物の区分所有等に関する法律第32条）、分譲後に区分所有者の集会で規約を設定する場合（同法第31条第1項）でも、集会は召集手続を省略して開くことができるものであること（同法第36条）及び本件マンションでは被告だけが管理費、補修積立金支払いについての唯一の反対者で、ほかの区分所有者全員は昭和61年2月15日の第一期以来、規約規定の管理費、補修積立金を負担、支払い、これを前提として予算が計上され、執行されてきたという前記認定事実を総合すると、管理費、補修積立金に関する本件管理規約は本件マンションの管理が開始された前後に、被告を除く各区分所有者全員が暗に異議なく、承認した結果、本件マンションの管理規約として区分所有者全員に対して規範的効力を有することとなったものとみるのが相当である。

本件マンションにおける共用部分中にはたしかに被告が使用せずにすむものもあるが（例えばエレベーター・しかし本件マンションのような8階建マンションには、マンション全体の資産価値を維持、向上するためにはエレベーターの設置は不可欠であり、その使用の有無や使用の頻度が管理費額を支配するとすると、管理費の決定は不可能となる）、全体的にみれば、これら共用部分は被告を含む本件マンション区分所有者全員の共用部分であり、共有の資産として、全体の管理に服するとする方が望ましく、被告も共用者、共有者の一人として本件管理規約の定めによる管理費、補修積立金を支払うべきである。」

・本件は、等価交換方式によって建築、分譲された複合マンションにおいて、元の地主である区分所有者と他の区分所有者らとの間の紛争であり、他の区分所有者らが設定した管理規約に元の地主である区分所有者に効力が及ぶかが問題になった事案である。本件では、元の地主である区分所有者が参加した規約の設定に関する集会の決議も行われていないし、規約の設定を承諾もしたことがないことから、前記の問題が生じたわけである。

・本判決は、元の地主である区分所有者以外の区分所有者らがマンションの管理が開始されて以来、暗に異議なく承諾していたことから、管理規約が規範的効力を有するに至ったとし、管理規約の設定、その効力を認めたものである。本判決については、規約の設定に関する法律上の手続の重要性を無視したものとの評価が可能であるが、管理費等の負担を肯定するための救済的な判断であるということができ、その先例的な価値は乏しいというべきである。

93 管理規約の変更

法定要件を満たしていないとし効力を否定した事例

東京地判平成5年2月26日判タ851号240頁

事案　Yは、土地の所有者であり、不動産業者であるA株式会社に複合マンション（8階建て。2階以上が住居用）を建築させ、分譲し、等価交換方式により、自ら1階部分の店舗、事務所部分の専有部分、地下の駐車場部分につき区分所有権を取得していた。マンションの分譲当時の規約には、専有部分の床面積に応じて管理費を負担することになっていたものの、実際には、地下駐車場部分については別途定められていた。区分所有者らが集会の決議において共有持分に応じて管理費を負担する旨の規約に変更したが、Yが従前の金額による管理費を支払い続けた。法人化された管理組合Xは、Yに対して未払いの管理費、特別補修費の支払いを請求した。

本件では、主として規約の変更の効力が争点になった。

本判決は、規約の変更が法定の区分所有者の要件である4分の3以上の決議ではないとして、その効力を否定し、特別補修費については過半数による決議が行われているとして、効力を認め、請求を一部認容した。

判旨　「しかし、前記のとおり、被告の専有部分、特に地下駐車場部分については、管理費の額を単純に共有持分割合によることなく別に定めるという取り扱いが長年にわたり行われてきたのであり、右見直し案が可決されるまでは、旧管理組合の総会においても、右の取り扱いが承認され、それに従った管理費の徴収がされていたのであって、そのような取り扱いがされてきたことには、それなりの合理的な理由があることなどを考えると、本件においては、2階以上の住居部分と本件事務所・店舗部分、地下駐車場部分とに分けて共有持分比率とは異なる割合による管理費の負担、徴収という取り扱いがいわば事実上の規約として確立し承認されていたとみるのが相当であるから、総会において、この取り扱いを変更して一律に共有持分比率により管理費を負担させることを決議するためには、規約変更の手続に準じて区分所有者及び議決権の各4分の3以上の賛成が必要であると解するのが相当である（58年区分所有法31条1項）。

しかるに、前記見直し案の決議に際しては、前記認定のとおり、区分所有者総数48名のうち、出席者は9名、委任状提出者は19名であったというのであるから、区分所有者の4分の3（36名）の多数による議決でないことは明らかであって、右決議はその効力を有せず、したがって、右決議による管理費の負担割合に基づいて、共有持分比率により算定した管理費の支払を求める原告の請求は理由がない。」

・本件は、等価交換方式により分譲された複合マンションにおいて、管理組合が従前の管理費の負担割合の基準を規約の改正によって変更し（もっとも、従前の問題の専有部分の管理費の負担は、規約によって定められていたわけではなかった）、元の地主である区分所有者に対して管理費等の支払いを請求した事案であり、規約の改正（規約の変更）の効力が問題になったものである。

・等価交換方式によって分譲されたマンションにおいては、分譲に際して、元の地主が専有部分の取得、専用使用権の設定、管理費等の負担等につき様々な権利・利益を確保していることが少なくなく、分譲後、管理組合等との間で管理をめぐる紛争が生じることがある。本件もそのような紛争の一例であり、管理組合が、従来の元の地主である区分所有者に有利な内容の管理費の負担を不利に変更する規約の改正を行ったことから、規約の改正の効力が問題になったわけである。

・本判決は、従前の管理費の負担が事実上の規約として承認されていたとした上、規約による管理費の負担割合変更の決議については、規約の変更の要件に準じて行うことが必要であるところ（区分所有法31条1項）、本件では、区分所有者の4分の3以上の要件を満たしていないとし、規約の変更に関する決議が無効であるとしたものである。本判決は、区分所有法上明確な要件である規約の変更に関する議決の要件を満たしていない議決を無効とした事例として参考になる。

94 規約変更と特別の影響

床面積による管理費算定への変更は特別の影響を及ぼすときに当たらないとした事例

東京地判平成5年3月30日判時1461号72頁

事案
　Xは、複合マンション（6階建て。1階は、店舗、2階以上は、住居用）の管理組合であり、Yは、1階に店舗部分を区分所有している。本件マンションは、1階部分は直接に公道に面しており、エレベーター部分は、2階以上の区分所有者らの利用に供されている。Xは、集会の決議によって従来1階部分の管理費が安く定められていたものを、床面積によって決めるとの内容の決議を可決したのに、Yがこの支払いを拒否した。Xは、Yに対して管理費の差額の支払いを請求した。
　本件では、管理費の増額の決議につき特別の影響を及ぼすものであるかが争点になった。
　本判決は、床面積によって管理費を決める内容に規約を変更することは合理的であり、区分所有法31条後段の特別の影響を及ぼすときに当たらないとして、請求を認容した。

判旨
　「2　以上のとおり、エレベーター並びに給排水設備及びその配管は規約で共用部分と定められており、また、本件建物の構造や右設備の性質等に鑑みても一部共用部分と認めることはできない。確かに、1階の区分所有者である被告が本件建物のエレベーターを使用する程度は2階以上の区分所有者のそれに比較して極めて少ないことが推認されはするが、屋上の利用等のため使用する可能性が全くないとは言えず、また、給排水設備及びその配管についても、1階部分及び2階以上の部分とも本件建物と一体となった整備であり、その維持や補修に際しては本件建物の共用部分にも影響を及ぼすことなどに鑑みると、いずれも一部共用部分ということはできない。

　　　……………

　1　本件建物の構造、エレベーターや水道の給排水設備及びその配管の状況は前記一一1（一）で認定のとおりであり、管理費の額及び算定方法の変遷、規約の改定並びに被告の管理費の支払状況は前記認定のとおりである。なお、昭和62年7月12日に、原告の定期総会（集会）で、管理費の額を面積に応じた額にすること及びそれに伴い被告が負担すべき管理費の額を変更せず、他の区分所有者が負担すべき金額を減額することを定めたことは、共有部分の管理に関する事項であって、法18条に基づく集会の決議事項である。

　被告は、前記認定の集会の決議及び規約の変更は被告に特別の影響を及ぼすから被告の承諾が必要であると主張するが、被告の承諾が必要とされるのは、規約の設定、

変更又は廃止によって特別の影響を受ける場合（法31条後段）及び共用部分の変更、管理に関する集会の決議によって専有部分の使用に特別の影響を受ける場合（法17条2項、18条3項）に限定されており、集会決議については被告の承諾は必要とされていないから、結局、被告の承諾が必要であるのは、昭和63年になされた規約の変更が被告の権利に特別の影響を及ぼす場合であることになる。

2　そこで、被告が負担すべき管理費につき、従前は専有部分及び専用使用部分の面積とは関係なく、2階以上の区分所有者に比べて面積当たりの金額が低額であったものを、面積あたりの金額を2階以上の区分所有者と同額とした金額に変更することが法第31条後段に規定する「特別の影響を及ぼすべきとき」に該当するか否かにつき検討する。

本件建物のような区分所有建物においては各区分所有者の利害は必ずしも一致せず、また、利益状況も各区分所有者ごとに異なっているのが通常である。しかしながら、共用部分につき各区分所有者が受ける利益の程度を管理費の額にすべて反映させることは不可能であり、また、相当であるともいえず、共用部分に対する各区分所有者の利害得失をある程度捨象し、一律に各区分所有者の専有部分及び専用使用部分の面積に応じて管理費を負担することは合理的な方法であるということができる（右を超えて、一部共用部分の管理費用を含めたすべての管理費用に充てるための管理費を全区分所有者に面積に応じて負担させることは合理性が否定される場合があるが、本件ではエレベーター設備や給排水設備等が一部共用部分といえないことは前記のとおりである。また、1階部分の給排水設備及びその配管を共用部分から除外し、2階以上の給排水設備及びその配管のみを共用部分と定めたとすれば公平を欠くが、本件においては、前記認定のとおり1階部分の給排水設備及びその配管も共用部分とされている。）。

なお、前記のとおり、本件建物の分譲時に分譲会社が定めた管理費の額は、1階部分のみ面積に応じたものとなっておらず、減額されており、仮に、右減額の根拠がエレベーター使用の程度や水道配管の点にあったとしても、前掲甲第8号証によれば、その金額の定め方は単に1階の各区分所有建物の部屋番号に対応した2階以上の各区分所有建物の管理費の額と同額に定めたものに過ぎず、減額の程度には合理的な根拠はなかったことが認められる。

以上の点にも鑑みると、従前、面積に比べて低額であった管理費を専有部分及び専用使用部分の面積に応じた金額に変更することは、被告には不利益な内容ではあるが、法31条後段に規定する「特別の影響を及ぼすべきとき」には該当しないというべきである。」

・本件は、複合マンションにおいて、従来は店舗部分の管理費の負担割合が住居部分のそれよりも低額であったものにつき、管理組合の総会においてこれを増額する旨の規約の変更、増額の決議をしたことから、規約の変更、集会の決議の効力が問題になった事案である。

・本件のような複合マンションにおいて住居用部分と店舗等の部分との間で管理費の負担割合を異にする規約の設定、集会の決議がされることがあるが、区分所有者間の不公平等から紛争が生じることがある。本件では、店舗部分の管理費の負担が従来は住居用部分よりも比較的低額であったものを、専有部分の面積を基準にする規約の変更、集会の決議がされたため（その結果、店舗部分の管理費が増額されることになった）、紛争が現実化したものである。本件では、規約の変更の効力、集会の決議の効力のほか、エレベーター部分が一部共用部分（2階以上の区分所有者らの共用部分）に当たるか、店舗部分の区分所有者の権利に特別の影響を及ぼすかが問題になったわけである。

・本判決は、エレベーター部分は一部共用部分に当たらないところ、管理費負担に関する集会の決議については、影響を受ける区分所有者の承諾が不要であり、規約の変更については必要であるものの、その区分所有者には不利益な内容であるが、特別の影響を及ぼすものではないとし、規約の変更を有効としたものであり、重要な事例として参考になる。

・本判決の評釈として、森泉章＝大野秀夫・判評419号34頁がある。

95 管理者の選任決議
区分所有法所定の手続によるもので有効であるとした事例

東京地判平成5年11月29日判時1499号81頁

事案　X株式会社は、Y株式会社が建築し、分譲したマンションの区分所有者らの集会においてE株式会社とともに管理者に選任された（招集手続は、区分所有法34条5項所定の手続によった）。従来は、Yが管理業務を行っていたものであり、管理費の値上げを区分所有者らに通告したことから紛争が発生し、管理者の選任がされた。区分所有者らは、その後の集会において管理者の就任に遡って管理費を請求できる権限を付与する決議をした。Xは、Yに対して管理費等の支払いを請求した。

本件では、管理者の選任決議の効力、管理費の負担に関する決議の効力が争点になった。

本判決は、Yの従来の管理は個別の管理契約により管理業務を受託していただけであり、管理者の選任の決議に関する招集手続に違法はなく、有効であるとしたが、専有部分の電気料、水道料は管理費の負担に当たらないとし、その部分を除いた請求を認容した。

判旨　「（一）　被告は、昭和44年4月本件マンションを建築して、その区分所有権を順次分譲販売するとともに、一部の専有部分は、これを分譲せずに所有したまま他に賃貸していたが、被告は、購入者や使用者との間で、本件マンション及び敷地の共有部分に関し、管理並びに環境の維持に必要な処理を受託する旨の管理契約を締結して、本件マンションの管理業務を行い、適宜定めた管理費等を徴収していた。

（二）　右のように、分譲当初からずっと、被告が本件マンションの管理業務を行ってきたが、平成3年になって、被告が一方的に管理費を値上げしたことなどから、同年6月頃、区分所有者の間で、区分所有者集会を開催しようとの機運が盛り上がり（これまで、区分所有者集会が開かれたことはなかった。）、11名の区分所有者が区分所有者の一人であるA弁護士を代理人と定めて区分所有者集会の招集手続を委任し、区分所有法34条5項に基づき、被告を除く区分所有者全員が招集者となって（ただし、Bは後に招集の意思を取り消したもののようである。）、同年7月9日付け書面により、各区分所有者に対し、管理者の選任等を議題とする区分所有者集会の招集の通知がされた。

（三）　平成3年7月24日、本件第一集会が開催されたが、同集会には、区分所有者13名中、Bを除く全員が出席し（ただし、C、Dは委任状による出席）、区分所有法25条に定める管理者の選任の件が諮られたところ、出席者中、被告を除く全員の賛成

により、原告及びE社を、各自単独で権限を行使できる管理者として選任することが決議され、原告及びE社はその場でその就任を承諾した。原告の議決権数は、その専有部分の床面積の割合に応じて計算すると3060であり（小数点以下を切捨）、したがって、出席者（委任状出席者を含む。）全員の議決権数は合計9751であるから、右管理者の選任決議は、被告の議決権数3880を除く合計5871の賛成（議決権総数は1万であるから、その過半数を超える賛成である。）と区分所有者総数13名中11名の賛成により可決されたものである。

2　被告は、被告が本件マンションの区分所有法上の管理者であり、区分所有者集会の招集権を有するから、本件第一集会は管理者の招集によらない手続上の違法がある旨主張する（被告の主張1）。

被告が、区分所有者らと個別的に締結された管理契約に基づいて、本件マンションの管理業務を担当していたことは、前記認定のとおりであるが、被告は、右管理契約の締結によって、各区分所有者が被告を区分所有法上の管理者と定める合意が成立したというのである。しかし、管理契約書によると、区分所有者らが被告に対し、「本件住宅及び敷地の共有部分に関し、管理並びに環境の維持に必要な処理を委託」し、委託により被告の行う管理業務として、来訪者の受付・案内、共用部分の清掃・保全・附属設備の運転・保守、住宅内外の保安管理などの業務を掲げ、被告は「善良なる管理者として、その業務を行う」と定められているが、被告を区分所有法上の管理者に選任するとの趣旨を窺わせる条項は見当たらないし、また、被告が、区分所有法上の管理者に義務づけられた毎年1回の定期的業務報告をしていたとの形跡も窺われないのであって、右管理契約が、被告を区分所有法上の管理者と定める趣旨を含むものとは到底解することができない（なお、……被告自身も、原告を債権者、被告を債務者とする平成3年（モ）第16247号管理妨害禁止仮処分保全異議申立事件において、本件第一集会以前には、区分所有法上の管理者がいなかったことを認めていた。）。

のみならず、被告は、管理者の選任につき区分所有者全員の書面による合意があったと主張するが、本件全証拠を検討しても、区分所有者全員との間で、もれなく管理契約書が作成されたか、必ずしも定かではなく、全員の書面による合意があったと認めることはできないから、この点でも、管理者の選任について集会の決議があったとみなすことはできない。

…………

2　ところで、区分所有者は、共用部分の管理に関する事項について、集会の決議をもってこれを定めることができ（区分所有法18条1項）、規約に別段の定めがない限り、その持分に応じて、共用部分の負担に任じ、共用部分から生ずる利益を収取するものとされている（区分所有法19条）。したがって、共用部分の維持費や修繕費等の諸費用はもとより、共用部分である冷暖房設備や給湯設備、駐車場等の使用料についても、集会の決議をもって、その額ないし計算方法を定めることができるといえる

が、それらと異なり、専ら専有部分で使用する電気料とか水道料は、本来、区分所有者各自がそれぞれの責任で負担すべき性質のものであるから、その料金の算定を集会の決議で多数決の方法により決めることはできないと解するのが相当である（もちろん、専有部分での電気、水道の利用も、共用部分である配電設備、給水設備等の使用を伴うものであることはいうまでもなく、したがって、配電設備、給水設備等の維持管理の費用が全区分所有者の負担となることは当然である。）。

そうすると、本件第二集会で管理費の賦課として決議された事項のうち、基本管理費、設備機器保守料、冷暖房空調費、給湯費については、いずれも共用部分に属する設備等の維持、管理に関する費用ということができるが、電気料と水道料は、専ら専有部分において消費した電気、水道の料金であって、共用部分の管理とは直接関係のない事柄であり、その額を区分所有者集会の多数決によって定めることはできないというべきである。

もっとも、……によると、本件マンションでは、区分所有者らが専有部分の電気、水道について電力会社等と直接契約を結んでおらず、建物全体で一括して全体の電気料、水道料を支払う仕組みになっていることが認められるから、管理者としては各区分所有者が専有部分で使用した電気、水道の料金を各区分所有者から徴収する必要があることは明らかであるが、それは、結局、管理組合ないしは管理者が立て替えたか、あるいは立て替えることとなる各区分所有者の負担すべき電気料、水道料にほかならないから、予め立替払契約を締結してその清算の方法を定めておくか、あるいは、その都度、実費を計算してその償還を求めるかのいずれかによって処理されるべきであって、区分所有者集会の決議によってその額を定め、支払いを求めるべき性質のものではないといわざるをえない（なお、本件において、基本料金がどのような計算根拠で定められているのか不明であるし、決議で定められた方法によって計算された額が必ず実費と等しくなると認めるべき根拠はない。）。」

Key point
・本件は、マンションの区分所有が開始された後、分譲業者（区分所有者）が管理業務を実施していたところ、区分所有者らとの間で紛争が発生し、区分所有者らが区分所有法34条5項所定の手続に従って集会を開催し、管理者を選任する決議をし、管理費の負担に関する決議をし、管理者が分譲業者である区分所有者に対して管理費等の支払いを請求した事案であり、各決議の効力が問題になったものである。
・本判決は、従来管理業務を行っていた分譲業者は管理者に選任されたことはなく、区分所有者らが区分所有法34条5項所定の手続によって招集をし、集会の決議をしたものであるとし、管理者の選任決議が有効であるとしたものであり、重要な事例として参考になる。
・また、本判決は、管理費の負担に関する決議については、一応有効であるとしたものの、電気料、水道料は管理費に含まれないとしたものであり、管理費の範囲を判断した事例として参考になる。
・なお、本件の関連事件として、東京地判平成5年12月3日判タ872号225頁がある。

96 規約変更と特別の影響

飲食業を禁止する規約変更は特別の影響を及ぼすときに当たらないとした事例

福岡地小倉支判平成6年4月5日判夕878号203頁

事案　Xは、複合マンション（3階以上が住居用）の1階にある専有部分の区分所有者であり、A会社に専有部分を事務所として賃貸していたところ、Aが退去することになり、新たにレストラン営業をするB会社に賃貸しようとして、マンションの管理組合法人Yの承諾を求めた。Yは、その前年、飲食業、風俗営業を禁止する旨に規約を変更していたため、承諾を拒否した。Xは、Yに対して規約の変更がXの権利に特別の影響を及ぼすものであるのに、Xの承諾がなかった等と主張し、規約が無効であることの確認、不法行為に基づく損害賠償を請求した。

本件では、規約変更の効力、Xの承諾の要否が争点になった。

本判決は、Xに特別の影響を及ぼすものとはいい難いとして、請求を棄却した。

判旨　「本件マンションの場合、すでに認定のとおり、当初から、3階部分以上は居住用で、1階部分（本件建物）は原告が代表者を務めるA会社の事務所として使用されてきたこと、3階部分以上の居住者の多くが1階部分では飲食業は営まれないと認識していたこと、規約改正の趣旨は、駐車場等の問題を含め、改正された区分所有法に沿うよう改める点にあり、その目的に不当性はうかがえないこと、規約の改正手続は旧規約に基づく適法なものであったこと等の事情が認められる。さらに、A会社の作成した原始規約＝旧規約（甲1）によると、専有部分の用途として「飲食業を除く」との文言はなかったものの、組合員が専有部分の使用のため給排水等の設備を設置するには被告理事会の書面による同意が必要であり（21条3号）、共用部分の変更は組合員の議決権総数の4分の3以上の合意によらなければならず（35条3号）、原始規約に付随する細則には、店舗部分の所有者が当該部分で当初の目的以外の営業をしようとする場合あるいは店舗の権利譲渡については、職種に関して事前に理事会に対して書面で同意を得なければならない（細則17条）とされていたことが認められる。してみると、本件建物を新たに事務所以外の用途に使用するには改めて内装工事あるいは共用部分の変更工事が避けられない以上、そのための被告理事会の同意を得なければならず、ひいては改正規約により飲食業の営業が一律に禁止されるといっても、その実質は、旧規約下の右の制約に比べて格段に原告に不利であるとは即断し難い面がある。これらの諸事情を彼此考慮すると、本件において、改正規約が一般的制約を超えて原告に著しく不利益をもたらす場合に当たるとは即断し得ず、その合理性の欠如はいまだこれを肯認し難いというべきである。

（四）　次に、前記(2)の区分所有者に「特別の影響」（区分所有法31条1項）を及ぼ

す場合の有無について検討するのに、まず、右の「特別の影響」とは、当該規約の設定・変更の必要性ないしこれにより他の区分所有者の受ける利益と当該区分所有者の受ける不利益とを比較考量して、後者の不利益が当該区分所有者にとって受忍すべき限度を超えているかどうかの観点に立ってこれを決するのが相当と解される。

本件マンションの場合、前記事実関係に照らすと、本件建物は分譲後年会社事務所として使用されてきたこと、本件建物は飲食業としての使用を禁止されるものの、店舗一般の使用まで禁止されるものではないこと、本件マンションの3階部分以上は本来的に住居部分と予定されており、その戸数も46戸（現入居数37戸）に及んでいること、飲食業の営業に伴う共用部分の変更工事、大量の生ごみ、臭気・排煙等の発生、多くの客の出入りに伴う騒音や看板・イルミネーションの新設、不法駐車の誘発等による住環境の悪化は避け難いこと等の諸事情にかんがみると、たとえ原告の本件建物に対する投下資本の回収（もっとも、その金額は本件訴訟において必ずしも明らかではない。）ないし金利負担の経済的損失を考慮に入れても、なお、本件建物における飲食業の営業禁止の定めは、静謐な生活環境を希望する3階以上の住居部分の区分所有者の生活利益との比較において、いまだ合理性を欠くとは断定できず、本件マンションにおける原告の負担すべき一般的制約（受忍限度）を宣明したにすぎないと認めるのが相当である。本件規約条項が原告に前記「特別の影響」を及ぼすとは俄かに断じ難い。」

・本件は、複合マンションの1階の区分所有者が専有部分をレストランの事業者に賃貸しようとし、管理組合の承諾を求めたところ、これを拒否されたため、区分所有者が管理組合に対して規約の無効の確認、損害賠償を請求した事案である。
・複合マンションにおいては、住居用の専有部分以外の専有部分の用途をめぐる紛争が生じやすいが、このような紛争を避けるためには、規約において用途を具体的、明確に定めておくことが重要である。本件は、飲食業を禁止する規約が規約改正によって設けられていたところ、レストランの用途のために専有部分を賃貸することができるかが問題になったものである。
・本判決は、飲食業等を禁止する規約の改正が合理性を欠くとはいえず、問題の区分所有者の一般的制約（受忍限度）を宣明したにすぎないものであり、特別の影響を与えるものではないとして規約を有効であるとしたものであり、複合マンションの住居用以外の用途の専有部分の用途を制限する規約を有効とした事例として参考になる。

97 規約変更と特別の影響

ペット飼育を禁止する規定の新設は特別の影響に当たらないとした事例

東京高判平成6年8月4日判時1509号71頁

事案　マンションの区分所有者Yは、専有部分内で犬（猟犬）を飼育していたところ、管理組合Xは、管理規約を変更し、動物の飼育を一切禁止する規定を新設した。Xは、Yに対して、主位的に入居当初から入居案内によってペットの飼育が禁止されていたと主張し、予備的に規約の変更によって禁止されたと主張し、犬の飼育の禁止を請求した。

第一審判決（横浜地判平成3年12月12日判時1420号108頁）は、主位的主張を排斥し、予備的主張を容れて請求を認容したため、Yが控訴した。

本件では、マンションにおけるペットの飼育を禁止するとの規約変更の効力が争点になった。

本判決は、規約変更前から犬を飼育していた者の承諾を得ないでした犬の飼育を禁止する規約変更が無効であるとはいえないとして、控訴を棄却した。

判旨　「控訴人は、区分所有法6条1項に定める『共同の利益に反する行為』とは、動物を飼育する行為を一律に含むものではなく、動物の飼育により他人に迷惑をかける行為で、具体的な被害が発生する行為に限定され、本件マンションにおいて動物の飼育を一律に全面禁止する管理規約は無効であると主張する。

区分所有法6条1項は、区分所有者が区分所有の性質上当然に受ける内在的義務を明確にした規定であり、その一棟の建物を良好な状態に維持するにつき区分所有者全員の有する共同の利益に反する行為、すなわち、建物の正常な管理や使用に障害となるような行為を禁止するものである。右の共同の利益に反する行為の具体的内容、範囲については、区分所有法はこれを明示しておらず、区分所有者は管理規約においてこれを定めることができる（同法30条1項）ものとされている。そして、マンション内における動物の飼育は、一般に他の区分所有者に有形無形の影響を及ぼすおそれのある行為であり、これを一律に共同の利益に反する行為として管理規約で禁止することは区分所有法の許容するところであると解され、具体的な被害の発生する場合に限定しないで動物を飼育する行為を一律に禁止する管理規約が当然に無効であるとはいえない。

……によれば、本件改正後の管理規約において本件マンション内での動物の飼育行為を一律に禁止する規定を置いた趣旨は、区分所有者の共同の利益を確保することにあったことが窺われるから、控訴人が本件マンション（なお、本件マンションは7階建て26戸の一般居住用分譲マンションであり、動物の飼育を配慮した設計・構造にはなっていない）においてペットである本件犬を飼育することは、その行為により具体

的に他の入居者に迷惑をかけたか否かにかかわらず、それ自体で管理規約に違反する行為であり、区分所有法6条1項に定める「区分所有者の共同の利益に反する行為」に当たるものといわなければならない。

　…………

　控訴人は、本件マンションにおける動物の飼育の全面禁止を定める本件規約改正は控訴人の権利に特別の影響を及ぼすから、区分所有法31条1項により控訴人の承諾が必要であり、右承諾なくして行われた本件規約改正は無効であると主張する。

　しかしながら、マンション等の集合住宅においては、入居者が同一の建物の中で共用部分を共同利用し、専用部分も相互に壁一枚、床一枚を隔てるのみで隣接する構造で利用するという極めて密着した生活を余儀無くされるものであり、戸建ての相隣関係に比してその生活形態が相互に及ぼす影響が極めて重大であって、他の入居者の生活の平穏を保障する見地から、管理規約等により自己の生活にある程度の制約を強いられてもやむを得ないところであるといわねばならない。もちろん、飼い主の身体的障害を補充する意味を持つ盲導犬の場合のように何らかの理由によりその動物の存在が飼い主の日常生活・生存にとって不可欠な意味を有する特段の事情がある場合には、たとえ、マンション等の集合住宅においても、右動物の飼育を禁止することは飼い主の生活・生存自体を制約することに帰するものであって、その権利に特段の影響を及ぼすものというべきであろう。

　これに対し、ペット等の動物の飼育は、飼い主の生活を豊かにする意味はあるとしても、飼い主の生活・生存に不可欠のものというわけではない。そもそも、何をペットとして愛玩するかは飼い主の主観により極めて多様であり、飼い主以外の入居者にとっては、愛玩すべき対象とはいえないような動物もあること、犬、猫、小鳥等の一般的とみられる動物であっても、そのしつけの程度は飼い主により千差万別であり、仮に飼い主のしつけが行き届いていたとしても、動物である以上は、その行動、生態、習性などが他の入居者に対し不快感を招くなどの影響を及ぼすおそれがあること等の事情を考慮すれば、マンションにおいて認容しうるペットの飼育の範囲をあらかじめ規約により定めることは至難の業というほかなく、本件規約のように動物飼育の全面禁止の原則を規定しておいて、例外的措置については管理組合総会の議決により個別的に対応することは合理的な対処の方法というべきである。

　これを本件についてみるのに、……控訴人は昭和58年10月ないし11月ころから本件犬を飼育していたが、昭和60年3月30日本件犬を伴なって本件マンションに入居したこと、控訴人の家族構成は控訴人夫婦、長女及び長男の4人であって、本件犬は家族の一員のような待遇を受けて可愛がられていたことは認められるが、控訴人一家の本件犬の飼育はあくまでペットとしてのものであり、本件犬の飼育が控訴人の長男にとって自閉症の治療効果があって（控訴人は入居当初このことを管理組合に強調していた）、専門治療上必要であるとか、本件犬が控訴人の家族の生活・生存にとって客

観的に必要不可欠の存在であるなどの特段の事情があることを認めるに足る証拠はない。したがって、本件規約改正は控訴人の権利に特別の影響を与えるものとはいえない。」

・本件は、マンション内における犬の飼育をめぐる紛争であるが、犬の飼育について、管理組合がこれを禁止する規約の規定を新設した後、管理組合が犬を飼育する区分所有者に対して犬の飼育の禁止を請求した控訴審の事案である。本件は、規約の改正（変更）の際、区分所有者が既に犬を飼育していたこと、規約変更につきこの区分所有者の承諾を得ていないことに事案としての特徴がある。
・本判決は、規約変更の際に犬を飼育していた区分所有者の承諾の要否については、特別の影響を与えるものではないとし、規約変更を有効であるとし、犬の飼育を禁止する規約の効力を認めたものであり、重要な事例として参考になる。
・本判決の評釈として、椿寿夫・私法判例リマークス13号53頁、和根崎直樹・判タ882号46頁がある。

98 管理費請求訴訟と弁護士費用

滞納者に弁護士費用の支払義務を負わせる決議は無効とした事例

東京高判平成7年6月14日判夕895号139頁

事案

Xは、マンションの管理組合であり、Yは、区分所有者であるが、Yが管理費等の支払いを怠った。Xは、区分所有者の集会の決議を経て、管理費等の支払いとともに、訴訟費用、弁護士費用の支払いを請求した。

第一審判決は、管理費等については弁済供託によりその債務が消滅し、訴訟費用については訴訟費用額確定決定によるべきであり、弁護士費用について請求を認容したため、Yが控訴した。

本件では、集会の決議によって管理費等の不履行を訴訟上請求した場合における弁護士費用の支払義務を負わせることができるかが争点になった。

本判決は、弁護士費用の負担の決議は決議事項を超えたものであるとして、原判決を取り消し、請求を棄却した。

判旨

「区分所有法18条1項本文は、共用部分の管理に関する事項は、同法17条の場合を除いて、集会の決議で決するものと規定しているところ、管理費等の支払に関する事項が共用部分の管理に関する事項に当たることは明らかであるから、管理費等の取立訴訟を提起するために必要な弁護士費用の負担に関する事項もまた、共用部分の管理に関する事項に当たるものということができる。ところで、共用部分の管理に関する事項に当たる場合にも、集会で決議することのできる内容には自ずから一定の制限があると解される。すなわち、例えば、特定の組合員に対して、その意に反して一方的に義務なき負担を課し、あるいは、他の組合員に比して不公正な負担を課するような決議は、集会が決議できる範囲を超えたものとして無効というべきである。

これを本件についてみると、控訴人は、被控訴人に対し、債務不履行に基づき弁護士費用相当額の損害賠償の支払義務を負うものでないことは前記のとおりであるし、また、現行法のもとでは、控訴人は訴訟の相手方の負担した弁護士費用そのものの支払義務を負うものではないので、本件決議は、右に説示したところによれば、控訴人に対し、その意に反して一方的に義務なき負担を課し、あるいは、他の組合員に比して不公正な負担を課するものであり、無効というべきである。被控訴人は、控訴人が再三の請求にもかかわらず理由なしに支払を拒んだため、本件訴えの提起をせざるを得なくなったものとして、本件決議の有効性を主張するところ、仮にその主張のような事実があったとしても、控訴人のそのような行為を被控訴人に対する不法行為とし、民法419条の規定による損害賠償とは別に、弁護士費用の賠償を求めることがあり得

ることは別として、本件のように区分所有者の集会の決議により、弁護士費用の負担を課すことは、相手方（控訴人）の承諾若しくはこれに準ずべき特段の事情の存在しない限り、許されないというべきである。」

Key point
・本件は、管理費等を訴訟上請求した場合における弁護士費用の支払義務を区分所有者の集会の決議を経ることによって負わせることができるかが問題になった興味深い控訴審の事案である。
・区分所有者による管理費等の滞納が増加するにつれ、任意の弁済を期待することができなくなり、支払督促の申立て、あるいは訴訟の提起によって管理費等の支払いを請求する事例が増加しているが、実際上手続を弁護士に委任した場合、弁護士費用の負担を滞納者に負わせることができるかがマンションの管理実務上重要な問題になっている。下級審の裁判例においては、規約の規定を根拠にしたり、法的な構成を不法行為に基づく損害賠償としたりして弁護士費用の負担を滞納者に負わせる工夫が見られるところであるが、本件では、集会の決議を根拠としたところに特徴がある。
・本判決は、管理費等の支払いの債務不履行の場合には、区分所有者の集会の決議によって滞納した区分所有者に弁護士費用の負担をさせる旨を決議したとしても、無効であるとしたものであり、1つの見解を提示したものとして参考になる（本判決は、最一小判昭和48年10月11日裁判集民110号231頁を引用している）。なお、本判決は、理論的には、不法行為に基づき弁護士費用相当の損害賠償を請求することができる可能性は否定していないものである。

99 招集通知の瑕疵

議案の要領の通知に欠ける招集通知は瑕疵に当たり決議は無効とした事例

東京高判平成7年12月18日判タ929号199頁

事案　マンションのY管理組合法人は、区分所有者の集会（定期総会）を開催し、管理組合規則の改正（専有部分の面積によって議決権を決めていたのを、所有個数、専有面積にかかわらず1票とする改正）を決議した。Yは、招集通知において、規則・規約の改正の件とのみ記載されていた。区分所有者Xは、議案の要領が記載されていないという招集手続の瑕疵を理由に、Yに対して、決議の無効確認等を請求した。

第一審判決（東京地判平成6年11月24日判タ929号208頁）は、招集通知書に議案の要領が記載されていなかったことが軽微な瑕疵であったとして、請求を棄却したため、Xが控訴した。

本件では、招集通知書に議案の要領が記載されていなかったことが決議の無効原因になるかが争点になった。

本判決は、議決権の改正であって、重大な瑕疵であるとして決議が無効であるとし、原判決を取り消し、請求を認容した。

判旨　「総会の招集通知においては、通常は、その目的たる事項（議題）を示せば足りるが、規約の改正等一定の重要事項を決議するには、そのほかに議案の要領をも通知すべきこととされているところ（区分所有法35条5項）、右の趣旨は、区分所有者の権利に重要な影響を及ぼす事項を決議する場合には、区分所有者が予め十分な検討をした上で総会に臨むことができるようにするほか、総会に出席しない組合員も書面によって議決権を行使することができるようにし、もって議事の充実を図ろうとしたことにあると解される。右のような法の趣旨に照らせば、右議案の要領は、事前に賛否の検討が可能な程度に議案の具体的内容を明らかにしたものであることを要するものというべきである。

これを本件についてみるに、本件総会（一）の招集通知には、本件決議（一）2に対応する第五号議案として、「規約・規則の改正の件（保険条項、近隣関連条項、総会条項、議決権条項、理事会条項）」と記載されているにすぎないところ（当事者間に争いがない。）、右をもって議案の内容を事前に把握し賛否を検討することが可能な程度の具体性のある記載があるとは到底いうことができない。

そうすると、本件決議（一）2の決議事項については、議案の要領の通知に欠けるから、その決議には区分所有法35条5項所定の総会招集手続に違背した瑕疵があるといわざるを得ない。そして、右議案の要領の通知を欠くという招集手続の瑕疵がある場合の決議の効力について検討するに、法が議案の要領を通知することとした趣旨は

前示のとおりであるから、議案の要領の通知の欠缺は、組合員の適切な議決権行使を実質上困難ならしめるものというべきであって、これをもって軽微な瑕疵ということはできない。とりわけ、本件決議（一）2のうちの規約44条（議決権）の改正は、従来、最小区分所有単位を一票とし、その所有する専有面積比割合により議決権の票数を算定していたものを、所有戸数、所有専有面積のいかんにかかわらずすべて一組合員一票にするというもので、組合員の議決権の内容を大幅に変更し、複数の票数を有していた組合員に極めて大きな不利益を課すことになる制度改革であるから、事前に各組合員に右改正案の具体的内容を周知徹底させて議決権を行使する機会を与えるように特に配慮することが必要である。しかし、本件においては、区分所有者は右通知において議決権条項の改正が審議され、決議されることは認識できたものの、その具体的内容を把握できなかったため、右のような重大な議決権内容の変更を伴う規約改正が行われることを事前に知ることができなかったものであり、その結果、58票を有していたＡ、24票を有していたＢ、2票を有していたＣにおいては、その議案の重要性を認識することなく被控訴人に対し、Ｄ理事長に一任する旨の委任状を提出したこと、しかし、右決議後まもなく右内容を控訴人から知らされて初めて決議内容の重大性を知って驚き、事前に知っていれば理事長に一任する旨の委任状を提出することはなかったとして、控訴人を通じて被控訴人に対し、委任を取り消す旨申し出ていたこと……が認められる。そして、本件決議（一）2の議決が成立するためには区分所有者及び議決権数の各四分の三以上の多数の賛成が必要とされるところ（区分所有法31条1項）、証拠……によれば、右各組合員らが一任の委任状を提出せず、これらの議決権数が賛成票に算入されなければ、議決権数657票の四分の三である493以上の賛成票を集めることはできず、右決議は可決されなかったことが明らかである。

　以上の事実を勘案すれば、本件決議（一）2の決議については、重大な手続違反があり、これを無効と解するのが相当である。」

・本件は、区分所有者の集会において議決権に関する規約の変更が決議されたが、招集通知書に議案の要領が記載されていなかったため、区分所有者が管理組合に対して決議の無効確認を請求した控訴審の事案であり、招集手続の瑕疵が決議の無効原因になるかが問題になったものである。
・区分所有者の集会（総会）の招集手続は法定されているところであり（区分所有法34条、35条。なお、手続の省略が認められることもある。区分所有法36条）、特定の決議については、招集の通知に議案の要領をも通知することが必要である（区分所有法35条5項）。本件で問題になっている規約の変更に関する決議を行う場合には、議案の要領を通知すべき場合として法定されている（区分所有法35条5項、31条1項）。本件では、招集の通知に議案の要領が通知されていなかった場合における決議の効力が問題になったわけである。
・本判決は、議案の要領を通知しなかった招集の通知が重大な手続違反であるとし、決議を無効としたものであり、招集手続に関する規定の解釈を明らかにし、決議を無効とした事例として参考になる。

100 管理組合設立集会決議
集会の決議を否定した事例

東京地決平成9年3月27日判時1621号119頁

事案　X株式会社は、マンションを建設し、その一部を分譲し、Yらが購入し、区分所有した。Yらが規約を設定して管理組合を設立しようとし、設立総会を開催し（Xの代理人も出席した）、管理組合のフロント等を設置する等した。Xは、Yらに対して管理組合の設立を争い、Yらの管理行為の差止めの仮処分を申し立てた。

本件では、被保全権利及び保全の必要性が争点になったものであるが、主として区分所有者の集会の決議の存否が争点になった。

本決定は、区分所有者の集会における決議の存在を否定し、申立てを認容した。

判旨　「もっとも、乙六号証の録音反訳書によれば、右総会において、Y1から、債権者から1週間以内に管理規約案に対する検討結果の答えがない場合は、右管理規約案がすでに発効するものとして運営するとの動議が出され、参加者が賛成したという状況が記載されている。

しかし、他方、右総会の議事録には右動議に沿う記載がないこと、債権者からY1に対して、同月23日付で、右集会の決議の効力を否定する書面が送付されていること、同年4月28日付の本件マンション管理組合設立委員会が本件建物の区分所有者に充てて配布した臨時総会招集通知には、3月5日に管理規約が成立しておらず、右委員会による管理規約案にとどまる旨が記載されていたことが一応認められることに照らすと、右動議が成立したと一応認めることはできない。

右によれば、債務者らが主張する組合規約のうち少なくとも議決権につき法律と異なる定めをした43条の規定に関するかぎり、区分所有者の集会における決議があったことを一応認めることはできない。」

・本件は、マンションの一部（過半数を超えない区分所有建物）が分譲され（分譲業者が残りを留保した）、区分所有者らが管理組合の設立のために区分所有者の集会を開催し、管理組合としての活動をし始めたため、分譲業者が区分所有者らに対して管理行為の差止め等を求める仮処分を申し立てた事案である。
・本決定は、区分所有者の集会の決議の存在を否定し、仮処分の申立てを認容したものであり、珍しい事案につき集会の決議を否定した事例として参考になる。もっとも、区分所有者の団体は、法律上当然に設立されるものであり（区分所有法3条参照）、実際にも管理組合の設立を図ることは当然であるところ、本件においては、理由、経過のいかんを問わず、分譲業者が管理組合の設立に消極的な姿勢であることは不可解であり、本決定を先例として利用するに当たっては注意が必要である。
・本決定の評釈として、若林弘樹・判タ1005号256頁がある。

101 等価交換マンションの元所有者の優遇

元土地所有者の優遇措置を公序良俗に反しないとした事例

東京地判平成14年6月24日判時1809号98頁

事案　Aは、土地を所有していたところ、B株式会社との間で、この土地上にBがマンションを建築し、そのマンションの一部と等価交換する契約を締結した。Aは、マンションの完成後、Bから区分所有権を取得したが、規約によってAの負担する管理費、修繕積立金が他のものよりも低額に定められ、共用部分の駐車場を無償で使用していた。その後、X管理組合が規約を変更し、Aについても共有持分に応じた管理費等を支払うべきこととなったため、XがAの相続人であるYらに対して従来の規約が公序良俗に違反する等と主張し、管理費等の差額の支払いを請求するとともに、無償での駐車場の使用につき使用料相当額の不当利得の返還を請求した。

本件では、区分所有者間に管理費の異なる分担を定める規約が有効であるか、管理組合が無償で敷地の使用を認めたことにつき不当利得返還請求をする場合において訴訟の当事者適格が認められるかが争点になった。

本判決は、従前の規約が公序良俗に違反しないとし、管理費等の支払請求を棄却し、不当利得の返還請求の訴えについては、当事者適格を欠くとして、訴えを却下した。

判旨　「（1）　前記第二の二(5)エのとおり、本件管理規約は、管理費等の額について、一般的には各区分所有者の共有持分に応じて算出すべき旨を規定しているものの、具体的な管理費等の額については別表第三及びその改定によって定めているのであるから、後者の定め（是正前管理費等の定め）が有効なものである限りは、これが優先するというべきである。

そして、区分所有法19条は、共用部分の管理費等の負担割合について、規約によって各区分所有者の共有持分の割合と異なる定めをすることを許容しているのであるから、区分所有者間で管理費等の負担に差異を設けたとしても、直ちにそれが無効となるものではない。もっとも、各区分所有者はその持分割合に応じて共用部分を利用することができるものであることからすれば、管理費等の定めが合理的な限度を超えた差別的取扱いを認めるものである場合には、かかる定めは公序良俗に違反して無効となる余地があるというべきである。

そこで、是正前管理費等の定めが合理的な限度を超えた差別的取扱いを認めるものであるか否かを検討する。

…………

上記(2)に認定したように、本件マンションの区分所有者は本件マンションの敷地と

して本件土地1を使用しており、このことは同土地所有者であるAないしその親族である被告らも承諾しているから、本件マンションの区分所有者は本件土地1について同マンション所有のための使用権を有しているということができる（このことは、Aないし被告らが本件土地1上の専有部分を含めた割合で本件土地2の共有持分を有していることからも裏付けられる。）。ところが、本件マンションの敷地のうちの約21.6％を占める本件土地1については、Aないし被告らは、他の区分所有者から、同土地が同人らの区分所有建物の敷地として使用されていることについて使用料を収受してこなかったものである。他方、Aは、共有持分の割合に従えば本件マンションの管理費等のうちの約36.8％を負担すべきところ、是正前管理費等の定めによれば、同マンションの管理費等のうちの約16.9％から33.8％のみを負担すべきものとされていたものである。

　このように、マンションの敷地の一部を所有する区分所有者ないしその親族が、他の区分所有者から同部分の使用料の支払を受けない代わりに、管理費等の負担に関して一定の優遇を受けるものとすることは、その代償関係ないし対価関係が特に不公平なものでない限り、許容すべきものと解される。本件においては、……によれば、昭和55年5月から平成11年8月までの間における専有部分の面積による算定額と是正前管理費等の額との差額は合計2900万円程度になることが認められ、この額の1か月当たりの平均額は約12万5000円になる。平成9年から平成11年までの本件土地1の固定資産税・都市計画税は1年平均23万5033円（1か月当たり1万9586円）であるから、おおざっぱではあるがこの固定資産税等の額を前提に上記の差額12万5000円をみると、この額は、本件土地1の使用の対価として相当な範囲内のものということができる。そうすると、本件における上記代償関係ないし対価関係は、特に不公平なものと認めることはできない。したがって、是正前管理費等の定めが管理費等の負担について合理的な限度を超えた差別的取扱いを認めるものということはできない。

　…………
(1)　原告は、Aが本件マンションの共用部分である本件各駐車場を法的根拠なく無償で使用していたとして、Aの相続人である被告らに対し、不当利得に基づき同駐車場の使用料相当額の返還を求めている。

　しかしながら、区分所有法3条及び本件管理規約に照らしても、共用部分を権原なく使用する者に対して同部分の使用に係る利得の返還を請求することが管理組合である原告の管理業務の範囲に含まれていると認めることはできない。のみならず、共用部分から生じる利得については、規約に別段の定めがない限り、各区分所有者がその共有持分に応じてこれを収取し得るものであるところ（同法19条）、本件管理規約には本件各駐車場から生じる利得の収取についての別段の定めは存在しない。とすれば、原告の主張する駐車場使用料相当額の返還請求権は、共有持分に応じて本件マンションの各区分所有者に分割して帰属するものというべきであるから、原告は同請求権の

帰属主体ではないこととなる。

(2) また、各区分所有者に分割して帰属する請求権の行使について、区分所有法26条4項の規定により訴訟担当が許容されるのは、同法に規定する管理者に限られるところ、管理組合である原告が同法に規定する管理者に当たらないことは明らかである。

ところで、任意的訴訟担当は、弁護士代理の原則（民事訴訟法54条1項本文）及び訴訟信託の禁止（信託法11条）による制限を回避、潜脱するおそれがなく、かつ任意的訴訟担当を認める合理的必要性がある場合には、許容することを妨げないものと解すべきである（最高裁昭和45年11月11日大法廷判決・民集24巻12号1854頁参照）。そこで、本件についてこれをみるに、上記説示のとおり、共用部分を権原なく使用する者に対して同部分の使用に係る利得の返還を請求することは、管理組合である原告の管理業務の範囲に含まれているとは認められない。また、原告の主張する駐車場使用料相当額の返還請求権は、共有持分に応じて本件マンションの各区分所有者に分割して帰属するものと認められるから、同請求権は損失を被ったと主張する各区分所有者において個別にこれを行使すれば足りるというべきである。とすれば、本件において、原告に任意的訴訟担当を認める合理的必要性があるということはできない。

したがって、駐車場使用料相当額の返還請求について、原告に任意的訴訟担当を許容する余地はない。

(3) 以上によれば、本件訴えのうち駐車場使用料相当額の返還請求に係る部分については、いずれも原告に当事者適格がないというべきであるから、同部分は不適法として却下を免れない。」

・本件は、等価交換マンションで生じた典型的な紛争であり、マンションの敷地の元の所有者（区分所有者）が規約上管理費の負担、敷地の使用権（駐車場としての使用）において優遇措置を受けていたところ、管理組合と対立し、管理組合が規約を変更し、区分所有者に従前の管理費との差額の支払い、駐車場の使用につき不当利得の返還を請求した事案である。

・本判決は、変更前の規約のうち管理費の負担に関する部分が公序良俗（民法90条）に反するかについて、合理的な限度を超えた差別的取扱いであるかを基準とし、これを否定し、公序良俗違反を否定したものであるが、この判断は、事例として参考になる。管理費の負担に関する規約が公序良俗に反するかどうかは、個々の事案ごとに検討することになるが、本判決は、事例判断を提供するものである。なお、現在は、規約の適正化が強調され、区分所有法においてもその趣旨の規定（30条3項）が設けられていることにも注意をする必要がある。

・本判決は、不当利得返還請求訴訟の当事者適格について、管理組合の当事者適格を否定したものであるが、理論的にも、事例としても参考になる。当事者適格については、管理者の場合にも、本件のような請求について議論があったが、現在は、立法的に解決が図られている（区分所有法26条2項、4項参照）。

102 共用部分の賃貸借

マンションの共用部分の賃貸借は管理規約の普通決議で決めることができるとした事例

札幌高判平成21年2月27日判タ1304号201頁

事案　X株式会社は、携帯電話の無線基地局を設置するため、Y管理組合（総会の議事を経て共用部分等の一部を第三者に使用させることができる旨の規定、第三者に使用させるときは、総会の決議が必要である旨、共用部分等の変更につき組合員総数及び議決権総数の各4分の3以上の賛成によってすることができる旨の規定を含む管理規約が設定されていた）が管理するマンションを基地局の候補として選定し、Yの理事長Aと交渉をし、本件マンションの屋上を基地局の設置のために賃貸期間10年間とする賃貸借契約を締結することとし、臨時総会が開催され、賛成が多数であったとされ、賃貸借契約が締結されたが、Yにおいて賃貸借契約が理事長によって権限なく締結されたものであると主張したため、XがYに対して賃貸借契約による賃借権を有することの確認等を請求した。

本件では、マンションの共用部分を賃貸するに当たって、共用部分の共有者全員の同意が必要であるか等が争点になった。

第一審判決（札幌地判平成20年5月30日金判1300号28頁）は、XとYとの間の賃貸借契約の成立を認めたものの、民法602条の期間を超えて賃貸借契約を締結するには共有者全員が行うことが必要であり、例外的に管理行為として行うことができるとした上、本件では、処分行為に当たるとし、請求を棄却したため、Xが控訴した。

本判決は、区分所有関係が成立している建物の共用部分の賃貸借については民法602条の適用が排除され、本件では管理規約に基づき普通決議で足りるとし、決議の要件を満たしていたものであり、決議が有効であるとし、原判決を取り消し、請求を認容した。

判旨　「ア　総会の決議について、本件管理規約46条は、原則として普通決議（同条2項）だが、「敷地及び共用部分等の変更（改良を目的とし、かつ、著しく多額の費用を要しないものを除く。）」については、特別決議事項としている（同条3項2号）。また「第3項第2号の場合において、敷地及び共用部分等の変更が、専有部分又は専用使用部分の使用に特別の影響を及ぼすときは、その専有部分を所有する組合員又はその専用使用部分の専用使用を認められている組合員の承諾を得なければならない。この場合において、その組合員は正当な理由がなければこれを拒否してはならない。」（同条7項）と定められている。

イ　本件管理規約16条2項の「第三者に使用させる」法律関係については、本件管理規約に特に定めがない。被控訴人は、本件契約が期間を10年とする賃貸借契約であり、民法602条の期限を超え、管理権限を逸脱しているから、共有物の処分変更行為として、特別決議事項に当たると主張する。

民法602条は、「処分につき行為能力の制限を受けた者又は処分の権限を有しない者」が管理行為として賃貸借契約を締結するときの賃貸借期間に限界を設ける規定である。これに対し、建物の区分所有等に関する法律（以下「区分所有法」という。）は、共用部分の共有者がその有する専有部分と分離して持分を処分することができないこととする（区分所有法15条2項）などの制限を定めているが、これらの制限が設けられたのは、共用部分の共有者が「処分につき行為能力の制限を受け」、又は「処分の権限を有しない」からではなく、区分所有関係特有の要請からである。したがって、区分所有法は、区分所有関係が成立している建物の共用部分を対象とする限りにおいては、民法の特別法に当たるから、共用部分の賃貸借につき、民法602条の適用は排除され、同条に定める期間内でなければならないものではない。

ウ 区分所有法17条1項は、「共用部分の変更（その形状又は効用の著しい変更を伴わないものを除く。）」が特別決議事項であると定めている。ここにいう「共用部分の変更」は、その文言から明らかなように、「形状又は効用の著しい変更を伴」うものである。したがって、本件管理規約46条3項2号の「敷地及び共用部分の変更」も、区分所有法17条1項と同じく、「形状又は効用の著しい変更を伴」うものであると解され、さらに、本件管理規約においては、「形状又は効用の著しい変更を伴」うものであっても、「改良を目的とし、かつ、著しく多額の費用を要しないもの」については、特別決議事項から除外されていると解すべきである。

以上によれば、共用部分を第三者に賃貸して使用させる場合に必要な決議は、第三者に使用させることにより「敷地及び共用部分の変更（改良を目的とし、かつ、著しく多額の費用を要しないものを除く。）」をもたらすときは特別決議、これをもたらさないときは普通決議であると解される。

…………

ところで、本件管理規約16条1項では、管理組合が総会の決議を経ないで「敷地及び共用部分等のうち別表第4の部分を同表に掲げる者に使用させることができる。」ものと定めている。この中には、本件建物により電波障害を受ける近隣居住者が通常の受信用アンテナ及び受信設備を、電波障害のある期間中、本件建物の屋上塔屋等の外壁面及び敷地内の配線部分に設置して、これらの共用部分を使用する場合が含まれている。この使用形態と上記工事内容とを比較すると、アンテナ自体の大きさが異なるものの、アンテナ等を固定する方法は類似していると推認される。また、証人西沢の証言によれば、ケミカルアンカーを打ち込んだ部分の復旧は、防水工事を施してモルタルを流し込む方法で容易に行うことができることが認められる。

以上によれば、本件設備等を本件建物の屋上に設置する工事によって、共用部分に「形状又は効用の著しい変更」が生ずるとは認められない。したがって、本件設備等を本件建物の屋上に設置して共用部分を控訴人に使用させるに当たり必要な決議は、普通決議（本件管理規約46条2項）で足りると解される。」

Key point

・本件は、マンションの共用部分である屋上の賃貸借契約の締結に当たり、共有者(区分所有者)全員の同意が必要であるか(民法251条)、管理規約における普通決議によることができるかが問題になった興味深い控訴審の事件である。本件の背景には、本件の賃貸借は、屋上に携帯電話の無線基地局を設置するためのものであるが、区分所有者の一部の者が電磁波問題を取り上げ、賃貸借契約の締結に反対したこと、管理組合の臨時総会において決議され、特別決議が成立したとされたこと、管理組合の理事長が交代したこと、携帯電話会社が賃借権に不安を感じ、管理組合に対して賃借権の確認を請求する訴訟を提起したことがある。

・第一審判決は、共用部分の賃貸借契約の締結に当たっては、共有者(区分所有者)全員の同意が必要であるとの見解を示し、管理組合の決議が無効であるとした。共有物の賃貸借契約の締結については、理論的に見解が分かれており、共有者全員の同意が必要であるとする第一審判決と同様の見解、短期賃貸借(民法602条)の場合には、過半数の賛成(民法252条本文)で足りるとする見解がある。

・本判決は、共有者(区分所有者)全員の同意が必要であるとする見解を排斥した上、区分所有関係が成立している建物の共用部分の賃貸借については民法602条の適用が排除されるとし、管理規約に基づき普通決議で足りるとしたものであり、理論的にも、事例的にも重要な判断を示したものである。本判決の見解については、議論が予想されるが、区分所有関係の合理化、明確化の視点からは、妥当な判断ということができる。

103 特定の区分所有者の管理費増額決議

従来低廉な管理費等であった特定の区分所有者の管理費等を増額する旨の集会の決議が有効とされた事例

東京地判平成23年6月30日判時2128号52頁

事案 マンションの管理規約において区分所有者であるY株式会社につき原始規約で管理費、修繕積立金が著しく低廉なものとされていたところ、X管理組合法人が区分所有者間の不公平を是正する必要があるとし、臨時総会を開催し、一般の区分所有者の面積当たりの平均額のものに増額する旨の決議をしたため、XがYに対して増額に係る管理費等との差額の支払を請求した。

本件では、特定の区分所有者の管理費等を増額する旨の区分所有者の集会の決議の効力が争点になった。

本判決は、利害関係のない第三者である管理会社のA株式会社の担当者が議事の出欠、議事の賛否の数の集計等に従事しており、その手続は格別不公正さの疑念を生じさせないものであるとし、また区分所有法30条3項に定める区分所有者間の利害の衡平が図られるように定めたものであり、Yの権利に特別の影響を及ぼすものとは認められないとし、決議が有効であるとして、請求を認容した。

判旨「二 審査の瑕疵について

被告は、本件総会の際、委任状提出による出席者の委任状を確認させて欲しい旨の竹夫の提案を議長が拒否したことが総会決議の瑕疵に当たると主張する。

しかしながら、そのような提案があったからといって、これに応じなければならないとする十分な法的根拠があるとはいえない（マンションの管理組合総会に会社法上の株主総会に係る規定を準用すべき法的根拠もない。）上に、本件マンションの区分所有者間の利害の対立が避けられない一部区分所有者の管理費等の増額という議案については、議決後の中傷等の被害や交際に及ぼす影響等を予測し、それに対する賛否の意思表明を知られたくないと考える区分所有者も少なくはないことが通常予想されるところであり、したがって、投票の秘密を考慮してその提案を拒否した原告の措置も、それによる投票の公正さに疑念を生じさせないのであれば、許されるものと解される。そして、原告は、その公正さを図るために、第三者であり、投票の結果に格別利害関係のない管理会社（本件において、原告と管理会社が意を通じて投票の不正な操作をしていたと疑わせる事情は窺われない。）に委任状を含めた議事出席者・欠席者と議事賛成者・反対者の数の集計及び本件総会における公表を行わせていたのであり、その手続に特に公正さの観点から疑念を抱かせる事情が存在したことを窺わせる証拠のない本件においては、投票の公正さについても確保されていたと推認することができる。そうすると、上記竹夫提案を議長が拒否して本件総会決議がされたからといって、同決議に瑕疵があるということはできない。

………

　イ　特別影響の瑕疵について

　被告は、一〇七号室の前所有者である戌田社が豊栄から同室を購入した際、他のワンルームとは異なる一〇七号室特有の使用事情を踏まえて同室の管理費等が定められたものであり、他のワンルーム所有者もこれを承知で買い受け、その後約二七年も管理費等の額に変更はなかったことや、同室の実際の利用状況も上記特有の使用事情を反映したものであるから、本件総会決議による同室の管理費等の増額の必要性も合理性もなく、また、従来の管理費等の額を倍額以上に増額させる同決議は社会通念上相当な額の変更とはいえない旨主張する。

　しかしながら、管理費等は、規約に規定されているとおり、本件マンションの敷地及び建物共用部分の管理に要する経費であり、被告の前所有者である戌田社は、本件売買契約において、他のワンルーム購入者と同様の範囲の建物共用部分や共用設備（玄関ホール、廊下、エレベーターホール、エレベーター設備、一階共用便所等を含む。）を取得しているのであり、その範囲の管理を当時の管理会社である榮高に対し、委託する旨の本件管理委託契約を締結しているのであって、同契約において、その管理に必要な業務を行うための経費を負担する旨が合意されているのである。被告は、これに対し、本件管理委託契約締結の際、一〇七号室特有の使用事情が考慮されて管理費等の額が定められた旨主張するが、仮にそのような事実が認められるとしても、管理会社は、当時の一〇七号室の所有者である戌田社の有する本件マンションの建物共用部分及び共用設備の維持管理のため、戌田社から委託を受けて、その全部の範囲について業務をしなければならないのであり、単に独立の構造とされている区画の範囲のみを管理すれば足りるというものではないことが明らかであり、上記一〇七号室の管理費等が定められた経緯に関する事情に正当な理由があるとはいえない。被告の主張は、畢竟、一〇七号室の使用状況等をことさら強調して、事実上玄関ホール、ロビー、廊下、エレベーター室を使用することがほとんどないという事実状態を理由として、管理費等が平米当たり他の区分所有者よりも低い金額に設定されていることの合理性を主張するものにほかならないが、例えば一階の区分所有者がエレベーターを使用することはほとんどないにもかかわらず、エレベーターの維持管理のための費用も負担していることからすれば、合理性のある主張であるということはできない。また、被告が、一〇七号室を独立の区画として使用しており、本件マンションの一階及び二階の共用部分は原則として使用していない旨主張している点についても、《証拠略》によれば、本件総会決議前から一階共用便所は、被告が賃貸している理容店（甲田）の従業員や客が使用することもあり（この場合は、必然的に玄関ホールや廊下を通行することになる。）、管理会社の管理員が清掃・消毒をしていること、一〇七号室の二階の学習塾に通う小中学生の中には、人数は多くないものの、本件マンションの裏口から入り、廊下や玄関ホールを経て一旦同マンションの表に出た後、一〇七号室の専用

出入口から入る者もいること、同学習塾に通う小中学生の中には、自転車で来る者も少なくはなく、その場合、本件マンションの表側の道路に自転車を駐輪するため、管理会社の管理員がその整頓を行っていること、同管理員は、その他に、上記理容店及び学習塾の出入口前の通路を清掃していること、上記学習塾宛てに送られてくる郵便物を同管理員が同学習塾に個別に配達していること、本件マンションの二階の一〇七号室の区画の外側の共用部分に同室の空調室外機が置かれていることが認められる。そうすると、被告は、一〇七号室の独立の区画だけでなく、本件マンションの一、二階部分全体の共用部分の管理についても恩恵を受けていることが明らかである。

　以上によれば、一〇七号室の管理費等が合理的理由もなく低額に定められていたことは明らかであり、それが本件総会決議がされるまで約二七年間も放置されていたことになる。そして、その不均衡を本件総会決議により増額変更したものであり、また、その内容をみても、増額の結果他の一般区分所有者の平米当たりの平均単価と同額の管理費等の額にしたものであり、社会通念上相当な額であると認められる。

　そうすると、本件総会決議は、区分所有法三〇条三項に定める区分所有者間の利害の衡平が図られるように定めたものにほかならないから、被告の権利に特別の影響を及ぼすものとは認められず、したがって、本件総会決議の効力が発生するために被告の同意を要するものとはいえない。

　したがって、特別影響の瑕疵をいう被告の主張は理由がなく、採用することはできない。」

・本件は、マンションの原始規約で特定の区分所有者につき管理費、修繕積立金が著しく低廉なものとされていたことから、管理組合法人が不公平な管理費等を是正するために臨時総会を開催し、前記区分所有者の管理費等を床面積を基準とするものに増額する旨を決議し、増額に係る管理費等と実際に支払われた管理費等の差額の支払を請求し、決議の効力が手続面、内容面から問題になった事件である。
・本判決は、決議の手続上の瑕疵を否定したこと、管理費等の増額は、合理的な理由もなく、長年低額に定められており、これを是正するために増額したこと、増額の結果、他の一般区分所有者の床面積当たりの平均単価と同額の管理費等の額にしたものであり、社会通念上相当な額であること、区分所有法30条3項に定める区分所有者間の利害の衡平が図られるように定めたものであり、特定の区分所有者の権利に特別の影響を及ぼすものとは認められないとしたことを判示したものであり、増額決議を有効としたものとして参考になる。
・マンションの中には、等価交換等の様々な事情から特定の区分所有者につき他の区分所有者より低額の管理費等が定められていることがあり、後日、この管理費等を増額するかどうかの紛争が発生し、これを増額する旨の規約の変更、集会の決議が行われ、その規約の変更、決議の効力が争われることがある。本件もそのような紛争の一例であるが、本判決は、手続上の瑕疵、内容上の瑕疵を否定し、増額決議を有効としたものである。

104 インターネット利用料を一律負担とする規約の効力

合理性が認められるとし規約を有効とした事例

広島地判平成24年11月14日判時2178号46頁

事案　X管理組合のマンションは、インターネット専用回線等の設備が設置され、マンションの管理を業とするA株式会社との間で、接続回線の選定、提供等の保守点検等につき業務委託契約を締結していたところ（管理規約上は、インターネット利用料金は、区分所有者の負担と定められていた）、Xが区分所有者Yに対してインターネット利用料金を含む管理費の支払を求めたものの、支払をしなかったため、XがYに対して管理費の支払を請求した。

第一審判決は、インターネットの利用を問わず、その利用料金の支払義務を負うとし、請求を認容したため、Yが控訴し、Xが附帯控訴し、請求を追加した。

本件では、インターネット利用料金を区分所有者一律に負担させる規約の効力が争点になった。

本判決は、インターネット利用料金の各戸から徴収される合計額が委託料に匹敵するし、インターネット設備によってマンションの資産価値が増している等とし、一律にインターネット利用料金を区分所有者に負担させる管理規約の定めは、区分所有法30条3項の趣旨に照らしても、区分所有者間の利害の衡平が図られていないとはいえないとし、Yの控訴に基づき原判決を変更し、Xの請求を認容した。

判旨　「ところで、本件インターネットサービスに係る物理的なLAN配線機器等のインターネット設備そのものは、本件マンションの区分所有者の共用部分であるということができるから、その保守、管理に要する費用は、本件マンションの資産価値の維持ないし保全に資するものであるということができ、したがって、その費用は各区分所有者が一律に負担すべきものである。

これに対し、本件マンションの各戸に対してインターネットサービスを提供するために締結されたインターネット接続回線契約やプロバイダ契約に基づき発生する費用は、控訴人が主張するように、インターネットを実際に利用していない者にとって負担すべき根拠がないようにも思える。しかし、そのようなサービスが本件マンションの全戸に一律に提供されているということは、本件マンションの資産価値を増す方向で反映されるから、これらに要する費用についても、本件マンションの資産価値の維持ないし増大に資するものといえ、その観点からは、各区分所有者が、本件インターネットサービスの利用の有無にかかわらず、その費用支出による利益を受けているといえる。

また、本件管理規約二六条一項二号の「インターネット利用料金」について、本件

インターネットサービスの利用の有無を考慮して戸別に利用料金を定めることになれば、本件マンションの各戸における本件インターネットサービスの利用状況を戸別に確認する必要が生じることになるが、上記認定事実のとおり、本件インターネットサービスは、本件マンションの各戸が個別にインターネット回線契約やプロバイダ契約を締結することや複雑な設定をすることなく利用できるサービスであるため、実際の利用の有無を確認するために新たな人的、物的コストが発生してしまうことを避けられないという問題があり、さらには、その確認に要するコストを誰にどのように負担させるべきかという問題や、いわゆるただ乗りをする区分所有者への対処という派生的な問題が新たに発生するおそれがある。また、上記のとおり、インターネット設備そのものの保守、管理に要する費用は、各区分所有者が一律に負担すべきものであるから、利用の有無で負担額を決めるためには、インターネット接続業者との契約内容に関わらず、インターネット設備の保守、管理費用と、接続そのものに要する費用を分けて各戸が負担すべき費用を算出しなければならないという問題も生じてくる。そうすると、このようなコストや種々の問題の発生(その処理のために発生する費用は、各区分所有者の負担となる。)を回避するという意味では、本件インターネットサービスの利用の有無を問わず、インターネット利用料金を一律に徴収する旨を定めることには一定の合理性があるといえる。」

Key point

・本判決は、マンションにおいて、インターネット専用回線等の設備が設置され、管理業者との間で、接続回線の選定、提供等の保守点検等につき業務委託契約が締結され、管理規約上は、インターネット利用料金は、区分所有者の負担と定められていたところ、区分所有者の一人がインターネット利用料金等の支払をしなかったため、インターネットを使用しない区分所有者の支払義務が問題になった控訴審の事件である。インターネットの利用においては、設備の設置・管理、個々の接続による料金が必要になるところ、本件の場合には、マンションの各戸が個別にインターネット回線契約やプロバイダ契約を締結することや複雑な設定をすることなく利用できるサービスであるという特徴がある。

・本判決は、インターネットサービスに係る物理的なＬＡＮ配線機器等のインターネット設備そのものは、マンションの区分所有者の共用部分であり、保守、管理に要する費用は、マンションの資産価値の維持ないし保全に資するものであり、その費用は各区分所有者が一律に負担すべきものであるとしたこと、マンションの各戸に対してインターネットサービスを提供するために締結されたインターネット接続回線契約やプロバイダ契約に基づき発生する費用は、インターネットを実際に利用していない者にとって負担すべき根拠がないようにも思えるものの、このサービスがマンションの全戸に一律に提供されているということは、マンションの資産価値を増す方向で反映され、この費用も、マンションの資産価値の維持ないし増大に資するものといえ、各区分所有者がインターネットサービスの利用の有無にかかわらず費用支出による利益を受けているとしたこと、インターネット設備の保守、管理費用と、接続そのものに要する費用を分けて各戸が負担すべき費用を算出しなければならないという問題がある等、このようなコストや種々の問題の発生を回避するという意味では、インターネットサービスの利用の有無を問わず、インターネット利用料金を一律に徴収する旨を定めることには一定の合理性があるとしたことに特徴があり、インターネット利用料金を区分所有者一律に負担する旨の規約を有効とした事例としてマンション管理の実務に参考になる。

8

管理組合の運営

105 管理者の解任

管理者の各種義務違反を認め解任請求を認容した事例

東京地判昭和53年1月26日判時911号138頁

事案

Yは、マンションの建築のために敷地を賃貸したが、その後、マンションの管理者に選任された。Yは、エレベーターなどの共用部分の補修を放置したり、管理費の収支を明らかにしなかったり、管理費の増額を請求したりした。マンションの区分所有者Xらは、Yに対して管理者からの解任を請求した。

本件では、解任事由の存否が争点になった。

本判決は、職務を行うに適しない事由があると認め、請求を認容した。

判旨

「ところで、区分所有建物である本件マンションの管理者たる被告は、共用部分を保存し、本件管理委託契約に定められた管理業務を善良なる管理者の注意義務をもつて誠実に履行すべき義務を負い、かつ、少くとも毎年一回一定の時期に区分所有者に対してその事務についての報告をなすべき義務があるというべきところ、前認定の事実関係によれば、被告は本件マンションの管理について、当初の間は共用部分の清掃、エレベーターの保守について一応の管理はこれをしていたと認めうるものの、補修を要する共用部分についてはこれを放置してその保存を怠つていたほか、管理事務については区分所有者の要求があつてもなお一度もその報告をせず……、さらには本件マンションの敷地賃貸人たる地位を兼併していることから地代を増額させることによつて管理費の内容を不明確ならしめるのみならず、地代・管理費の支払いに関して区分所有者との間に徒らに抗争を深めている事情が認められるのであつて、被告には管理者としての共有部分の保存義務、管理事務の報告義務に反する債務不履行があるうえに土地賃貸人と管理者の地位を兼併することによる弊害が著しく、しかもこれによつて区分所有者との信頼関係が失われてその回復が困難な状況にあるとみられるから、もはや本件マンションの管理者としてその職務を行うに適しない事情があるというべきである。

なお、被告は本件管理委託契約が請負に属するからその事務の報告義務はなく、また右契約によつて被告の承諾なくして管理者を変更できない特約があると主張するが、右報告義務は、管理者たる地位が各区分所有者との契約関係に由来するかあるいは集会の選任決議に由来するかを問わず、建物の区分所有等に関する法律に基づいて管理者たる者が区分所有者に対して負担する義務というべきであり、本訴における管理者の解任請求が、同法17条2項に基づいてなされた裁判所に対する請求である以上、右主張もまた理由がないといわなければならない。」

Key point

・本件は、マンションの管理者と区分所有者との間の紛争であり、管理者が管理につき各種の業務を怠ったため、区分所有者らが管理者の解任を請求した事案である（区分所有法25条2項）。

・マンションの管理は、法人化されていないマンションの管理組合においては、管理者を責任者としてその業務が遂行されるものであり、区分所有者らと管理者との間には委任・準委任の関係が成立するものである（区分所有法28条）。管理者は、区分所有者らに対して法律上、あるいは規約上様々な義務を負うものであるが、各種の義務が適切に履行されることが適正な管理に通じることになる。

・管理者は、規約に別段の定めがない限り、区分所有者の集会において選任されるものであり、また、その集会において解任することもできることになっている。マンションの管理をめぐって区分所有者間に紛争が生じた場合、管理者の管理に不満を抱く区分所有者らが多数派を構成している場合には、集会を開催し、管理者の解任をすることができるが、少数派にすぎない場合には、仮に管理者に不正な行為があったとしても、集会による解任の決議をすることができない。区分所有法は、後者の場合、管理者に不正な行為その他その職務を行うに適しない事情があるときは、各区分所有者が裁判所に解任の請求をする途を認めている（区分所有法25条2項）。本件では、この解任請求の当否が問題になったわけである。

・本判決は、管理者の各種の義務違反を認め、職務を行うに適しない事情があることを認め、解任請求を認容したものであり、重要な事例として参考になる。

106 管理者の解任

管理費の滞納が解任事由に当たるとした事例

東京地判平成2年10月26日判時1393号102頁

事案　Y株式会社は、マンションを分譲し、一部の区分所有権を自己に留保した。Yは、マンションの区分所有者らとの間で、共有部分の管理について管理規約を合意して、管理業務をYに委託し、Yが管理者として管理業務を遂行していた。区分所有者らの一部の者は、X1管理組合を結成したが、Yが管理費等を支払わないなどしたため、区分所有者らに不満が生じた。区分所有者X2らは、Yに対して管理者の解任、X1は、Yに対して管理人室の明渡し等を請求した。

本件では、主として管理者の解任事由の有無が争点になった。

本判決は、Yの管理費等の滞納を認め、解任事由に当たるとし、解任請求を認容した。

判旨　「区分所有者は、複数の区分所有権関係の発生した時期、すなわち区分所有建物の譲渡により区分所有権が発生し、区分所有権の登記等により区分所有建物であることが客観的に認識される状態になった時から、法令、規約、区分所有者の団体の集会で定めるところに従い、共有部分の管理費等を支払う義務を負うと解すべきである。右の時期に至ったならば、分譲業者であっても、未分譲の区分所有権利を所有する以上、共有部分の管理費等を支払わねばならないのは当然である。被告は、分譲業者には管理費等の支払が免除される旨の商慣習があるというが、右の慣習の存在を認めるに足る証拠はない。

…………

以上の事実によれば、区分所有原告らに当初から被告の管理体制に対する不満があったうえに、管理者としての義務である業務及び収支状況報告の遅れ、不備並びに説明の遅延といった対応の杜撰さに加え、管理費等を徴収する義務のある管理者であり、かつその徴収を受けるべき義務者としての区分所有者である被告が、理由もなくその支払義務がないと独断した態度が区分所有原告らの不信を一層募らせたものといえる。しかも原告組合に加入している者も約70パーセントもおり、他方被告の新規加入者に対する前記のような脱退の勧誘行為をも考えると、管理者である被告と区分所有原告らを含む多くの区分所有者との信頼関係はもはや無いと評価すべきである。

被告は、区分所有原告らのうちに被告に対し、管理費等を支払っていない者がいるから、被告の管理費等の不払を理由に解任請求するのは信義則に反すると主張する。確かに……によれば、昭和59年4月以降被告主張の16名の者が被告に対する不信感から管理費等を被告に支払わず、原告組合が管理するその口座に入金していることが認められるが、それはむしろ被告の管理費等の不払や前記報告及び事後処理のまずさ等

に起因するものであるから、区分所有原告らの主張が信義則に反するとはいえない。
　また被告は、その不払は本件管理規約の誤解に基づくと言うけれども、前認定の事実から明らかなとおり、区分所有原告らから昭和58年6月以降に既にその理由の当否を指摘されていたことであり、その点を善処せず、昭和61年12月になってようやく未払管理費等を支払った（しかも遅延損害金は不払い）のであるから、単なる誤解と片付けることは困難である。
　以上要するに、被告には管理者として業務を行うに適しない事情があると解せられる。したがって、区分所有原告らの解任請求は理由がある。」

Key point
・本件は、マンションの管理者に選任された分譲業者（区分所有者）と区分所有者との間の紛争であり、管理者が管理費等を支払わなかったため、区分所有者らが管理者の解任を請求した事案である（区分所有法25条2項）。
・本判決は、管理者の管理費等の滞納を認め、職務を行うに適しない事情があるとし、解任請求を認容したものであり、重要な事例として参考になる。

107 区分所有者間の対立をめぐる不法行為の成否

不法行為を否定した事例

東京地判平成3年10月7日判タ778号201頁

事案

マンションの区分所有者X、Aら（合計10名）は、Y1株式会社、Y2らがマンションの買い占めに伴って、管理組合の運営をめぐって区分所有者らが二分して対立し、管理組合の理事等が全員辞任したりしていた。Y1らは、管理費等の不払い、臨時総会の招集等を行った。X、Aらは、Y1らに対してマンションの自由平穏な使用収益権を侵害したとして、不法行為を理由に慰謝料を請求したが、Xを除くAらの区分所有者は、対話路線をとり、訴えを取り下げた。

本件では、Y1らの不法行為の成否が争点になった。

本判決は、一部の者に管理費の不払いを認めたものの、Xの使用収益権の侵害が認められないとし、不法行為を否定し、請求を棄却した。

判旨

「しかしながら、①当時本件マンションの水道料金はその使用水量に比して異常に高かったこと……、②昭和59年12月17日に開かれた臨時総会においても、この水道料金の高額さに対する調査方法が決められなかったこと、③そして、昭和60年5月23日に開かれた理事会においては理事長の選出がなされなかったため、以後管理組合にはその管理者たる理事長が存在しない状態となったこと、④更に、同年10月14日の臨時総会においては理事に対する不信任案が可決され、同月31日に理事等が全員辞任したため、同日以降管理組合には役員が全く存在しない状態となり、銀行口座に振り込まれる管理費等を正当に管理できる者はいなくなったこと……、⑤その後、Bの作成した「経過説明」と題する文書をめぐって前理事会内部の対立が一気に表面化し、前理事に対する信頼がなくなったこと、⑥毎年5月に開かれることとなっている定期総会も、昭和61年5月には開かれず、仮に前理事Cらの辞意撤回を有効とみるとしても、これらの者の理事としての任期は遅くとも昭和61年5月末日をもって満了しているものと考えられ……、その翌日以降は再び管理組合には役員が存在しない状態となったこと、⑦辞意を撤回した理事で構成される理事会は組合の金銭を使用して約400万円もする監視用のカメラを購入しているが、たとえそれが本件マンションの買占めを阻止するための手段であったとしても、なお、その購入には疑問が残ること、⑧被告Y6は、被告Y5が使用している604号室の内装工事をしようとしたところ、守る会のメンバーによってこれを妨害されたこと、⑨加えて、原告をはじめ守る会のメンバーは、昭和61年夏ころ、拡声器により、被告Y1や同Y5らを批難し退去を求める旨の演説を音量大きく繰り返し、また、被告Y1、同Y5、同Y6らの工事関係者の立入りを禁止する旨のビラを本件マンションの玄関に貼るなどした

こと、⑩昭和61年8月請求分から、事前になんらの連絡もなく、管理費等の振込銀行が変更されたこと、以上の点を考慮すると、被告Ｙ６の前記管理費等の支払拒否が管理組合に対する不法行為を構成するとは到底解されないところである。……。(なお、仮に被告Ｙ６の管理費等の支払拒否が管理組合に対する不法行為を構成するとしても、原告は、管理組合の財政的基盤が危うくなったことによって損害(その専有部分を自由平穏に使用収益する権利の侵害)を受けたといういわゆる間接被害者であって、間接被害者たる原告が被告Ｙ６に損害の賠償を請求し得るためには直接の被害者である管理組合と一体的関係がなければならないと解せられるところ、本件全証拠によるも原告が管理組合とそのような一体的関係にあるものとは認められないから、原告がその損害の賠償を同被告に請求することはできないというべきである。)。

…………

……しかしながら、①右招集の当時組合員の間には早急に臨時総会を開いて理事等の役員を選出すべしとの声が高まっていたこと、②しかし、当時管理組合には理事長はもちろん理事も監事も存在せず、管理規約に従った臨時総会を招集することは不可能であったこと、③そのような中で被告Ｙ９が臨時総会を招集したものであること、④結果的には被告Ｙ９の招集した臨時総会は定足数を充たさずに不成立に終わっており、なんらの決議もなされていないこと、⑤原告自身も (被告Ｙ９も同様であるが)、本来管理規約上招集行為が出来ないのに、招集行為を行っていること (規約39条2項、41条によれば、臨時総会の招集権者はあくまでも理事長であると解せられ、他の組合員は単に招集要求権を有しているにすぎないものと解せられる。)、⑥その他、被告Ｙ９の臨時総会招集に至る経過、等に鑑みると、被告Ｙ７及び同Ｙ６の右行為は、少なくとも原告に対する関係においては未だ違法とはいえないというべきである。

…………

たしかに、被告Ｙ８が関連三社の本件マンション居室の購入にあたりその購入資金を被告Ｙ１に融資したこと、その融資金が購入のために使用されたことは前認定のとおりであり、一方、被告Ｙ６が管理費等の支払いを拒否したこと、被告Ｙ１の指示により関連三社が管理費等の支払いを拒否し供託したこと、被告Ｙ３が被告Ｙ１の指示により「管理組合の異常事態について」と題する書面等を作成して配付したこと、被告Ｙ７が被告Ｙ６と相談の上臨時総会の開催を要求する旨の文書に区分所有者でない被告Ｙ４、同Ｙ３及びＹ２の各氏名を記載し、また、被告Ｙ６の了解を得て区分所有者でないＤ、Ｅ、Ｆ及びＧの各氏名を記載し、これらによって、管理規約に違反する招集が被告Ｙ９によってなされたことは前認定のとおりである。

しかしながら、被告Ｙ８の被告Ｙ１に対する融資行為と右各行為との間に自然的因果関係または法的因果関係を認めることは困難であり、また、そもそも、前説示のとおり右各行為は不法行為を構成しないものであるから、被告Ｙ８の被告Ｙ１に対する融資行為も不法行為を構成しないというべきである。」

・本件は、マンションの区分所有者らの間に管理をめぐる深刻な対立が発生し、一部の区分所有者らの管理費の滞納、臨時総会の開催等につき不法行為が成立すると主張し、区分所有者が他の区分所有者らに対して損害賠償を請求した事案である。

・管理組合の運営、管理事務をめぐる紛争は、区分所有者らの利害関係、人間関係に十分に配慮しないと、発生しがちであるが、本件は、深刻な対立が発生したものである（紛争の背景も根深いものがあるようである）。

・本判決は、対立する他方の区分所有者らの措置、行動につき不法行為を否定したものであり、区分所有者らにつき不法行為を否定した事例として参考になる。

108 業務文書の閲覧、書面報告請求

管理者は個々の区分所有者に報告義務を負うものではないとした事例

東京地判平成4年5月22日判時1448号137頁

事案　Xらは、マンションの区分所有者であるが、マンションの管理者Yに対して業務に関する文書の閲覧、書面による報告等を請求した。

本件では、管理者が個々の区分所有者に対して管理業務に関する報告義務を負うかが争点になった。

本判決は、個々の区分所有者に対して報告等の義務を負うものではないとして、請求を棄却した。

判旨　「区分所有法28条は、「この法律及び規約に定めるもののほか、管理者の権利義務は、委任に関する規定に従う。」と定め、民法645条は、受任者は委任者の請求あるときはいつでも委任事務処理の状況を報告し、委任終了の後は遅滞なくその顛末を報告することを要する旨定めている。

そこで、本件において管理者である理事長が個々の区分所有者の請求に対して直接その取扱う事務に関する報告をする義務を負うか否かにつき検討するに、本件においては、以下の理由により、管理者である理事長は、管理組合の総会において右の報告をすれば足り、個々の区分所有者の請求に対して直接報告する義務を負うものではないと解するのが相当である。

すなわち、区分所有法25条は、規約に別段の定めがない限り集会の普通決議により管理者を選任する旨を定めているところ、本件においても、管理者である理事長は、右25条及び管理規約の規定により、区分所有者の過半数が出席した総会で議決権（1住戸1店舗につき1議決権）の過半数により選任された理事数名の中から、互選によって選出されたにすぎず、個々の区分所有者から直接管理者となることを委任されたものではないから、理事長が個々の区分所有者の受任者であるとみることはできない。また、区分所有法43条は、管理者の取扱う事務の報告義務につき、「管理者は、集会において、毎年1回一定の時期に、その事務に関する報告をしなければならない」と規定し、更に同法34条1項2項は、管理者に集会を招集する権限を付与するとともに、少なくとも毎年1回集会を招集する義務を定めている。したがって、区分所有法は、管理者の取扱う事務についての報告は、右の集会においてされることを予定しているというべきである。そして、管理者が右の報告を怠るときは、区分所有者の5分の1以上で議決権の5分の1以上の要件を備えた者が管理者に対し集会を招集するよう請求する権利を持ち、それでも集会が招集されないときは、右請求をした区分所有者が集会を招集することができるとされているから（区分所有法34条3、4項）、管

8章　管理組合の運営

理者が集会の招集を怠ることで報告義務を回避する場合が仮にあったとしても、区分所有者が集会で報告を受けるための方途は講ぜられているということができる。

したがって、前記のとおり、管理者である理事長と個々の区分所有者との間に個別の委任契約が認められない本件においては、管理者である理事長がその取扱う事務につき個々の区分所有者の請求に対し、区分所有法28条、民法645条により直接報告をする義務を負担すべきものとはいえない。」

Key point
・本件は、マンションの管理者が個々の区分所有者に対して管理事務について直接に報告義務を負うかが問題になった事案である。
・管理者と区分所有者らとの関係は、委任に関する規定に従うものとされているところ、民法645条は、受任者は委任者の請求あるときはいつでも委任事務処理の状況を報告し、委任終了の後は遅滞なくその顛末を報告することを要する旨定めているため、本件では、管理者が個々の区分所有者に直接に報告義務を負うかが問題になるわけである。
・本判決は、管理者は、管理組合の総会において管理事務の報告をすれば足り、個々の区分所有者の請求に対して直接報告する義務を負うものではないと解するのが相当であるとし、管理者の一部の義務の有無を明確にしたものである。
・本判決の評釈として、平野克明・判評416号44頁がある。

109 訴訟追行の原告適格

当事者適格を否定した事例

東京地判平成4年7月16日判タ815号221頁

事案　Xは、マンションの区分所有者であるが、マンションのA管理組合の理事長Yに対して管理費、工事代金の支出が違法であったと主張して、主位的に監督是正権又は民法252条但書等に基づき、Aへの損害賠償、予備的にXに関する持分侵害による損害賠償を請求した。

本件では、原告適格の有無、損害賠償責任の成否が争点になった。

本判決は、Xの当事者適格がないとして、主位的請求に係る訴えを却下し、予備的請求を棄却した。

判旨　「原告は、自らが被告の訴外組合に対する損害賠償を請求する根拠について、第一に、監督是正権に基づいて請求すると主張するので、原告にこのような権利が認められるかを判断する。

区分所有法は、区分所有者相互の権利関係並びに建物及びその敷地等の共同管理について定めた法律であるが、共用部分の変更（17条）、共用部分の管理（18条）、管理者の選任及び解任（25条）、規約の設定・変更及び廃止（31条）、管理組合法人の事務の執行（52条）、管理組合法人の解散（55条）、滅失した共用部分の復旧（61条）、建物の建替え（62条）等共同管理に関する主要な点について、すべて集会の決議によって定めるとし、集会については、その招集手続、進行手続、議決方法、議事録の作成、議決の効力等について詳細な規定を置いている（34ないし46条）。このように、区分所有法は、建物の管理等について各区分所有者の意思が対立することがあるとしても、集会によって十分な討議をした上で多数決によって統一の意思を形成し、区分所有者の共同の利益を図ろうとしている。

これに対し、原告の主張する監督是正権など少数者の権利を認めることは、このような区分所有法の建前に対する重大な例外であり、建物の円滑な管理を阻害し、さらに濫用される危険もあることを考えると、その内容や要件について何らの具体的な規定もないまま、一般的に商法等を類推してこれを認めることは到底できないというべきである。

なお、区分所有法においても、前記のとおり決議に至るまで集会で十分な討議ができるよう規定が置かれていること、建物の滅失に際し共用部分を復旧する決議をした際（61条7項）及び建物の建替え決議の際（63条）等、部分的には決議に反対した者との調整を図る規定も置かれていること、規約によれば区分所有法にない制度を定めることもできる（30条）ことなどに照らすと、このように解しても、決議に反対した少数者の利益を著しく害し、憲法13条や29条に反するとはいえない。

商法等いわゆる会社法は、株主総会の形骸化等の問題を背景として、多数決主義についての重大な例外として少数株主権を認め、その権利の内容や要件についても多数決主義との均衡を保つため慎重な規定を置いているのであって、会社法が少数株主権を認めているからといって、多数決原理によって運営される団体について、当然に一般的に個々の構成員の利益を害する結果を是正する権利が認められるべきであるとはいえない。

　したがって、原告には、その主張する監督是正権に基づいて、被告に対し、訴外組合に対して損害賠償を支払うよう請求する権利はないから、当事者適格がなく、右を理由とする訴えは、不適法というべきである。

　…………

　原告は、被告の原告に対する民法644条の債務不履行又は不法行為を理由に、原告個人の損害の賠償を請求するものと解される。

　ところで、訴外組合は、区分所有法第3条の組合であり、議決機関として集会、執行機関として管理者という団体としての組織が法定され、集会においては多数決の原則が行われ、また、団体の構成員である区分所有者の変更があっても区分所有関係が継続する限り団体が存続し、その他代表の方法、総会の運営、財産の管理等団体としての主要な点が区分所有法自体によって確定しているうえに、……によれば、規約が定められており、……によれば、数名の理事によって構成される理事会があり、更にその中から互選によって理事長が選任されていることが認められる。

　これらの点に照らせば、訴外組合は、権利能力なき社団と認められ、そうすると、訴外組合の財産は、訴外組合の総構成員のいわゆる総有に属し、構成員は、当然には右財産に対し共有持分権又は分割請求権を有するものではない。

　したがって、仮に、被告が違法な支出をして訴外組合の財産に損害を与えたとしても、その損害の総額のうち原告の持分に当たる分を当然に原告個人の損害ということはできず、同様に民法252条但書により、原告主張の不法行為による損害賠償請求をすることもできないから、その余の点について判断するまでもなく、原告の請求は理由がない。」

Key point
・本件は、マンションの管理組合の理事長に不正行為があると主張し、区分所有者の1人が管理組合への損害賠償（主位的請求）、自己の持分の損害賠償（予備的請求）を請求した事案であり、その訴えの当事者適格、請求の法的な根拠が問題になったものである。
・本判決は、主位的請求については、管理組合への損害賠償請求を求める根拠はないとし、当事者適格を否定し、訴えを却下したものである。本件は、少数派の区分所有者が管理組合の理事長の損害賠償責任を追及しようとしたものであるが、区分所有法上そのような法的な根拠がないことに照らすと、立法論は別として、本判決は合理的な判断であるということができる。
・本判決は、予備的請求については、管理組合に生じた損害を区分所有者が自己の持分に相当する損害賠償を請求することはできないし、民法252条但書を根拠とすることもできないとしたものであり、事例として参考になる。

110 訴訟追行の原告適格

共用部分の保存行為請求につき管理者の原告適格を否定した事例

東京地判平成 6 年 2 月14日判時1515号91頁

事案

Xは、マンションの管理組合の理事長（管理者）であり、Y1有限会社は、336号室、Y2有限会社は、407号室、Y3株式会社は、419号室等をそれぞれ区分所有し、Y3は、Y1から336号室を賃借し、サウナ風呂を営業していたところ、Y3は、407号室から336号室に温水を送るために、天井と床部分の空間に給湯管を設置する配管工事を行ったため（昭和58年の区分所有法の改正前に行われたものである）、XがY1らに対してその修復、損害賠償を請求した。

本件では、Xの原告適格が争点になった。

本判決は、区分所有法26条所定の管理者の保存請求に当たらない等とし、訴えが不適法であるとし、訴えを却下した。

判旨

「3 法五七条一項・四項に基づく管理者の保存請求

ところで、区分所有建物の共用部分の保存行為については、その保存に利害の強い区分所有者と弱い区分所有者とに分かれる場合もあり、そのときに利害の弱い区分所有者に保存行為及びそのための訴訟行為をする権限を認めるのは、保存の内容が充分でなくなるおそれがあるので適当でないし、反対に利害の強い区分所有者だけにその保存行為及びそのための訴訟行為をする権限を認めるのは、利害が弱いとはいえ他の区分所有者の利益の保護が図られないので、これも適当でない。そこで、このような場合には、区分所有者全員でのみ保存行為をすることができるとするのが適当である。

2の行為は通常予想されるような保存行為であり、利害の程度は区分所有者相互にそれほど違いがないので、本来区分所有者が個別にすることもできるのであるが、便宜上管理者に授権して行わせることもできるというものである。これに対し、ここでの行為は、通常予想されない保存行為であり、利害の程度にも区分所有者相互に違いがあるので、区分所有者全員でのみすることができるとするのが適当であるというものである。

そこで、法は、この点に関し、区分所有者は建物の保存に有害な行為その他建物の管理又は使用に関し区分所有者の共同の利益に反する行為をしてはならないとし（法六条一項）、区分所有者が右六条一項に規定する行為をした場合には、他の区分所有者の全員は、区分所有者の共同の利益のため、その行為の結果を除去することを請求することができる（五七条一項）が、前項の規定に基づき訴訟を提起するには、集会の決議によらなければならない（同条二項）と規定したものである。区分所有者が全

員で訴えを提起する場合においても、事柄が重大であるので、区分所有者全員の意思を確認することが必要とされると共に、全員の意見の一致がなければ訴えを提起することができないということでは現実的ではないので、多数決により全員の意思に代替させることができるともされているのである。そして、区分所有者全員（決議に反対者があった場合も含む。）が訴訟当事者になることの他に、管理者は、集会の決議がある場合には、右の他の区分所有者全員のために、訴訟を提起することができるとされた（同条三項）。訴えを提起する場合に、さらに集会の決議を要件にして区分所有者全員のための管理者に対する任意的訴訟担当が認められたものである。

　2における集会決議が区分所有者の個別の権利を制約するものであるのに対し、ここでの集会決議は個別の権利の行使に伴う制限を緩和するものである。また、ここでは規約による包括的な授権が許されないのは、当該保存行為が通常予想されないものであり、それが生じた時点で区分所有者に判断させる必要があり、包括的な授権になじまないからである。

4　本件壁の修復の請求

　本件壁の修復の請求は、性質上右3の保存行為の請求に該当するということができる。したがって、法26条と規約に基づいて行うという原告の請求は、本件を新法事案として考えた場合でも、法所定のものではなく、許されないといわざるを得ない（なお、新法26条の元の規定である旧法18条においては、管理者が区分所有者の個別の授権で訴訟行為をすることができるとの新法26条4項に相当する規定がなく、旧法下では、右の保存行為は原則として区分所有者が行うしかないと解されていた。）。」

Key point
・本件は、区分所有者らがマンションの共用部分に無断で工事を施工したため、管理者が保存行為に基づき工事の修復等を請求したため、管理者の原告適格の有無が問題になった事案である（区分所有法26条）。
・本判決は、共用部分の修復工事につき保存行為として訴訟上請求する適格を否定したものであるが、その根拠、結論ともに疑問があり、先例として利用するに当たっては注意が必要である。

111 管理組合理事長の責任追及訴訟の原告適格

組合構成員の全員が原告になる必要があるとして原告適格を否定した事例

神戸地判平成7年10月4日判時1569号89頁

事案

Xらは、マンションの区分所有者の一部の者であり、Yは、管理組合の理事長であった者である。Yが総会の決議に基づく業務を執行せず、受水漕の工事を遅延させた等として、XらがYに対してYの善管注意義務に違反したことを理由に損害賠償を請求した。

本件では、この損害賠償請求訴訟の原告適格の有無が争点になった。

本判決は、管理組合の構成員の全員が原告になる必要があるとして、原告適格を否定し、訴えを却下した。

判旨

「一　原告らは、管理組合の構成員であるところ、管理組合の理事長は管理組合から委任ないし代理を受けて組合総会の決議によって定められた業務等の執行をなすものであるから、その任務に背きこれを故意または過失によって履行せず、管理組合に損害を与えるようなことがあったときは、債務不履行となり、右理事長は管理組合に対して損害賠償の責めを負うべきことになる。

したがって、管理組合（ないし区分所有者全員）が原告となって右理事長に対して損害賠償を求める訴訟を提起することはできるが、管理組合の構成員各自が同様の訴訟を提起することができるかについては、建物の区分所有等に関する法律上、管理組合の構成員各自がその理事長に対する責任を問うことを認める旨の商法267条のような規定は存しないし、管理組合の構成員各自が民法423条により代位するという原告の構成もその要件を欠くというべきである。

そして、建物の区分所有等に関する法律（6条、57条）は、共同利益相反行為の是正を求めるような団体的性格を有する権利については他の区分所有者の全員または管理組合法人が有するものとし、これを訴訟により行使するか否かは、集会の決議によらなければならないとするように、区分所有者の共同の利益を守るためには区分所有者全員が共同で行使すべきものとしているところ、本件のように理事長の業務執行にあたっての落ち度を追及するような訴訟においても団体的性格を有する権利の行使というべきであるから右の法理が適用されるべきであり、一般の民法法理の適用される場面ではないものと解する。

以上により、本件建物の区分所有者らがその全体の利益を図るために訴訟を追行するには、区分所有者ら全員が訴訟当事者になるか、その中から訴訟追行権を付与された当事者を選定する等すべきことになるところ、そのような手続きを何ら踏んでいな

い原告らには本件訴訟を追行する権限はない。」

Key point
・本件は、区分所有者らの一部の者が管理組合の理事長に対して善管注意義務違反を主張し、損害賠償を請求する訴訟を提起することができるか、その原告適格が認められるかが問題になった事案である。
・管理組合の理事長は、管理組合、あるいは区分所有者全員に対して職務を遂行するために善良な管理者としての注意義務を負っているものであり、善管注意義務に違反した場合には、債務不履行に基づく損害賠償責任等を負うものである。管理組合がそのような法的責任を追及することは可能であるが、管理組合の団体的な意思を集会の決議によって形成することが必要である。区分所有者の集会の多数派を構成することができない場合には、個々の区分所有者、あるいは一部の区分所有者が管理組合の理事長に対して損害賠償を請求することができるかは、マンションの管理の実務においては重要な問題であるが、法律上の特段の規定が必要であろう（株式会社の場合には、株主代表訴訟が認められているが、これは、法律上の特段の規定が設けられているからである（平成17年改正前商法267条、現行会社法847条）。なお、一般社団法人においても、現在は、社員が役員等に対する責任追及の訴えを提起することが認められている。一般社団法人及び一般財団法人に関する法律278条参照）。
・本判決は、前記のとおり、原告適格を否定し、区分所有者らの一部の者が管理組合の理事長に対して善管注意義務違反を主張し、損害賠償を請求する訴訟を提起することができないとしたものであり、理論的な先例となるものである。

112 共用部分の収益金の帰属

共用部分の収益は区分所有者らの団体に合有的に帰属するとした事例

千葉地判平成8年9月4日判時1601号139頁

事案　Yは、マンション団地の管理組合であり、団地の共用部分、共有敷地、附属施設を管理している。Yは、敷地内の駐車場の有料駐車場の使用料をエレベーター修繕積立金とし、補修工事費用に充当する旨の規約に変更したところ、区分所有者XがこのYに決議に反対した。Xは、Yに対して駐車場の使用料は持分に応じて取得すべきである等と主張し、持分に応じてその支払いを請求した。

第一審判決は、請求を棄却したため、Xが控訴した。

本件では、共用部分から収益金につき区分所有者が分配請求権を有するかが争点になった。

本判決は、共用部分からの収益金は区分所有者らの団体に合有的に帰属するとし、控訴を棄却した。

判旨　「二　そこで、控訴人が区分所有法66条、19条に基づき本件駐車場の収益に対する具体的な分配請求権を有するかにつき検討する。

区分所有法においては、各区分所有者は、一棟の建物の一部を構成する専有部分に対しては排他的な所有権を有する反面、専有部分がその機能を保つために必要不可欠の補充的機能を営む共用部分に対する共有持分については、その分割又は解消が禁止され、専有部分と分離して処分することが禁止されるなど相互拘束を受ける関係にある。区分所有者らのこのような関係に照らすと、区分所有者らの間には一種の人的結合関係が性質上当然に成立しており、各区分所有者は、右結合関係に必然的に伴う種々の団体的拘束を受けざるを得ない関係にあり、このことは本件団地内の区分所有者らと一棟以上の建物所有者らとの間においても同様である。

また、共用部分の利用による収益金が生じるためには、規約又は区分所有者ら（本件においては一棟以上の建物所有者らを含む。）の集会決議において、共用部分の管理の一環として収益源となる事業を行うことについて団体内の意思決定がされ、それに基づき区分所有者ら又はこれから委任を受けた管理者が区分所有者らの団体の事業として共有部分を区分所有者ら又は第三者の利用に供してその対価を徴収し、右対価からそれを得るために区分所有者ら又は管理者が支出した経費等を差し引くなど、一連の団体的な意思形成とこれに基づく業務執行を経て得られるものであることを考えると、共有施設である本件駐車場の開設により得られた収益金についても、右の団体的拘束から自由ではなく、共用部分から生じた利益は、いったん区分所有者らの団体に合有的に帰属して団体の財産を構成し、区分所有者らの集会決議等により団体内において具体的にこれを区分所有者らに分配すべきこと並びにその金額及び時期が決定

8章　管理組合の運営

されて初めて各区分所有者らが具体的に行使できる権利としての収益金分配請求権が発生するものというべきである。」

・本件は、団地の管理組合の管理が問題になったものであるが、共用部分（駐車場）からの収入（使用料）につき管理組合の総会でエレベーターの修繕積立金、補修工事費用に充てる旨に規約の変更をしたところ、この決議に反対した区分所有者が自己の持分に応じて分配すべきであると主張し、その支払いを請求した控訴審の事案である。
・本判決は、共用部分の収益金は、区分所有者の合有に属するとし、区分所有者の集会の決議等によって具体的な分配が定められていない以上、区分所有者が分配請求をすることができないとしたものであり、共用部分の収益金の取扱いを明確にした判断として参考になる。

113 管理組合役員の不正

職務執行停止、代行者選任の仮処分を認めた事例

長野地決平成11年4月27日判時1701号125頁

事案

リゾートマンションの理事長Y1、理事Y2らは、新規に設立される会社に管理費の中から300万円を出資しようとし、定期総会を開催し、出資に係る決議をさせた。区分所有者Xらは、Y1らに対し、出資が管理費の目的外使用に当たると主張し、職務執行停止、職務代行者選任の仮処分を申し立てた。

本件では、管理費の目的外使用が認められるかが争点になった。

本決定は、管理費は敷地、共用部分等のために支出するものであり、規約上使途が管理に要する費用に限定されているところ、会社への出資は管理に要する費用の支出には当たらない等とし、仮処分の申立てを容認した。

判旨

「2 前記のとおり、規約によって管理費の使途が管理に要する費用に制限されている以上、右使途以外に管理費を支出することは許されず、本件組合が出資をして筆頭株主になろうとしている本件会社の目的は前記認定のとおりで、債務者らも認めるとおり本件マンションの管理のみを目的としたものとはいえない以上、本件会社への出資は管理に要する費用の支出とはいえない。したがって、右支出がなされたとすれば、違法な支出となる。

債務者らは、滞納管理費徴収の必要性から右目的が正当化される旨を述べるが、出資先の会社の目的が管理費徴収のみである場合のように、目的の全てが管理の範囲内にあるのであればともかく、本件会社の目的は管理の範囲を大きく逸脱するもので、収益により滞納管理費による負担の軽減がはかれるとしても、そのことにより直ちに支出が適法となるものではない。

また、総会における議決を経ている点につき検討すれば、右総会の議案においては、前記のとおり、事業法人化についての概略が記載されているにすぎず、本件マンションがいわゆるリゾートマンションで、第八回総会においても大部分の区分所有者が委任状により議決権を行使しているという実態をも加味すれば、右議決により本件会社への具体的出資が承認されたと認められるかは疑問であり、現に債務者らは次回の総会において再審議を行う旨を述べている。よって、右議決によって、本件支出が適法となるものではない。」

Key point

・本件は、リゾートマンションの役員が管理費を新設会社への出資に使用しようとしたため、区分所有者らが役員に対する職務執行停止、職務代行者の選任の仮処分を申し立てた事案であり、マンションをめぐる紛争としては珍しい類型のものである。

・マンションの理事に不正がある場合には、区分所有者の集会を開催し、解任することができるほか、区分所有者が裁判所に解任の請求をすることができることになっている（区分所有法25条）。本件は、区分所有法所定のこのような解任の手続を経るまでの暫定的な方法である仮処分の申立てである。

・本決定は、理事らの管理費の支出が目的外の使用であることを認め、職務執行停止、代行者責任の仮処分の申立てを容認したものであり、重要な事例として参考になる。

8章 管理組合の運営

114 決算書等の閲覧請求
閲覧謄写請求権を否定した事例

東京高判平成12年11月30日判時1737号38頁

事案 Xは、Y協議会（マンション管理組合連合協議会）の会員である。Yは、全会員の5分の1以上の会員から、平成5年度役員の解任及び新役員の選任を議題とする臨時総会開催の請求を受け、平成12年5月1日、臨時総会を開催した。Yの臨時総会において、平成5年度役員の解任、新役員の選任の決議が行われ、引き続き、運営委員会が開催された。この運営委員会において、平成5年度から平成10年度までの間の決算報告を議案とする臨時総会を開催することが決議されたため、Yは、平成12年5月8日、臨時総会を開催し、この臨時総会において、決算報告書が承認された。Xは、Yが権利能力のない社団であると主張し、Yに対し、会員一覧表、決算書、収入・支出の内訳書等につき閲覧謄写を請求した。

第一審判決は、Yが権利能力のない社団であることを認め、民法の法人に関する規定を類推適用することができる等とし、請求を認容したため、Yが控訴した。

本件では、前記の協議会の会員が協議会に対して会員一覧表、決算書等につき閲覧謄写請求をすることができるかが争点になった。

本判決は、Yが権利能力のない社団であることを認めたものの、民法には第三者や法人の構成員に閲覧謄写の権限を認める規定はなく、専ら法人の自治に任せられているとし、原判決を取り消し、請求を棄却した。

判旨 「1　被控訴人は、控訴人は公益的な目的を有する権利能力なき社団であるから必要に応じて民法の公益法人の規定を類推適用すべきであるとしたうえ、同法五一条は公益法人に財産目録と社員名簿を常に事務所に備え置くことを要求しているのであるから、控訴人にはこれらを備え置く法的義務があるのであり、同法がこれらを備え置く法的義務があることを規定したのは、会員がこれらを閲覧できるようにするためであるから、被控訴人は本件会員一覧表及び本件会計関係書類等を閲覧謄写する権利を有すると解すべきであると主張する。

しかしながら、民法は、法人の設立に主務官庁の許可を必要とし（同法三四条）、法人の業務が設立許可を与えた主務官庁の監督に服し（同法六七条一項）、主務官庁はいつでも職権で法人の業務や財産の状況を検査することができる（同法六七条三項）としているのであり、同法五一条は、右の各規定の定めを実効あらしめるために、主務官庁はいつでも法人の構成員や財産を把握できるようにする趣旨で定められたものであると解するのが相当であり、そのために、主務官庁は、同法六七条三項に規定された検査権限に基づいてこれらを閲覧謄写することができると解されるものの、第三者や法人の構成員にこれらを閲覧謄写する権限があるとの規定は設けられていないのであって、したがって、第三者や法人の構成員にこれらを閲覧謄写する権限を認めるか否かは、専ら当該法人の自治に任されているものと解するのが相当である。

ところで、控訴人は、主務官庁の許可を得て設立された民法上の法人ではなく、したがって主務官庁の監督に服するものではないから、民法五一条に基づき財産目録及び社員名簿を常に事務所に備え置くべき義務を負っているものではなく、また、同条の趣旨は右のとおりであるから、直ちに同条を控訴人の場合に類推適用すべきであるということはできないところ、控訴人は、権利能力を有しないとはいえ、団体としての主要な点を確定する会則を有する組織体であり、構成員の変更があっても団体そのものは存在するという社団としての性質を有するものと認められることは前記のとおりであるから、民法上の法人について右に説示したところと同様、団体における会計処理のあり方やそれに対する審査の方法、さらにはこれに対する構成員の関与の仕方は、団体の規約によって自主的に決められるべきものであり、それが法令に違反するとか、公序良俗に違反するとかというものでない限り、尊重されるべきものである。

2　そこで検討するに、……によれば、控訴人には根本規約というべき「マンション管理組合連絡協議会会則」があり、同会則においては、執行機関として運営委員会が置かれ（一〇条一号）、同委員会の中に設置された総務部が控訴人の会計を司るものとし（同条二号）、組合会員及び個人会員をもって構成される総会で運営委員若干名と会計監査二名を選出し（八、九、一一条）、総会で決算の承認及び予算の決定を討議する（一一条）ことが規定されていることが認められるものの、会員名簿や会計関係書類の開示や閲覧に関する規定は何ら設けられていない。右会則の内容によると、控訴人においては、会員に決算の審議承認権を認めてはいるが、会員が会計処理が適正になされたか否かを審理する方法としては、会計報告書の内容を検討し、総会において役員に疑問点を質問して、それに対する説明を求めるというような方法を採用し、会員名簿や会計関係書類の開示や閲覧を認め、役員に対する責任追及を個々の会員が直接に行うという方法は採用していない。また、右会則によれば、控訴人は、⑴分譲マンションの管理組合、⑵分譲マンションの区分所有者、⑶会の活動に賛同する団体及び個人を会員として、これらの者が建物、共有敷地、敷地の維持管理、生活環境の改善のため、自主的に組織運営し、住みよいマンションにすることを目的とし（二条）、右の目的を達成するために、㈤マンションの管理、修繕等の方法に関する調査、研究、㈥分譲業者・建設業者・管理業者・業者団体・建設省等、関係機関に対する交渉、㈦会員相互の情報交換、㈧広報活動、㈨この会の目的達成に必要な関係諸団体と協力すること、㈩その他、目的達成のために必要な諸活動を行うこととし、自主的な民主団体として、㈤会員の独自活動を尊重し、これを侵さない。㈥特定の政党・宗教・利益団体等の支配制約を受けることなく、自主的な立場においてのみ連絡協調をはかるという原則に従って活動することとし（四条）、会員が納入すべき会費については、入会金は一〇〇〇円、年会費は前記⑴の組合会員が一万円＋戸数割、同⑵の個人会員が六〇〇〇円、同⑶の賛助会員が二万円（六条）と定めている。そして、控訴人には、会務に専従の役員（運営委員）はおらず、会長一名だけが半専従であるにすぎず（甲

八)、役員は無報酬である(甲八には平成四年度に年間支出欄の「人件費」の費目に、予算七二万円、決算一二五万四〇〇〇円、平成五年度の同予算欄に七二万円の記載があるが、これが役員の報酬であることについては証拠がない。)。控訴人の会則では会員が役員の責任を直接追及することは認められておらず、総会において決算や予算の内容を承認するかどうかの判断ができるに止まるものである。これらの事情に照らして考えても、右会則が会員に会員名簿や会計関係書類の開示や閲覧を認めていないことが、不合理であるとか公序良俗に違反するものであるとかということはできない。そうすると、右に述べたとおり控訴人の会則には、会員が控訴人に対し、会員一覧表や会計関係書類等の閲覧謄写を求めることを認める規定の定めがない以上、本件において、被控訴人は、控訴人に対し、本件会員一覧表及び本件会計関係書類等の閲覧及び謄写を請求することはできないものといわなければならない。」

・本件は、権利能力のない社団である協議会の会員が協議会に対して会員一覧表、決算書等の閲覧謄写請求をした控訴審の事案であり、民法(改正前の民法)の法人に関する規定の類推適用の可否、閲覧謄写請求の可否が問題になったものである。

・本判決は、前記の協議会が権利能力のない社団であることを認めたものの、民法上閲覧謄写の権利を認める規定がない等とし、会員の閲覧謄写請求権を否定したものであり、事例として参考になる。

・マンションの管理組合の多くは、権利能力のない社団であるが、管理規約において組合員(区分所有者)に組合員一覧表等の閲覧謄写を認める規定を設けている場合は別として、本件と同様な問題が生じ得るところである。本判決は、民法上の規定がないこと等を理由として、権利能力のない社団の構成員の閲覧謄写請求権を否定したものであるが、この理は、マンションの管理組合にも妥当するものである。

115 会計帳簿等の閲覧
区分所有権を売却したものは利害関係人に当たらないとした事例

東京高判平成14年8月28日判時1812号91頁

事案 Xは、Y管理組合のマンションの区分所有権の2分の1の共有持分を取得した。XがYに対して規約に基づき会計帳簿等の閲覧、謄写を請求したが、Yがこれを拒否した。Yの規約には、理事長は、会計帳簿、什器備品台帳、組合員名簿その他の帳簿類を作成して保管し、組合員又は利害関係人の理由を付した書面による請求があったときは、これらを閲覧させなければならない旨が定められていた。XがYに対して会計帳簿類の閲覧、謄写を請求した。

第一審判決は、請求を認容したため、Yが控訴した。Xは、その後、区分所有権の共有持分を他に譲渡した。

本件では、区分所有権の元持分権者が規約上の利害関係人に当たるかが争点になった。

本判決は、Xが区分所有権の共有持分を売却したため、規約上の組合員、利害関係者に当たらないとし、原判決を取り消し、請求を棄却した。

判旨 「ところで、被控訴人は、会計帳簿等の閲覧及び謄写請求の根拠として、被控訴人が管理規約61条の利害関係人に当たると主張するので、これについて検討するに、同条の規定を含む管理規約の意義ないし目的、本件マンションの管理組合としての控訴人の団体としての性質、同条が控訴人の「会計」に関する管理規約第七章中の一か条であり、これらの条項に則って控訴人の会計が自治的に経理ないし管理されるべきこと、しかして同条の閲覧の対象となる会計帳簿等の書類には控訴人の団体としての信用に係る具体的情報のみならず、組合員各人のプライバシーその他の個人情報が記載されており、そのような会計帳簿等の閲覧を認めることはそのような情報の開示を意味すること、同条が閲覧請求の方式として「理由を付した書面による」べき旨定めており、相当の理由が明示されない閲覧請求は控訴人の理事長において拒絶し得るものと定められていること等を総合考察すると、同条にいう利害関係人とは、本件マンションの管理及び控訴人の会計の経理について本件マンションの区分所有者たる組合員に準ずる管理規約上の地位を現に有する者であって、その地位に基づき管理組合に対して会計帳簿等の閲覧を請求する法律上の利害関係があると認められる者（例えば、区分所有者からその専有部分の貸与を受け、管理組合にその旨の届出があった者又はその同居人、管理組合との間で組合管理部分について貸与、管理受託その他の契約関係を有する者等でその地位と当該閲覧請求との間に法律上の関連性が認められる者が想定される。）をいい、単にその閲覧につき事実上の利害関係を有するにすぎない者を含まないと解するのが相当である（会計帳簿等の謄写の請求を組合員なり利害関係人なりに許す旨の明文の規定は、管理規約の中に見当たらないが、書類の閲覧が許される場合には、通常電子複写等の機械的複写が実務的に可能である

ときは、そのような機械的謄写も許されるものと解されるから、会計帳簿等の閲覧の請求に関する同条の規定は、このような謄写の請求についても準用ないし類推適用されるものと解される。）。

　これを本件についてみるに、被控訴人が自ら組合員であった当時に控訴人の役員による管理費等の使込みなどの不正行為があり、そのことを理由にその当時の役員に対する債務不履行又は不法行為に基づく損害賠償責任を追及するとしても、そもそも組合員が納付した管理費、修繕積立金等に関する管理処分権は管理組合に帰属するのであり（管理規約57条4項が、「組合員は、納付した管理費等及び使用料について、その返還請求又は分割請求をすることができない」旨定めているのも、この趣旨によるものであると解される。）、不正行為があったとされる役員に対する損害賠償請求をするにしても、その被害者すなわちその賠償請求主体は、個々の組合員ではなく、あくまで管理組合であるから、被控訴人が被害者として直接当該役員に対し債務不履行又は不法行為に基づく損害賠償を請求できる実体法上の権利を有しているとは認められない。また、被控訴人は、そのような損害賠償請求権を有しないのみならず、被控訴人が控訴人の組合員として管理規約に基づき控訴人に対し当該役員に対する損害賠償請求権を行使するなどの措置を講ずるように要求し、又は他の組合員にこれに同調するよう訴えるなどの行動をする権利（すなわち被控訴人の控訴人の組合員たる資格の中味の一つ）も、被控訴人が従前有していた共有持分とともに平成12年12月12日にその譲受人に移転したことによって、これを喪失したものといわざるを得ないのである。

　そして、他に、被控訴人が同日後においても上記のような組合員に準ずる管理規約上の地位を有する者（ひいてはその地位に基づき会計帳簿等の閲覧及び謄写を請求する法律上の利害関係があると認められる者）と認めるに足りる証拠は何ら存しない。

　そうすると、被控訴人は、管理規約61条にいう利害関係人に該当する者とはいえない。」

・本件は、管理組合が作成、保管する会計帳簿類について、区分所有権の共有持分権を有する者が規約に基づき閲覧、謄写を請求したため、規約上の利害関係人に当たるかが問題になった控訴審の事案であり、管理組合の運営上日常的に生じ得る問題である。
・本判決は、閲覧謄写請求をした者が請求後共有持分権を売却したことから、規約上の利害関係人に当たらないとしたものであり、利害関係人を否定した事例として参考になるものである。
・本判決が利害関係人の意義、範囲について、マンションの管理及び管理組合の会計の経理についてマンションの区分所有者たる組合員に準ずる管理規約上の地位を現に有する者であって、その地位に基づき管理組合に対して会計帳簿等の閲覧を請求する法律上の利害関係があると認められる者（例えば、区分所有者からその専有部分の貸与を受け、管理組合にその旨の届出があった者又はその同居人、管理組合との間で組合管理部分について貸与、管理受託その他の契約関係を有する者等でその地位と当該閲覧請求との間に法律上の関連性が認められる者が想定される）をいい、単にその閲覧につき事実上の利害関係を有するにすぎない者を含まないとしているのは、1つの見解として参考になる。もっとも、近年は、個人情報の保護の要請の高まりが見られ、個人情報、プライバシーを含む部分については、別途の考慮をしている管理組合も少なくないものと推測される。

116 事実上の管理規約
事実上使用されてきた規約による運営を有効とした事例

東京地判平成15年1月30日金法1696号90頁

事案

　A株式会社は、平成元年、総戸数61戸のマンションを建築、分譲し、Aの系列会社であるB株式会社が管理業務を行ってきた（各区分所有者がBと個別に管理委託契約を締結してきた）。マンションでは、管理組合も設立されず、規約も設定されなかった。Bは、平成12年、管理組合の設立を前提とし、総会の開催を計画し、61戸のうち36戸の区分所有者の議決によりX管理組合の設立を決議し、Cを理事長に選任する旨の決議をした（規約の設定については、法定の要件を満たす賛成がなかったため、審議未了とされた）。Y銀行にX名義で預金口座を開設し、1500万円が預金されたが、その後、BとCとの間で紛争が発生し、A等が臨時総会を招集し、Cを理事長から解任し、Aを理事長に選任する旨の決議をし、Aが総会において訴訟追行権を授与された。Xは、Yに対して預金の払戻しを請求した。

　本件では、管理組合が適法に設立されたか、臨時総会における決議が有効であるか等が争点になった。

　本判決は、マンションの分譲以来の管理、総会の決議等の事情を認定した上、管理組合は有効に設立され、理事長等の役員も有効に選任され、管理規約については、適法な決議がされなかったものの、それ以前から使用されてきた規約が管理組合の規約として使用され、管理組合の運営が行われてきたことから、Xは、管理組合として設立、運営されている等とし、Yの主張を排斥し、Xの請求を認容した。

判旨

　「前項に認定した事実によれば、原告管理組合は、平成12年1月19日本件マンションの集会において、有効に設立が決議されたものであり、その理事長としてCが選任されるなど役員が選任され、その後、本件規約の改訂が検討されたものの、管理会社との関係悪化や管理組合内部の紛争のため改訂に至らないまま、本件規約を管理組合規約として使用し、これにしたがって、総会開催その他の管理組合の運営を行ってきたものであり、現に、Cは原告管理組合の代表者である理事長として行動していたものと認めることができ、これらの認定を左右するに足りる証拠はない。

　よって、原告は、本件マンションの管理組合として設立、運営されているものと認められる。」

・本件は、直接的には、管理組合が管理費を預金している銀行に対して預金の払戻しを請求した事案であるが、その背景に、マンションの分譲以来数年も管理組合が設立されず、管理規約の設定決議も行われないままであったところ、管理組合が設立されたものの、管理規約が適法かつ有効に設定されないまま、事実上規約が使用されてきたという事情があり、管理組合の設立の当否、理事長の選任の当否等が問題になったところに特徴がある。
・本判決は、事実上使用されてきた規約による管理組合の運営を有効としたものであり、管理組合との取引に当たって留意すべき点を改めて認識させるものであるし、理論的にも、事例としても預金取引等につき参考になる。

117 理事長の報酬

理事長職は委任・準委任契約であり労働契約ではないとした事例

東京地判平成17年8月26日（平17（ワ）第8478号）

事案　Xは、平成元年、マンションのY管理組合の理事長になり、平成16年3月まで理事長として職務を行い、平成15年8月までは毎月10万円ずつ支払いを受けていた。Xは、Yからその後の支払いを受けなかった。Xは、Yに対して労働契約の成立を主張し、給料の支払い等を請求した。

本件では、労働契約の成否が争点になった。

本判決は、労働契約の成立を否定し、請求を棄却した。

判旨　「(1)原告は、平成元年ころ、被告と本件労働契約を締結した旨主張する。

確かに、証拠（甲7ないし25、27ないし38の1、原告本人）及び弁論の全趣旨によれば、被告の会計書類には、「管理者支払費用」、「給料手当」、「管理者給与未払金」等が計上され、実際に、平成元年ころから平成15年8月1日までの間、被告の預金口座から原告の預金口座に、定期的に10万円ずつ振込入金されていることが認められ（ただし、平成15年12月1日及び平成16年6月1日にも、10万円ずつ振込入金されている。）、被告代表者も、被告理事長就任後、金額及びその趣旨はともかく、本件マンションの管理業務に関して報酬を受領した事実は否定しない（被告代表者）。

(2)しかしながら、証拠（原告本人、被告代表者）及び弁論の全趣旨によれば、平成元年から平成16年3月31日までの間、被告理事長（代表者）として、職員の採用や解雇に関する権限を有していたのは、原告自身であるし、本件マンションの管理業務に係る報酬自体、被告前理事長の本件マンション退去に伴い、原告が被告理事長に就任した際、従前の例に倣い毎月10万円の支払を受けることにしたものにすぎず、その支払方法も、原告管理に係る被告の預金口座に入金された管理費等から10万円を原告の預金口座に自動的に振込入金するというもので、これが未払となったのは、被告組合員からの管理費等の徴収が滞り、原資が不足したことによるというのであって、これらの事情にかんがみると、およそ原告と被告との間で本件労働契約が締結されたと認めることはできない。」

・本件は、管理組合の理事長が従来10万円の支払いを受けてきたのに、その支払いを受けることができなくなり、管理組合に対して労働契約の成立を主張し、給料等の支払いを請求した事案であり、珍しい内容の事件である。本件の背景には、従来10万円ずつの支払いを受けてきたこと、その後管理費の滞納が多額になり、資金源がなくなったことがあったことが窺われる。

・本判決は、理事長につき労働契約の成立を否定したものであるが、事例判断ではあるものの、重要な先例ということができる。マンションの理事長が規約上有償であることは少なくないが、理事長職は、委任・準委任であり、労働契約によるものではない。

118 店舗部分の使用不承認

マンションの店舗部分の使用承認が管理組合の部会に委ねられ、部会が不承認とした不法行為を認めた事例

東京地判平成21年9月15日判タ1319号172頁

事案

Xは、マンションの専有部分を区分所有しており、Y1管理組合は、規約、店舗規則において店舗部分で営業を開始するには営業者がY2部会（Y1内の店舗部分の区分所有者全員で構成される部会）の部会長の承認を得なければならないと定められていたところ、XがAに心療内科クリニックとして賃貸しようと予定し、AがY2に承認願いを提出したものの、Y2がこれを承認しない処分をする等したことから、XがY1、Y2に対して不承認の無効確認、不法行為に基づき損害賠償、区分所有権に基づき心療内科クリニックとしての使用の妨害禁止を請求した。

本件では、複合マンションの店舗部分の営業申請につき管理組合内の部会による不承認に係る不法行為の成否が主な争点になった。

本判決は、不承認の処分は法的効力を有しない等とし、この訴えを却下し、承認するかどうかについては、Y2の合理的裁量に委ねているところ、裁量権を超え又は濫用したと認められる場合には、違法であるとした上、心療内科に通院する患者が他の店舗等に迷惑になるとはいえない等とし、不承認が違法であるとして不法行為を認め、賃料11か月分、礼金相当額の損害を認め、Y2に対する損害賠償請求を認容し、その余の請求を棄却した。

判旨

「そこで、以下では、被告店舗部会によるこれら一連の行為が不法行為としての違法性を有するかどうかを検討する。

イ(ア) まず、その判断基準について検討するに、区分所有法は、区分所有者が全員で区分所有建物等の管理を行うための団体を構成すること（3条）、区分所有建物等の管理又は使用に関する区分所有者相互間の事項を規約により定めることができること（30条1項）を規定し、区分所有建物の管理を区分所有者の団体による私的自治にゆだねている。

(イ) そして、本件規約は、このような区分所有法の規定に基づいて制定された規約であり、店舗部分の区分所有者等が店舗部分を店舗等事業所として使用する場合には、店舗部会の部会理事会の承認を要する旨を定めるとともに（12条2項）、その他、店舗部分の管理及び使用について附属規程である本件規則の定めに委任し、本件規則は、これを受けて、上記承認を得る手続を具体的に定めている（7条）。

これらの規定からすると、本件規約及び本件規則は、区分所有法の定めを具体化して、店舗部分の管理を被告店舗部会による私的自治にゆだねていると見るのが相当である。

したがって、裁判所が被告店舗部会が営業者による営業開始を承認するかどうかの

判断は、被告店舗部会の合理的裁量にゆだねられるべきものである。

(ウ) もっとも、被告店舗部会が営業開始を承認せず、その営業のために店舗部分を使用することを禁止すると、区分所有者等の権利が制約されることになるので、その適否について司法審査が一切及ばないと解するのは妥当でなく、例外的に被告店舗部会の上記判断が違法となる場合があると解すべきである。

そして、上記(イ)の説示に照らすと、裁判所がその処分の適否を審査するに当たっては、被告店舗部会と同一の立場に立って当該処分をすべきであったかどうか等について判断し、その結果と当該処分とを比較してその適否、軽重等を論ずべきものではなく、被告店舗部会の裁量権の行使としての処分が、全く事実の基礎を欠くか又は社会観念上著しく妥当を欠き、裁量権の範囲を超え又は裁量権を濫用してされたと認められる場合に限り、違法であると判断すべきものである（最判昭和29年7月30日民集8巻7号1463頁、同昭和49年7月19日民集28巻5号790頁、同昭和52年12月20日民集31巻7号1101頁、同平成8年3月8日民集50巻3号469頁各参照）。

…………

(3)ア 以上の事実を前提に、本件承認願を承認しなかった被告店舗部会の行為が不法行為として違法であるかどうかを検討するに、上記(2)の事実経過に照らすと、被告店舗部会が本件承認願に対する承認を拒否した実質的な理由は、専ら本件理由③に帰着するというべきである。

すなわち、本件理由①については、原告による申入れに対する拒否の回答をした平成19年8月31日より前の同月22日、被告管理組合の理事会において、原告に対し、既存の診療科目と重複しないほかのクリニックによる開業の提案を検討する旨が報告されたことが認められるので、被告店舗部会自らが既存の診療科目以外での開業を許容していたと見ることができる。したがって、本件理由①が被告店舗部会による不承認の実質的な根拠となっていたと見ることはできない。

また、本件理由②については、原告から乙山が「内科」との競合を避けるため、「心療内科」ではなく「精神科・神経科」又は「神経科」との診療科目で開業することも検討している旨の申入れがされたにもかかわらず、被告店舗部会は本件承認願に対する承認を拒否したことが認められるので、本件理由②は当該判断の実質的な根拠ではないといわざるを得ない。

イ(ア) そこで、被告店舗部会が本件理由③に基づいて本件承認願を承認しなかったことが不法行為として違法かどうかを見ると、心療内科、精神科や神経科に通院する患者が周囲の者に対し不安感を与えたり又は迷惑を掛けたりするような行動を取るとの事実を認めるに足りる証拠はないし、被告店舗部会がこのような事実の裏付けとなり得る資料に基づいて承認しないとの判断をしたことを認めるに足りる的確な証拠もない。

被告らは、被告店舗部会の理事の親戚が精神病に罹患し、ショッピングモールで事

件を起こしたことがある旨を主張し、これに沿う戊谷証人の証言がある。しかし、仮に、この事実が認められるとしても、飽くまでも個別具体的な事例にとどまるのであって、これだけでは、一般的に、心療内科、精神科や神経科に通院する患者がこのような行動を取る危険があることを裏付けるには足りないといわなければならない。

〔イ〕 そうすると、被告店舗部会は資料又は事実による裏付けを欠く本件理由③に依拠して、本件承認願を承認しなかったと認められるので、上記(1)イ(ウ)の基準に照らし、被告店舗部会は、その裁量権を逸脱し、又は濫用して、本件承認願を承認せず、原告の区分所有権を制約したものといわざるを得ず、このような行為には不法行為としての違法性が認められるというべきである。」

・本件は、複合マンションの店舗部分について、規約等に基づき、営業予定者が管理組合の部会の部会長の承認を申請したところ、不承認になったため、営業予定者に専有部分の賃貸を予定していた区分所有者が管理組合、部会に対して不法行為に基づき損害賠償等を請求した事件である。マンションの店舗部分の使用については、管理規約等に基づき規制が加えられていることが多く、規制の中には事前の承認が求められることがあるが、本件は、管理組合の部会の部会長の承認が必要であり、部会長が不承認にしたことから、管理組合、その部会と賃貸借を予定していた区分所有者との間に生じた紛争である。

・本判決は、部会の不法行為の成否について、承認の可否は、部会の合理的裁量に委ねているところ、裁量権を超え又は濫用したと認められる場合には、違法であるとしたこと、本件で営業が予定されていた心療内科クリニックは心療内科に通院する患者が他の店舗等に迷惑になるとはいえない等とし、不承認が違法であるとしたこと、部会の不法行為を肯定したこと、損害として賃料11か月分、礼金相当額を認めたこと、管理組合の不法行為を否定したことに特徴がある。本判決は、複合マンションの店舗部分の使用承認が管理組合の部会に委ねられ、部会が不承認とした事案について、部会の不法行為責任を肯定した事例として参考になる。

119 管理者の辞任に伴う管理費等残余金の引渡義務

管理者が辞任後、推計による管理費の残余金の引渡義務が認められた事例

東京地判平成22年6月21日判タ1341号104頁

事案

マンションのX管理組合において、Y1株式会社がマンションの竣工後、マンションの専有部分の80％を超える専有部分を区分所有するとともに、管理者に選任されており（Y1の100％親会社であるA株式会社があり、その100％親会社としてY2株式会社があった）、Y1が区分所有者らから管理費を徴収し、管理を行っていたが、Y1が区分所有権をB株式会社に譲渡し、管理者を辞任したものの、Bが管理費の残余金として金銭を引き継ぐことはなかったし、その後、Bも区分所有権をC株式会社に譲渡し、管理者を辞任する等したことから、XがY1に対して区分所有法28条、民法646条に基づき残余金の引渡しを請求し、Y2に対して不法行為に基づき損害賠償を請求する等した。

本件では、管理者の辞任に伴う管理費等の残余金の引渡義務の有無・内容が争点になった。

本判決は、管理者が辞任した場合、管理者は区分所有者又は後任の管理者に対して区分所有者から徴収した管理費等の残余金を引き渡すべき義務を負うとした上、Xの行った推計計算による残余金を推定し、Y1に対する請求を認容したが、Y2の不法行為、不当利得を否定し、Y2に対する請求を棄却した。

判旨

「(1) 区分所有法上の管理者は、区分所有者に対し、その職務上受け取った金銭を引き渡す義務を負うのであり（区分所有法28条・民法646条1項）、当該管理者が辞任した場合、区分所有者又は後任者に対し、区分所有者から徴収した管理費等の残余金を引き渡すべき義務を負うと解すべきである。

前記前提事実(2)アのとおり、被告Y1は、本件マンションの竣工当初から平成19年3月23日までの間、本件マンションの管理者として、区分所有者から本件管理費を徴収し、平成19年3月23日に管理者を辞任した。よって、被告Y1は、本件管理費の残余金が存在するのであれば、本件マンションの区分所有者全員により構成される原告に対し、当該残余金を引き渡す義務を負うというべきである。

(2) 被告Y1は、同社が本件マンションの管理に掛かる費用を原則としてすべて負担し、他の区分所有者にはその費用の一部のみを被告Y1に対し支払ってもらうとの考えを前提とし、他の区分所有者から支払われた本件管理費を自己の財産と区別して管理していなかった。よって、本件管理費の残余金は存在しないと主張する。

証拠（略）及び弁論の全趣旨によれば、被告Y1が本件管理費について上記のとおり運用していたことが認められるところ、そのような運用をしていたのであれば、被

告Ｙ１に本件管理費の残余金としての金銭は存在し得ないことになる。
　しかしながら、管理者は区分所有者から徴収した管理費を自己の財産と区別して管理するのが原則であるというべきところ、旧規約には、被告Ｙ１が上記運用をすることを許容する旨の規定はなく、また、他の区分所有者が、被告Ｙ１による上記運用を認識、認容していたことをうかがわせる事情はない。
　したがって、他の区分所有者が被告Ｙ１による上記運用を許容していたということはできないから、被告Ｙ１は、原則どおり、同社を含む各区分所有者から本件管理費を徴収し、自己の財産と区別して管理すべきであったといえる。よって、被告Ｙ１は、上記運用を理由に本件管理費の残余金の支払を拒むことはできないというべきである。」

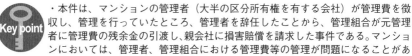

・本件は、マンションの管理者（大半の区分所有権を有する会社）が管理費を徴収し、管理を行っていたところ、管理者を辞任したことから、管理組合が元管理者に管理費の残余金の引渡し、親会社に損害賠償を請求した事件である。マンションにおいては、管理者、管理組合における管理費等の管理が問題になることがあるが、本件は、管理者の管理が問題になり、管理組合から管理費の残余金の引渡しが問題になったことに特徴がある。管理者は、区分所有者全員のために管理業務を行うものであり、その関係は委任の規定が準用されており（区分所有法28条）、受任者として、委任者に委任事務を処理するに当たって受け取った金銭その他の物の引渡義務を負うものであるところ（民法646条）、本件の管理費はこの引渡義務の対象になるものである。
・本判決は、管理者が辞任した場合、管理者は区分所有者又は後任の管理者に対して区分所有者から徴収した管理費等の残余金を引き渡すべき義務を負うとしたこと、管理費の残余金の認定に当たって、管理組合の行った推計計算を採用したことに特徴がある。本判決は、管理者等が行う管理に係る収支、管理費の残余金の算定が問題になる同種の事案の取扱いに参考になる。

120 会計帳簿の謄写

会計帳簿等の閲覧を認める管理規約は当然には謄写を認めるものではないとした事例

東京高判平成23年9月15日判タ1375号223頁

事案　Y管理組合法人は、管理規約においてYの理事長は、会計帳簿その他の帳票類を作成し、保管し、組合員の理由を付した書面による請求があったときは、閲覧させなければならない旨が定められていたところ、区分所有者Xらは、Yに対して平成18年度から平成20年度までの会計帳簿類一切の閲覧、謄写を請求した。

第一審判決（東京地判平成23年3月3日判タ1375号225頁）は、謄写を含め、請求を認容したため、Yが控訴した。

本件では、会計帳簿等の閲覧を定める管理規約の解釈が争点になった。

本判決は、閲覧を定める管理規約の定めは当然に謄写を認めるものではない等とし、原判決を変更し、請求を認容した。

判旨　「(1) 被控訴人らは、本件規約上謄写を認める規定はないが、閲覧が許される場合には謄写も許されるべきであると主張する。しかし、謄写をするに当たっては、謄写作業を要し、謄写に伴う費用の負担が生じるといった点で閲覧とは異なる問題が生じるのであるから、閲覧が許される場合に当然に謄写も許されるということはできないのであり、謄写請求権が認められるか否かは、当該規約が謄写請求権を認めているか否かによるものと解される。本件規約第70条においては、「理事長は、会計帳簿、什器備品台帳、組合員名簿及びその他の帳票類を作成・保管する。組合員又は利害関係人の閲覧請求については、第57条3項の定めを準用する。」とし、第57条3項において、「理事長は議事録を保管し、組合員又は利害関係人の理由を付した書面による請求があったときは、議事録を閲覧させなければならない。この場合、閲覧につき相当の日時、場所等を指定することができる。」と定められていることは当事者間に争いがないところ、このように本件規約で閲覧請求権について明文で定めている一方で、謄写請求権について何らの規定がないことからすると、本件規約においては、謄写請求権を認めないこととしたものと認められる。

(2) これに対し、被控訴人らは、本件規約が制定されたのが30年近く前のことであり、当時は現在のようにコピー機が広汎に普及していなかったため謄写請求権を明文化しなかったものであり、謄写請求権を否定する趣旨ではないと主張するが、本件規約に謄写請求権の規定が設けられていない理由が被控訴人ら主張の趣旨であると認めるに足りる証拠はない。

被控訴人らは、管理組合の運営に関して会計の面から組合員に監督・是正の機会を与えるという会計関係書類の閲覧請求権の趣旨に鑑みると、明文の規定がないという

だけで直ちに謄写請求権を排除する趣旨と解すべきではなく、謄写は閲覧の意義をより高めることになるから、謄写請求権まで認めることが当事者の合理的意思に適うとも主張する。しかし、前記のとおり謄写請求権を認めるためには閲覧請求権とは異なる問題が生じることに照らすと、被控訴人らが主張する閲覧請求権の趣旨を実現するために、当然に謄写請求権まで認められることにはならないものというべきである。」

Key point

・本件は、管理規約において会計帳簿等の閲覧が定められていたところ、区分所有者らが管理組合法人に対して会計帳簿類一切の閲覧、謄写を請求した控訴審の事件であり、謄写請求の当否が問題になった。

・第一審判決が管理規約に基づき閲覧だけでなく、謄写請求を容認したところ、本判決は、謄写請求権を認めるためには閲覧請求権とは異なる問題が生じることに照らすと、閲覧請求権の趣旨を実現するから当然に謄写請求権まで認められることにはならないとし、謄写請求権を否定したものである。

・本判決は、謄写請求権と閲覧請求権は異なる性質の権利であることを踏まえ、管理規約の解釈を明らかにしたものとして参考になる。

121 マンション内における誹謗中傷の差止請求

区分所有者の管理組合の役員に対する誹謗中傷が共同の利益に反する余地があるとされた事例

最三小判平成24年1月17日判時2142号26頁

事案

マンションの区分所有者Yは、平成19年頃から、A管理組合の役員が修繕積立金を恣意的に運用したなどと記載した文書を配布したり、マンション付近の電柱に貼付したり、マンションの防音等の工事を受注した業者に趣旨不明の文書を送付する等したことから、区分所有者Xが区分所有法所定の手続を経て、同法57条又は規約に基づき前記の各行為の差止めを請求した。

第一審判決は、前記の各行為は被害を受けたとする者が差止請求、損害賠償請求をすれば足り、区分所有法6条1項所定の共同の利益に反する行為に当たらないことは明らかであるとし、請求を棄却したため、Xが控訴した。

控訴審判決は、第一審判決と同旨を判示し、控訴を棄却したため、Xが上告受理を申し立てた。

本件では、役員に対する誹謗中傷が共同の利益に反するかが争点になった。

本判決は、区分所有法57条所定の差止請求については、単なる特定の個人に対する誹謗中傷の域を超えるものであり、管理組合の業務の遂行や運営に支障が生ずるなどしてマンションの正常な管理又は使用が阻害される場合には、同法6条1項の規定に当たるとみる余地があるとし、原判決を破棄し、本件を東京高裁に差し戻した。

判旨

「法57条に基づく差止め等の請求については、マンション内部の不正を指摘し是正を求める者の言動を多数の名において封じるなど、少数者の言動の自由を必要以上に制約することにならないよう、その要件を満たしているか否かを判断するに当たって慎重な配慮が必要であることはいうまでもないものの、マンションの区分所有者が、業務執行に当たっている管理組合の役員らをひぼう中傷する内容の文書を配布し、マンションの防音工事等を受注した業者の業務を妨害するなどする行為は、それが単なる特定の個人に対するひぼう中傷等の域を超えるもので、それにより管理組合の業務の遂行や運営に支障が生ずるなどしてマンションの正常な管理又は使用が阻害される場合には、法6条1項所定の「区分所有者の共同の利益に反する行為」に当たるとみる余地があるというべきである。

これを本件についてみると、上告人が、被上告人による本件各行為は、本件管理組合の役員らに対する単なる個人攻撃にとどまらず、それにより本件管理組合の業務の遂行や運営に支障が生じているなどと主張していることは、前記のとおりである。それにもかかわらず、被上告人が本件各行為に及んでいるか、また、それにより本件マ

ンションの正常な管理又は使用が阻害されているかなどの点について審理判断することなく、法57条に基づく本件請求を棄却すべきものとした原審の判断には、法6条1項の解釈を誤った違法があり、この違法が判決に影響を及ぼすことは明らかである。」

Key point

・本件は、区分所有者が管理組合の役員に対する各種の手段によって誹謗中傷行為を繰り返したため、区分所有者に対して区分所有法57条1項に基づき行為の差止めが請求された上告審の事件である。マンション管理の現場においては、区分所有者間の誹謗中傷、区分所有者の役員に対する誹謗中傷の事例を見かけることが少なくないが、後者の場合、役員個人の問題であるか、区分所有者全体（管理組合）の問題になるかが微妙な事例がある。本件については、第一審判決も、控訴審判決も、役員個人の問題であるとの見解を前提として判断したものである。

・本判決は、区分所有者の行為の中には、単なる特定の個人に対する誹謗中傷等の域を超えるもので、それにより管理組合の業務の遂行や運営に支障が生ずるなどしてマンションの正常な管理又は使用が阻害される場合には、区分所有法6条1項所定の「区分所有者の共同の利益に反する行為」に当たるとみる余地があるとしたものであり、マンション内における誹謗中傷をめぐる法的な問題について重要な判断を示したものである。

・本判決の評釈として、片桐善衛・判時2157号161頁、藤巻梓・民商146巻6号597頁、伊藤栄寿・法教389（別冊付録）号21頁がある。

122 修繕工事に関する理事の裁量
修繕工事に関する理事の決定に係る損害賠償責任が否定された事例

東京地判平成24年3月28日判時2157号50頁

事案

Xは、マンションの1階に専有部分を区分所有し、店舗を営業しているところ、本件マンションのY1管理組合法人が大規模修繕を行うこととなり、修繕委員会の設置を決議し、検討し、総会において大規模修繕工事の施工を決議し、A株式会社との間で工事請負契約を締結し、工事が施工されたが、Xの店舗前の共用部分のタイル張替等の工事については、Xが規約に違反して設置した空調用室外機、店舗看板を移動させず、理事会の決定により工事を留保することとなったことから施工されなかったため、XがY1に対して工事の施工、Y1の理事Y2らに対して債務不履行、不法行為に基づき損害賠償を請求した。

本件では、特定の区分所有者につき修繕工事の施工を留保した理事らの債務不履行、不法行為の成否等が争点になった。

本判決は、総会が工事を決議したことは、理事会はその執行が義務づけられているものではなく、執行する権限が授与されたものというべきであり、理事会が工事を施工するに当たっては一定の裁量が認められているとし、本件では裁量の逸脱はないとし、Y2らの債務不履行、不法行為を否定する等し、請求を棄却した。

判旨

「(2) 総会は、被告管理組合における最高の意思決定機関であり、総会で選任される理事、ひいては、その理事により構成される理事会は、総会の議決に基づく組合業務を執行することが求められている。

ところで、本件修繕工事は、計画修繕または特別修繕にあたるところ、修繕積立金の使用方法は、総会だけでなく、理事会も決定することができるとされ（規約二〇条）、また、総会議決で実施することになっていた各戸ベランダのアルミサッシ取替工事（本件修繕工事の一部）が予算の都合で理事会の決定で見送られたことがあり、その後に同工事実施の可否や、過去にも本件マンションの設備工事実施の可否が理事会の決定に委ねられたことがあったことが認められる。

…………

以上から、本件修繕工事については、総会が実施することを議決したが、理事会は、すべてにおいてその執行（実施）が義務付けられたというものではなく、執行（実施）する権限が授与されたものというべきであり、理事会が本件修繕工事を実施するにあたっては、理事会に一定の裁量が認められているというべきである。

理事会が総会の議決に反し本件工事を保留したことにつき、執行（作為）義務や損害賠償義務が認められるには、その裁量を逸脱したと認められることが必要であると解すべきであり、理事会は、被告管理組合の執行機関であるから、同義務の主体とな

りうるのは、構成員である個々の理事ではなく、被告管理組合となると解すべきである。個々の理事にも責任が生じうる場合は、個々の理事が原告の権利を侵害するとの積極的意図をもって、理事会の決定を導いたときなどに限られるというべきである。

　以下、本件工事を保留する決定をしたこと、あるいは、本件工事を保留し続け、実施していないことが、理事会が有している裁量を逸脱していると認められるかどうか、まず、検討していく。

　…………

　四(1)　原告店舗前の共用部分の原告の使用状況は、共用部分に看板等工作物を築造すること、共用部分の不法占有及び物品を放置すること、本件マンション、敷地及び附属施設の管理または使用に関し、組合員の共同の利益に反する行為をすることを禁止事項とした規約（二五条三号、一一号、一三号）に違反するものと解すべきであり、本件マンションの区分所有者共同の利益に反し、被告管理組合には、原告に対し、現状の使用状況を改善させ、規約違反を是正させる責務があったというべきである。

　原告店舗前の共用部分は、本件マンションの区分所有者がごみ置き場や最寄り駅等への通路として使用するところであり、本件マンションの共用部分の中でも公共性の高い部分であって（このようなものである以上、原告店舗前の共用部分上の看板が公序良俗を害しないとはいえない。）、住戸に接するバルコニーと同視できるものではないというべきである。原告店舗前の共用部分の使用状況が規約に違反していること、原告の専用使用が認められたものではないことは、原告も認識しているといえ、原告店舗前の共用部分について、原告の専用使用が許可されたことや承認されたことがあると認めるに足りる証拠はない。

　共用部分が原告という特定の組合員のみにより使用されていることが問題なのであって、本件マンションの区分所有者がごみを出しに行く時間帯に、原告店舗前の共用部分に現に自転車等が駐輪されているかどうかは、上記判断に影響を与えるものではない。また、一階が店舗になっている他のマンションの店舗前敷地の使用状況についても、本件マンション（被告管理組合）の規約違反が問題となっている本件には直接には影響を及ぼすものではない。

　(2)　そして、前記認定事実、すなわち、原告店舗前の共用部分に室外機や看板が設置され、自転車やバイクが駐輪されている状況では、本件工事を実施できないこと、以前から原告店舗前の共用部分には室外機等が設置され、自転車やバイクが駐輪していたこと、これらのことに関し、被告管理組合の組合員から苦情が寄せられていたこと、本件修繕工事の実施が決定される以前から被告管理組合が原告に対し原告店舗前の共用部分の使用状況について改善を求めていたこと、本件修繕工事が始まった後、原告がいったんは原告店舗前の共用部分の使用状況について改善の約束をしたが、それを撤回し、現状の使用状況を容認するよう求めたこと、結局、原告が原告店舗前の共用部分の使用状況を改善せずに現在に至っていることなどからすると、原告店舗が

当初から店舗としての使用が予定されていたことを考慮しても、理事会で本件工事を保留することを決定し、被告管理組合が本件工事を実施しなかったことは、やむを得ないものであったといえる。」

・本件は、マンションにおいて大規模な修繕工事が施工されることになったところ、区分所有者が建物の前に規約に違反して設置した空調用室外機、店舗看板を移動させず、理事会の決定により工事を留保することとなったため、区分所有者が管理組合、理事らに対して損害賠償を請求する等した事件であり、理事らの損害賠償責任の成否が問題になった。
・本判決は、本件では修繕工事につき総会が実施することを議決したが、理事会は、すべてにおいてその執行（実施）が義務付けられたというものではなく、執行（実施）する権限が授与されたものというべきであるとし、理事会が修繕工事を実施するにあたっては、理事会に一定の裁量が認められているとしたこと、理事会が総会の議決に反し工事を保留したことにつき、執行（作為）義務や損害賠償義務が認められるには、その裁量を逸脱したと認められることが必要であると解すべきであるとしたこと、理事会は、管理組合の執行機関であるから、同義務の主体となりうるのは、構成員である個々の理事ではなく、管理組合であるとしたこと、個々の理事は区分所有者らの権利を侵害するとの積極的意図をもって、理事会の決定を導いたときなどに限られるとしたこと、本件では理事会で修繕工事を保留することを決定し、管理組合が工事を実施しなかったことは、やむを得ないものであるとしたこと、理事らに特定の区分所有者を差別し、権利を害する積極的意図はなかったとしたこと、理事らの責任を否定したことに特徴がある。
・本判決は、修繕工事を行うに当たって、特定の区分所有者のみにつき工事の施工を留保した事案について、区分所有者の規約違反を考慮し、判断したことが裁量を逸脱したものではないとし、管理組合、理事らの責任を否定した事例として参考になるし、その前提として、理事個人の責任が認められる要件を限定的に解する法理を提示していることも参考になる。

管理費・修繕積立金

123 管理費の負担に差を設ける決議の有効性
集会決議の効力を肯定した事例

東京地判昭和58年5月30日判時1094号57頁

事案

　Aマンションは、複合マンションであり、本館（地下3階、地上10階建てであり、5階以上が住宅であった）と別館（地下1階、地上4階建て）で構成されていた。Aマンションにおいては、本館の店舗、住居、別館毎に管理費の負担額が異なっていた。当初マンションの管理は、管理会社が受託していたが、その後、X管理組合により管理がなされるようになった。X管理組合では、数次にわたり別館についての管理費の値上げを求める議案を提出し（店舗部分の区分所有者の管理費が他の部分よりも高いものである）、区分所有者の集会で可決された。一部の区分所有者が決議の効力を争って、決議無効確認訴訟を提起したが、滞納の管理費を分割して支払う旨の和解が別の仮処分事件で成立し、訴訟は取り下げられた。管理費を増額する旨の議案が提出され、区分所有者の集会で可決されたが、一部の区分所有者YらがXに対して管理費の支払いを請求したところ、YらがXに対して前記の和解の無効の確認を請求した。
　本件では、管理費の負担に差を設ける集会の決議の効力が争点になった。
　本判決は、管理費の負担に差を設ける集会の決議を有効として、管理費の支払請求を認容した。

判旨

　「(1)　本件ビル本館の屋上は、住宅部門の庭園として同部門の区分所有者のみが専用使用し、別館の屋上は、別館部門の区分所有者のみが有料駐車場として独占的に使用、管理していることは当事者間に争いがなく、……によれば、別館部門は、その屋上駐車場から相当の収益を挙げていることを推認することができる。
　右事実によれば、本件ビルの住宅部門及び別館部門の区分所有者は、同ビルの利用上、店舗部門の区分所有者が与ることのない利益を享受しているものといえる。
　ところで、A事件被告は、本件第二決議は、本件ビルの部門別管理費負担の配分について、住宅部門及び別館部門が享受している右のような利益を全く考慮せず、店舗部門の管理費のみを不当に高く定めるものであるとし、これをもって右決議の無効をもたらす一因である旨主張する。
　しかしながら、右のように建物の共用部分を一部の区分所有者のみが専用使用している場合、その利益を享受しない他の区分所有者との不均衡をどのように調整すべきかについては、種々の方法が考えられるのであって（その最も端的な方法は、当該専用使用をする区分所有者から使用料を徴収することであり、更には、当初の分譲時において特定の共用部分の専用使用を予定されている区分所有者に対する専有部分の分譲価格を他より高額にすることも考えられる。）、右のような利害の調整は、専ら建物管理費の負担の配分を定めるに当ってなされなければならないと解すべき理由はな

い。むしろ、管理費負担の問題とは、一般には、建物の共用部分とその敷地の維持管理上必然的に要する費用及び区分所有者が共同して支払うことが取り決められている費用を各区分所有者にどのように配分、負担させるかという問題であって、右のような共用部分の専用使用に伴う区分所有者間の利害の調整の問題とは観点を異にするというべきである。したがって、本件第二決議により定められた管理費の各部門別負担額が本件ビル本館、別館の各屋上の利用状況を考慮に入れなかったものであるとしても、このことのみによって、直ちに本件第二決議の内容が著しく不公正、不公平であるということはできず、この点に関するA事件被告の主張は採用できない。

　…………

　以上の諸事実を総合すれば、本件第二決議における管理費の値上げは、第一に配分特別委員会及び設備部、第二に理事会、第三に区分所有者集会という三段階の機関の審議を経て決定されたものであり、しかも、配分特別委員会では出席委員の全員一致による賛成が議決要件とされ、理事会における審議では弁護士、公認会計士、建築士等専門家の意見も聴取され、区分所有者集会においても実質的な審議が行われたことが窺われるのであって、このような管理費負担配分決定の経過及び前記のように自主管理への移行の目的が主に別館部門の管理費負担の不公平を是正することにあり、したがって、配分特別委員会の委員、理事、区分所有者らの最大の関心もこの点にあったであろうことをあわせ考えるならば、本件第二決議における各部門別の管理費負担額は、慎重かつ多角的な検討を経たものであって、公正、公平の担保があるものと認むべきである。」

Key point
・本件は、紛争が長期にわたり、事案が複雑であるが、管理費の負担の当否の問題に限定してみると、本館・別館で構成される複合マンションにおいて、本館店舗部分、本館住居部分、別館部分の各管理費の負担が異なる集会の決議がされたところ、管理費の支払いをしない区分所有者がいたため、管理組合がその区分所有者に対して管理費の支払いを請求した事案であり、集会の決議の効力が問題になったものである。
・等価交換マンション、複合マンションにおいては、区分所有者間の管理費の負担が床面積以外の基準によって定められていることがあるが（区分所有法14条、19条参照）、このようなマンションにおいては、区分所有者間の公平、公正が損なわれているとの印象を抱くことは否定できない。管理費の負担基準は、その額が少額であっても、分かりやすい指標であるため、区分所有者間に不満を抱かせ、紛争の原因になりがちである。本件は、店舗部分の規模が大きいマンションであり（本判決は、ビルとして取り扱っている）、管理組合による管理に至るまでの経緯も複雑であり、慎重な手続によって管理費の負担基準を変更する提案をし、集会において可決されたものである。
・本判決は、管理組合の慎重な手続による提案、集会の決議を考慮し、管理費の負担基準を変更する決議の効力を認めたものであり、事例として参考になる。マンションの管理実務において採用されている管理費の負担基準は、床面積を基準とするものが多数を占めているが、それ以外の基準を採用しているものは多様であり、個々の管理費の負担基準ごとに区分所有者間の公平と公正に照らしてその効力を検討することが必要であり、本判決は、効力を肯定した事例として参考になる。

124 管理費不払いによる給湯停止

権利の濫用に当たるとした事例

東京地判平成2年1月30日判時1370号83頁

事案 マンションの区分所有者X1は、X2と専有部分で同居していたが、管理費を支払わなかったため、マンションの管理を受託した管理業者であるY株式会社（本件マンションを分譲した業者でもある）が管理規約に基づき約5か月間給湯を停止した。X1らは、Yに対して建物の共有部分に備え付けられている冷暖房、給湯の機械設備、メインパイプ、メーター、1階の駐車場部分が共用部分であることの確認、給湯を停止したことを理由として不法行為に基づき損害賠償を請求したが、その後Z株式会社が駐車場等の譲渡を受け、管理受託者の地位を承継し、訴訟に参加し、Yは、訴訟から脱退した。Zは、反訴として、Xに対して給湯料金等を請求した。

本件では、主として給湯停止が不法行為に当たるかが争点になった。

本判決は、機械設備、駐車場部分が専有部分であるとして、本訴請求のうち損害賠償請求を一部認容し、反訴請求も一部認容した。

判旨 「四　請求原因6、抗弁及び再抗弁の給湯停止関係について判断する。
…………

右認定の事実によれば、原告X1に対する給湯停止の措置は、管理規約に基づくもので、あらかじめ管理費等の支払を督促し、給湯停止措置に出ることを警告した上で行われたものではあるが、給湯という日常生活に不可欠のサービスを停めるのは、諸経費の滞納問題の解決について、他の方法をとることが著しく困難であるか、実際上効果がないような場合に限って是認されるものと解すべきである。本件において、原告X1の不払いの最大の原因となっていた冷暖房費については、現に旧マンション時代からの入居者7戸ほどに対しては、その意向に沿って冷暖房の供給をしていないのであり、冷暖房設備の撤去工事も、後に原告X1がみずからしたように、他の区分所有者への供給とは切り離して、比較的容易にすることができたのであるから、管理会社であるY株式会社ないしZ株式会社としては、昭和55年4月5日より前、給湯停止前に、冷暖房の供給停止を条件に、それまでの管理費及び冷暖房費の滞納分の支払を求める交渉をしてしかるべきであった。その上、Y株式会社の事務処理上のミスから、原告X1の入居後約1年を経て冷暖房費の請求がなされるようになったことが、原告X1に管理会社に対する不信感を抱かせる原因となったことが容易に推認できるから、Y株式会社の原告X1に対する対応は適切を欠いたもので、本件給湯停止の措置は、権利の濫用に当たるものといわざるを得ない。原告らのこの点の抗弁は理由があり、本件給湯停止の措置は、原告らに対する不法行為となるというべきである。」

・本件は、区分所有者と管理業者の紛争であり、区分所有者が管理費を滞納したため、管理業者が長期にわたって給湯を停止する等したため、区分所有者、同居者が不法行為に基づき損害賠償を請求等した事案である。
・本件で問題になった給湯停止は、管理費の支払いを促進するために行われたものであり、不法行為の成否が問題になる限界的な事案である。
・本判決は、給湯停止が管理規約に基づき行われたものであるとしても、権利の濫用に当たり、不法行為に当たるとしたものであり、管理業者の管理費の支払いを事実上強制する措置が不法行為に当たるとされた事例として参考になる。

125 滞納者への訴訟提起と弁護士費用

訴訟提起に係る不法行為を認め弁護士費用の負担を命じた事例

東京地判平成 4 年 3 月16日判時1453号142頁

事案
Xは、マンション管理組合の管理者であり、Yは、区分所有者である。Yが総会決議により定められた営繕維持積立金、給水管工事の負担金を支払わなかった。Xは、Yに対して営繕維持積立金、給水管工事の負担金の支払いのほか、訴訟の提起を余儀なくさせた不法行為に基づき訴訟の提起に要した弁護士費用の損害賠償を請求した。
第一審判決は、請求を認容したため、Yが控訴した。
本件では、訴訟の提起を余儀なくさせた不法行為の成否が争点になった。
本判決は、いずれの義務も肯定したが、Yが原判決で命じられた分を弁済したため、請求を棄却した。

判旨
「……によれば、控訴人は、営繕維持立金及び給水管工事の負担金が建物の占有面積の割合で定められることを不合理と考え、独自の見解に基づいて、管理組合総会の決議により適法に定められた営繕維持積立金及び給水管工事の負担金の一部を支払わず、被控訴人が話し合いに応じるよう説得してもこれを1年半にわたり無視し続け、かえって管理組合に対し訴訟提起を挑発するような言動をし、被控訴人が弁護士に依頼して本件訴訟を提起せざるを得なくしたことが認められる。控訴人の右行為は管理組合及びその管理者たる被控訴人に対する不法行為を構成するというべきである。
そして、右不法行為と因果関係のある弁護士費用としては金3万円が相当である。」

・本件は、区分所有者が営繕維持積立金、給水管工事の負担金の支払いを怠ったことから、管理者が区分所有者に対してこれらの支払いを請求したものであるが、特徴的なことは、訴訟の提起を余儀なくさせた不法行為を主張し、弁護士費用の損害賠償を請求したところである。
・本件で問題になっている不法行為の実態は、規約に基づく債務の不履行であり、不法行為としては特異な主張であるが、マンション管理の実務における訴訟提起に伴う費用負担を区分所有者に負わせようとする工夫の1つの方法である。
・本判決は、前記態様の不法行為を肯定したものであり、事例判断を提供するということができるが、議論の余地のあるものである。

126 譲渡担保権者と管理費等の負担

譲渡担保権者は区分所有者に当たり管理費等の支払義務を負うとした事例

東京地判平成6年3月29日判時1521号80頁

事案

X信用金庫は、マンションの専有部分を不動産競売によって取得した。本件専有部分には、延滞管理費等があったため、Xは、管理組合に滞納管理費等を立て替えて支払った。Xは、前所有者Y（譲渡担保権者）に対して求償を請求した。
本件では、譲渡担保権者が管理費等の支払義務を負うかが争点になった。
本判決は、譲渡担保権者も区分所有者である地位を有することは否定できないとして、請求を認容した。

判旨

「2　そして、規約……によれば、「区分所有者」は管理費等を管理組合に納入しなければならないとされているところ（23条、2条2号）、被告は、本件建物については譲渡担保権を有するに過ぎず、本件建物に居住したこともないから、管理費等の支払義務を負うものではない旨主張する。

しかし、譲渡担保は、債権担保のためであるとはいえ、抵当権等の他の担保類型とは異なり、目的物件の所有権そのものを移転するという構成をとるものであって、不動産登記上もその所有名義を移転することになるのであるから、譲渡担保として本件建物の所有権を取得した者も、右規約にいう「区分所有者」に当たると解するのが相当である。確かに、譲渡担保権者が目的物件を確定的に自己の所有に帰させるには、自己の債権額と目的物件の価額との清算手続をすることを要し、他方、譲渡担保権設定者は、譲渡担保権者が右の換価処分を完結するまでは、被担保債務を弁済して目的物件を受け戻し、その完全な所有権を回復することができるものではあるが、これは譲渡担保が債権担保を目的とすることに伴う当事者間における制約であって、少なくとも対外的な関係で譲渡担保権者が目的物件の所有者たる地位に立つことを否定することはできないというべきである……。

したがって、前記認定のとおり譲渡担保により本件建物の所有権を取得した以上、被告もまた区分所有者として、管理組合に対し、規約に基づく管理費等を支払うべき義務を負うものと解さざるをえない。」

Key point

・本件は、譲渡担保権者（民法所定の担保権ではなく、判例上、実務上認められている担保権である）区分所有者として管理費等の支払義務を負うかが問題になった事案である。
・本判決は、譲渡担保権者は所有者としての地位を有するものであるとし、管理費等の支払義務を負うとしたものであり、区分所有建物の譲渡担保権者と管理費等の負担の関係を明らかにした重要な判断である。

127 借地上のマンションの借地料の支払義務

区分所有者は持分割合に応じて分割した支払義務を負うとした事例

東京地判平成7年6月7日判時1560号102頁

事案　X株式会社は、土地の所有者であるが、マンションの建築業者であるA株式会社との間で地上権を設定し、Aは、マンションを建築し、地上権の持分とともに分譲した。Xは、区分所有者であるY1株式会社、Y2、Y3に対して地上権全体の地代の支払いを請求した（Y1は、準共有持分に相当する額を供託等した）。

本件では、借地上のマンションの区分所有者が地代全額につき不可分の支払義務を負うか、持分割合で支払義務を負うかが争点になった。

本判決は、地代支払債務が性質上不可分ではなく、持分割合に対応する地代を支払えば足りるとして、Y2、Y3に対する請求を一部認容し、Y1に対する請求を棄却した。

判旨　「したがって、区分所有建物の敷地利用権が地上権であるときには、専有部分の所有者は、専有部分に対応する地上権の割合的持分を有し、建物についての専有部分と敷地についての地上権の割合的持分とを一体的な財産権として管理処分せざるを得ない。そして、敷地利用権としての地上権の割合的持分を取得するためにその対価として地代を支払う定めをする必要が生じるときがあるが、右の場合地代を支払うべき理由が地上権の割合的持分を取得することにある以上、特別の約束がない限り、その地代は、地上権全体の一定の対価ではなく、地上権の持分割合の設定の対価となるというべきであり、このことは、事柄の性質上当然のことといわなければならない。そして、そのような地上権の割合的持分が区分所有建物の専有部分と共に譲渡されるときも、特段の事情のない限り、その譲渡後の地代は、地上権の持分割合の設定の対価となるというべきである。

…………

（三）　右（二）のとおりの外形的な事実からすると、まず昭和61年12月ころに本件建物を建築した際、Aは、既に昭和58年10月に取得していた本件地上権につき、これを区分所有建物である本件建物の敷地利用権として流用的に利用する旨（旧建物が区分所有の建物の場合）又は内容を区分所有目的のものに変更する旨（旧建物が区分所有の建物でない場合）を本件土地の所有者の原告と少なくとも黙示的に合意したか、あるいはAがそのように扱うことを原告が予め承認していたか、又は黙示的に承認したものということができる。そして、これにより、区分所有建物としての本件建物につき、区分所有法22条1項に基づきその敷地の利用権として分離処分の禁止される本件地上権の割合的持分が設定されたということができる。敷地について地上権等の利

用権を有する者がその上に区分所有建物を新築してその専有部分の全部を原始的に取得しただけの段階においても既に右のように解されるのである（同条3項）。というのは、構造上区分され独立した利用が可能な建物部分を有する区分所有建物については、専有部分毎の譲渡が予定され、その現実的実現を確保するために敷地利用権の分離禁止が必要であり、かつそうすることにより格別の不合理が生じないからである。

したがって、右説示の下で（二）の事実を見ると、Aは、被告らに対し、別紙目録（二）記載の本件区分建物部分を譲渡し、併せて区分所有法上の敷地利用権たる同目録（二）記載の本件地上権を譲渡したものということができる。そして、1のとおりの説示を前提とすれば、被告らがそれぞれ別紙目録（二）記載の本件地上権持分を取得し保有するために原告に支払うべき地代は、右持分に対応する金額であって、本件地上権全体の対価であるとは認められない。

そうすると、最初一人しか権利者のなかった地上権が、多数の者の準共有となることによって、地主の地代回収が困難になることが明らかである。しかしながら、前記のとおり、本件建物については、当初から地上権の一部譲渡が予定されているものであること、及び、持分割合の小さな者も含めて、各区分所有者に全体の地代についての債務を負わせることが公平に欠けると思われることからして、地代回収に要する右の程度の不利益は、地主としては受忍すべきものといわなければならない。」

・本件は、借地上のマンションの区分所有者が借地権を準共有しているところ、地主に対して、地代全額につき不可分の支払義務を負うか、持分割合で支払義務を負うかが問題になった事案であり、従来必ずしも明確でなかった問題を提起した重要なものである。
・借地、特に定期借地を利用したマンションが区分所有権の価格を合理化し、マンションの老朽化にも適切に対応することができること等の事情から注目され、相当数のマンションが建築されているところである。借地上のマンションに固有の法律問題として、区分所有者が借地権を準共有する状態にあるところ、個々の区分所有者が地主に対して地代全額の支払義務を不可分に負担するのか、持分割合に応じて分割して負担するのかの問題が生じるが、従来は、前者の見解が一般的であった（大判大正11年11月24日民集1号670頁）。しかし、この見解によると、個々の区分所有者の負担額が多額になりすぎるという問題が残り、著しく不当ではないかという疑問が容易に沸くところである（通常は、このような問題は生じないが、老朽化したマンションや、実質上放置されたマンション等においては、実際上少数の区分所有者が負担せざるを得ない状態が生じる）。
・本判決は、特段の事情のない限り、区分所有者は、持分割合に応じて分割して支払義務を負うとしたものであり、理論的に注目される判断である。
・本判決の評釈として、貝田守・判評454号38頁、佐賀義史・判タ945号48頁がある。

128 不動産競売買受人への滞納管理費請求
競売の買受人は特定承継人に当たり債務を負担するとした事例

東京地判平成9年6月26日判時1634号94頁

事案

マンションの区分所有者Aは、区分所有権に根抵当権を設定していたところ、管理費、修繕積立金、敷地使用料、看板設置料を滞納していた。区分所有権につき根抵当権が実行され、Y株式会社が不動産競売により区分所有権を取得した。X管理組合は、Yに対して滞納管理費等の支払いを請求した。

本件では、従前の区分所有者が滞納した管理費等につき不動産競売により区分所有権を取得した者が承継するかが争点になった。

本判決は、不動産競売によって区分所有権を取得した者も区分所有法8条所定の特定承継人に当たるとし、看板設置料を除き、請求を認容した(なお、管理規約において訴訟の提起の際は、弁護士費用を請求することができる旨の定めがあり、この管理規約に基づき弁護士費用の請求もされていたところ、この請求も認容した)。

判旨

「特定承継人との用語は、他人の権利義務を一括して承継する包括承継に対する語で他人の権利を個々的に取得することを意味し、通例、国家機関による強制的な換価手続ではあるものの、代金と引換えに債務者(担保提供者)から所有権が買受人に移転する手続である強制執行、担保権の実行としての競売による買受人も特定承継人に包含される。したがって、もし、区分所有法8条の特定承継人に、強制執行、担保権の実行としての競売による買受人を包含しないとするならば、極めて異例な用語の使用法ということになる。

また、区分所有法8条が、区分所有法7条に定める規約若しくは集会の決議に基づき他の区分所有者に対して有する区分所有者の債権につき特定承継人に対しても行うことができると規定したのは、建物等の適正な維持管理のために最も確保される必要があるのは、区分所有における団体的管理のための経費にかかる団体的債務の履行であり、その確保のために特定承継人の責任を定めたものと解釈するのが相当である。団体的債務の履行が滞っている区分所有者が他の債権者から強制執行、担保権の実行としての競売を申し立てられるのは、通常よくあることであって、この場合に、右競売による買受人に団体的債務が承継されないなら、区分所有法8条による団体的債務の履行の確保は著しく実効性のないものになってしまい団体的債務の履行の確保という立法趣旨に著しく反することになる。

更に、区分所有法8条が、特定承継人の責任を定めたのは、特定の区分所有者が管理費、修繕積立金等の経費にかかる債務を支払わないまま区分所有権を譲渡した場合、他の区分所有者が出捐したこれらの経費は、既にその目的のために費消されていれば

建物等の全体の価値に、すなわち債務の履行をしない区分所有者の有する区分所有権の価値にも化体しているのであるし、未だ費消されずにいればそれは団体的に帰属する財産を構成しているのであるから、区分所有者の特定承継人がその支払責任を負うのが相当であるからとの趣旨とも理解されるが、右趣旨からすれば、贈与、売買等の契約による譲受人と強制執行、担保権の実行としての競売による買受人とを別異に扱う理由はない。

したがって、区分所有法8条の特定承継人には、被告のような強制執行、担保権の実行としての競売による買受人を当然包含するものと解釈すべきである。」

・本件は、区分所有権につき根抵当権が実行され、不動産競売手続で区分所有権を購入した者（買受人）が前の区分所有者の滞納した管理費、修繕積立金、敷地使用料、看板設置料の支払義務を管理組合に負担するかが問題になった事案である（区分所有法7条、8条参照）。
・本判決は、区分所有法8条所定の特定承継人には、強制執行、担保権の実行としての競売による買受人を当然包含するとしたものであり、特定承継人の解釈を明らかにしたものであり、重要な先例として位置づけることができる。
・なお、区分所有法8条所定の特定承継人が負担する債務の範囲は、同法7条に定められているところであるが、本件では、管理費、修繕積立金、敷地使用料の支払義務は承継されるとしたものの、看板設置料の支払義務は承継されないとしたものであり、事例として参考になる。

129 管理費の相殺

区分所有者による相殺を否定した事例

東京高判平成9年10月15日判時1643号150頁

事案　Xは、マンションの管理組合であり、Y株式会社は、区分所有者であるが、Yが一般管理費、積立金、駐車場維持費、給湯費を支払わなかったため、Xが管理費等の支払いを請求したところ、Yにおいて、Xが一般管理業務を行っていないこと、日照障害等になる樹木の枝の剪定を行ったことによる費用の償還請求権を相殺したことを主張した。

第一審判決は、請求を棄却したため、Yが控訴し、Xが請求を拡張した。

本件では、管理費等の支払請求権を受働債権とする相殺が許されるかが争点になった。

本判決は、Yの主張した剪定による費用償還請求権として34万8000円を認めたが、管理費等との相殺はその性質上許されないとし、控訴を棄却し、請求の拡張に基づく請求を認容した。

判旨　「しかし、本件請求債権のようなマンションの管理費等は、マンションの区分所有者の全員が建物及びその敷地等の維持管理という共通の必要に供するため自らを構成員とする管理組合に拠出すべき資金であり、右拠出義務は管理組合の構成員であることに由来し、その内容は管理組合がその規約に定めるところによるものである。また、マンションの維持管理は区分所有者の全員が管理費等を拠出することを前提として規約に基づき集団的、計画的、継続的に行われるものであるから、区分所有者の一人でも現実にこれを拠出しないときには建物の維持管理に支障を生じかねないことになり、当該区分所有者自身を含む区分所有者全員が不利益を被ることになるのであるし、更には管理組合自体の運営も困難になりかねない事態が生じ得る。このような管理費等拠出義務の集団的、団体的な性質とその現実の履行の必要性に照らすと、マンションの区分所有者が管理組合に対して有する金銭債権を自働債権とし管理費等支払義務を受働債権として相殺し管理費等の現実の拠出を拒絶することは、自らが区分所有者として管理組合の構成員の地位にあることと相容れないというべきであり、このような相殺は、明示の合意又は法律の規定をまつまでもなく、その性質上許されないと解するのが相当である。そうすると、控訴人の前記相殺の意思表示は結局効力を生じなかったことになる。」

- 本件は、管理組合が区分所有者に対して滞納に係る管理費等の支払いを請求したところ、区分所有者が管理組合に対する費用償還請求権による相殺を主張したため、相殺の可否が問題になった控訴審の事案である。
- 相殺は、法律上特段の規定がない限り、民法505条以下の規定によって認められているが、本件では、管理組合が有する管理費等の支払請求権に対して、区分所有者がこれを受働債権とする相殺を主張し、その相殺が許されるかどうかが問題になった珍しい事件である。
- 本判決は、管理費等は、その性質上、現実の履行が必要であることを強調し、区分所有者が管理費等支払請求権を受働債権として相殺をし、管理費等の支払いを拒絶することは管理組合の構成員としての地位と相容れないとしたものである。本判決は、民法所定の相殺の禁止に関する規定に当たらないものであるところ、管理費等の現実の履行の必要性等を根拠に、区分所有者による相殺を否定したものであり、議論の余地はあるものの、マンションの管理実務に重要な影響を持つものである。
- 本判決の評釈として、潮見佳男・判評482号17頁がある。

130 将来にわたる管理費等の請求
滞納の状況から将来の給付の訴えの必要性を肯定した事例

東京地判平成10年4月14日判時1664号72頁

事案　マンションの区分所有者Yは、平成7年11月以降、一部を除き、管理費、修繕積立金、有線放送使用料の支払いを怠った。管理組合Xが管理費等の支払いを求めたところ、支払拒否の正当事由があるなどと主張した。Xは、Yに対して未払いの管理費等の支払いを請求するとともに、将来の管理費等の支払いも請求した（将来給付の訴えについては、民事訴訟法135条参照）。

本件では、Xが請求権を放棄したか、将来の給付の訴えが認められるかが争点になった。

本判決は、Xが管理費等の請求権を放棄したことはないとし、将来の給付の訴えも適法であると認め、請求を認容した。

判旨　「原告は、既に履行期が到来した管理費等（有線使用料を含む）の支払を求めるだけでなく、履行期未到来の管理費等（有線使用料を含む）の支払も求めている。

ところで、将来の給付の訴えは、あらかじめその請求をして給付判決を得ておく必要のある場合に限り認められるところ、……によれば、被告の管理費等の支払義務は継続的に月々確実に発生するものであること、本件マンションは戸数10戸の比較的小規模なマンションであり、被告一人の管理費等の滞納によっても、原告はその運営や財政に重大な支障を来すおそれが強いこと、将来分をも含めて、被告の管理費等支払拒絶の意思は相当に強く、将来分の管理費についても被告の即時の履行が期待できない状況にあることなどが認められ、以上の事実によれば、将来の履行期未到来の管理費等（有線使用料を含む）の支払請求も認められる。」

Key point
・本件は、区分所有者が管理費等の支払いを拒否できる事由があるとして滞納したため、管理組合が管理費等の支払いを請求した事案であるが、将来にわたる管理費等の支払いも請求したところに事案としての特徴がある。

・将来の給付の訴えは、あらかじめその請求をする必要がある場合に限り、提起することができるとされ（民事訴訟法135条）、その必要性は厳格に解されている（最大判昭和56年12月16日民集35巻10号1369頁等）。なお、この場合、将来とは、最終の事実審の口頭弁論終結時以降のことである。

・本判決は、マンションの管理費等の支払請求につき将来の給付の訴えの必要性を肯定したものであり、将来の給付の訴えの要件の解釈事例として参考になる。本判決の判断には疑問の余地があるが、本判決の判断が広く認められれば、マンションにおける管理費等の徴収に関する管理業務を円滑に行うことができる重要な手段を認めることになるものである。

131 管理業者の倒産と預託管理費の預金の帰属

管理組合が預金者であるとした事例

東京高判平成11年8月31日判時1684号39頁

事案

　A株式会社は、マンションの分譲を業とするB株式会社が分譲したマンションの管理を業としていた。Aは、マンションの管理組合Z1ないしZ6から管理業務を受託し、管理費等をY銀行の預金口座に預金していた。Yは、Aに対する貸金債権を担保するため預金を担保として提供を受けていた。その後、Aが破産宣告を受け、Xが破産管財人に選任され、Yに対して預金の払戻し等を請求したのに対し（Yは、貸金債権との相殺を主張した）、Z1が当事者参加をし、預金の払戻し等を請求した。

　第一審判決は、預金者がAであるとし、Yの相殺の主張を認め、Xの請求を一部認容し、Z1らの請求を棄却したため、X、Z1らが控訴した。

　本件では、管理費等の預金の預金者が誰であるかが争点になった。

　本判決は、本件の事情の下では、管理費等の預金の預金者は管理組合である等とし、Xの控訴を棄却し、XとZ1らとの間では預金債権がZ1らに属することの確認請求を認容し、Z1らのYに対する預金の払戻し請求を認容した。

判旨

　「1　預金者の認定については、自らの出捐によって、自己の預金とする意思で、銀行に対して、自ら又は使者・代理人を通じて預金契約をした者が、預入行為者が出捐者から交付を受けた金銭を横領し自己の預金とする意図で預金をしたなどの特段の事情がない限り、当該預金の預金者であると解するのが相当である。

　2　本件各定期預金の原資である管理費等は、もとよりA固有の資産ではなく、管理規約及び管理委託契約に基づいて区分所有者から徴収し、保管しているものであって、Aが受領すべき管理報酬も含まれてはいるが、大部分は各マンションの保守管理、修繕等の費用に充てられるべき金銭である。

　区分所有法によれば、区分所有者は、全員で、建物並びにその敷地及び附属施設の管理を行うための団体（以下「管理組合」という。）を構成するものとされ（3条）、各共有者は、その持分に応じて、共用部分の負担に任ずるとされている（19条）。すなわち、区分所有建物並びにその敷地及び附属施設の管理は、管理者が行うのであって、その管理の費用は区分所有者が負担すべきものである。したがって、区分所有者から徴収した管理の費用は、管理を行うべき管理組合に帰属するものである。管理組合法人が設立される以前の管理組合は、権利能力なき社団又は組合の性質を有するから、正確には総有的又は合有的に区分所有者全員に帰属することになる。

したがって、本件各定期預金の出捐者は、それぞれのマンションの区分所有者全員であるというべきである。」

・本件は、マンションの管理業者が管理組合から管理業務を受託し、管理業務を遂行するに当たって、管理費等を預かり、銀行に預金口座を開設し、預金していたところ、預金が管理業者の親会社の取引上の担保として使用されたり、管理業者が破産宣告を受けたりしたため、銀行の預金口座に預け入れられていた預金が誰のものであるかが問題になった事案であり、管理組合にとっては深刻な問題を提起したものである。
・本件のような問題を回避するためには、管理組合が自ら管理費等を預金等として管理するか、管理業者が預かり金口座を開設して預金を管理することが考えられるが、本件では、管理業者の名義の預金口座に管理費等が管理されていたものである。
・誰が預金者であるかの問題は、金融機関の預金実務において古くから生じてきた問題であり、古くて新しい問題であるところ、従来から判例は客観説を採用している（例えば、「無記名定期預金契約において、当該預金の出捐者が、他の者に金銭を交付し無記名定期預金をすることを依頼し、この者が預入行為をした場合、預入行為者が右金銭を横領し自己の預金とする意思で無記名定期預金をしたなどの特段の事情の認められない限り、出捐者をもつて無記名定期預金の預金者と解すべきである」という見解が最高裁の確定した判例であると解されている）。
・本判決は、このような判例を前提とし、本件では、管理組合が預金者であると判断したものであり、預金者の判断事例として参考になるだけでなく、マンションの管理業務に重要な先例である。
・本判決の評釈として、太田知行・判評495号16頁、神谷高保・ジュリスト1203号134頁がある。

132 管理費滞納者名の公表
滞納者名を明示した立看板の設置は不法行為に当たらないとした事例

東京地判平成11年12月24日判時1712号159頁

事案　別荘地に多数の別荘が建設されているところ、別荘地の設備管理のためにA町会が設立され、管理費の徴収等を行っていた。Aの会長Yは、管理費の長期未納者がいたため、未納者の氏名、滞納期間等につき立看板に記載し、立看板を設置したため、未納者であるＸ１らがYに対して、管理費の支払債務の不存在確認、立看板の設置による不法行為に基づき損害賠償を請求した。

本件では、団地管理組合の成否、管理費の支払義務の有無、管理費の支払債務不存在確認訴訟の当事者適格（被告適格）の有無、不法行為の成否等が争点になった。

本判決は、町会が区分所有法65条所定の団地管理組合に当たり、権利能力のない社団であり、Yが管理費の支払債務不存在確認の訴えの当事者適格を欠くとし、その訴えを却下し、立看板の設置については、本件の諸事情を考慮し、管理費未納者に対する措置としてはやや穏当を欠くきらいがあるものの、正当な管理行為として不法行為に当たらないとし、損害賠償請求を棄却した。

判旨　「3　そこで、本件立看板の設置が原告Ｘ１らの名誉を害する不法行為になるか否かについて検討する。

まず、本件立看板の文言及びその記載内容は、右2（二）によれば、単に原告Ｘ１らが管理費を滞納している事実及びその滞納期間等を摘示したもので、右2（四）のとおり、原告Ｘ１らには管理費の支払義務があるので、その内容は虚偽ではない。次に、A町会は、右2（二）によれば、総会における会員の発議により、総会の決議に基づき役員会の決議を経た上で会則の適用を決定し、その後、滞納金額等を公表すること及び管理費納入の意思があれば公表を控える旨を原告Ｘ１らに通知し、本件立看板設置前に一応の手段を講じている。そして、右2（一）及び（二）によれば、原告Ｘ１らの「Aを明るくする会」がA町会を批判してそのメンバーが管理費を滞納していること及び本件立看板は34か所にもわたって設置され、本件別荘地に住民以外の者も出入りできるため、住民以外の者も原告Ｘ１らが管理費を滞納している事実を容易に知り得る状態にあったという事情はあるが、A町会としては、管理費を支払っている会員との間の公平を図るべく、原告Ｘ１らにつきサービスが停止されたことを関係者（来訪者など）に知らせ、ゴミステーションの利用等A町会が提供するサービスを利用させないようにするために、本件立看板を、特にその大半をゴミステーション付近に設置したものであり、公表という措置そのものがもつ制裁的効果はあるとしても、ことさら不当な目的をもって設置したものとまではいえない。また、本件立看板が一

年以上設置されたのは、原告Ｘ１らが依然として管理費を支払おうとしないためであり、Ａ町会は、管理費を一部でも支払えば氏名を削除するという対応をとっていたものである。

　このように、本件立看板の設置に至るまでの経緯、その文言、内容、設置状況、設置の動機、目的、設置する際に採られた手続等に照らすと、本件立看板の設置行為は、管理費未納会員に対する措置としてやや穏当さを欠くきらいがないではないが、本件別荘地の管理のために必要な管理費の支払を長期間怠る原告Ｘ１らに対し、会則を適用してサービスの提供を中止する旨伝え、ひいては管理費の支払を促す正当な管理行為の範囲を著しく逸脱したものとはいえず、原告Ｘ１らの名誉を害する不法行為にはならないものと解するのが相当である。」

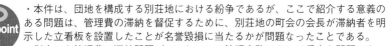

・本件は、団地を構成する別荘地における紛争であるが、ここで紹介する意義のある問題は、管理費の滞納を督促するために、別荘地の町会の会長が滞納者を明示した立看板を設置したことが名誉毀損に当たるかが問題なったことである。

・従来から管理費の滞納問題がマンションの管理実務において重大な問題になっており、景気の悪化とともに、その深刻さを増してきたところである。管理費の支払いを確実に行うためには、任意の支払いを促したり、強制的な取立てを行ったりすることが必要であるが、管理者、管理組合にとって慣れない問題であるため、相当に困難な事務処理を迫られることが多々あるようである。滞納者に管理費の支払いを円滑に行うための一つの手段として、従来から一部のマンションにおいて滞納者の公表、名簿の掲示等が行われているが、名誉毀損、プライバシーの侵害になり得るという問題を孕んでいるところである。

・本判決は、マンションにおける管理費の滞納の事案ではなく、団地における管理費の滞納の事案について、立看板の設置行為が、管理費未納会員に対する措置としてやや穏当さを欠くきらいがないではないとしつつ、管理のために必要な管理費の支払いを長期間怠る滞納者らに対し、管理費の支払いを促す正当な管理行為の範囲を著しく逸脱したものとはいえない等とし、不法行為を否定したものである。本判決は、立看板の設置が不法行為に当たらないとした事例として参考になるものであり、同種の事案では先例として利用することができるものの、限界的な判断事例であり、立看板の設置等を実施することには慎重な検討が重要である。

133 管理業者の倒産と預託管理費の預金の帰属

管理組合が預金者であるとした事例

東京高判平成12年12月14日判時1755号65頁

事案

マンションの管理を業とするA株式会社は、マンションの建築、分譲を業とするB株式会社が分譲したマンションの管理業務を行っていた。Aは、管理組合Z１、Z２から管理業務を受託し、管理費等をZ１ら名を付した預金としてY銀行に預金していた。Aは、預金口座の残高が多額となった場合には、その一部をA名義の定期預金として管理していた。Bは、昭和58年頃から、Aの管理する預金をBの債権者に対する担保として提供し、Z１、Z２の管理費等を原資とする各預金（本件各預金）もBに対する債権者であるYが質権を設定した。Bは、平成４年11月、破産宣告を受け、Aも、同月、破産宣告を受け、Xが破産管財人になった。Yは、本件各預金の質権を実行し、本件各預金の返還請求権を取り立てた。Xは、Yに対して本件各預金債権についての質権の設定が無効であるとし、各預金の支払いを請求したところ、Z１らが当事者として参加し、Xに対して本件各預金債権の帰属の確認、Yに対して預金の支払いを請求した。

第一審判決（東京地判平成10年１月23日金判1053号37頁）は、本件各預金は、Aが預金者であり、Yの質権の設定が有効であったとして、Xの請求、Z１らの請求を棄却したため、Z１らが控訴した。

本件では、主として本件各預金の預金者が誰であるかが争点になった。

本判決は、預金債権が管理組合であるZ１に帰属するとし、原判決中、Z１らの敗訴部分を取り消し、Z１らの請求を認容した。

判旨

「２　預金者認定の判断基準

預金者の認定については、自らの出捐によって自己の預金とする意思で銀行に対して自ら又は使者・代理人を通じて預金契約をした者が、預入行為者が出捐者から交付を受けた金銭を横領し自己の預金とする意図で預金をしたなどの特段の事情の認められない限り、当該預金の預金者であると解するのが相当である（最高裁昭和57年３月30日第三小法廷判決昭和54年（オ）第803号・昭和54年（オ）第1186号）。

３　本件定期預金１、２の預金者

（一）参加人らの地位

現行区分所有法３条は、「区分所有者は、全員で、建物並びにその敷地及び附属施設の管理を行うための団体を構成」すると規定している。この規定は、昭和58年法律第51号改正法によって新設されたものであるが、この規定によって新たに権利義務を創設するものではなく、区分所有者が、１棟の建物を区分所有し、その共用部分を共有して共同使用するものであるが故に、必然的にこれらを共同して管理しなければならない立場に置かれ、これらの管理を行うことを目的とする団体の団体的拘束に服す

るものであることを、確認的に宣言したものである。したがって、右改正の前後を通じ、マンションの区分所有者は当然に区分所有者団体を構成しているものと解すべきであり、昭和52年ないし昭和53年に分譲された本件各マンションの区分所有者も、当初から区分所有者団体を構成していたものであり、その団体の人格は、法人格を取得した後の参加人らに引き継がれているものと認められる。

(二) 「管理者」の立場

前記のとおり、区分所有法の改正の前後を通じ、区分所有者は、共用部分を共同して管理するために一種の組合的結合関係にあり、その管理のための団体を構成しているものであり、同法の定める「管理者」は、その団体の行う管理業務の執行者であるものと解される。

そして、区分所有法は、「管理者」はその職務に関し区分所有者を代理すると規定している（法26条2項、旧法18条2項）が、区分所有者が共用部分の共同管理のための団体を構成し、「管理者」がその団体の行う管理業務の執行者であることを前提とすれば、右にいう代理とは、個別的代理ではなく、団体の代理を意味し、その効果は、団体を構成する区分所有者全員に合有的又は総有的に帰属すると解すべきである。

また、区分所有者は、マンションの購入時に管理規約及び使用細則を承認し、同時にAとの間で管理委託契約を締結しているが、区分所有者が共用部分の共同管理のための団体を構成し、「管理者」がその団体の行う管理業務の執行者であることを前提とし、旧法二四条が管理規約の設定、変更等は区分所有者全員の書面による合意によってすると定めていたことに照らすと、この管理委託契約は、区分所有者団体を構成する区分所有者全員と団体の行う管理業務の執行者である「管理者」（A）の間において、「管理者」（A）の行う管理業務の権限と義務につき管理規約の細則を定めたものと解するのが相当である。

なお、区分所有法は、共用部分の共有者はその持分に応じて共用部分の負担に任ずると規定し（法19条、旧法14条）、管理規約は、各区分所有者は共用部分の管理費、修繕費等を「管理者」に支払う旨規定しているが、区分所有者が共用部分の共同管理のための団体を構成し、「管理者」がその団体の行う管理業務の執行者であることを前提とすれば、各区分所有者が管理費等の支払義務を負うのは右団体に対してであると解される。すなわち、「管理者」たるAは、区分所有者に対し、管理費等の支払を請求し、これを受領、保管する権限はあるが、管理費等についての債権自体は右団体ひいては管理組合に帰属すると解するのが相当である。

(三) 「管理者」たるAのした預金行為における預金者

前記1、(二)ないし(四)の事実及び前記3、(一)、(二)の検討結果によれば、Aは、本件各マンション分譲後一貫して、各マンションの区分所有者団体の「管理者」の職務として、各マンションの管理費等の金銭を管理してきたものであり、前記1、(四)の各預金行為を、各区分所有者団体の預金として行ったものというべきである。

すなわち、区分所有者の管理費等の支払債務に対応する債権の帰属者はＡではなく区分所有者団体であり、Ａは、区分所有者団体の行う管理業務の執行者たる「管理者」として、区分所有者から送金されてきた管理費等についてこれを管理する権限を与えられており、その管理の一環として、管理費等入金のための区分所有者団体の預金口座を開設する権限を与えられていたところ、当時、区分所有者団体は観念的には成立していても、実際には管理組合は結成されておらず、管理組合等の名義で口座を開設することは困難であったことなどから、区分所有者団体の預金口座とするために、団体の表示としてＡ名義を用いて、銀行との間で普通預金契約を締結し、本件普通預金口座１、２を開設し、各区分所有者から区分所有者団体に対する債務の履行としての管理費等の送金を受けたものというべきであり、したがって、これらの普通預金口座の預金者は各マンションの区分所有者団体であるというべきである。

　この場合における区分所有者、区分所有者団体、Ａ及び銀行の四者間の法律関係についてみると、「管理者」たるＡは、区分所有者に対し、管理費等の支払を請求し、これを受領、保管する権限はあるが、管理費等についての債権自体は区分所有者団体に帰属し、区分所有者の銀行に対する送金（自己の取引銀行からの振込みを含む。）によって区分所有者の区分所有者団体に対する債務（すなわち、区分所有者団体の債権）が消滅し、いわばその代償として、銀行に対する区分所有者団体の預金債権が発生ないし増加すると解することができる。

　そして、普通預金の金額が一定の金額に達した場合に、これを定期預金に組み替えることは、預金の管理の方法としては当然許され、区分所有者団体もこれにつき黙示の承諾を与えていたものと解すべきであり、したがって、Ａが本件普通預金口座１、２において保管中の各預金を（同口座１についてはＹ銀行甲支店から一審被告乙支店に変更したうえで）定期預金に組み替えたとしても、その預金者が各マンションの区分所有者団体であることには何ら変更はないと解すべきである。そして、この理は、Ａがその後右定期預金について一審被告のＢに対する債権の担保として質権を設定した場合でも同様である。

　以上によれば、本件各マンションの区分所有者団体は、本件定期預金について、自らの出捐によって、自己の預金とする意思で、「管理者」たるＡを代理人として銀行との間で預金契約をしたものであり、本件定期預金の預金者であると解される。

　したがって、本件定期預金１、２の預金者は、各マンションの区分所有者団体であり、本件定期預金２は、Ｚ１の区分所有者団体が法人格を取得する前においては、団体を構成する区分所有者全員に合有的又は総有的に帰属し、団体が法人格を取得して管理組合法人となった後においては、管理組合法人たる参加人Ｚ１に帰属しているものであり、本件定期預金１は、Ｚ２の区分所有者団体が法人格を取得する前においては、団体を構成する区分所有者全員に合有的又は総有的に帰属し、団体が法人格を取得して管理組合法人となった後においては、管理組合法人たる参加人Ｚ２に帰属して

いるものと認められる。」

・本件は、マンションの管理業者が管理組合から管理業務を受託し、管理業務を遂行するに当たって、管理費等を預かり、銀行に預金口座を開設し、預金していたところ、預金が管理業者の親会社の取引上の担保（質権設定）として使用されたり、管理業者が破産宣告を受けたりしたため、銀行の預金口座に預け入れられていた預金が誰のものであるかが問題になった事案であり（関係者の訴訟は、前記のとおりであり、複雑であるが、本書の関心の範囲では、誰が預金者であるか、管理組合が預金の返還請求をすることができるかが主要な問題である）、管理組合にとっては深刻な問題である。
・本件のような問題を回避するためには、管理組合が自ら管理費等を預金等として管理するか、管理業者が預かり金口座を開設して預金を管理することが考えられるが、本件では、管理業者の名義の預金口座に管理費等が管理されていたものである。
・誰が預金者であるかの問題は、金融機関の預金実務において古くから生じてきた問題であり、古くて新しい問題であるところ、従来から判例は客観説を採用している（例えば、「無記名定期預金契約において、当該預金の出捐者が、他の者に金銭を交付し無記名定期預金をすることを依頼し、この者が預入行為をした場合、預入行為者が右金銭を横領し自己の預金とする意思で無記名定期預金をしたなどの特段の事情の認められない限り、出捐者をもつて無記名定期預金の預金者と解すべきである」という見解が最高裁の確定した判例であると解されている）。
・本判決は、このような判例を前提とし、本件では、管理組合が預金者であると判断したものであり、預金者の判断事例として参考になるだけでなく、マンションの管理業務に重要な先例である。第一審判決も、本判決も客観説によったものであるが、その判断が異なったものであり、本判決は、管理組合の立場を重視したものと評価することができる。
・本判決の評釈として、鎌野邦樹・私法判例リマークス25号34頁、中舎寛樹・金法1652号11頁がある。

134 管理費の滞納

専有部分の使用禁止を認容した事例

大阪地判平成13年9月5日判時1785号59頁

事案　Y株式会社は、区分所有建物であるテナントビルの区分所有者であるが、平成3年9月分から平成12年までの間、管理費等の支払いを怠った。マンションの管理者であるX株式会社は、Yに対して管理費等の支払いを督促したが、Yがこれに応じない。Xは、Yに対して滞納管理費等の支払いを請求するとともに、管理費等の不払いが共同の利益に反すると主張し、区分所有法58条1項に基づき専有部分の使用を2年間禁止することを請求した。

本件では、管理費等の滞納が共同の利益に反するか、区分所有法58条1項所定の要件を満たすかが争点になった。

本判決は、管理費等の不払いが共同の利益に反する等とし、請求を認容した。

判旨　「(1)　区分所有者の共同の利益に反する行為について

区分所有法58条1項は、同法6条1項に規定する行為について、一定の要件のもと専有部分の使用禁止請求の訴えを提起することができる旨規定するが、同法6条1項は、「建物の保存に有害な行為その他建物の管理又は使用に関し区分所有者の共同の利益に反する行為」と規定するのみで、これを物理的な保全義務に限定するものとは必ずしも解されない。しかるところ、管理費等の滞納の場合であっても、その程度が著しい場合には、当該建物の保存に支障を来し、管理又は使用に障害が生じることも十分想定されるものである。

そして、区分所有法57条、58条及び59条の構造をみると、57条は、共同の利益に反する行為の停止等の請求を認め、それが奏功しない場合には58条で専有部分の使用禁止の請求を認め、さらに、他の方法による解決が困難な場合には59条で区分所有権の競売をも申し立てることができると規定し、段階的な手段を設けている。この構造の中では、管理費の滞納等の金銭的な義務を怠った場合であっても、最終的には、区分所有法59条による競売手続を経ることにより、配当要求あるいは競落人に対する債務の承継等により金銭的な障害も解消することが可能であるのであるから、同法57条ないし59条の一連の手段の利用を、物理的な保全義務に限定する必要はない。そして、区分所有法58条の使用禁止の場合にも、弁済に対する心理的な圧力となり、また、当該区分所有者は、使用禁止が命じられた場合も第三者への譲渡あるいは第三者への賃貸は可能であるから、それらによる収益から弁済することも可能であり、あるいは、譲渡を受けた第三者への債務承継による回収も期待できるのである。

また、区分所有法7条による対応は、あくまでも先取特権という担保権を設定するにとどまり、抵当権者等との競合を考えると当該担保権の実行による回収も必ずしも

十全なものとはいえず、同条による手段があることから、同法58条による手段を制限する理由とはならない。

したがって、管理費等の滞納も、区分所有法58条の対象になるというべきである。

(2) 被告の管理費等の滞納の状況

ア 被告の管理費等の滞納は、平成3年9月分から始まったもので、前記二のとおり、平成13年2月末現在での滞納は、総額1359万8872円となっており、期間及び金額の双方において著しいものがある。そして、被告の持ち分は、9993分の478に止まるものであるが、上記期間及び金額にわたる滞納がある場合には、本件ビルを管理する上での費用の不足や他の区分所有者との不均衡による障害などが考えられ、現実に、本件ビルについては、近くエレベーターの修繕費用として相当額の支出が想定されることからすると、建物の管理につき相当の支障が生じることは十分に推認されるものであり、区分所有法6条1項にいう区分所有者の共同の利益に反する行為に該当し、区分所有者の共同生活上の障害が著しいものであると認められる。」

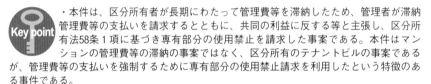

・本件は、区分所有者が長期にわたって管理費等を滞納したため、管理者が滞納管理費等の支払いを請求するとともに、共同の利益に反する等と主張し、区分所有法58条1項に基づき専有部分の使用禁止を請求した事案である。本件はマンションの管理費等の滞納の事案ではなく、区分所有のテナントビルの事案であるが、管理費等の支払いを強制するために専有部分の使用禁止請求を利用したという特徴のある事件である。

・本判決は、管理費等の滞納が長期にわたるものであること等を考慮し、管理費等の滞納が区分所有者の共同の利益に反するとしたものであり、また、区分所有法58条1項所定の要件を満たすとしたものであり、いずれの判断も微妙なところがあるが、事例として参考になる。

135 管理費の滞納

専有部分の使用禁止が認められなかった事例

大阪高判平成14年5月16日判タ1109号253頁

事案　Y株式会社は、区分所有建物であるテナントビルの区分所有者であるが、平成3年9月分から平成12年までの間、管理費等の支払いを怠ったため、管理者であるX株式会社がYに対して管理費等の支払いを請求するとともに、管理費等の不払いが共同の利益に反すると主張し、専有部分の使用を2年間禁止することを請求した。

第一審判決（大阪地判平成13年9月5日判時1785号59頁）は、管理費等の不払いが共同の利益に反する等とし、請求を認容したため、Yが控訴した。

本件では、管理費等の滞納が区分所有者の共同の利益（区分所有法6条）に反するか、区分所有法58条の要件を満たすかが争点になった。

本判決は、管理費等の不払いが共同の利益の侵害に当たらないとし、原判決を取り消し、請求を棄却した。

判旨　「まず、管理費等の滞納と区分所有法6条1項の関係をみると、区分所有者が管理費等を支払わないことによって、共用部分等の管理に要する費用が不足し、管理が不十分になったり、他の区分所有者が立て替えなければならない事態になること、特に本件においては、控訴人の管理費等の滞納は、平成3年9月分から始まったもので、平成13年2月末日時点での滞納額は1348万5561円となっており、期間及び金額の双方において著しいものがあることからすると、6条1項の「区分所有者の共同の利益に反する行為」に当たるということができる。

次に、管理費等の滞納と57条の差止請求との関係については、管理費等の滞納の場合には、積極的な加害行為があるわけではないので、同条に定める「必要な措置」は管理費等の支払を求めるというのが想定される程度であるが、そのこと自体は、特別の規定を待つまでもなく当然のことであって、管理費等の滞納につき57条の差止請求を認める実益がない。

これに対し、59条の競売請求については、これを認める実益があり、その要件を満たす場合には59条に基づく競売請求をすることができる。すなわち、管理費等の滞納については、区分所有法7条による先取特権が認められており、先取特権の実行により、あるいは債務名義を取得して、管理費等を滞納している区分所有者が有する他の財産に強制執行をすることにより、滞納管理費等の回収を図ることができるが、これらの方法では効果がない場合には、59条による競売も考えられ、競売による買受人は未払の管理費等の支払義務を承継するので（同法8条）、59条による競売は、管理費等の滞納解消に資する方法であるといえる（もっとも、同法7条による先取特権の実行が功を奏さない場合であるから、区分所有権につき先取特権に優先する抵当権等が

存在するため、区分所有権に剰余価値がほとんどない場合であり、未払の管理費等を承継する買受人が現れるかは疑問もあるが、当該区分所有者を排除するため、他の区分所有者等があえて買い受けるということも想定できないわけではない。)。

　では、本件で問題となっている58条による専有部分の使用禁止請求について、管理費等の滞納の場合に適用があるかを検討すると、同条の規定は、共同の利益に反する行為をする区分所有者に対し、相当の期間、専有部分の使用を禁止するというものであるが、専有部分の使用を禁止することにより、当該区分所有者が滞納管理費等を支払うようになるという関係にあるわけではなく、他方、その区分所有者は管理費等の滞納という形で共同の利益に反する行為をしているにすぎないのであるから、専有部分の使用を禁止しても、他の区分所有者に何らかの利益がもたらされるというわけでもない。そうすると、管理費等の滞納と専有部分の使用禁止とは関連性がないことは明らかであって、管理費等を滞納する区分所有者に対し専有部分の使用禁止を認めることはできないと解するのが相当である。

　(3)　被控訴人は、専有部分の使用禁止によって、滞納管理費等の支払いが促進される教育的効果がある旨を主張するが、そのような効果があるのかは定かではなく、あるとしても事実上の効果に止まるのであり、そのために58条の使用禁止が認められるべきものではない。

　また、上述のとおり、区分所有法57条ないし59条は、段階的な手続を規定したものであり、専有部分で騒音等を発散させる、あるいは専有部分を暴力団事務所として使用しているなど、積極的に区分所有者の共同の利益に反する行為がされている場合は、59条の競売請求の要件を満たすときには、当然に57条及び58条による各請求も認められるという関係にあるが、本件のような管理費等の滞納については、共同の利益に反する行為の態様が上記の事例とは異なるのであるから、59条による競売請求が認められることから直ちに58条による専有部分の使用禁止も認められるという関係にはない。」

・本件は、区分所有者が管理費等を滞納したため、管理者が区分所有法58条所定の専有部分の使用禁止を請求したことから、管理費等の滞納が区分所有者の共同の利益（区分所有法6条）に反するか、区分所有法58条の要件を満たすかが問題になったものである。現在、マンションの管理をめぐる問題のうち、管理費等の滞納問題は、区分所有者、管理組合にとって重大な問題になっているが、滞納の原因は多様であり、単に管理費等につき法的な手段を講じて徴収することによって回収することができるわけではない。個々の事案によって適切な手段を講じるほかないが、本件は、そのような手段のうち、区分所有法58条所定の専有部分の使用禁止の方法がとられたものである。
・本件では、第一審判決が管理費等の滞納も共同の利益に反することを認め、区分所有法58条所定の要件を満たすことを認めたわけであるが、本判決は、これを否定したものである。本件の問題については、賛否の見解があり得るが、単に管理費等の滞納の事実だけでは区分所有者の共同の利益に反するということができても、特段の事情のない限り、区分所有法58条所定の要件を満たすとは言い難いと解するのが相当である。

136 区分所有建物の法定地上権

法定地上権の成立を肯定した事例

東京高決平成14年11月8日金法1672号36頁

事案　X株式会社は、同一共有者に属していた一棟の建物を構成する２階部分の区分所有建物（本件区分所有建物）、１階部分の区分所有建物、その敷地に共同抵当権の設定を受けた。Y株式会社は、本件区分所有建物につき不動産保存の先取特権の保存登記を経由し、本件区分所有建物の競売を申し立てた。執行裁判所は、本件区分所有建物につき法定地上権が成立しないとの前提で、物件明細書を作成し、最低売却価額を決定し、売却に付し、Z株式会社に対して売却許可決定をした。Xは、売却許可決定について、法定地上権が成立しないとしした最低売却価額決定には重大な誤りがある等と主張し、執行抗告を申し立てた。

本件では、横割りの区分所有建物につき法定地上権が成立するかが争点になった。

本決定は、１棟の建物の全区分所有建物とその敷地の所有者が同一であり、かつ、一部の区分所有建物のみが売却され、敷地所有者と別の所有に帰することになった場合、当該区分所有建物の存立のために必要な限度で法定地上権が成立するとし、売却許可決定を取り消し、売却を不許可とした。

判旨　「(2)　一件記録によると、本件区分所有建物を含む一棟の建物（以下「本件建物一棟」という。）は一階部分と二階部分とが階層的に独立した区分所有の対象となっており、本件区分所有建物は上記二階部分であること、第一順位の抵当権者が本件建物一棟の敷地に根抵当権を設定した当時、本件建物一棟は既に存在し（各区分所有建物も共同担保とされている。）、各区分所有建物及びその敷地はいずれも同一の所有者（共有者）であったこと、本件競売手続は、本件区分所有建物を対象とし、不動産保存の先取特権者が債権者として申し立てたもので、物件明細書上は売却により法定地上権が成立しないとされ、評価書上も同様に法定地上権が成立しないことを前提に評価が行われており、これに基づき最低売却価額が決定されていることが認められる。

(3)　これらの事実を前提に検討すると、第一順位の抵当権設定時には本件区分所有建物及びその階下の一階部分の区分所有建物並びにその敷地の各所有者は同一であって、本件建物一棟の全区分所有建物が競売手続により一括して売却され、上記全区分所有建物とその敷地の所有者が異なることになった場合については、通常の土地と建物の所有者が同一の場合と同様に取り扱うべきであって、区分所有建物であるということだけで当該全区分所有建物すなわち建物一棟全体についての法定地上権成立を防げる合理的な理由は見出し難い。そうすると、建物の敷地である土地の価値を把握する抵当権者は、上記のように建物一棟全体が売却されれば成立する法定地上権価格分

を土地全体の価値から除外して担保価値を予想していたはずであるし、当該土地所有者（本件では共有者）も同様に法定地上権の成立を予定しているはずであるので、一棟の建物のうちの一部の区分所有建物のみが売却された場合に、当該区分所有建物について法定地上権を成立させたとしても、土地の抵当権者や所有者にとって不測の損害ないし不利益が生ずるとはいえない。他方、他の区分建物所有者にとっても、一部の区分所有建物にその存立に必要な限度（割合等）で法定地上権が成立することは、少なくとも建物の存立のために必要な共用部分の存立も図れることになるから、利益になることはあっても不利益になるとも考え難い。したがって、第一順位の抵当権設定時に一棟の建物の全区分所有建物とその敷地の所有者が同一であり、かつ、一部の区分所有建物のみが売却されて、敷地所有者と別の所有に帰することになった場合であっても、当該区分所有建物の存立のために必要な限度で法定地上権が成立するものと解するのが相当である。」

・本件は、区分所有建物が競売手続において売却された場合において、区分所有建物につき法定地上権（民法388条、民事執行法81条）の成否が問題になった事案である（なお、敷地利用権を有しない区分所有建物の取扱いについては、区分所有法10条参照）。競売手続の実務においては、本件のような場合には、法定地上権が認められない取扱いであったところ、本決定は、前記の要件の下、法定地上権の成立を肯定したものであり、この問題に一石を投じたものである。本決定によって競売手続の実務がどのように変更されるか、変更されたかは不明であり、それぞれの競売手続ごとに検討しておくことが重要である。

137 管理費請求権の消滅時効
短期消滅時効を適用し、消滅を認めた事例

最二小判平成16年4月23日民集58巻4号959頁

事案　マンションの区分所有者Yは、平成4年1月から平成10年4月分まで管理費、特別修繕費を支払わなかった。管理組合Xは、Yに対して、区分所有法8条、管理規約26条に基づきその支払いを請求した。

第一審判決は、Yの消滅時効の主張を排斥し、請求を認容したため、Yが控訴した。

控訴審判決（東京高判平成13年10月31日判時1777号46頁）は、マンションの管理費等の支払請求権が民法169条所定の定期給付債権に当たらないとし、控訴を棄却したため、Yが上告受理の申立てをした。

本件では、管理組合の区分所有者に対する管理費等の支払請求権は民法169条所定の定期金債権に当たるかどうかが争点になった。

本判決は、マンションの管理組合が区分所有者に対して有する管理費等の支払請求権が定期金債権に当たるとし、原判決を変更し、請求を一部認容した。

判旨　「本件の管理費等の債権は、前記のとおり、管理規約の規定に基づいて、区分所有者に対して発生するものであり、その具体的な額は総会の決議によって確定し、月ごとに所定の方法で支払われるものである。このような本件の管理費等の債権は、基本権たる定期金債権から派生する支分権として、民法169条所定の債権に当たるものというべきである。その具体的な額が共用部分等の管理に要する費用の増減に伴い、総会の決議により増減することがあるとしても、そのことは、上記の結論を左右するものではない。」

・本件は、マンションの区分所有者が管理費等を滞納し、その期間が長期に及んだため、管理組合がその支払いを請求したところ、区分所有者が民法169条所定の短期消滅時効を援用し（債権の通常の消滅時効は、民法167条により10年間である）、その支払いの一部を拒否した事案である。第一審判決、控訴審判決は、民法169条の適用を否定したため、最高裁の判断に委ねられたものである。

・本判決は、民法169条の適用を肯定し、5年間の消滅時効にかかるとし、実際にも消滅時効による消滅を認めたものであり、この判断は、マンションの管理等の支払請求権の消滅時効に関する民法169条の規定の解釈について重要な判例である。また、マンションの管理組合においては、管理費等の債権管理が重要であるところ、本判決は、債権管理に当たって十分に注意すべき判例である。

・なお、本判決の評釈として、丸山英気・民商131巻4・5号175頁、金山直樹・判評557号12頁・ジュリスト1291号66頁、小野秀誠・金判1214号68頁がある。

138 区分所有権の競売

無剰余を問題とする余地はないとした事例

東京高決平成16年 5 月20日判タ1210号170頁

事案　マンションの管理組合の理事長Xは、専有部分の共有者Y1、Y2に対して区分所有法59条1項に基づき競売の請求をしたところ、勝訴判決を得て、判決が確定した。Xは、Y1、Y2に対して、民事執行法195条に基づき競売を申し立てた。執行裁判所は、競売開始決定をしたものの、最低売却価額が手続費用、差押債権者の債権に対する優先債権額から剰余を生ずる見込みがないとし、民事執行法63条2項により、競売の手続を取り消した。Xが執行抗告を申し立てた。

本件では、区分所有法59条1項に基づく競売につき民事執行法63条が適用されるかが争点になった。

本決定は、区分所有法59条1項に基づく競売は区分所有権を剥奪することを目的とし、配当を全く予定していないから、余剰を生ずるかどうかを問題とする余地はない等とし、これを否定し、原決定を取り消した。

判旨　「(2) ところで、区分所有法59条1項による建物の区分所有権及び敷地利用権（以下、敷地利用権を含む意味で単に「区分所有権」という。）に対する競売請求は、区分所有者が同法6条1項の規定に違反して建物の保存に有害な行為その他建物の管理又は使用に関し区分所有者の共同の利益に反する行為をした場合等において、他の方法によっては当該行為による区分所有者の共同生活上の著しい障害を除去してその共同生活の維持を図ることが困難であるときは、他の区分所有者において当該区分所有者の区分所有権を剥奪することができるものとし、そのための具体的な手段として認められたものである。

このような同法59条の規定の趣旨からすれば、同条に基づく競売は、当該区分所有者の区分所有権を売却することによって当該区分所有者から区分所有権を剥奪することを目的とし、競売の申立人に対する配当を全く予定していないものであるから、同条に基づく競売においては、そもそも、配当を受けるべき差押債権者が存在せず、競売の申立人に配当されるべき余剰を生ずるかどうかを問題とする余地はないものというべきである。その一方で、同条が当該区分所有者から区分所有権を剥奪するための厳格な要件を定め、訴えをもって競売を請求すべきものとしていることからすれば、そのような厳格な要件を満たすものとして競売請求を認容した確定判決が存在する以上、同条に基づく競売においては、売却を実施して、当該区分所有者からの区分所有権の剥奪という目的を実現する必要性があるというべきであるから、不動産の最低売却価額で執行費用のうち共益費用であるもの（以下「手続費用」という。）及び担保権者等の優先債権（もっとも、競売の申立人との関係においては、上記のとおり、そもそも配当における優先関係が問題とならない。）を弁済して剰余を生ずる見込みが

ない場合（民事執行法63条1項）であっても、区分所有法59条に基づく競売をもって無益ないし無意味なものということはできない（もっとも、売却代金によって手続費用を賄うことすらできない場合には、その不足分は、少なくとも競売の手続上は、上記目的の実現を図ろうとする競売の申立人において負担すべきものである。）。

　そうであるとすると、民事執行法63条の規定の趣旨を踏まえても、なお、上記のような区分所有法59条の規定の趣旨にかんがみると、同条に基づく競売については、民事執行法63条1項の剰余を生ずる見込みがない場合であっても、競売手続を実施することができ、その場合も、競売手続の円滑な実施及びその後の売却不動産（建物の区分所有権）をめぐる権利関係の簡明化ないし安定化、ひいては買受人の地位の安定化の観点から、同法59条1項（いわゆる消除主義）が適用され、当該建物の区分所有権の上に存する担保権が売却によって消滅するものと解するのが相当である。

　もっとも、その場合は、一方で、優先債権を有する者、特に、担保権を有する債権者がその意に反した時期に、その投資の不十分な回収を強要されるという事態が生じ得る。

　しかしながら、区分所有者は、区分所有法6条1項により、建物の保存に有害な行為その他建物の管理又は使用に関し区分所有者の共同の利益に反する行為をしてはならない義務を負っているものであり、区分所有者がこの義務に違反した場合には、これに対する措置の一つとして、同法59条により、当該区分所有者の区分所有権に対する競売請求が認められているのであるから、区分所有者の権利である区分所有権は、そもそも、同条による競売請求を受ける可能性を内在した権利というべきであり、区分所有権を目的とする担保権は、このような内在的制約を受けた権利を目的とするものというべきである。したがって、同条に基づく競売によって、当該担保権を有する債権者がその意に反した時期に、その投資の不十分な回収を強要される事態が生じたとしても、それは、上記のような区分所有権の内在的制約が現実化した結果にすぎず、当該債権者に不測の不利益を与えるものではなく、不当な結果ともいえないものというべきである。

　これに対し、民事執行法63条1項の剰余を生ずる見込みがない場合には区分所有法59条に基づく競売を実施することができないとすると、同法6条1項に規定する行為による区分所有者の共同生活上の障害が著しく、他の方法によってはその障害を除去して共用部分の利用の確保その他の区分所有者の共同生活上の維持を図ることが困難であるとして、確定判決をもって、当該行為に係る区分所有者の区分所有権に対する競売請求が認められているにもかかわらず、そのような事態が放置される結果となり、そのような事態の解消は、専ら、当該区分所有者の意思か、あるいは担保権者が適当と認める時期での担保権の実行にゆだねられることとなるが、このようなことは、余りに区分所有者全体の利益を害するものであって、同法59条の規定の趣旨を没却するものであるといわざるを得ない（なお、同条に基づく競売に民事執行法63条が適用さ

れるとすると、剰余を生ずる見込みがない場合には、同条2項に定める申出及び保証の提供により、競売の手続を続行することができるが、区分所有法59条に基づく競売の場合には、これは現実的ではなく、このことを考慮に入れても、なお、上記の判断を左右するものではない。)。

(3) 以上の次第で、区分所有法59条に基づく競売においては、建物(区分所有権)の最低売却価額で手続費用を弁済することすらできないと認められる場合でない限り、売却を実施したとしても上記(1)の民事執行法63条の規定の趣旨(無益執行の禁止及び優先債権者の保護)に反するものではなく、むしろ売却を実施する必要性があるというべきであるから、同条は適用されない(換言すれば、手続費用との関係でのみ同条が適用される)ものと解するのが相当である(なお、最低売却価額で手続費用を弁済する見込みがない場合であっても、競売の申立人がその不足分を負担すれば、なお、競売は実施すべきものと解される。)。」

・本件は、区分所有者が共同の利益に反する使用をしたため、管理組合の理事長が集会の決議を経て区分所有権等の競売請求訴訟を提起したところ(区分所有法59条参照)、認容判決がされ、判決が確定したため、執行裁判所に競売の申立てをしたが、無剰余になったことから、競売手続の取消しの可否(民事執行法63条参照)が問題になった事案である。

・本件のような問題は、民事執行法上の相当に専門的、技術的な事項であり、マンションの管理に当たっては問題になることが珍しいが、区分所有法59条が競売請求制度を認めているため、生じ得る問題である。

・本決定は、区分所有法59条の趣旨に照らし、民事執行法63条が適用されないとしたものであり、当然の解釈を明らかにしたものである。執行裁判所が民事執行法63条を適用し、無剰余の取消しを認めたことは、区分所有法59条所定の競売請求制度を十分に理解しない単なる誤解であったというべきである。

139 特定承継人の求償権の行使

競売買受人の前区分所有者への求償権行使を肯定した事例

東京高判平成17年3月30日判時1915号32頁

事案　Y有限会社は、区分所有建物を所有していたところ、平成6年6月以降、修繕積立金、管理費を滞納し、区分所有建物が競売に付された。X株式会社は、競売手続により本件区分所有建物を買い受けたところ、管理組合から滞納管理費等の支払いを請求された。Xは、やむを得ず、滞納管理費等を支払った。Xは、Yに対して、管理組合に支払った管理費等につき求償を請求した。

第一審判決（東京地判平成16年10月18日金判1224号55頁）は、引受けの特段の合意がない限り、Yが負担するのが原則である等とし、請求を認容したため、Yが控訴した。

本件は、区分所有建物の特定承継人が従前の滞納管理費等を支払った後、従前の区分所有者に対して求償権を行使することができるかが争点になった。

本判決は、第一審判決を維持し、求償権の行使を肯定し、控訴を棄却した。

判旨　「一　争点(1)について

控訴人は、本件建物等の所有権が被控訴人に移転するまでの間の本件管理費等について支払義務を負っている。ところで、建物の区分所有等に関する法律（区分所有法）8条は、同法7条1項に規定する債権は、債務者たる区分所有者の特定承継人に対しても行うことができる旨規定しており、これによれば、被控訴人は、本件管理費等の滞納分について、控訴人の特定承継人として支払義務を負っていることは明らかである。これは、集合建物を円滑に維持管理するため、他の区分所有者又は管理者が当該区分所有者に対して有する債権の効力を強化する趣旨から、本来の債務者たる当該区分所有者に加えて、特定承継人に対して重畳的な債務引受人としての義務を法定したものであり、債務者たる当該区分所有者の債務とその特定承継人の債務とは不真正連帯債務の関係にあるものと解されるから、真正連帯債務についての民法442条は適用されないが、区分所有法8条の趣旨に照らせば、当該区分所有者と競売による特定承継人相互間の負担関係については、特定承継人の責任は当該区分所有者に比して二次的、補完的なものに過ぎないから、当該区分所有者がこれを全部負担すべきものであり、特定承継人には負担部分はないものと解するのが相当である。したがって、被控訴人は、本件管理費等の滞納分につき、弁済に係る全額を控訴人に対して求償することができることとなる。

控訴人は、物件明細書等に本件管理費等の滞納分が明示されていることや最低売却価額における控除の措置がされていること等から滞納分は被控訴人が負担すべきであると主張する。しかしながら、物件明細書等の競売事件記録の記載は、競売物件の概

要等を入札希望者に知らせて、買受人に不測の損害を被らせないように配慮したものに過ぎないから、上記記載を根拠として本件管理費等の滞納分については当然買受人たる被控訴人に支払義務があるものとすることはできない。その他被控訴人に滞納分の支払義務があることを認めるに足りる証拠はない。」

・本件は、区分所有建物の特定承継人（競売手続において区分所有建物を買い受けた者）が管理組合に対して従前の滞納管理費等を支払った後、従前の区分所有者に対して求償権を行使し、求償を請求した控訴審の事案である。この事案の背景には、競売手続においては、滞納管理費等を考慮して最低売却価額を定めて競売に付されたものであり（その分だけ競売における売却価格が減額されることになる）、減額された売却価格によって区分所有建物を買い受けたにもかかわらず、滞納管理費等を従前の区分所有者に対して求償請求することは不当ではないかとの認識があるのであろう。
・第一審判決は、前記のとおり、求償権の行使を肯定し、本判決も、同様な判断を示したものであるが、区分所有法の関連規定の解釈を明らかにし、滞納管理費等の求償権の行使を認めた事例として参考になる。
・本判決の評釈として、片桐善衛・判評573号11頁がある。

140 管理費滞納による競売請求

多額の管理費滞納は共同の利益に反するとし競売請求を認容した事例

東京地判平成17年5月13日判タ1218号311頁

事案

マンションの区分所有者Yは、平成12年3月以降、管理費等を滞納し、平成1年7月分まで合計117万7420円を滞納した。マンションの管理組合は、Yに対して再三にわたり管理費等の支払いを請求したが、Yは、これを支払う気配を見せなかった。管理組合は、Yに対して管理費等の支払いを請求する訴訟を提起し、勝訴判決を得、勝訴判決が確定した。その後も、管理組合は、Yに対して滞納した管理費等の支払いを求めたが、Yがこれを支払わなかったため（滞納分は、50か月に及んだ）、区分所有法59条1項所定の競売請求をする訴訟の提起を決議し、管理者XがYに対して競売を請求した。

本件では、管理費等を滞納することが区分所有者の共同の利益に反するか、区分所有法59条1項所定の要件を満たすかが争点になった。

本判決は、未払い管理費等が多額にのぼることが区分所有法59条1項所定の共同の利益に反するとし、これを肯定し、請求を認容した。

判旨

「ア　請求原因(2)及び(4)の事実（上記のとおり当事者間に争いがない。以下の請求原因事実について同様。）によれば、被告は、本件マンションの管理運営のために区分所有者が共同して負担しなければならない管理費等を前記のとおり長期にわたり滞納し続けており、その未払管理費等は多額にのぼるのであって、被告のこのような行為は、「建物の管理に関し区分所有者の共同の利益に反する行為」（区分所有法59条1項、57条1項、6条1項）に該当すると認められる。

イ　また、請求原因(3)のとおりの未払管理費等についての被告の対応や同(8)のとおりの被告の応訴態度に照らせば、被告からの任意の支払がされる見込みはなく、今後とも被告の管理費等の不払額は増大する一方であると推認できるところ、同(3)及び(5)のとおり、本件管理組合は採り得る手段のほとんどすべてを講じている上、仮に区分所有法7条による先取特権又は前記(3)イの判決に基づいて、本件マンション○○号室及びその敷地権の競売を申し立てたとしても、被告の未払管理費等を回収することは前記のとおり困難であるというほかないから、被告の上記アの行為により「区分所有者の共同生活上の障害が著しく、他の方法によってはその障害を除去して共用部分の利用の確保その他の区分所有者の共同生活の維持を図ることが困難」（区分所有法59条1項）な状態が生じていると認めることができる。

ウ　そうすると、本件訴訟においては、区分所有法59条1項に規定する要件をみたすものと認めることが相当である。」

Key point

・本件は、区分所有者が長期にわたって管理費を滞納したため、管理者が区分所有者に対して区分所有権等の競売を請求した事案であり、管理費の滞納問題をめぐって生じる法律問題の1つである。管理費等を滞納した場合、区分所有法59条所定の競売請求ができるかがマンション管理の実務上議論されているところであるが、肯定説、否定説があり、裁判例も分かれている。

・本判決は、管理費の滞納が多額になることは共同の利益に反することを認めた上、区分所有法59条1項所定の要件を満たすものであるとし、競売請求を認めたものであり、事例として参考になる。

141 管理費滞納による競売請求

競売請求には他の債権回収の途がないことが明らかな場合に限るとした事例

東京地判平成18年6月27日判時1961号65頁

事案　Yは、マンションの区分所有者であるが、平成12年11月分から管理費、修繕積立金等を滞納し始めた。X管理組合は、平成15年4月分までの滞納分につき東京簡裁に支払督促の申立てをする等し、仮執行宣言付支払督促を得たが、Yがその後も滞納を続けた。Xは、集会の決議により競売請求をすることを決議し、XがYに対して区分所有法59条所定の競売を請求した。

本件では、管理費等の滞納が区分所有者の共同の利益に反するか、区分所有法59条所定の要件を満たすかが争点になった。

本判決は、管理費等の滞納が共同の利益に反することを認めたものの、競売請求が認められるためには、競売以外の方法によって債権の回収の途がないことが明らかである場合に限るとした上、本件では、競売以外の途が明らかであるとは言えないとし、請求を棄却した。

判旨　「マンション等の共同住宅では、通常、自己の居室だけではなく、他の区分所有者と共同使用する設備や施設等が存在し、かかる共同使用施設等を維持管理していくことは区分所有者の共同の利益のために必要不可欠である。管理費等は、その維持管理のために必要となるものであり、その負担は、区分所有者の最低限の義務であるということができる。

したがって、一部の区分所有者が管理費等の支払をしない場合、その区分所有者は他の区分所有者の負担で共同使用施設等を利用することになる。このような事態は他の区分所有者の迷惑となることは明白であり、区分所有者の間で不公平感が生じ、管理費等の支払を拒む者が他にも現れることが予測され、最終的には、マンション等共同住宅全体の維持管理が困難となるものと考えられる。

このような観点からすれば、長期かつ多額の管理費等の滞納は、同法6条1項所定の共同利益背反行為に当たるということができ、被告の上記認定の滞納はこれに該当するものと認められる。そして、被告も認めるとおり、これによって、同法59条1項所定の、共同生活上の著しい障害が生じているといえる。

(2) そこで、次に、同法59条1項所定の、共同生活上の著しい障害が生じ、他の方法によってはその障害を除去して共用部分の利用の確保その他の区分所有者の共同生活の維持を図ることが困難であるといえるか否かについて検討する。

まず、本件管理費等の滞納が「障害」に当たる場合、これを「除去」するためには、滞納した管理費等を回収することが必要となる。そして、「他の方法によってはその障害を除去して共用部分の利用の確保その他の区分所有者の共同生活の維持を図るこ

とが困難であるとき」との要件については、同法59条が行為者の区分所有権を剥奪し、区分所有関係から終局的に排除するものであることからすれば、上記要件に該当するか否かについては厳格に解すべきであり、滞納した管理費等の回収は、本来は同法7条の先取特権の行使によるべきであって、同法59条1項の上記要件を満たすためには、同法7条における先取特権の実行やその他被告の財産に対する強制執行によっても滞納管理費等の回収を図ることができず、もはや同条の競売による以外に回収の途がないことが明らかな場合に限るものと解するのが相当である。

　上記一認定の事実によると、原告は被告に対して本件管理費等の支払を求めたが被告はこれに応じず、また、原告は本件支払督促に基づき債権差押命令を得たものの、差押債権である預金債権の残高がなかったため奏功せず、さらに、先取特権の実行ないし本件区分所有権等に対する強制執行は、元本合計約3000万円の抵当権及び根抵当権の存在により無剰余により取消しとなることが見込まれる状態であるといえる。

　しかしながら、被告に対する債権回収の方策として、預金債権以外の債権執行の余地がないかについては明らかとはいえず、未だ本来の債権回収の方途が尽きたとまでは認められない。さらに、被告は、本件訴訟の第2回口頭弁論期日に出頭し、陳述した準備書面において、長期間にわたる管理費の滞納を謝罪するとともに、経済状況が好転したことから本件管理費等の分割弁済による和解を希望する旨の態度を示しているのであって、このような被告の態度からすれば、原告が和解案として、まず被告に対して分割弁済の実績を示すことを要求するなどして、和解の中で本件管理費等を回収する途を模索することも考えられるところ、原告は被告の和解の希望を拒否して、同法59条1項による競売の途を選んだといえる。

　このような状況からすれば、本件において、原告には、同法59条1項による競売申立て以外に本件管理費等を回収する途がないことが明らかとはいえないというべきであり、同条項所定の上記要件を充足すると認めることはできない。」

・本件は、区分所有者が管理費等を滞納したため、管理組合が区分所有法59条所定の競売を請求した事案であり、近年、注目されている滞納管理費対策のための競売請求の可否、当否が問題になったものである。本件のような問題は、裁判例の見解が分かれているところであり、積極説、消極説の裁判例がある。

・本判決は、前記のとおり、管理費等の滞納が区分所有者の共同の利益に反することを認めたものの、競売請求が認められるためには、競売以外の方法によって債権の回収の途がないことが明らかである場合に限るとし、本件では、競売以外の途がないことが明らかであるとはいえないとし、競売請求を否定したものである。本判決は、前記のとおり、裁判例の見解が分かれているところ、競売請求の要件につき独自の見解を提示し、競売請求を否定した事例として参考になる。

142 不在区分所有者の協力金負担

マンションの管理組合の不在組合員（区分所有者）につき特別の協力金を負担させる旨の規約の変更を有効とした事例

最三小判平成22年1月26日判時2069号15頁

事案

X管理組合は、昭和40年代にA住宅供給公社が建築、分譲した14階建てマンション4棟からなるマンションの管理組合であり（総戸数868戸）、理事長1名、副理事長2名、理事25名、監事4名が置かれ、1戸当たり管理費として一律に月額1万7500円と定められていたところ、分譲後20年を経過した頃から空室、賃貸物件が増加し、平成16年頃には多数の不在組合員（約170戸）が生じていたことから、平成16年3月開催の総会において、不在組合員は1戸当たり月額5000円の協力金を負担し、組合費とともに納入しなければならない旨の規約の変更が決議され、多数の区分所有者（175戸のうち158戸）がこれに応じたものの、17戸がこの支払を拒否し、最終的に7戸に対して順次その支払を請求する訴訟を提起したものであり、本件では、Xが支払を拒否した不在組合員である区分所有者Bの共同相続人Y1、Y2らに対して協力金の支払を請求した（前記の各訴訟の一部の控訴審において裁判所から協力金の月額2500円とする和解案が提案される等したことから、Xは、平成19年3月開催の総会において協力金を遡及的に2500円とする規約の変更を可決する等した）。

第一審判決は、請求を認容したため、Y1らが控訴した。

控訴審判決は、Xが規約変更を行うとともに、これを主として役員の報酬、必要経費として支給したものであるが、この金額を不在組合員のみに負担させるべき合理的な根拠はないとし、第一審判決を取り消し、請求を棄却したため、Xが上告受理を申し立てた。

本件では、マンションの管理組合の不在組合員（区分所有者）につき特別の協力金を負担させる旨の規約の変更の効力が争点になった。

本判決は、本件規約変更は必要性と合理性が認められないではなく、一部の区分所有者に特別の影響を及ぼすものではないとし、本件規約変更が無効ではないとし、控訴審判決を破棄し、控訴を棄却した。

判旨

「(1) 法66条が準用する法31条1項後段の「規約の設定，変更又は廃止が一部の団地建物所有者の権利に特別の影響を及ぼすべきとき」とは、規約の設定、変更等の必要性及び合理性とこれによって一部の団地建物所有者が受ける不利益とを比較衡量し、当該団地建物所有関係の実態に照らして、その不利益が一部の団地建物所有者の受忍すべき限度を超えると認められる場合をいう（最高裁平成8年（オ）第258号同10年10月30日第二小法廷判決・民集52巻7号1604頁参照）。

(2) 前記事実関係によれば、本件マンションは、規模が大きく、その保守管理や良好な住環境の維持には上告人及びその業務を分掌する各種団体の活動やそれに対する

組合員の協力が必要不可欠であるにもかかわらず、本件マンションでは、不在組合員が増加し、総戸数868戸中約170戸ないし180戸が不在組合員の所有する専有部分となり、それらの不在組合員は、上告人の選挙規程上、その役員になることができず、役員になる義務を免れているだけでなく、実際にも、上告人の活動について日常的な労務の提供をするなどの貢献をしない一方で、居住組合員だけが、上告人の役員に就任し、上記の各種団体の活動に参加するなどの貢献をして、不在組合員を含む組合員全員のために本件マンションの保守管理に努め、良好な住環境の維持を図っており、不在組合員は、その利益のみを享受している状況にあったということができる。

　いわゆるマンションの管理組合を運営するに当たって必要となる業務及びその費用は、本来、その構成員である組合員全員が平等にこれを負担すべきものであって、上記のような状況の下で、上告人が、その業務を分担することが一般的に困難な不在組合員に対し、本件規約変更により一定の金銭的負担を求め、本件マンションにおいて生じている不在組合員と居住組合員との間の上記の不公平を是正しようとしたことには、その必要性と合理性が認められないものではないというべきである。

　居住組合員の中にも、上記のような活動に消極的な者や高齢のためにこれに参加することが事実上困難な者もいることはうかがえるのであって、これらの者に対しても何らかの金銭的な負担を求めることについては検討の余地があり得るとしても、不在組合員の所有する専有部分が本件マンションの全体に占める割合が上記のように大きなものになっていること、不在組合員は個別の事情にかかわらず類型的に上告人や上記の各種団体の活動に参加することを期待し得ないことを考慮すると、不在組合員のみを対象として金銭的負担を求めることが合理性を欠くとみるのは相当ではない。また、平成19年総会における決議により、役員に対する報酬及び必要経費の支払が規約上可能になったものの、上告人の活動は役員のみによって担われているものではなく、不在組合員と居住組合員との間の上記の不公平が、役員に対する報酬の支払によってすべて補てんされるものではないから、そのことを理由として本件規約変更の必要性及び合理性を否定することはできない。

　そして、本件規約変更により不在組合員が受ける不利益は、月額2500円の住民活動協力金の支払義務の負担であるところ、住民活動協力金は、全組合員から一律に徴収されている組合費と共に上告人の一般会計に組み入れられており、組合費と住民活動協力金とを合計した不在組合員の金銭的負担は、居住組合員が負担する組合費が月額1万7500円であるのに対し、その約15％増しの月額2万円にすぎない。

　上記のような本件規約変更の必要性及び合理性と不在組合員が受ける不利益の程度を比較衡量し、加えて、上記不利益を受ける多数の不在組合員のうち、現在、住民活動協力金の趣旨に反してその支払を拒んでいるのは、不在組合員が所有する専有部分約180戸のうち12戸を所有する5名の不在組合員にすぎないことも考慮すれば、本件規約変更は、住民活動協力金の額も含め、不在組合員において受忍すべき限度を超え

るとまではいうことができず、本件規約変更は、法66条、31条1項後段にいう「一部の団地建物所有者の権利に特別の影響を及ぼすべきとき」に該当しないというべきである。」

Key point
・本件は、その経緯は複雑であるが、マンションの管理組合において、不在組合員（区分所有者）が増加し、その対策として、1戸当たり特別の協力金を負担させる旨の規約の変更を総会で決議したことから、規約の変更の効力が問題になった上告審の事件である。この事件と同じマンションの同種の事件が他にも訴訟に発展しているが、協力金の額は、総会の決議の際には月額5000円であったのが、その後、訴訟上の和解によって月額2500円が提案され、再度の総会において遡及的に月額2500円とする旨の規約の変更が決議された。
・本判決は、規約の変更の要件である区分所有法31条1項後段の一部の区分所有者の権利に特別の影響を及ぼすべきときとは、規約の変更等の必要性及び合理性とこれによって一部の区分所有者が受ける不利益とを比較衡量し、当該区分所有関係の実態に照らして、その不利益が一部の区分所有者の受忍すべき限度を超えると認められる場合をいうとする判例（最二小判平成10年10月30日民集52巻7号1604頁）を引用したこと、本件マンションにおいては、居住組合員だけが管理組合の役員に就任し、各種団体の活動に参加するなどの貢献をし、不在組合員を含む組合員全員のためにマンションの保守管理に努め、良好な住環境の維持を図っており、不在組合員は、その利益のみを享受している状況にあったものであり、管理組合を運営するに当たって必要となる業務及びその費用は、本来、その構成員である組合員全員が平等にこれを負担すべきものであるところ、規約変更により一定の金銭的負担を求め、マンションにおいて生じている不在組合員と居住組合員との間の不公平を是正しようとしたことには、その必要性と合理性が認められないものではないとしたこと、本件では、不在組合員のみを対象として金銭的負担を求めることが合理性を欠くとみるのは相当ではなく、規約変更の合理性、相当性を否定できないとしたこと、本件では規約変更の必要性及び合理性と不在組合員が受ける不利益の程度を比較衡量し、加えて、不利益を受ける多数の不在組合員のうち、現在、協力金の趣旨に反対してその支払を拒んでいるのは、不在組合員が所有する専有部分約180戸のうち12戸を所有する5名の不在組合員にすぎないことも考慮すれば、規約変更は、協力金の額も含め、不在組合員において受忍すべき限度を超えるとまではいうことができないとしたこと、規約変更は、法66条、31条1項後段にいう一部の区分所有者（団地建物所有者）の権利に特別の影響を及ぼすべきときに該当しないとしたこと、規約変更が有効であるとしたことに特徴がある。
・本判決は、従来問題になってきた不在区分所有者につき特別の協力金等の経済的負担を求める規約の設定、変更について、その必要性、相当性があり、一定の範囲であれば受忍限度内であるとした上、その要件である一部の区分所有者（不在区分所有者）の権利に特別の影響を及ぼすべきときに該当しないとし、有効であるとしたものであり、マンション管理に重要な先例を示したものであるとともに、不在区分所有者に対する管理の重要な手段を提供するものである。今後は、不在区分所有者にどの程度の経済的な負担をさせることが合理的、相当であるかを慎重に検討することが重要になる。
・本判決の評釈に田中志津子・法時1042号122頁、吉田邦彦・判評628号158頁、伊藤栄寿・民商142巻4・5号485頁、北河隆之・不動産研究52巻2号56頁がある。

143 区分所有権の競売の請求

区分所有者が長期にわたる多額の管理費を滞納し、破産手続開始決定を受けた場合、破産管財人に対する区分所有法59条1項の競売請求が認められた事例

東京地判平成22年11月17日判時2107号127頁

事案　A株式会社は、区分所有建物（ビル）において2個の専有部分を区分所有しているところ、平成12年から平成21年4月末までに管理費等の合計2億5491万円余を滞納し、B管理組合において管理者に選任されたX株式会社は、Aに対して滞納管理費等の支払を請求する訴訟を提起し、勝訴判決を得て、同判決が確定したものの、Aにつき破産手続開始決定がされ、Yが破産管財人に選任される等したところ、Yに対して競売の請求をすること、Xに訴訟追行権を付与することが決議され、XがYに対して区分所有権等の競売を請求した。

本件では、管理費の滞納等が共同の利益に反するか、区分所有法59条1項の競売請求が認められるかが争点になった。

本判決は、多額の管理費等の滞納が区分所有法6条1項所定の共同の利益に反するとし、Yが任意に支払う見込みがない等の状況では他の方法によることは困難であるとし、同法59条1項の要件を認め、請求を認容した。

判旨　「(1) 前記争いのない事実等(2)等によれば、破産者及び被告は、西口ビルの管理運営のために区分所有者が共同して負担しなければならない管理費等を長期にわたり滞納し続けたため、その未払管理費等が多額にのぼっていることが認められ、破産者及び被告のこのような行為は「建物の管理に関し区分所有者の共同の利益に反する行為」（区分所有法59条1項、57条1項、6条1項）に当たり、これによる区分所有者の共同生活上の障害は著しいものと認められる。

(2) 前記争いのない事実等(3)によれば、①破産者は、当初、取得した賃料以外の破産者の他の収入等をもって管理費等を支払う予定はないとしていたこと、②破産者が破産手続開始決定を受けた後、被告は、入札による任意売却の実施を申し出たものの、その入札基準価格は一般的な鑑定評価として妥当と考える価格の三・五倍に及ぶものであり、一般的な投資家の投資対象として不適切なものであったことなどの事情に照らせば、被告が管理費等の全額を任意で支払う見込みはなく、今後とも被告の管理費等の不払額は増大する一方であると推測されるところ、前記争いのない事実等(3)及び弁論の全趣旨によれば、原告は取り得る手段を講じている上、仮に区分所有法七条による先取特権又は本件判決に基づいて、本件各専有部分に係る区分所有権及び敷地利用権の競売を申し立てたとしても、被告の未払管理費等を回収することは困難であり、区分所有法59条1項による競売請求以外の「他の方法によっては、区分所有者の共同生活上の障害を除去して共用部分の利用の確保その他の区分所有者の共同生活の維持

を図ることが困難である」(区分所有法59条1項) ものと認められる。」

Key point
・本件は、管理費を滞納する等し、破産手続開始決定を受けた区分所有者の破産管財人に対して、管理者が区分所有法59条1項所定の区分所有権等の競売を請求した事件である。
・本判決は、管理費等を長期にわたり滞納し続け、未払管理費等が多額にのぼっていることが認められ、破産者及び破産管財人のこのような行為が区分所有者の共同の利益に反するとした上、仮に区分所有法7条による先取特権又は判決に基づいて、専有部分に係る区分所有権及び敷地利用権の競売を申し立てたとしても、未払管理費等を回収することは困難であり、区分所有法59条1項による競売請求以外の他の方法によっては、区分所有者の共同生活上の障害を除去して共用部分の利用の確保その他の区分所有者の共同生活の維持を図ることが困難であるとしたことに特徴があり、その旨の事例判断を加えるものである。

144 競売確定後の区分所有権譲渡

区分所有法59条1項の競売請求を認容する判決が確定した場合、口頭弁論終結後の区分所有権等の譲受人に対して同判決に基づき競売を申し立てることはできないとした事例

最三小決平成23年10月11日判時2136号36頁

事案　区分所有建物の区分所有者Aは、管理費等を滞納したことから、区分所有者の一人であるX（管理組合の副理事長）が所定の手続を経て、Aに対して区分所有権等の競売請求をしたところ、認容判決を得て、同判決が確定したが、判決の言渡後、その確定前に、Aが区分所有権の持分の5分の4をY株式会社に譲渡し、XがA、Yに対して競売の申立てをした。

原々決定は、Aについては競売の開始決定をしたものの、Yについては申立てを却下したため、Xが抗告した。

原決定（東京高決平成23年1月7日判タ1363号203頁）は、Xの抗告を棄却したため、Xが特別抗告等を申し立てた。

本件では、区分所有法59条1項の競売請求を認容する判決が確定した場合、口頭弁論終結後の区分所有権等の譲受人に対して同判決に基づき競売を申し立てることができるかが争点になった。

本決定は、口頭弁論の終結後に区分所有者が区分所有権等を譲渡した場合、その譲受人に対して前記訴訟の判決に基づき競売を申し立てることはできないとし、抗告を棄却した。

判旨　「建物の区分所有等に関する法律59条1項の競売の請求は、特定の区分所有者が、区分所有者の共同の利益に反する行為をし、又はその行為をするおそれがあることを原因として認められるものであるから、同項に基づく訴訟の口頭弁論終結後に被告であった区分所有者がその区分所有権及び敷地利用権を譲渡した場合に、その譲受人に対し同訴訟の判決に基づいて競売を申し立てることはできないと解すべきである。」

・本件の争点は、一読しただけではなかなか分かりにくいが、管理費等を滞納した区分所有者に対して区分所有法59条1項に基づき競売を請求する訴訟が提起され、敗訴判決を受け、同判決が確定したところ、同訴訟の口頭弁論の終結後に区分所有権等が譲渡されていた場合、この譲受人に対して競売の申立てをすることができるかが問題になった事件である（民事執行法195条、181条3項）。なお、この問題につき、仮に競売の申立てを認めないとすると、一見すると、競売を請求する訴訟を提起した場合、口頭弁論の終結後に区分所有権等を譲渡することによって競売を回避することができ、訴訟提起の努力が無駄になるおそれがある。

・本決定は、区分所有法59条1項の競売請求を認容する判決が確定した場合、口頭弁論終結後の区分所有権等の譲受人に対して同判決に基づき競売を申し立てることはできないとした

ものであり、最高裁の判断であり、マンション管理の実務に重要な影響を与える。なお、本決定は、区分所有法59条の競売請求制度は、競売によって区分所有者の共同の利益に反する行為をした区分所有者を区分所有関係から排除することを目的とするものであり、競売請求訴訟の口頭弁論終結後に区分所有者が交代した場合には、問題の区分所有者が排除されたことになるから、制度の目的を達成したことになり、譲受人に対して判決に基づき競売の申立てをする必要はないとの考え方が背景にある。

・本決定の評釈に、藤井俊二・判評2154号153頁、高見進・民商146巻6号579頁がある。

145 管理費等支払請求訴訟の弁護士費用
規約の弁護士費用・報酬の負担規定を有効とした事例
東京高判平成26年4月16日判時2226号26頁

事案　X管理組合は、Aマンションの区分所有者全員で構成される管理組合であるが（管理規約において、弁護士費用につき、区分所有者が管理組合に支払うべき費用を所定の支払期日までに支払わないときは、管理組合は当該区分所有者に違約金としての弁護士費用を加算して請求することができる旨の規定があった）、区分所有者Yが管理費、修繕積立金の支払を怠ったため、未払いの管理費等、弁護士費用等を請求した。

第一審判決（東京地判平成25年10月25日判時2226号29頁）は、弁護士費用につき管理規約による実費相当額ではなく、裁判所が相当と認める額に限定し、請求を一部認容したため、Yが控訴し、Xが附帯控訴した。

本件では、管理組合が管理費等の支払を怠った区分所有者にその支払を請求するに当たって必要になる弁護士費用の支払義務の有無・範囲が争点になった。

本判決は、管理規約が国土交通省の作成に係るマンション標準管理規約に依拠するものであったが、違約金としての弁護士費用は、違約罰（制裁金）であり、管理規約の規定が合理的である等とし、控訴を棄却し、附帯控訴に基づき（弁護士費用として102万9565円を認めた）、請求を全部認容した。

判旨　「そこで、判断するに、国土交通省の作成にかかるマンション標準管理規約（甲8）は、管理費等の徴収について、組合員が期日までに納付すべき金額を納付しない場合に、管理組合が、未払金額について、「違約金としての弁護士費用」を加算して、その組合員に請求することができると定めているところ、本件管理規約もこれに依拠するものである。そして、違約金とは、一般に契約を締結する場合において、契約に違反したときに、債務者が一定の金員を債権者に支払う旨を約束し、それにより支払われるものである。債務不履行に基づく損害賠償請求をする際の弁護士費用については、その性質上、相手方に請求できないと解されるから、管理組合が区分所有者に対し、滞納管理費等を訴訟上請求し、それが認められた場合であっても、管理組合にとって、所要の弁護士費用や手続費用が持ち出しになってしまう事態が生じ得る。しかし、それは区分所有者は当然に負担すべき管理費等の支払義務を怠っているのに対し、管理組合は、その当然の義務の履行を求めているにすぎないことを考えると、衡平の観点からは問題である。そこで、本件管理規約36条3項により、本件のような場合について、弁護士費用を違約金として請求することができるように定めているのである。このような定めは合理的なものであり、違約金の性格は違約罰（制裁金）と解するのが相当である。したがって、違約金としての弁護士費用は、上記の趣旨からして、管理組合が弁護士に支払義務を負う一切の費用と解される（その

趣旨を一義的に明確にするためには、管理規約の文言も「違約金としての弁護士費用」を「管理組合が負担することになる一切の弁護士費用(違約金)」と定めるのが望ましいといえよう。)。

　これに対して、控訴人は、違反者に過度な負担を強いることになって不合理である旨主張するが、そのような事態は、自らの不払い等に起因するものであり、自ら回避することができるものであることを考えると、格別不合理なものとは解されない。

　以上の判断枠組みの下に、本件をみるに、被控訴人は、本件訴訟追行に当たって、訴訟代理人弁護士に対し、102万9565円の支払義務を負うが(甲5)、その額が不合理であるとは解されない。

　したがって、控訴人は、被控訴人に対し、本件管理規約36条3項に基づき、「違約金としての弁護士費用」102万9565円の支払義務がある。」

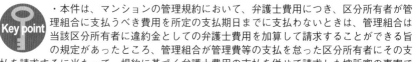

・本件は、マンションの管理規約において、弁護士費用につき、区分所有者が管理組合に支払うべき費用を所定の支払期日までに支払わないときは、管理組合は当該区分所有者に違約金としての弁護士費用を加算して請求することができる旨の規定があったところ、管理組合が管理費等の支払を怠った区分所有者にその支払を請求するに当たって、規約に基づく弁護士費用の支払を併せて請求した控訴審の事案である。
・第一審判決は、区分所有者の規約に基づく弁護士費用の支払義務を認めたものの、管理規約による実費相当額ではなく、裁判所が相当と認める額に限定して認めたものである。
・本判決は、第一審判決の見解を否定し、規約の規定は、違約金としての弁護士費用を定めるものであり、違約罰(制裁金)であり、管理規約の規定は合理的であるとし、規約を有効であるとしたものである。管理組合は、財政基盤の充実が重要であるところ、区分所有者らに対して訴訟を提起する場合、弁護士費用・報酬を自ら賄うことは財政基盤に重大な影響を与えるため、従来から弁護士費用・報酬を相手方負担にするための工夫が行われてきたところである。本判決は、規約の弁護士費用・報酬の負担規定を有効としたものであり、問題解決の一つの見解を示したものである。

10

管理会社との紛争

146 漏水事故と管理会社の責任

原因が専有部分にあり共用部分でないとして管理会社の責任を否定した事例

東京地判平成5年1月28日判時1470号91頁

事案　Xは、マンションの専有部分（103号室）の区分所有者であり、Aに賃貸していたところ、直上の専有部分（203号室）から配管の上部のパッキン部分の劣化により水が漏れ、部屋が汚損した。Xは、直上の専有部分の区分所有者Y1、仲介業者であるY2株式会社との間で、Y1、Y2が責任がある旨の確認書を作成した。Xは、Y1、Y2に対するほか、管理業者であるY3株式会社に対して管理契約上の債務不履行、事務管理者の債務不履行に基づき損害賠償を請求した。

本件では、主として管理契約上の債務不履行の成否が争点になった。

本判決は、Y1、Y2に対しては、確認書に基づき修復費用の損害賠償請求を一部認容し、事故原因になった水道支管のパッキン部分は共用部分、共用施設に当たらないとして、Y3に対する請求を棄却した。

判旨　「2　そこで、被告Y3の本件契約上の管理責任の存否について検討する。……によれば、被告Y3は、2500件くらいのマンションの管理業務を行い、本件マンションについては、その管理組合との間で本件管理契約を締結した上、委託業務の対象を、諸設備及びその敷地等の共有部分の管理並びに維持運営と規定し（1条）、共用施設の給排水衛生設備の保守・点検・修理をその一例として掲げ（2条）、右業務については第三者に発注して行わせることができるが（3条）、その際には被告Y3がその都度立会確認をし、当該組合員及び占有者との連絡調整に当たるべきものと定めていることが認められる。被告Y3が、本件居室の水漏れ事故発生の連絡を受けるやその原因調査を甲に依頼したのは、右事故が本件管理契約に基づく右のような委託業務の首尾範囲に属するものであるか否かを見極め、臨機の対応をとるための措置であると考えられるが、水漏れの原因は、結局、被告Y1所有の専有部分である203号室の内部、すなわち、その台所の水道蛇口と給水管とを連結するフレキシブル配管の上部接続部分のパッキンの劣化であることが判明したことは、前記のとおりである。そして、右パッキンを含む給水管は、被告Y1の専有部分たる建物部分への水道の供給のためにのみ存在する水道支管であって、右建物部分の附属物にほかならないから、これが本件マンションの共用部分、すなわち、本件管理契約にいう共有部分ないし共用施設に当たらないことは明らかであり、また、この点に関し、本件マンションの管理組合の規約において別段の定めのあることの主張・立証もない。そうすると、被告Y3は、本件管理契約に基づき、本件事故によって原告に生じた損害につき賠償責任を負うものではないから、原告の主張は採用することができない。」

Key point

・本件は、マンションにおいて漏水事故が発生し、区分所有者が階上の専有部分の区分所有者らのほか、マンションの管理業者の管理契約上の債務不履行責任を追及した事案である。

・マンションにおいては、管理組合が管理業者に管理を委託することが多いが、管理業者が管理委託契約（管理契約）上債務不履行責任を負うことがあり得ることはいうまでもない。もっとも、管理業者が管理委託契約上どのような範囲で債務不履行責任を負うかは、個々の管理委託契約の内容によるところがあるが、理論的には、個々の区分所有者も管理委託契約上の債務不履行責任を負うかは1つの問題になる。本件は、この債務不履行責任の成否、事務管理者としての債務不履行責任の成否が問題になったものである。

・本判決は、本件漏水事故が階上の専有部分内にある水道支管のパッキンの劣化に原因があったものであり、共用部分、共用施設に原因があったものではないとし、管理業者が責任を負うものではないとし、債務不履行責任を否定したものであり、管理業者の責任の範囲を明らかにし、債務不履行責任を否定した事例として参考になる。

147 管理会社を批判する文書の配付

違法性阻却事由を認め不法行為に当たらないとした事例

東京地判平成7年11月20日判時1562号83頁

事案

X株式会社は、マンションの管理会社であり、Yを含む区分所有者らのマンションの各種工事を受注していたが、YがXについて、「当管理組合の民主的運営を求める緊急公開状」と題する文書を作成し、この文書中に、Xが専門業者ではなく、管理組合の印鑑等を預託できる会社ではない等が記載されていた。Yがこの文書を各戸に配付した。Xは、Yに対して信用毀損、名誉毀損を主張し、損害賠償、謝罪文の配付を請求した。

本件では、信用毀損・名誉毀損の成否が争点になった。

本判決は、管理組合の運営という公共の利害に関するものであり、専ら公益を図る目的に出たものであり、真実と信ずるにつき相当の理由があったとして、請求を棄却した。

判旨

「3(一) 以上認定の事実によると、本件文書の内容は、登録専門工事業者ではなく、また、本件マンションの管理会社でもなかった原告が、その社員を本件管理組合の理事会の議事に出席させ、本件マンションの大規模修繕工事、立体駐車場建設工事等の見積書を早期に提出して多額の工事を集中的に受注し、また管理会社として選任されているなどの事実を前提として、一部の理事の独断専行により原告に対する利益誘導行為が行われており、本件管理組合の民主的運営及びその本来の機能が形骸化し、組合員の公金が無造作に濫費される事態となっていると非難し、併せて本件管理組合の各組合員の意思を反映した方法により工事受注業者及び管理会社の選定が公平に行われることを求めるものであり、組合員の意思を十分反映しない方法によって、特定の業者に対する利益誘導行為と思われかねないような工事施工業者や管理会社の選定を行うという本件管理組合の運営方法を問題とする中で記述されたものであるから、本件記載部分は、本件マンションの管理組合の運営という公共の利害に関する事項にかかり、また、本件文書の内容が右のようなものであること、……によれば、被告は本件文書の配布に先立ち、第10期管理組合理事会あてに、本件文書とほぼ同趣旨の「質問書」及び「意見書」を送付していること（右文書は一般の区分所有権者には配布されていない。）、……によれば、被告は真摯に本件管理組合のことを考えて本件文書を配布したものであること、……によれば、被告の意見に賛同する趣旨のアンケート回答が多数の区分所有者から寄せられていることが認められ、これらの事情と被告が私利私欲を図り、あるいは原告をことさらに誹謗中傷する等不純な動機により、本件文書の配布を行ったことを認めるに足る証拠はないことに鑑みれば、被告による本件文書の配布は、専ら公益を図る目的に出たものというべき

である。

　…………

　以上の事実に鑑みると、これらの事実から、マンションの一区分所有権者であり、特に調査権限及び調査能力を有していたわけでもない被告において、一部の理事により原告に対する利益誘導行為があるのではないか、当初から原告を管理会社に選定する旨決めていたものではないかと疑ったことも、まったく根拠を欠くものではなく、被告がそのように信じるにつき相当の理由があったものというべきである。」

Key point
・本件は、マンション内で管理をめぐり紛争が生じている状況において、区分所有者が管理業者を批判する文書を作成し、区分所有者らに配付したため、管理業者が信用毀損、名誉毀損に基づき損害賠償等を請求した事案である。
・マンション内においては、区分所有者ら、管理組合の役員、管理業者らの間で管理をめぐり紛争が生じることが少なくないが、この紛争に派生して、反対の意見をもつ者に対する激しい批判が繰り広げられ、名誉毀損、信用毀損、プライバシーの侵害、業務妨害等をめぐる紛争が生じることがある。売り言葉に買い言葉の現象が生じやすいのである。本件は、名誉毀損、信用毀損の紛争が派生的に発生したものである。
・名誉毀損、信用毀損は、批判された者の社会的な評価を低下させると不法行為が成立するのが原則であるが、違法性阻却事由がある場合には、不法行為に当たらないと解されている。プライバシーの侵害は、他人に知られたくない等の事実が公表されると不法行為が成立するのが原則であるが、違法性阻却事由も認められている。このような法理を明確にした判例（最二小判平成15年3月14日民集57巻3号229頁）は、「名誉毀損については、その行為が公共の利害に関する事実に係り、その目的が専ら公益を図るものである場合において、摘示された事実がその重要な部分において真実であることの証明がなくても、行為者がそれを真実と信ずるについて相当の理由があるときは、不法行為は成立しないのであるから（最高裁昭和37年（オ）第815号同41年6月23日第一小法廷判決・民集20巻5号1118頁参照）、……また、プライバシーの侵害については、その事実を公表されない法的利益とこれを公表する理由とを比較衡量し、前者が後者に優越する場合に不法行為が成立するのである……（最高裁平成元年（オ）第1649号同6年2月8日第三小法廷判決・民集48巻2号149頁）」と判示し、その法理を紹介しているのが参考になる。
・また、論評による名誉毀損等については、最三小判平成9年9月9日民集51巻8号3804頁は、「事実を摘示しての名誉毀損にあたっては、その行為が公共の利害に関する事実に係り、かつ、その目的が専ら公益を図ることにあった場合に、摘示された事実がその重要な部分について真実であることの証明があったときには、右行為には違法性がなく、仮に右事実が真実であることの証明がないときにも、行為者において右事実を真実と信ずるについて相当の理由があれば、その故意又は過失は否定される（最高裁昭和37年（オ）第815号同41年6月23日第一小法廷判決・民集20巻5号1118頁、最高裁昭和56年（オ）第25号同58年10月20日第一小法廷判決・裁判集民事140号177頁参照）。一方、ある真実を基礎としての意見ないし論評の表明による名誉毀損にあっては、その行為が公共の利害に関する事実に係り、かつ、その目的が専ら公益を図ることにあった場合に、右意見ないし論評の前提としている事実が重要な部分について真実であることの証明があったときには、人身攻撃に及ぶなど意見ないし論評としての域を逸脱したものでない限り、右行為は違法性を欠くものというべきである（最高裁昭和55年（オ）第1188号同62年4月24日第二小法廷判決・民集41巻2号490頁、最高裁昭和60年（オ）第1274号平成元年12月21日第一小法廷判決・民集43巻12号2252頁参照）。そして、仮に右意見ないし論評の前提としている事実が真実であることの証明がないときにも、事実を摘示しての名誉毀損における場合と対比すると、行為者において右事実を真実と信ずるについて相当の理由があれば、その故意又は過失は否定されると解するのが相当であ

る。」と判示しているのが重要な基準になっている。
・本判決は、信用毀損・名誉毀損の違法性阻却事由である公共の利害に関する事項であること、専ら公益を図る目的であること、真実と信ずるにつき相当の理由があることを認め、区分所有者の批判が不法行為に当たらないとしたものであり、事例として参考になる。本判決は、通常の基準に照らすと、マンション内の区分所有者の立場に相当に配慮した判断をしているものであり、この意味でも参考になる。

148 エレベータ保守契約の途中解約
管理組合側の解除の自由を保障した事例

東京地判平成15年5月21日判時1840号26頁

事案　エレベータの保守管理を業とするX株式会社は、平成10年5月、マンションの管理組合Yとの間で、マンション内のエレベータの保守につき期間5年間の保守契約を締結していた。Yは、平成15年3月、契約期間の途中で保守契約を解除したため、XがYに対して損害賠償を請求した。

本件では、準委任契約の解除（解約）に関する民法651条2項所定の損害賠償請求の可否、不利な時期の解除の当否が争点になった。

本判決は、管理組合による保守契約の解除が不利な時期にされたものとはいえないとし、請求を棄却した。

判旨　「(1)　本件契約の内容は、前記第二の一　(2)記載及び前記第三の一　(1)認定のとおりであり、その性質は、期間の定めのある有償の準委任契約と解され、したがって、本件契約には、民法六五六条により、民法の委任契約に関する規定が準用される。そして、民法六五六条が準用する六五一条二項本文は、「当事者の一方が相手方のために不利なる時期に於て委任を解除したるときは其の損害を賠償することを要す」と規定しているところ、本条項の「不利なる時期」とは、その委任の内容である事務処理自体に関して受任者が不利益を被るべき時期をいい、したがって、事務処理とは別の報酬の喪失の場合は含まれないものと解される（最判昭和四三年九月三日第三小法廷判決参照）。そして、本件において、原告が主張する本件解約に伴って発生した不利益は、事務処理とは別の報酬の喪失に他ならず、報酬は原告が月々のエレベーター保守管理サービスを行うことによって発生するものであること、本件解約によって原告において従業員の配置を見直したり従業員を解雇したなどといった事情を認めるに足りる証拠はなく、被告が九〇日間の猶予をもって本件解約通知を行っていることからすると、本件解約は「不利な時期」においてなされた場合に当たらないものと認めるのが相当である。

(2)　原告は、期間の定めのある有償である本件契約においては、委任者である被告は、本件解約に伴い逸失利益相当額の損害賠償債務を負う旨主張するが、仮にそのように解すると、被告は、解約後においても、契約に伴う利益を享受することがないにもかかわらず、その対価のみは負担しなければならないことになって、解約をすることが全く無意味となり、当事者間の信頼関係を基礎とする委任契約について、民法六五一条が解約を認めた趣旨を没却することとなって、相当ではない。」

Key point

・本件は、マンションの管理組合がエレベータの管理業者との間でエレベータの保守契約を締結していたところ、契約期間の途中で保守をめぐる紛争が発生し、保守契約を解除したため（保守契約の更新もできなくなった）、管理業者が管理組合に対して損害賠償を請求し、管理組合の損害賠償責任の成否が問題になった事案である。本件では、保守契約が準委任契約（民法656条）であり、管理業者の不利な時期の解除であることを理由とする損害賠償責任（民法651条2項）の成否が問題になったわけである。

・本判決は、最三小判昭和43年9月3日を引用し、民法651条2項の不利な時期は、その委任の内容である事務処理自体に関して受任者が不利益を被るべき時期をいい、事務処理とは別の報酬の喪失の場合は含まれないものと解されるとした上、本件の解除（解約）は、不利な時期の解除に当たらないとし、管理組合の損害賠償責任を否定したものである。

・本判決は、契約期間のあるエレベータの保守契約につき、契約期間の途中で管理組合が契約を解除したため、管理業者が契約期間によって予定していた報酬を得ることができなくなり、管理組合に対して損害賠償を請求した事案において、契約を解除した管理組合の損害賠償責任を否定したものであり、前記のとおり、民法651条2項の規定の微妙な解釈を介して、管理組合の解除の自由を保障し、管理組合を保護したことに重要な意義がある。本判決の前記の解釈には議論があり得るが、本判決の論理は、財政基盤の弱い管理組合を保護するものとして、管理組合の管理実務上重要な役割を果たすものである。

11

賃借人・不良入居者への対処

149 暴力団組事務所としての使用
共同の利益に反するとし競売請求を認容した事例

札幌地判昭和61年2月18日判時1180号3頁

事案　暴力団組長Yがマンションの専有部分を区分所有し、組事務所として使用し、組員らを頻繁に出入りさせた。他の暴力団と対立抗争をし、マンション内で乱闘をしたこともあった。区分所有者らは、組長の部屋の競売を請求することを決議した。マンションの管理者Xは、Yに対して区分所有法59条に基づき競売を請求した。

本件では、区分所有法59条所定の競売請求の要件の有無が争点になった。

本判決は、区分所有者らの共同の利益に反する等とし、競売請求の要件を認めて、請求を認容した（なお、仮執行宣言は相当でないとして、付していない）。

判旨　「以上の事実によれば、被告は、自己及びその配下の組員らの行動を介して本件マンションの保存、管理、使用に関し、区分所有者の共同の利益に反する行為をなし、これによる他の区分所有者らの共同生活上の障害は著しい程度に至っていると認めることができ、かつ使用禁止等の他の方法によつては、その障害を除去して共用部分の利用の確保その他の区分所有者らの平穏な共同生活の回復、維持を図ることが困難と認められるから、建物の区分所有等に関する法律第59条に規定する事由が存するものとみるのが相当である。

この点、被告は、その専有部分である307号室を暴力団組織と関係をもたない第三者に賃貸することを検討中である旨主張するが、本件口頭弁論終結時までに右の趣旨の賃貸借契約を締結した事実を認めるに足る証拠は全くなく、また前記認定に係る抗争事件やその後の措置についての諸事実及び弁論の全趣旨を総合すると、被告の任意の対応に委ねていたのでは、他の区分所有者らの前叙のごとき共同生活上の重大な障害を除去して、円満かつ平穏な共同生活を回復し維持していくことを期待することは困難であるとみざるをえない。」

Key point
・本件は、マンションの専有部分の区分所有者が暴力団の組事務所として使用したため、管理者が区分所有法59条に基づき区分所有権等の競売を請求した事案である。
・区分所有者らがマンション内で共同の利益に反する使用、言動をした場合、区分所有者らは、マンション内の秩序を回復するための最終的な手段として、区分所有権等の競売を請求することが認められている（区分所有法59条）。競売請求は、共同の利益に反する区分所有者を区分所有関係から排除するものであるため、その要件も厳格に解することが必要であるし、その判断も慎重に行うことが要請される。競売請求は、その使用を誤ると、村八分的な弊害が生じることも予想される。本件は、専有部分が暴力団の組事務所として使用されたため、区分所有者らが競売請求の手段を選択するに至ったものである。
・本判決は、区分所有法59条所定の事由を認めたものであり、事例として参考になる。
・本判決の評釈として、丸山英気・判例評論331号29頁、原田純孝・判タ613号72頁、田山輝明・ジュリスト860号66頁がある。

150 賃借人として居住する暴力団員
賃貸借契約解除と専有部分の明渡しを命じた事例
最二小判昭和62年7月17日判時1243号28頁

事案　マンションの専有部分の区分所有者Ｙ１が専有部分を暴力団の組長Ｙ２に賃貸したため、組関係者が出入りするようになった。暴力団の抗争事件も発生し、マンションの住民がボディチェックを受けたりなどして、生活に重大な影響を受けた。マンションのＡ管理組合は、マンションの専有部分の占有者Ｙ２に対して退去を求める決議をし、管理組合の管理者ＸがＹ１らに対して区分所有法60条に基づき賃貸借契約の解除と明渡しを請求した。

本件では、決議がなされたかどうか、区分所有者に対して弁明の機会を与えるべきか、共同の利益に反したかが争点になった。

第一審判決（横浜地判昭和61年1月29日判時1178号53頁）は、有効な決議がなされ、占有者に対して弁明の機会を与えれば足り、区分所有者に弁明の機会を与える必要はないとし、区分所有者の共同の利益に反していたとして、請求を認容したため、Ｙ２が控訴した。

控訴審判決（東京高判昭和61年11月17日判時1213号31頁）は、区分所有者に対して弁明の機会を与える必要がない等とし、控訴を棄却したため、Ｙ２が上告した。

本判決は、控訴審判決と同様に判示し、上告を棄却した。

判旨　「区分所有者の全員又は管理組合法人が建物の区分所有等に関する法律60条1項に基づき、占有者が占有する専有部分の使用又は収益を目的とする契約の解除及びその専有部分の引渡しを請求する訴えを提起する前提として、集会の決議をするには、同条2項によつて準用される同法58条3項によりあらかじめ当該占有者に対して弁明する機会を与えれば足り、当該占有者に対し右契約に基づき右専有部分の使用、収益をさせている区分所有者に対して弁明する機会を与えることを要しないというべきである。……

　…………

　所論の点に関する原審の事実認定は、原判決挙示の証拠関係に照らし、正当として是認することができ、右事実関係のもとにおいては、区分所有建物である原判示の本件建物のうちの本件専有部分の賃借人である上告人Ｙ２は、本件建物の使用に関し同法6条3項によつて準用される同条1項所定の区分所有者の共同の利益に反する行為をしたものであり、かつ将来もこれをするおそれがあつて、右行為による区分所有者の共同生活上の障害が著しく、他の方法によつてはその障害を除去して共用部分の利用の確保その他の区分所有者の共同生活の維持を図ることが困難であるときに該当するとした原審の判断は、正当として是認することができる。」

・本件は、マンションの専有部分の区分所有者が暴力団組長に専有部分を賃貸し、マンションの住民が生活の安全等を脅かされたため、管理者が区分所有法60条に基づき賃貸借契約の解除、専有部分の明渡しを請求した上告審の事案である。本件は、区分所有者らの共同の利益の侵害が問題になったほか、区分所有法60条1項所定の請求をするに当たって、専有部分の占有者に対して弁明の機会を与えるだけで足りるか、さらに区分所有者にも弁明の機会を与えることが必要であるかが問題になったわけである（区分所有法60条2項、58条3項。なお、弁明の機会を与えなかったことが手続的な要件の瑕疵であるか、瑕疵であるとした場合、決議が無効になるか等が問題になる）。

・第一審判決、控訴審判決は、本件のような場合、弁明の機会は、占有者に与えれば足り、区分所有者に与えることは必要ではないとし、本判決も、同様な判断を示したものである。本判決の判断は、区分所有法60条2項、58条3項の解釈を明らかにしたものとして重要な意義をもつものである。

・本判決の評釈として、丸山英気・民商99巻1号125頁、片桐春一・判タ677号48頁、松本恒雄・別冊ジュリスト112号206頁がある。

151 暴力団組事務所としての使用
共同の利益に反するとし、競売請求を認めた事例

名古屋地判昭和62年7月27日判時1251号122頁

事案　Yは、マンションの専有部分を区分所有していたものの、実質的には暴力団組長Aが管理し、処分権をもっていた。Aは、本件専有部分を組事務所として使用し、他の暴力団と対立抗争事件を起こした際には、3回にわたり拳銃による襲撃を受けたこともあった。現在は空家である。マンションの管理組合の管理者Xは、Yに対して共同の利益に反する等と主張し、区分所有法59条に基づき競売の請求をした。

本件では、区分所有法59条所定の競売請求の要件の有無が争点になった。

本判決は、共同の利益に反する等とし、請求を認容した。

判旨　「以上の事実及び前記一の事実によれば、被告は、本件区分所有権等の所有名義を有するとはいえ、実質的管理、処分権は完全に訴外Aに掌握され、同訴外人に一切の処分を委ね、本件不動産を同訴外人とその配下の組員らの事務所として使用させたため、多数の警察官警戒の最中においてさえ、繰り返し本件マンション及びその付近が対立する暴力団組織の大胆で非常に危険な抗争の場とされたことにより、他の区分所有者らの平穏を著しく害し、本件マンションの評価を著しく下落させたものであり、訴外Aが本件区分所有権等の実質的な管理、処分権を保有する限り、今後も同様な事件の発生する危険があることは否定できないから、被告は、本件マンションの保存に有害な行為及びその管理又は使用に関し区分所有者の共同の利益に反する行為をなしたもので、これによる区分所有者の共同生活上の障害は著しく、かつ、使用禁止の請求等の方法によつてはその障害を除去して区分所有者の平穏な共同生活の維持を図ることが困難であると認められるから、建物の区分所有等に関する法律59条1項に規定する要件を具備すると認められる。」

Key point
・本件は、マンションの専有部分が暴力団の組長に実質的に管理され、組事務所として使用されていたため、管理者が区分所有者に対して区分所有法59条に基づき競売を請求した事案である。
・本判決は、暴力団の組事務所としての使用が共同の利益に反する等とし、区分所有法59条所定の要件を認めたものであり、事例として参考になる。

152 暴力団組事務所としての使用

競売・引渡し、原状回復、弁護士費用の負担請求を全部認容した事例

京都地判平成4年10月22日判時1455号130頁

事案　X1は、マンションの管理組合であり、X2らは、区分所有者らである。Y1は、区分所有する専有部分をY2有限会社に賃貸し、Y3（暴力団の組長であり、Y2の社員であり、Y1の子である）らが占有しているところ、専有部分を改造し、暴力団事務所として使用し、マンションの住民に暴力的言動を行う等した。X1らは、Y1に対して区分所有法59条に基づき専有部分の競売、Y1らに対して同法60条に基づき賃貸借契約の解除、退去、Y1らに対して改造部分の原状回復、弁護士費用の損害賠償を請求した。

本件では、共同の利益違反の有無・程度が争点になった。

本判決は、専有部分が二度にわたり改造され、暴力団事務所として利用してきた等を認め、区分所有者の共同の利益に反するものであるとして、請求を全部認容した。

判旨　「三　そこで、右認定事実に基づき、被告らに対する請求について検討するのに、被告Y3による二回にわたる違法な改造行為、配下の組員らの事務所としての使用、駐車場やマンション内の111号室前通路の使用についての日頃の言動、その他マンション内外における粗暴な言動など一連の行為は、他の区分所有者らに恐怖感を与えてその平穏を著しく害し、本件マンションの評価を低下させたものであり、その管理、使用に関して区分所有者共同の利益に違反する行為であり、これによる他の区分所有者らの共同生活上の障害は著しい程度に至っているものと認められる。また、従前に比べ、111号室での組員らの出入りは少なくなっていることが認められ、現在のマンションの所有者である被告Y4は、その本人尋問において今後その家族とともに居住するために使用すると供述しているが、111号室が当初被告Y3の家族によって使用されていながら暴力団事務所に利用されるに至ったものであること、その後の同被告らの一連の問題に対する区分所有権者らに対する対応、被告Y4は暴力団事務所としての使用禁止等についての裁判所の仮処分申請直後に111号室の区分所有名義を取得したものであること、被告Y3と被告Y4の近親関係などを考慮すると、被告らの対応に任せることなどの方法で他の区分所有権者らの共同生活上の重大な障害を除去して円満な共同生活の維持を図ることは困難であるといわざるを得ない。

四　そうすると、原告らの請求は、競売、引渡、原状回復のいずれについても理由がある。

また、前記認定の事実からすると、被告らの行為は、建物の管理及び使用に関し区

分所有者たる原告らの共同の利益に反しているばかりではなく、原告らの共同生活上の利益を著しく損なうものと認められるから、区分所有者に対し不法行為の責めを負うものというべきである。

ところで、原告自治会は、原告ら区分所有者が区分建物に関する共同の利益のために構成した団体であるから、区分所有者に代って被告らに対し、本件マンションに関して生じた不法行為に基づく損害賠償請求権を行使することができると解するのが相当である。そして原告自治会は、原告らの被った損害としての弁護士費用200万円の支払いを求めているが、本件事案の概要や難易その他の諸般の事情を考慮すると右金額が被告らの右不法行為と相当因果関係にたつものと認められる。」

・本件は、マンションの専有部分が賃貸され、賃借人らが専有部分を改造し、暴力団事務所として使用したため、管理組合らが専有部分の競売、賃貸借契約の解除、損害賠償等を請求した事案であり、区分所有法59条、60条所定の措置、損害賠償というマンションの管理をめぐる重大な課題が一度に問題になったものである。
・専有部分の区分所有者、占有者が専有部分等をどのように利用するかは、マンション管理に重大な影響を与えるものであり、共同の利益に反するか、どの程度反するかは、管理実務において重要な関心事である。本件では、専有部分の改造、暴力団事務所としての使用、暴力的言動等のマンション内の平穏な生活、安全を著しく損なう事態が発生していたものであり、管理組合らが前記の内容の訴訟を提起したものである。
・本判決は、専有部分の賃借人らの専有部分の使用等が区分所有者の共同の利益に著しく反するものであることを認め、区分所有法59条、60条の各要件を満たすことを認め、不法行為を肯定したものであり、重要な事例として参考になる。

153 賃借人の迷惑行為

野鳩の餌付けが共同の利益に反するとした事例

東京地判平成7年11月21日判時1571号88頁

事案 　Xは、マンションの管理組合であり、Y1は、マンションの区分所有者であり、Y2は、その専有部分をY1から使用貸借しているY1の子供である。Y2は、数年にわたりマンションの専有部分で野鳩に餌付け、飼育をしたため、汚損、悪臭、騒音等の障害が著しくなった。Xは、Y1らに対して区分所有法60条に基づき使用貸借契約の解除、専有部分の引渡し、不法行為に基づく損害賠償を請求した。

　本件では、共同の利益違反の有無、区分所有法60条所定の要件の具備が争点になった。

　本判決は、共同生活上の著しい障害を肯定し、請求を認容した。

判旨 　「2　右認定事実によれば、被告Y2が数年間にわたり本件専有部分において野鳩の餌付け及び飼育を反復継続していること、被告Y2のこれらの行為（以下「本件餌付け等」という。）を原因として本件マンション及びその付近におびただしい数の野鳩が毎日一定の時刻ころ飛来し、そのまき散らす糞、羽毛、羽音等により本件マンションにおける共同生活に著しい障害が生じていること、本件マンションの他の区分所有者及び原告は何とか被告両名との交渉により被告Y2の本件餌付け等をやめさせようと努力したが被告Y2においては直接の話合いも、被告Y1を介しての話合いも頑なに拒んだ上本件餌付け等を続行していることが認められ、これらの事実からすると、被告Y2の本件専有部分の占有を利用して行う本件餌付け等は、本件マンションの区分所有者の共同の利益に反する行為であり、その行為による区分所有者の共同生活上の障害が著しく、他の方法によってはその障害を除去して共用部分の利用の確保その他の区分所有者の共同生活の維持を図ることが困難な場合に当たるものといわざるを得ない。

　…………

　被告Y2による本件餌付け等は、前記認定のとおり、本件マンションにおける共同生活上著しい障害を生ぜしめる原因となったものであり、かつ、原告が平成3年7月には警告書を送付して被告Y2に対し、本件餌付け等をやめるように求めていたものであるから、被告Y2としては、本件マンションの他の区分所有者及び付近住民に対してのみならず、原告に対しても、本件餌付け等を継続すれば損害を被らせるに至ることを、遅くとも右の平成3年7月ころまでには知り、又は知ることができたものといわなければならない。

　それにもかかわらず、被告Y2は、前記認定のとおり、その後も本件餌付け等を繰り返し、いよいよ多数の野鳩を飛来させ、もって、前記認定のとおり、本件マンショ

ンの他の区分所有者及び付近住民に被害を生ぜしめるとともに、……によれば、原告に対し本件マンションの管理上多大な金銭上の損害を被らせたことが認められる。

　すなわち、被告Ｙ２の本件餌付け等の行為は、原告に対しても、不法行為を構成するものといわなければならず、原告がこれにより被った損害は、本件マンションの南側外壁の鳩糞汚損についての洗浄工事費用、本件訴訟の提起にかかる弁護士費用等に徴すると、その額は、200万円を下らない。」

・本件は、区分所有者から専有部分を使用貸借した者（区分所有者の子）が野鳩に餌付け、飼育をしたため、管理組合が区分所有法60条に基づき使用貸借契約の解除、専有部分の明渡し、不法行為に基づき損害賠償を請求した事案である。本件は、区分所有者の共同の利益に反する行為として野鳩の餌付け等が問題になったところに特徴のあるものである。
・本判決は、野鳩の餌付け等が共同の利益に反することを認め、区分所有法60条所定の請求、損害賠償請求を認容したものであり、事例として参考になるものである。なお、本判決は、損害賠償として弁護士費用相当額を認めていることも事例として参考になる。

154 賃借人の迷惑行為

賃借人の迷惑行為につき区分所有者の規約違反を認めた事例

東京地判平成11年1月13日判時1676号75頁

事案

マンションの区分所有者Yは、Aに専有部分を賃貸していたところ、Aが何度も火災警報器を鳴らしたり、管理人室に苦情の電話をする等した。X管理組合（権利能力のない社団）は、Yに対してAを退去させるよう要請したが、Yが自分には責任がない旨を回答した。Xは、Yに対し、Aに規約、使用細則を遵守させる旨の規約に違反したと主張し、不法行為に基づき破損された扉の交換工事等の費用相当額の損害賠償を請求した。なお、規約には、区分所有者が専有部分を貸与する場合には、賃借人に規約を遵守させなければならない旨の規定が設定されていた。

本件では、区分所有者が専有部分を賃貸した場合において、賃借人が規約等を遵守しなかったことが、区分所有者の規約違反に当たるかが争点になった。

本判決は、規約違反を認め、請求を認容した。

判旨

「2　訴外Aがむやみに警報機を鳴らしたり、○○○号室の玄関扉をバットで叩いたりする行為が使用細則1条後段（22）に違反するものであることは明らかである。

そして、前記二1及び2（請求原因二の1及び2）の事実経過に照らすと、被告は、自己の専有部分の賃借人である訴外Aに右使用細則の定める禁止事項を遵守させなかったものと認めることができる。したがって、被告は、管理規約19条7項の規定に基づいて、訴外Aの右行為によって生じた前記二3の損害（請求原因二3の損害）について賠償の責任を負う。」

Key point

・本件は、マンションの専有部分の賃借人がマンション内で常軌を逸した迷惑行為を繰り返したことから、区分所有者（賃貸人）に善処を求めたにもかかわらず、これを放置したため、管理組合が規約違反を理由に損害賠償を請求した事案である。

・マンションは、多数の区分所有者、賃借人らの共同住宅として使用されているため、近隣迷惑行為があった場合には、被害を受けた区分所有者が個別にこれを排除することができるほか、管理組合が何らかの排除の方法をとることができるかが問題になる（多くの区分所有者は、管理組合で何らかの方法をとってほしいと考えている）。本件では、管理組合が賃借人に専有部分を賃貸した区分所有者に対して規約違反を理由とする損害賠償を請求し、その請求権の行使によって迷惑行為に係る被害の回復を図ったものであるが、そのほか、区分所有法60条所定の請求権を行使することも検討に値するものである。

・本判決は、賃借人の迷惑行為が規約違反に当たることを肯定し、区分所有者の不法行為を認め、請求を認容したものであり、事例として参考になる。本判決を前提とすると、区分所有者としては、賃借人が迷惑行為をしないよう監視・監督すべき義務を負うことになるものであり、このような法的な責任を回避するためには、賃貸借契約を解除する等することが求められることになろう。

155 使用借人の迷惑行為

使用借人・区分所有者双方が共同の利益に反するとし競売請求を認めた事例

東京地判平成17年9月13日判時1937号112頁

事案　Y1は、東京都中野区所在のマンションの専有部分を購入し、長男Y2に使用貸借し、Y2が単身で居住していた。Y2は、専有部分内で、大声で怒鳴ったり、異常な騒音、振動を出したり、消防設備の点検を拒否したりした。マンションの管理組合の理事長である管理者Xは、集会の決議を経て、Y2の行為が共同の利益に反すると主張し、Y1とY2との間の使用貸借契約の解除、専有部分の引渡し、Y1の区分所有権等の競売を請求した。

本件では、騒音等の行為につき区分所有法59条、60条所定の共同の利益に反する行為があったと認められるかが争点になった。

本判決は、マンション内における被害状況等を認定し、Y2の騒音等を出す等の行為が区分所有法60条所定の共同の利益に反し、Y1の自主的な解決の意思、能力等を考慮し、区分所有法59条所定の共同の利益にも反するとし、請求を認容した。

判旨　「また、前記同(1)エのとおり、Aや本件マンションの居住者が被告Y2の発生させている騒音等の問題について何とか交渉によって解決したいと希望し、被告Y2に対し、話し合いたい旨申し入れても、被告Y2は、冷静に対応することができず、また、Aらが被告Y1と話合いの場を持ちたい旨複数回に渡り申し入れても、被告Y2が母親である被告Y1に対して話合いに応じないよう指図するなどした結果、本件訴訟提起まで被告Y1は、話合いに応じていない。さらに、被告Y2は、前記A及びほかの居住者からの被告Y1に対する話合いの申入れを拒絶させた後も前記認定の激しい騒音及び振動の発生を継続し、本件訴訟提起後から本件マンションの居住者のうちの数名が証人として証言した期日に至るまで当該行為を停止せず、さらにその後も続行していることも認められ……、これらの事実を総合すると、被告らが自主的に事態を改善することは全く期待できない状況にあることが認められる。

以上の事実によれば、被告Y2による本件専有部分内における騒音・振動・叫び声等を発生させる行為や各種設備の点検拒否等は、本件マンションの区分所有者の共同の利益に反する行為であり、その行為による区分所有者の共同生活上の障害が著しく、引渡し以外の方法によってはその障害を除去して共用部分の利用の確保その他区分所有者の共同生活の維持を図ることが困難な場合に当たるものと言わざるを得ない。

この点、被告らは、被告Y2が、本件マンションのほかの居住者によって、騒音の被害を受けており、本来の被害者は被告Y2であり、被告Y2は上記のほかの居住者

による騒音に対抗するためやむなく前記騒音を発生させているなどと被告らの正当性を主張し、被告らの陳述書及び被告Ｙ１の供述にはこれに沿う部分がある（Ｂ、Ｃ、Ｄ、被告Ｙ１本人）。

　確かに、本件マンションは、全フロアが内廊下になっており、ほかの外廊下式の集合住宅に比べれば、廊下での話し声は多少響く傾向にあり、本件専有部分のあるフロアには、被告Ｙ２による騒音被害が申告された平成一三年当時、小学校低学年位の子供も居住していたので、人の声や日常生活に伴う種々の音や振動がほかの室内に伝わる事態もあり得たことは推認できる……。しかしながら、そのころ、本件マンションの管理組合の理事会において、Ａが被告Ｙ２によるほかの居住者らの騒音がうるさいという被害申告に基づいて、被告Ｙ２が発生させている騒音以外の騒音被害に遭っている居住者がいるかどうか確認したところ、そのような被害を受けている者はいなかったことが認められ……、むしろ、前記第３、１(1)イ（ア）ないし（エ）のとおり、本件専有部分に近接する専有部分にそれぞれ居住するＨ、原告本人、Ｅ、Ｆ、Ｇは、被告Ｙ２が発生させている騒音等から逃れ、かつ、自分たちの生活音により被告Ｙ２を刺激することを避けるため、各専有部分のうち本件専有部分に近い部屋の使用を停止ないし制限しているのであるから……、本件専有部分内で被告Ｙ２が通常の生活音を超える騒音被害に遭っていると認めることはできない。したがって、被告Ｙ１の供述は採用できず、ほかに被告らの主張を認めるに足りる証拠はない。

　なお、Ａは、証人尋問において、本件マンションにおいて被告Ｙ２による騒音が問題になり始めたころ、話合いに訪れた部屋から出てこようとしない被告Ｙ２に対し、本件専有部分のドアをけったことを自認しているが、その事実やほかの居住者らの生活音、その他のすべての事情を考慮したとしても、被告Ｙ２による前記のような長期にわたる深刻重大な、故意による迷惑行為を正当化することはできない。

　以上によれば、区分所有法六〇条に基づき、被告Ｙ２による本件専有部分の引渡しと、その前提となる被告両名による使用貸借契約の解除を認めるのが相当である。

　………．

　オ　このような被告Ｙ１の被告Ｙ２及び本件マンションの現状について把握しようとする意思、能力の欠如及び被告Ｙ２の言い分のみを真実と主張し、裁判所による引渡を命ずる判決に対してもこれに従わないことを表明するような態度、被告Ｙ２の経済力、同被告の今後の生活をめぐる家族の意識等からすると、裁判所が原告による本件専有部分等の競売を認めず、被告Ｙ２に対する引渡請求のみを認容した場合には、これが執行されたとしても、被告Ｙ１が被告Ｙ２を再度本件専有部分に居住させる事態を迎えることは容易に予想されるところであり、そうなると結局原告の本件訴訟全体が水泡に帰することとなる。本件競売請求は、被告Ｙ１の区分所有権を強制的に奪うという重大な結果を招くものであり、その要件を満たしているか否かについては慎重に判断すべきものではあるが、この点を考慮してもなお、以上のような被告Ｙ２と

被告Ｙ１との一体性、被告Ｙ１の自主的に本件の問題を解決しようとする意思及び能力の欠如からすれば、被告Ｙ１が本件専有部分等を所有し続けることは、必然的に本件マンションの区分所有者の共同の利益に反することになると認めざるを得ないし、これによって、区分所有者の共同生活上の障害が著しく、被告Ｙ１の区分所有権及び敷地利用権の競売以外の方法によってはその障害を除去して共用部分の維持を図ることが困難であると認めるのが相当である。したがって、原告の区分所有法59条１項に基づく被告Ｙ１の区分所有権及び敷地権の競売請求も理由がある。」

・本件は、マンションの使用借人の迷惑行為が著しかったため、管理者が使用貸借契約の解除、専有部分の引渡を請求するとともに、区分所有者に対して区分所有権等の競売を請求し、区分所有法59条、60条所定の共同の利益違反の有無が問題になったものである。
・本判決は、迷惑行為の実態を詳しく認定し、前記の共同の利益違反をいずれも肯定したものであり、事例として参考になる。

12

修繕・建替え

156 増築決議の効力

決議は有効だが反対者に負担を求めることはできないとした事例

大阪高判平成4年1月28日判タ784号243頁

事案

マンションの専有部分の面積が狭く、区分所有者の間で各戸に一室の増築を求める意見が高まったことから、区分所有者の集会が開催され、マンションを一室増築することが決議されたが、区分所有者Xのみがこれに最後まで反対した。増築工事が施工されたが、Xの専有部分については周囲の共用部分のみの工事が行われた。Xは、マンションの管理者Yに対して決議の無効確認を請求したところ、YがXに対して共用部分の工事費用の分担分の支払いを請求した。

第一審判決（神戸地判平成3年5月9日判タ784号247頁）は、Yの請求を認容し、Xの請求を棄却したため、Xが控訴した。

本件では、増築決議の効力等が争点になった。

本判決は、増築決議が区分所有法17条1項所定の共用部分の変更に関する決議として有効であるとしたものの、反対者には負担を求めることはできないとし、また、決議無効確認の利益がないとし、原判決を取り消し、確認の訴えを却下し、Yの請求を棄却した。

判旨

「1　区分所有建物において、区分所有者が自己の専有部分の増築をするには、他の区分所有者との共有にかかる共用部分の変更を伴うのが通常であり、この場合には、共用部分の変更について建物の区分所有等に関する法律（以下「法」という。）17条1項所定の要件を満たす集会の決議が必要であり、また、右共用部分の変更が特定の区分所有者の専有部分の使用に特別の影響を及ぼすときは、当該区分所有者の承諾を必要とする（法17条2項）。専有部分の増築が敷地利用権の変更を伴う場合も同様である（法21条による法17条の準用）。

2　区分所有者が自己の専有部分の増築を行うことは、区分所有権に基づく区分所有者の固有の権能であり、専有部分の増築を行うかどうかは、区分所有者の自由な意思に委ねられる。したがって、一棟の区分所有建物の全ての専有部分の増築を共同の事業として行うには、区分所有者全員の同意が必要であり、区分所有者の大多数が法17条1項所定の決議によって、全ての専有部分の増築を決定しても、自己の専有部分の増築を望まない区分所有者は、右決議によって専有部分の増築を行う義務を負うものではないと解するのが相当である。

二　本件決議について

1　本件決議は、前記のとおり、各戸当たり一室の増築を目的とする本件マンション南側の増築を管理組合の事業として行うことを内容とするものであるところ、右決議の趣旨が増築に反対する区分所有者の専有部分も含めて全専有部分の増築を実施す

る趣旨であるとするならば、前示のとおり、増築の意思を有しない区分所有者に対して増築を強制することはできないと解すべきであるから、右決議は、これに反対した控訴人に関する限り効力を有せず、控訴人は、自己の専有部分の増築を行う義務を負わないというべきである。

2 ……本件決議がなされた平成元年1月22日開催の管理組合総会においては、決議後も決議に反対した控訴人及びAと本件管理組合の理事会との間でなお増築への参加について協議を続けることが確認され、実際に両者との協議が行われたこと、Aはその後増築賛成に転じたが、控訴人が増築反対の態度を変えず、増築に参加しないことが明らかとなったため、本件増築工事の実施に当たっては、控訴人の専有部分に接続する部分について設計を変更し、専有部分の工事は行わず、他の区分所有者の専有部分の増築に必要な範囲の屋根・柱等の共用部分の工事を行うにとどめたことが認められる。

右事実によれば、本件決議は、最終的に本件マンションの区分所有者全員の賛成を得ることを前提として、増築の実施を決議したものであるが、右決議に基づいて実際に行われた本件増築工事は、増築に賛成した39名の区分所有者の専有部分の増築のみを目的とするものであると認められるところ、本件決議は、右増築に必要な共用部分の変更及び敷地利用権の変更のための法17条1項所定の議決の要件を満たすものであり、この意味において、有効な決議というべきである。

…………

1 決議無効確認の訴えは、過去の行為が無効であることの確認を求めるものであり、現在の権利ないし法律関係の確認を求めるものではないから、株式会社の総会決議無効確認の訴えのように明文の規定によって認められている場合を除いては、当然に訴えの利益を有するものではなく、当該決議が無効であるか否かを確認することが、右決議を基礎として発生する法律上の紛争を解決するための有効適切な手段であると認められる場合に限って、訴えの利益を有する適法な訴えとして認められるべきものである。

2 そこで、本件決議の無効確認の利益について検討する。

本件決議は、増築の実施、増築費用の負担等の内容を含むものであり、その効力については、前記二1、2及び後記四の判示に示されているように、決議全体について一律に有効無効を論ずることは適当ではなく、右決議を基礎として発生する個々の法律上の紛争ごとに、当該紛争の解決に必要な範囲で決議の趣旨及びその効力を判断すべきものである。また、本件決議を基礎として現在の権利ないし法律関係に関する紛争が既に発生し、訴訟の提起に至っていること、すなわち、被控訴人が本件反訴請求において控訴人に対して増築工事費用の一部負担を請求しており、また、控訴人が別訴において本件増築部分の撤去を請求していることは、当裁判所に明らかであり、特段の事情のない限り、現在の権利ないし法律関係を訴訟の対象（訴訟物）としている

右各訴訟の方が本件決議の無効確認訴訟よりも有効適切な紛争解決の手段であると解すべきところ、右特段の事情を窺わせる証拠はない。
　以上の点に照らすと、本件決議の無効確認の利益はなく、右確認を求める控訴人の本件訴えは不適法であるというべきである。」

・本件は、マンションの専有部分の面積が狭くなり、集会を開催し、各戸ごとに一室の増築工事をすることを決議したが、反対者が一人出たところ、反対者の専有部分の増築工事を除き、増築工事が施工された場合において、増築工事に反対した区分所有者が決議の無効確認を、管理者が工事費用の支払いを請求した控訴審の事案である。本件で計画された増築工事は、各戸の専有部分と共用部分の増築工事が必要であったが、実際には、決議に反対した者の専有部分を除き、増築工事が施工されたものである。
・本判決は、まず、増築工事を実施するための決議は、区分所有法17条1項所定の決議（共用部分の変更）であるとし、決議が有効であるとしたものであり、有効な決議を認めた事例として参考になる。
・また、本件の集会の決議は、共用部分の変更に関するものであり、各戸の専有部分については、本判決は、各区分所有者の承諾が必要であるとし、承諾をしない区分所有者に工事費用を負担させることはできないとしたものである。本件の集会の決議は、専有部分に関する限り、その決議に反対した者に増築工事を義務づけるものではなく、問題が残るものの、やむを得ない判断であろう。
・本判決は、決議の無効確認を請求する訴えについて、訴えの利益を否定したものであるが、マンション管理の実務においてはいささか専門技術的な事項であり、このような取扱いを受けることがあり得ることの事例として参考になる。
・本判決の評釈として、森泉章＝大野秀夫・判評409号39頁、青沼潔・判タ821号28頁がある。

157 区分所有権の買取請求と時価算定
買取請求権行使時に所有権が移転、時価は買取時を基準とするとした事例

大阪地判平成10年8月25日判時1668号112頁

事案 　Xらは、マンションの区分所有者らであるところ、マンションが阪神・淡路大震災により2分の1を超えて滅失した。区分所有者らは、区分所有者らの集会において、マンションの復旧決議が行われたが、Xらの反対にもかかわらず、マンションの復旧決議が成立した。Xらが決議に賛成した区分所有者であり、不動産業を営むY株式会社に対して区分所有建物等の買取りを請求したものの（区分所有法61条7項参照）、時価をめぐって協議が行われたが、合意が成立しなかった。XらがYに対して各自の区分所有建物の時価の支払いを請求した。

　本件では、買取請求による区分所有権の移転時期がいつか、時価がいくらであるか、駐車場の専用使用権が買取請求の対象になるか等が争点になった。

　本判決は、買取請求時に所有権が移転するとし、駐車場の専用使用権も買取請求になるとし、買取時を基準として時価を算定し、請求を認容した。

判旨 　「一　争点1について

　買取請求権の法的性質は形成権であり、その意思表示により直ちに当事者間に売買の効果が発生し、相手方はその建物及び敷地に関する権利を取得し、その引渡し及び移転登記の請求権を取得するとともに、時価による売買代金の支払義務を負うと解するべきである。被告は、買取請求を受けた者が破産した場合等を考えると現実の代金支払までの間は確定的に所有権が移転すると考えるべきではないと主張するが、このように通常の売買と別異に考える必要性はない。被買取請求者破産の場合は、破産法の定めるところに従って処理すれば足りる。したがって、時価を算定する基準時は買取請求権が行使された時である。なお、区分所有建物に担保権が設定されている場合でも売買契約の成立は変わらないが、その場合代金支払は担保権の抹消（本件では抵当権設定登記の抹消登記手続）と引換えになされるべきである。

　二　争点2について

　1　法61条7項は、建物の価格の2分の1を超える部分が滅失し、集会において区分所有者及び議決権の各4分の3以上の多数で、滅失した共用部分を復旧する決議がなされた場合（同条5項）、その決議に反対した区分所有者（その承継人を含む）に決議に賛成した区分所有者（その承継人を含む）に対して、「建物及びその敷地に関する権利」を「時価」で買い取るべきことを請求することができると規定している。この趣旨は、大規模滅失の場合における建物区分所有関係の将来的解決として復旧を選ぶことを欲しない区分所有者が、区分所有者の団体の意思形成に参画する権利を放棄するかわりに、復旧事業に要する費用を精算して以後の負担を免れることを可能と

するものであると解することができる。

2 この場合の時価とは一部滅失の状態での価格である。この具体的評価方法について、本件のように地震により建物が損壊した場合においては、買取請求時において被災しなかったものとした場合の価格から復旧工事費の被災による減価を控除して算定されるべきである。このように考えることが法61条7項に規定する時価という文言に最も素直な解釈であるとともに、同条項の趣旨にも沿い、また実際上も買取請求者と被請求者との公平な結果になると解する。」

・本件は、阪神・淡路大震災によって被災地で損傷したマンションの復旧をめぐる紛争の1つであり、区分所有者らが集会において復旧の決議をしたのに対し、これに反対した区分所有者らが他の区分所有者に対して区分所有権等の買取請求権を行使し、時価の支払を請求した事案である。
・本件の争点は多岐にわたるが、主な争点は、買取請求による区分所有権の移転の時期、買取価格の意義・算定方法である。
・本判決は、区分所有権の移転の時期については、買取請求権が形成権であるから、買取請求権の行使の時点であるとしたものであるが、買取請求権の法的な性質を明らかにするとともに、その法的な効果を明らかにしたものとして意義のあるものである。
・また、本判決は、買取請求による時価の意義・算定について、一部滅失の状態における価格が時価であるとし、買取請求時において被災しなかったものとした場合の価格から復旧工事費の被災による減価を控除して算定されるべきであるとしたものであり、有力な見解を提示したものとして参考になる。もっとも、実際には、この時価の算定に当たっては、不動産鑑定の専門家の意見を徴することが必要であり、その意見の合理性、妥当性によって判断されることが多いであろう。
・マンションの復旧に当たっては、復旧が問題になっている状況は、区分所有者らにとって相当の緊急事態であるということができるが、買取請求権の行使による時価の算定をめぐる紛争が長期化することは、復旧の重大な障害になることが予想される。このような事態を回避するためには、時価算定の基本的な考え方を立法化し、明確にすることが望まれるところである。
・本判決の評釈として、宮崎謙・判タ1065号58頁がある。

158 区分所有権の消滅

隔壁の撤去などの建物構造変化により区分所有権の消滅が争われた事例

横浜地判平成11年3月31日判夕1011号263頁

事案 X株式会社は、土地を所有していたところ、等価交換方式で建物を建築することとし、ホテル業を営むY有限会社に10階建ての建物の建築を依頼し、建物が完成した。Xは、1階の一部、2階、3階、4階の一部を区分所有し（1階から3階までの専有部分につき一個の区分所有建物として登記された）、Yは、残る建物を区分所有した。Xは、Yに1階の一部（Xが使用する部分を除く）、2階、3階、4階の一部を賃貸し、Yは、自己の専有部分と併せてホテルとして営業していたが（Yは、1階につき、1階部分の境界線上にあった隔壁を撤去し、ホテルのロビーとして使用された）、経営が悪化し、2階、3階の賃貸借契約を解約する等した。Xは、Yに対し、1階の一部が自己の区分所有権の範囲に含まれると主張し、その部分につき区分所有権を有することの確認、賃貸借契約の終了に基づく原状回復義務として隔壁の設置等を請求した。

本件では、本件建物の1階部分につき隔壁の撤去によって区分所有関係が消滅するかが主として争点になった。

本判決は、1階部分は、隔壁の撤去によって構造上・利用上の独立性が失われたとしたものの、Xの専有部分が1階から3階に及ぶものであり、全体としてみると、構造上・利用上の独立性が失われていないとし、区分所有関係の消滅を否定する等とし、請求を一部認容した。

判旨 「2 次に、右の仕切壁の撤去により、原告の別紙図面（イ）（ロ）（ハ）（ニ）（ホ）（ヘ）（ト）（イ）で囲まれた部分に対する区分所有権が消滅するか否かにつき検討する。前記認定のとおり、右の仕切壁は、登記官の実地調査が終了し、本件建物と各専有部分についての表示の登記がされた昭和五六年七月二一日以後に、被告代表者であるAによって取り壊され、一階の前側半分は今日までホテルロビーとして使用されているのであるから、この部分については構造上・利用上の独立性が失われていると認められる。

しかしながら、原告の専有部分の範囲は、前記認定のとおり、本件建物の一階から三階までに亘り、所有権の客体としては一個のものであると認められ、一個の表示登記がされて右の一個の客体の全部に及んでいると解すべきである。したがって、右の仕切壁の撤去により、原告の区分所有権が消滅するか否かは、一階部分のみに着目すべきではなく一階から三階までに及ぶ原告の一個の専有部分の全体を観察して、その構造上・利用上の独立性が失われたか否かを判断すべきである。この観点で検討すると、右の認定によれば、二階部分と三階部分については右の仕切壁の撤去によっても、何ら構造上・利用上の独立性を失っているといえないことは明らかである。また、一

階部分のBが使用する別紙図面（ホ）（チ）（リ）（ヌ）（ル）（オ）（ホ）で囲まれた部分についても、別紙図面で明らかなように前側半分とは仕切壁で区切られていると認められるから、構造上・利用上の独立性を有している。したがって、仕切壁の撤去により、構造上・利用上の独立性を失ったと一応考えられるのは、一階の別紙図面（イ）（ロ）（ハ）（ニ）（ホ）（ヘ）（ト）（イ）で囲まれた部分についてのみであると認められるが、これとても撤去された右仕切壁を回復設置すれば、容易に右の独立性を回復することができるものと認められる。これらの事情を総合すると、右の仕切壁の撤去は、全体のごく一部についてのみ右の独立性を失わせるものにすぎず、原告の区分所有権の客体たる一階から三階までに亘る専有部分の全体についてまで、その構造上・利用上の独立性を失わせるものではないと考えられる。なお、原告は登記官の実地調査終了後の仕切壁の取り壊しを容認していたと認められるが、それはあくまで区分所有権が成立した後の利用に関する債権的合意の成立を意味するものにすぎず、この債権的合意により仕切壁が撤去されたとしても、一階前側半分についての原告の専有部分に対する区分所有権が消滅するとは到底いえない。

　このようにして、右各事情を総合すると、一階ないし三階に亘る原告の専有部分の全体については未だ構造上・利用上の独立性は失われていないと認められ、一階の別紙図面（イ）（ロ）（ハ）（ニ）（ホ）（ヘ）（ト）（イ）で囲まれた部分についても原告の区分所有権はなお存続すると解するのが相当である。」

Key point

・本件は、事案はやや複雑であるが、主要な争点は、区分所有建物の隔壁が撤去されたため、構造上の独立性、利用上の独立性が失われ、区分所有関係が消滅したかが問題になった事案である。
・マンション等の区分所有関係が成立した建物は、専有部分と共用部分から構成されるものであり、専有部分は、構造上の独立性と利用上の独立性の要件を満たす場合に認められる（区分所有権の対象になる。区分所有法1条、2条1項、3項参照）。
・専有部分・共用部分の区分は、従来から、裁判例において管理人室、駐車場、倉庫、ピロティ、機械室等につき争われてきたが、本件では、建物の隔壁が撤去されたことによって区分所有関係が消滅したかが問題になったものであり、興味深い事案である（なお、区分所有関係の消滅は、建物に設定された担保権にも重大な影響を及ぼすものである）。
・本判決は、問題になった建物部分の状況を考慮し、構造上の独立性、利用上の独立性が失われていないとし、区分所有権が存続するとしたものであり、事例として参考になる。

159 建替え決議の有効性
決議を有効とした事例

大阪高判平成12年9月28日判時1753号65頁

事案　建築後29年を経た12棟からなる団地のマンションで建替えが計画され、長年の検討の末、平成8年4月、建替え決議のために区分所有者の集会が開催された。集会においては、可決に必要な多数の賛成が得られ、建替え決議が成立したが、Xらが決議を棄権し、建替えに参加しないこととなった。Zが買受指定者に指定されたところ、Xらが決議に賛成したYらに対して決議の無効の確認を請求し、これに対して、Zが売渡請求をしたXらに対して所有権移転登記手続、専有部分の明渡しを請求した。

第一審判決（大阪地判平成11年3月23日判時1677号91頁）は、マンションの老朽を肯定し、各棟における建替え決議を有効とし、建替えに当たって団地管理自治会の決議が必要である旨の団地管理規約を無効とする等して、Xらの請求を棄却し、Zの請求を認容したため、Xらが控訴した。

本件では、区分所有法62条所定の実質的要件を満たすかどうかが争点になった。

本判決は、区分所有法62条1項所定の実質的要件を満たすものであり、建替え決議が有効であるとし、控訴を棄却した。

判旨　「控訴人らは、老朽による建替えについては、社会通念上相当の期間が経過しているか、特別に進行した老朽化があるか、そのどちらかの要件を満たさない場合は、「費用の過分性」を論じるまでもなく、多数決による建替えは許されないとしたうえで、建物の寿命については、経済的耐用年数によらず建物構造体の物理的耐用年数を基準とすべきであるところ、各棟建物は、築後約30年しか経過していないから右基準に達しておらず、また、各棟建物にみられる劣化現象は、構造躯体に影響を及ぼさない程度の経年劣化であり、容易に補修が可能であるから、各棟建物は、堅固建物としての相当期間の経過も、築約30年の建物として特別に進行した老朽化もないので、「老朽」の要件を欠き、法定建替えは許されないと主張する。

そこで検討するに、法62条による建替え決議をするための実体的要件としては、「建物がその効用を維持し、又は回復するのに過分の費用を要するに至った」ことが必要であり、老朽は、その原因として例示されているものである。したがって、右実体的要件として、まず老朽により建物としての効用が損なわれることが認められる必要があるが、老朽とは、原判決の判示するとおり、建築後の年月の経過による建物としての物理的効用の減退を指すと解するのが相当である。そして、前記認定の各棟建物の状況……をみると、原判決も説示するとおり……、各棟建物は、外壁や内壁にクラックが生じている箇所があること、ベランダの塗装剥離、鉄筋の露出や錆汁の流失している箇所が多数あること、屋上の防水層にも劣化が認められること、給排水管に

腐食が進行していること等が認められ、これらの劣化により、屋上、窓庇、ベランダ部分等からのコンクリート片の剥落、雨漏りや漏水事故が発生していることからすれば、築後約30年という年月の経過により、建物として社会通念上要求される一定の性能が損なわれていることは明らかというべきである。

　控訴人らは、前記のとおり主張するが、老朽により建物としての効用が損なわれることを判断するに当たって、必ずしも物理的耐用年数を基準としなければならない理由はないし、建物としての効用が損なわれたかどうかは、建物の躯体部分だけでなく設備等を含めた全体としてみるべきであるから、仮に、劣化の程度が構造躯体に影響を及ぼさない程度のものであったとしても、建物としての効用が損なわれているとみるべき場合があり得るというべきであり、控訴人ら主張の容易に補修が可能であるかどうかといったような点は、むしろ、主として建物としての効用を維持し、又は回復するのに要する費用が、過分かどうかを判断する際の事情として考慮することになるものと解される。また、控訴人らは、控訴人らが主張する立法過程からも、築後約30年では建築後相当期間を経過しているとはいえ、老朽には至っていないと主張するが、控訴人らも認めるように、建物の品等、管理の状況、場所的環境等により老朽化の進展の度合いは建物毎に異なるというべきであるから、一律にいえないことは当然であり、結局は社会通念に従って判断せざるを得ないというべきである。なお、付言するに、藤木意見書（甲第22号証）には、外壁のクラックは、コンクリートの乾燥収縮によるとの記載があるが、乙第28号証によれば、平成９年の調査で比較的新しく、錆び汁が流失している外壁部分が認められ、躯体に影響を及ぼしている可能性も否定できない。

　…………

　控訴人らは、原判決は、建替えの実体的要件に当たる「老朽」の意義について、「法62条の建物の効用維持回復費用を要する原因が物理的な事由によることを要するというべきであり、参加者らが主張するような、損傷、一部滅失とは異なり、老朽については物理的事由に限定されず、社会経済的な事由をも包含するとの主張は、にわかに採用し難い。」と判示しながら、他方で、「右のような、いわば必然的に生ずる建物としての機能の陳腐化の内容、程度や、双方が主張する広く建替えの相当性といった問題は、建物の価額その他の事情として、費用の過分性判断において考慮すべき事情というべきである。」との前提に立ち、「過分性」要件を判断するに当たっては、当面必要な補修費用と建物の価額の比較だけでなく、前段において自ら否定した建物の社会的効用の減退による建物の利用価値の減少を、「費用の過分性」を判断するうえでの重要な要素として考慮し、建替えの実質的要件が存在すると判示しており、論理矛盾がある、このような原判決の論理を前提とすれば、建替えの実質的要件として定められた「老朽」の概念や「建物の価額その他の事情に照らし、建物がその効用を維持し、又は回復するのに過分の費用を要するに至ったとき」と定められた厳格な要件

は、事実上無意味なものとなり、逆に、建築時と建替え決議時の間に変化した社会的水準の上昇等を、その他の事情として考慮することによって、昭和58年の区分所有法改正の際に採用されなかった建物の効用を増すための建替え（効用増建替え）を認めるに等しい結果となると主張する。

　しかしながら、原判決の説示するとおり、費用の過分性は、当該建物価額その他の事情に照らし、建物の効用維持回復費用が合理的な範囲内にとどまるか否かの相対的な判断であり、法62条の『その他の事情』とは、建物の利用上の不具合その他の建物の現状、土地の利用に関する四囲の状況等を指すものと解される。右の趣旨に照らせば、建物の効用維持回復費用が合理的な範囲内にとどまるかどうかは、右費用（原判決の説示するとおり改良費用を含むものではない。）と建物価額との比較だけでなく（もとよりこれが大きな比重を占めることはいうまでもない。）、その他の事情として、建物の機能の社会的陳腐化をはじめとする社会情勢、生活情勢の変遷への対応の程度等も考慮して判断するのが相当であると解される。そして、費用の過分性を判断する際に、右事情を考慮に入れることは、法62条の実体的要件のうちの老朽による建物の効用の減退を判断するときとは、場面を異にしているというべきであるから（建物の効用の物理的減退があった場合にはじめて費用の過分性の要件について判断することになる。）、必ずしも論理矛盾があるとはいえない。また、原判決は、老朽による建物の効用の減退を認定しているのであるから、いわゆる効用増建替えを認めたものではないというべきであり、控訴人らの主張は採用できない。」

・本件は、団地を構成するマンションにおいて建替え決議を行う区分所有者の集会が開催され、必要な多数の賛成を得て建替え決議がされたが、建替えに参加しない区分所有者らが区分所有法62条1項所定の実質的要件を満たしていないなどと主張し、決議の無効確認を請求した控訴審の事案である。区分所有法62条1項の規定は、平成14年の法改正によって現在の規定に改正されているが、従来の規定は、建替え決議の要件として、「建物がその効用を維持し、又は回復するのに過分の費用を要するに至った」ことが必要であり、本件ではこの要件を満たしているかどうかが重要な争点になったわけである。
・本判決は、前記のとおり、区分所有法62条1項所定の実質的要件を満たしているものと判断したものであり、重要な先例になるはずであったが、この実質的要件の解釈運用が建替えの妨げになるおそれがある等の理由で、前記の法改正に至ったものである。本判決は、建替え決議に関する沿革的に重要な意義を有するものである。
・本判決の評釈として、山野目章夫・判タ1091号51頁、澤野順彦・判タ1125号62頁がある。

160 議決権

複数の所有権を有する区分所有者であっても、1人と数えるとした事例

神戸地判平成13年1月31日判時1757号123頁

事案　マンションが阪神・淡路大震災により損傷を受けたため、平成9年9月14日、管理組合の臨時総会において、マンションの建替え決議を行った。区分所有者であるXらが反対したものの、区分所有法所定の多数の賛成により建替え決議が可決された。Xらは、建替え決議の効力を争い、建替えに参加するYらに対して多数決の要件を満たしていない等主張し、決議の無効確認を請求したのに対し、YらがXらに対して区分所有法63条4項に基づき区分所有権等の売渡しを請求し、その移転登記手続等を請求した。

　本件では、決議の要件である区分所有者の人数の数え方が争点になった。

　本判決は、複数の区分所有権を有する者が複数人として数えられていたとし、Xらの請求を認容し、Yらの請求を棄却した。

判旨　「(一)　区分所有者の人数の数え方について、まず、一つの専有部分を数人で共有する場合、区分所有法40条の規定の趣旨に照らし、右共有者数人で一人と計算すべきものと解される。

　また、一人の区分所有者が複数の専有部分を所有している場合も、区分所有者としての定数は全部で一人と計算するのが相当である。なぜなら、区分所有法が、建替え決議（62条1項）に限らず、その他の特別決議（31条1項、61条5項）、普通決議（39条1項）について、決議の成立要件として、議決権の5分の4以上若しくは4分の3以上の多数又は過半数と併せて、区分所有者の5分の4以上若しくは4分の3以上の多数又は過半数を必要としているのは、建物の区分所有関係における意思決定には、財産権としての面から各区分所有者の有する区分所有権の大きさ、すなわち持分（専有部分の床面積の割合）による多数の意見を反映させなければならない（これは議決権によって反映される。38条、14条）と同時に、一つの管理共同体としての面からその構成員である区分所有者の数による多数の意見も反映させなければならないとの考慮に基づくものと考えられるからである。

　(二)　次に、議案の採決に当たり誰を区分所有法62条1項等にいう「区分所有者」として扱うか（具体的には、管理組合が誰に、集会招集通知を発し、議決権の行使をさせるか）を決する基準として、登記簿上の記載によるのか、それとも実質的な権利関係によるのかであるが、仮に実質的な権利関係で決するとすると、実質的な権利関係は第三者が容易に知りえないことがあるため、管理組合に過度の負担を強いる可能性がある上、採決後に、採決に参加した特定の者が実は真実の区分所有者ではなかったと主張すること（本件がまさにそうである。）が許され、ときに採決の結果（議案

が可決されたにしろ、否決されたにしろ）が覆えされることになり、法的安定性が損なわれるおそれが大きい。したがって、誰が右62条1項等にいう「区分所有者」であるかを決する基準としては、画一的で明確性のある登記簿上の記載によるとするのが相当というべきである。

　この点、被告管理組合及び建替え参加原告らは、区分所有法62条1項の「区分所有者の5分の4以上の多数」にいう「区分所有者」について、例外として、ある区分所有者が登記簿上複数の専有部分を有している場合であっても、当該複数の専有部分のうちの一部を、真実あるいは実質的に他の者（実質的区分所有者）が所有し、かつ、登記簿上の区分所有者の議決権の行使について実質的区分所有者もこれを同意・了承しているときは、区分所有者の定数の計算において、登記簿上の区分所有者一名だけではなく、実質的区分所有者の数も定数に入れるべきであると主張するが、右主張は、要するに、登記簿上の記載ではなく、実質的な権利関係によって決すべきである旨の主張に帰するから、右に説示したところにより、採用することができない。

　（三）　前記一2認定の事実によれば、登記簿上、Aは本件マンションの住戸のうち403号、703号及び1003号の合計3戸、Bは同じく809号及び1005号の合計2戸をそれぞれ所有していたのであるから、右2名については、「区分所有者」としては各1人として計算されることになる。その結果、住戸の区分所有者数は、合計87名となる（Cを含めると、88名となる。）。

　しかるに、前記一4（三）認定の事実によれば、第一号議案すなわち本件建替え決議にかかる議案について、賛成73票（神戸市〔水道局〕を含む。）、反対16票であり（棄権2名）、議決権は、神戸市が1票、各住戸がそれぞれ1票の合計91票として扱われたため、Aは3票の議決権を有するものとして、Bは2票の議決権を有するものとして扱われ、両名とも賛成票を投じた、というのである。Cの議決権を、その専有部分の床面積の割合にかかわらず、1票として計算することが正当であるとして、賛成票は91分の73であって、議決権の5分の4以上という要件は充足するものの、区分所有者という点では、右A、Bのいずれも前示のとおり各1人として計算すべきものであるから、全区分所有者数、賛成者数は、正しくはそれぞれ3を減じた88人、70人となる（本件建替え決議をした集会においては、議決権の5分の4以上の多数という要件と区分所有者の5分の4以上の多数という要件が区別して認識されていなかったことが窺われる。）。

　したがって、賛成者は88分の70であって、区分所有法62条1項にいう「区分所有者の5分の4以上の多数」に達しないことが明らかであるから、本件建替え決議は同条項の規定する議決要件を欠く無効な決議であるというほかない（なお、本件では、Cが被告組合員であるか否かについて争いがあるが、仮にCが被告組合員でないとすると、全区分所有者数は87人、賛成者数は69人となるから、賛成者はやはり「区分所有者の5分の4以上の多数」に達しないことになり、結論に影響しない。）。」

・本件は、区分所有者の集会が開催され、マンションの建替え決議が行われ（区分所有法62条1項により、区分所有者及び議決権の各5分の4以上の多数で可決することが必要である）、可決されたが、決議に反対した区分所有者が決議の無効確認を請求する等した事案である。本件では、複数の区分所有権を有する区分所有者を1人と数えるか、区分所有権の個数である複数人と数えるかが問題になり、議決の要件のうち、区分所有者の5分の4以上の要件を満たしたかどうかが争われたものである。

・本判決は、複数の区分所有権を有する区分所有者であっても、1人と数えるべきであるとし、区分所有者の要件を満たしていないとし、建替え決議が無効であるとしたものであり、事例として参考になる。

・区分所有者の数え方については、区分所有法62条1項の規定の解釈上、本判決の見解で異論のないところであり、本件ではなぜそのような数え方がとられなかったのかが理解し難い。本判決は、建替え決議のような重要な決議に当たっては、その決議の要件、票の数え方につき一度は慎重に検討すべきことを示している。

・本判決の評釈として、森田宏樹・判評521号6頁がある。

161 被災マンションの時価算定
時価の算定時期は買取請求の時点であるとした事例

大阪高判平成14年6月21日判時1812号101頁

事案　Xらは、マンションの区分所有者らであるが、マンションが阪神・淡路大震災により2分の1を超えて滅失した。マンションの復旧が問題になり、区分所有者らの集会が開催されたが、Xらの反対にもかかわらず、区分所有法61条5項所定の復旧決議がされ、可決された。Xらは、決議に賛成した不動産業を営むY株式会社に対して、区分所有法61条7項に基づき区分所有建物等の買取りを請求したものの、時価をめぐって合意が成立しなかったことから、Xらが時価の支払を請求した。

第一審判決（大阪地判平成10年8月25日判時1668号112頁）は、買取請求時を基準として、一部滅失した状態における時価を算定し（被災しなかったものとした場合の価格から復旧工事費の被災による減価を控除して算定すべきであるとした）、請求を一部認容したため、Yが控訴し、Xらが附帯控訴した。

本件では、時価の算定基準時がいつであるか、時価をどのように算定すべきであるかが争点になった。

本判決は、買取請求権が形成権であるとし、買取請求時を基準として時価を算定すべきであるとした上、損壊した状態のままの建物及び敷地に関する権利に関する価格をいうとし、鑑定等によって時価を算定し、控訴、附帯控訴に基づき原判決を変更し、請求を一部認容した。

判旨　「一　争点1について

法61条7項に基づく買取請求権の法的性質は形成権と解するのが相当であるから、その意思表示により直ちに当事者間に売買が成立した効果が発生する。したがって、買取請求の相手方は、特段の事由のない限り、買取請求により直ちに請求に係る建物及び敷地に関する権利を取得し、その引渡及び移転登記の各請求権を取得するとともに、相手方には、時価による売買代金債務が発生すると解すべきである。このような性質に鑑みると、時価の算定の基準時は、買取請求権が行使された時とするのが相当である（控訴人も当審においてはこのことを争わない。）。

…………

二　争点2について

買取請求権は、前記のような意味の形成権であるところ、買取請求がされる時には、大規模に損壊（一部滅失）した状態ではあるが、復旧工事を加えて存続すべき建物が現存するのであるから（本件各専有部分が存続することも争いがない。）、「時価」は、損壊した状態のままの、前記評価基準時における建物及び敷地に関する権利の価格をいうと解するのが相当である。

このような時価は、具体的に評価するのは相当困難であるが、被控訴人らからは、

建物が被災しない状態で買取請求時点まで存在したものと仮定して、その場合の専有部分（本件ではいずれの専有部分も完全には滅失していない。）の買取請求時点における価格を想定し、これから、現実には被災している建物（共用部分及び専有部分）を被災しなかった状態に復旧するための復旧工事費用（復旧工事によっても回復しきれない減価要因がある場合にはこれを含む。）等を控除して算定する手法（双方で直接法と仮称されている手法）が主張され、控訴人からは、買取請求時点で復旧工事が終了しているものと仮定して、その場合の専有部分の買取請求時点における価格を想定し、これから、そのように復旧するのに要する復旧工事費用等の被災による減価を控除して算定する手法（双方で間接法と仮称されている手法）が提唱されている。

　直接法は、基本的には、実在した被災前建物と同じ状態の建物が買取請求時にも存在することを想定して、そのような建物の専有部分の買取請求時の評価額から、被災前の状態に復旧するのに必要な復旧工事費用を中心とするマイナス要因を減額するという考え方のものであり、損壊してはいるが既存のマンションの買取請求による売買であることに比較的なじみやすく、かつ、間接法と比較する限りでは、復旧後の建物の状態、したがってまた復旧工事の内容を比較的想定しやすく、その意味である程度客観的に検討できるとも考えられるから、評価手法の一つとして重視すべきものと考えられる。

　…………

　また、減価要素としては、復旧工事費用にとどまらず、復旧工事によってもなお回復し得ない事情の有無及びその程度をも考慮する必要がある。

　間接法は、基本的には、買取請求時点で既に復旧工事がされていることを想定して、復旧工事後の専有部分の買取請求時点における想定価格（現実に復旧工事がされた時点の価格ではない。そのような価格を基準とすることは相当でない。）から復旧工事費用等のマイナス要因を減額するというものであるが、復旧工事後の建物として被災しなかった場合の建物を想定し、復旧工事内容としてそのような建物に復旧するための工事を想定するのであれば、直接法と相違は生じないことになる。

　しかし、控訴人の主張する間接法の趣旨は、復旧後の建物ないし専有部分は中古マンションの売買市場で商品とするのにふさわしいものをいい、したがって、復旧工事はこのような意味で市場性のある建物に再生させるための工事をいうものである。控訴人は、本件買取請求により一三戸もの買取を請求されたのであり、これらを中古マンションとして売却処分するのが最も有効活用になるから、そのような控訴人の主張として、理解し得るところである。ただし、控訴人の主張する意味の間接法では、復旧後の建物は、被災前の建物と同じものであることが重視されず、良好な市場性を得る観点から、機能の向上を含み、諸仕様の点でも被災前よりも良いものにすることにもなるから、直接法と比較すると、復旧工事費用が高額になりやすい。公平の見地からは、その場合の復旧工事費用の増加分は、復旧工事後の建物の価値の増加分に見合

うものとして均衡性及び相当性がある場合に限り、全額を減価することができるというべきである。そして、このような均衡性等があることの立証は、実際上相当困難な場合が多いであろう。

　そのほかにも、被控訴人ら、控訴人及び補助参加人（以下「管理組合」という。）から、時価について種々の主張がされているが、いずれにしても、的確な証拠による裏付けが必要であるという意味で、立証の問題に帰する部分が多い。本件では、以上のような点に留意しながら、双方が提出援用した証拠から合理性があると認められる事実を認定し、これらを総合的に判断して、双方に公平と認められる時価を算定する必要がある。」

・本件は、マンションが震災によって損傷を受け、区分所有者間で意見の対立があったものの、復旧決議が可決されたため、復旧決議に反対した区分所有者が買取請求をし、時価の算定時期、時価の意義・算定方法が問題になったものであり、マンションの復旧、建替えに当たって生じる重要な問題を取り扱ったものである。マンションの復旧、建替えに当たっては、各決議の必要な特別多数の賛成を得ることが当面重要であるが、決議に反対等した区分所有者の買取請求、売渡請求において時価の算定をめぐって紛争が長期化するおそれが相当にあるため、今後、本件のような問題は深刻な問題になるおそれがある。
・本判決は、時価の算定時期については、区分所有者の有する買取請求権が形成権であることを前提とし、買取請求の時点であるとしたものであるが、理論的には、他の考え方もあり得るところ、合理的な見解ということができよう。
・また、本判決は、時価の意義、第一審判決とは異なり、損壊した状態のままの建物及び敷地に関する権利に関する価格をいうとした上、時価の算定については、鑑定等によって時価を算定したものである。本判決は、時価の算定について、具体的に算定することが相当に困難であることを率直に認め、最終的には双方に公平と認められる時価を算定する必要があることを指摘している。
・本判決の時価算定の方法は、必ずしも明確ではなく、先例的な価値に乏しいものであり、今後予想される時価をめぐる紛争が長期化、深刻化するおそれがあることを示唆するものである。
・本判決の評釈として、片桐善衛・判評538号14頁がある。

162 売渡請求
被請求者は賃借人の退去など引渡義務を負うとした事例

東京地判平成16年7月13日金法1737号42頁

事案
借地上のマンションにおいて建替えが問題になり、区分所有者の集会で建替え決議がされ、決議が成立した。区分所有者Yは、建替え決議に反対し、建替えに参加しないものとみなされたため、区分所有者XがYに対して区分所有法63条に基づき区分所有権等の売渡しを請求をした。区分所有建物の敷地は、地主Aの所有するものであり、各区分所有者は、Aから敷地を賃借していた。Yの区分所有する専有部分は、Bに賃貸されていた。Xは、Yに対し、専有部分の所有権移転登記手続、Bを退去させた上での専有部分の引渡し、Aの承諾を得た上での敷地利用権の譲渡を請求した。

本件では、区分所有法63条に基づく売渡請求がされた場合、その請求の相手方となった区分所有者が専有部分から賃借人を退去させて引き渡す義務、敷地利用権の譲渡につき敷地所有者の承諾を得る義務を負うかが争点になった。

本判決は、これらの義務をいずれも肯定し、請求を認容した。

判旨
「1 区分所有法63条4項の売渡請求権は形成権であるから、その行使の意思表示が相手方に到達すると直ちに、相手方の区分所有権及び敷地利用権を目的とする時価による売買契約が成立する。そして、売買契約の効果として、区分所有権及び敷地利用権が相手方から請求権行使者に移転し、相手方は、専有部分の引渡義務及びその登記移転義務を負い、請求権行使者は、時価による売買代金支払義務を負い、この両者の義務は同時履行の関係に立つ。

したがって、被告は、本件建物の引渡義務及びその登記移転義務を負い、原告は、本件建物の時価による売買代金支払義務を負う。被告は、原告が、両者の合意に基づいて本件建物の引渡等を請求しているところ、かかる合意は存しないから引渡等の義務はないと主張するが、原告は、上記売渡請求権に基づいて本件建物の引渡等を請求しているのであって、被告の上記主張は、的を射ていない。

本件建物の売渡請求の時点における時価については、……及び弁論の全趣旨によれば、1000万円と認められる。

ところで、被告は、本件建物をBに賃貸しているが、建物の売買における売主の引渡義務には、借家人を立ち退かせることも含まれると解され、このことは区分所有法63条4項の売渡請求権行使により売買契約が成立した場合であっても異ならないと解されるから、被告は、本件建物からBを退去させる義務を負うものと認められる。

2 借地権の売買においては、地主の承諾が地主に対する対抗要件となるから、売主は、地主の承諾を得る義務を負うと解され、このことは区分所有法63条4項の売渡

請求権行使により売買契約が成立した場合であっても異ならないと解されるから（したがって、この点についての被告の主張は採用できない。）、被告は、本件土地賃借権の譲渡につき、Aの承諾を得る義務を負うものと認められる。被告は、地主の承諾を得る義務が不代替的作為義務であり、かつ、間接強制が許されないものであるから、給付請求自体が否定される旨主張するが、そのように解すべき根拠はない。」

・本件は、借地上に建築されたマンションの専有部分の区分所有者が他に専有部分を賃貸していたところ、マンションの建替えが問題になり、区分所有者の集会において反対したものの建替え決議が成立したことから、他の区分所有者から区分所有法63条4項所定の売渡請求を受けた場合、区分所有者は、借地権の譲渡につき地主の承諾を得る義務、賃借人を退去させる義務を負うかが問題になったわけである。
・本判決は、前記の各義務をいずれも肯定したものであり、事例として参考になる。
・本判決は、一見すると、当然の内容を明らかにしたにすぎないようではあるが、マンションの建替え決議がされる場合において、借地上に建築されたマンションである事例、売渡請求の対象になった専有部分が賃貸されている事例は少なくないものと予想されるところ、実際上、売渡請求の対象になった区分所有者がこれらの義務を円満に履行することは相当に困難であることが予想されるため（借地権の譲渡については、借地借家法19条の手続を利用することが可能である）、マンションの建替えに相当の障害になるおそれがあることを示している。

163 時価の算定

時価の具体的算定方法を示した事例

東京高判平成16年7月14日判時1875号52頁

事案　マンションの老朽化により建替えが問題になり、区分所有者の集会においてマンションの建替え決議が行われた。建替え決議に必要な賛成が得られ、建替えが決定されたところ、Yらが決議に賛成せず、また、建替えに参加する旨の回答をしなかった。建替えに参加するX1株式会社は、区分所有法63条4項に基づき、Yらに対して売渡し請求をし、区分所有権に係る区分所有建物の所有権移転登記手続、土地の持分移転登記手続等を請求した。その後、X1が会社分割により、本件訴訟に関する権利義務一切をX2株式会社に承継させ、X1は、Yらに対する訴えを取り下げた。

第一審判決（東京地判平成16年2月14日判時1875号56頁）は、マンションの建替え決議に伴う売渡し請求に係る価格は、建替えが完成した場合における再建建物及び敷地利用権の価額から建替えに要した経費を控除した額と、再建建物の敷地とすることを予定した敷地の更地価額から現存建物の取壊し費用を控除した額をそれぞれ相当な方法により算出し、比較考量し、個別的事情を加味して総合考慮して算定するのが相当であるとし、個々の価額を算定し、これらの額は既に支払済みであるとし、X2の請求を認容し、X1の請求を棄却したため、Yらが控訴した。

本件では、区分所有建物の建替え決議に伴う売渡し請求に係る価格の算定方法、具体的な算定が争点になった。

本判決は、第一審判決の前記判断を引用し、X2に対する控訴を棄却し、X1に対する控訴を却下した。

判旨　本判決が引用する第一審判決は、次のとおり、判示している。

「「時価」とは、その建物について建替え決議がなされていることを前提として、区分所有権と敷地利用権とを一体として評価した客観的な評価額をいい、本件各建物の「時価」は、①建替えが完成した場合における再建建物及び敷地利用権の価額から建替えに要した経費を控除した額（以下「①の額」という。）、又は、②再建建物の敷地とすることを予定した敷地の更地価額から現存建物の取壊し費用を控除した額（以下「②の額」という。）に、対象となる区分所有部分及び敷地利用権の配分率を乗じて算定する。

①の額と②の額は、論理的には一致すると説かれるが、実際にその価額を通常の不動産価額鑑定の手法に従って具体的に算出した場合には、採用した算出方法等によっては両者に差異が生じる。

したがって、より客観的かつ合理的な「時価」の算定のためには、①及び②の各価額についてそれぞれ相当な算出方式により具体的数値を算出し、その各数値を比較考量すべきであるが、その後、さらに当該建替えにおける個別的事情も加味した総合判

断を行ったうえで、最終的な「時価」の算定を行うのが相当である。」

・本件は、マンションの建替え決議がされ、建替えに参加しない区分所有者に対して区分所有法63条4項所定の売渡し請求がされ（これは、形成権と解されている）、売渡し請求に係る区分所有権と敷地利用権の時価の算定が問題になった控訴審の事案である。
・本判決は、第一審判決の判断を引用し、これを相当としているが、時価は、マンションにつき建替え決議がなされていることを前提として、区分所有権と敷地利用権とを一体として評価した客観的な評価額をいうとした上、①建替えが完成した場合における再建建物及び敷地利用権の価額から建替えに要した経費を控除した額、又は、②再建建物の敷地とすることを予定した敷地の更地価額から現存建物の取壊し費用を控除した額に、対象となる区分所有部分及び敷地利用権の配分率を乗じて算定する方法とし、個別的事情を加味して総合判断して算定するのが相当であるとしている。本判決は、前記の時価の算定をより具体的にしたものであり、今後、多数生じると予想される本件と同種の事案に参考になるものである。
・本判決の評釈として、上谷均・判評562号29頁がある。

12章　修繕・建替え　355

164 借地上のマンションの建替え
売渡請求権行使の際に借地権譲渡が命じられた事例
東京地決平成17年7月19日判時1918号22頁

事案　Aは、区分所有建物に専有部分を区分所有し、Yから敷地につき賃借権の設定を受けていたところ、区分所有者の集会で建替え決議がされ、Aが決議に反対し、建替えに参加しない旨の回答をしたため、区分所有者XがAに対して区分所有法63条4項に基づき売渡しを請求した。Xは、区分所有権、賃借権を取得し、Yに賃借権の譲渡につき承諾を求めたものの、Yがこれを拒否した。Xは、Yに対して、借地借家法20条が類推適用されると主張し、譲渡許可の申立てをしたのに対し、Yがこの申立てを争うとともに、同法20条の類推適用が認められることに備えて、同法20条2項、19条3項の類推適用による介入権の申立てをした。

本件では、区分所有法63条4項に基づく売渡請求権の行使により敷地利用権である賃借権が移転した場合には、借地上の建物の競売、公売に関する借地借家法20条が類推適用されるかが争点になった。

本決定は、区分所有法に基づく売渡請求権の行使の場合も譲渡人の意思に関わりなく賃借権が譲渡されることが競売、公売と同様であること等から、借地借家法20条の類推適用を肯定し、本件でもこの類推適用を認めた上、同法20条2項、19条3項の類推適用によるYの介入権の行使を認め、Xによる譲渡許可の申立てが失効したとし、XからYに対する区分所有権、賃借権の譲渡等を命じる決定をした。

判旨　「二　申立人は、前記六のとおり借地借家法20条を類推適用して承諾に代わる許可を求めているのに対し、相手方は、(1)本件の場合には文理上「競売又は公売」に当たらないことは明らかで、それ以外の場合に拡張する根拠に欠けること、(2)区分所有法63条4項に基づく売渡請求の場合、同条6項により再売渡請求が認められているなど、「競売又は公売」のように売買の効力が確定的ではないこと、(3)仮登記担保権者についても借地借家法20条は適用がないとされていることなどからすると（東京高裁決定昭和56年8月26日）、借地借家法20条の適用ないし類推適用は許されず、そうすると借地借家法19条の賃借権譲渡許可の申立てによるべきこととなるが、同条の申立権者は譲渡人であり、譲受人による債権者代位は許されず、しかも、賃借権を譲渡する前に申し立てるべきところ既に賃借権を確定的に譲渡している本件では認められないと主張している。

よって、検討するに、平成14年法律第140号による改正前の区分所有法62条1項によれば、老朽等の一定の要件のもと、区分所有者及び議決権の各5分の4以上の多数で、既存建物を取り壊し、新たに建物を建築する旨の建替え決議をすることができるとされ、同法63条1項によれば、建替えの決議があったときは、集会を招集した者は、遅滞なく、建替え決議に賛成しなかった区分所有者に対し、建替え決議の内容により

建替えに参加するか否かを回答すべき旨を書面で催告しなければならず、催告を受けた日から2月以内に回答を行わなかった区分所有者は、同条3項により、建替えに参加しない旨を回答したものとみなされ、同条4項により、建替え決議に賛成した各区分所有者若しくは建替え決議の内容により建替えに参加する旨を回答した各区分所有者又はこれらの者の全員の合意により区分所有者及び敷地利用権を買い受けることができる者として指定された者は、同条2項の回答期間の満了の日から2月以内に、建替えに参加しない旨を回答した区分所有者に対し、区分所有権及び敷地利用権を時価で売り渡すべきことを請求することができ、かかる売渡請求権を行使すると時価による売買契約成立の効果が生じる。

　一方、申立人が指摘する借地借家法20条が定める公競売に伴う譲渡許可は、借地権者の意思に関わりなく地上建物が売却され、それに伴って賃借権が移転する場合を規定するもので、手続が終了するまで誰が建物及び賃借権の譲受人となるか未定なため、予め借地借家法19条の手続によることはできないから、競落人が申立人となって、裁判所に承諾に代わる許可の裁判を申し立てることができるとするものである。区分所有法に基づく売渡請求権の行使の場合も、譲渡人の意思に関わりなく賃借権が譲渡される点において「競売又は公売」と同様であり、譲渡人が予め借地権設定者に対し譲渡の承諾を求めることができない。このような場合、売渡請求権を行使した者が、借地権設定者による譲渡の承諾に代わる許可を得る方法がないとするならば、建替え決議に反対者がいる場合に備えて売渡請求権を認めた法の趣旨が没却されることとなり、妥当性に欠ける。また、本件のような場合に、借地借家法20条の類推適用を認めても、競売又は公売と同様、売買代金納付後2か月以内に限り申立てをすることができると限定するならば、借地権設定者の地位を不安定にするものとまでいえない。さらに、区分所有法63条6項に定める再売渡請求は競売又は公売にはない制度であり、これが認められることにより譲渡の効力が生じると、その譲渡につき承諾の問題が生じることとなるが、かかる例外的な事態があり得ることが、借地借家法20条の類推適用を全面的に否定する理由とはなり難い。

　そうすると、本件のように売渡請求権を行使した者は、明文上で申立権者として予定されていないとの理由で、同条による手続から排除されるべきではなく、借地借家法20条の類推適用により、譲渡の承諾に代わる許可を求めることができると解すべきである。

　三　次に、借地権設定者による介入権の行使が認められるかどうかについて検討する。

　区分所有法63条4項によれば、売渡請求権を行使することができる者は、「建替え決議に賛成した各区分所有者」「建替え決議の内容により建替えに参加する旨を回答した各区分所有者」「これらの者の全員の合意により区分所有権及び敷地利用権を買い受けることができる者として指定された者」に限定されており、借地権設定者はこ

れらの者に該当しない。

　一方、介入権は、第三者へ借地権が譲渡されることを阻止するために借地権設定者に認められた対抗手段である。競公売に伴う賃借権の譲受事案でも、借地借家法20条2項に基づく同法19条3項の準用により、借地権設定者に介入権の行使が認められている。本件において、売渡請求権者に借地借家法20条の類推適用により譲渡に代わる許可を得る途を認める以上、かかる譲渡の機会に優先的な買受権を認める介入権の行使のみを否定する理由はない。これを認めても、借地権設定者は区分所有法六四条により建替え決議の内容に拘束されると解されるから、申立人を始め建替え決議賛成者らに不利益を与えるものとはいえない。申立人は、相手方に介入権を認めることによって、建替えの実現が阻害されるおそれがあるというが、相手方は建替え決議後、Yから本件マンションの別の区分所有建物を取得しているから、今回、相手方に介入権を認めることによって、特に建替えの実現が阻害されるわけではない。

　よって、相手方による介入権の行使は認められる。」

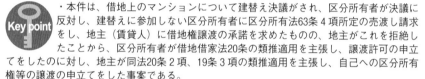

・本件は、借地上のマンションについて建替え決議がされ、区分所有者が決議に反対し、建替えに参加しない区分所有者に区分所有法63条4項所定の売渡し請求をし、地主（賃貸人）に借地権譲渡の承諾を求めたものの、地主がこれを拒絶したことから、区分所有者が借地借家法20条の類推適用を主張し、譲渡許可の申立てをしたのに対し、地主が同法20条2項、19条3項の類推適用を主張し、自己への区分所有権等の譲渡の申立てをした事案である。
・本件は、借地上に建築されたマンションにおいて、区分所有権の譲渡に伴って生じる法律問題の1つであり、その譲渡がマンションの建替え決議に伴ってされた区分所有権等の売渡し請求の場面で問題になったものであり、区分所有法と借地借家法の交錯した分野において生じた法律問題である。
・借地上のマンションについて区分所有権が譲渡される場合には、当然、借地権（その準共有持分）の譲渡が必要であり、地主（賃貸人）の譲渡の承諾がなければ、借地借家法19条、20条所定の承諾に代わる許可を求めることが可能であるが、本件の建替え決議に伴う売渡し請求の場合を想定した規定はないため、借地借家法20条、19条の類推適用が問題になったわけである。
・本決定は、前記のとおり、これらの規定の類推適用を肯定したものであり、区分所有法63条、借地借家法20条、19条の解釈として参考になる。

165 マンション建替え決議

マンションの建替え決議が無効とされた事例

東京高判平成19年9月12日判タ1268号186頁

事案　Ｘ１管理組合の管理に係るマンションにおいて建替えが問題になり、臨時総会が開催され、建替え決議が可決され、区分所有者Ｙが決議に反対したことから、Ｘ２が建替えに参加しないＹに区分所有権等の売渡しを請求し、売買契約の成立を主張し、Ｙに対して区分所有建物の明渡し、所有権移転登記手続を請求したのに対し、ＹがＸ１に対して建替え決議の無効確認を請求した。

本件では、マンションの建替え決議の効力が主として争点になった。

第一審判決（東京地判平成19年１月24日判時1984号46頁）は、建替え決議が無効であるとし、Ｘ２の請求を棄却し、Ｙの請求を認容したため、Ｘ１、Ｘ２が控訴した。

本判決は、基本的に第一審判決を引用し、建替え決議における敷地の特定が欠け、敷地利用権の処理も明らかにされていない等とし、建替え決議が無効であるとし、控訴を棄却した。

判旨　「建替え決議は、建物を取り壊し、「当該建物の敷地若しくはその一部の土地又は当該建物の敷地の全部若しくは一部を含む土地」に新たに建物を建築する旨の決議である（区分所有法62条１項）から、再建建物の敷地は決議事項そのものであって、建替え決議に際して、敷地が特定されている必要がある。控訴人らは、本件議案添付の図面等からすれば、再建建物の敷地は、十分に明らかであると主張するが、同図面は、再建建物の１階平面図であって、方位や道路等は記載されているものの、同図面からは、敷地の地番や正確な範囲は判明しないから、同図面が添付されていることをもって、本件建替え決議において、敷地が特定されているということはできない。

また、区分所有建物の建替えは、多額の費用負担を伴い、反対者にとっては区分所有建物の売渡しが強制される場合がある（区分所有法63条４項）など、極めて重大な効果を生じさせるものであり、区分所有法62条２項が、建替え決議において、同項１号から４号までに掲げる建替え計画の概要を定めなければならないと規定する趣旨は、区分所有者が賛否の意思決定をするために、建替え計画の概要が開示される必要があること及び建替え決議が単なる取壊しの手段として利用されることがないようにすることにあることからすれば、同項に規定する建替え計画は、実現可能性があるものでなければならず、かつ、区分所有者がこの点について判断できるだけの具体性がなければならないというべきである。さらに、同項１号の「再建建物の設計の概要」は、建築に要する費用の算定等の決定が可能な程度に設計の内容の特定が必要なところ、敷地が特定されなければ、再建建物の建ぺい率、容積率、日影規制、高度規制な

12章　修繕・建替え　359

どの諸規制の適用関係が明らかではなく、再建建物の建築面積、延床面積、地上階数等も具体的に定まらないことになるから、建替え計画の実現可能性の検討も、建築に要する費用の算定も困難である。

　以上によれば、本件議案は、再建建物の敷地の特定がされていない点において、区分所有法62条2項1号の要件を満たしていないものというべきである。」

・本件は、マンションの管理組合において建替え決議が行われ（区分所有法62条）、建替えの参加者が反対者に対し、区分所有権等の売渡しを請求し、建物の明渡し、所有権移転登記手続を請求したため、反対者が決議の無効確認を請求した事件である。
・第一審判決は、建替え敷地の特定、地上権の処理、第三者との共同関係が明らかでない等とし、再建建物の区分所有権の帰属に関する事項の要件を満たさない重大な瑕疵があるとし、建替え決議を無効と判断したものである。
・本判決は、基本的に第一審判決を引用し、建替え決議を無効としたものであり、事例として参考になり、建替え決議の議案の検討、提案に当たって注意すべき事項を示したものである。

166 団地管理組合法人における一括建替決議

団地管理組合法人における一括建替え決議が有効とされた事例

東京地判平成24年12月27日判時2187号51頁

事案　17棟のマンションから構成されるA団地管理組合法人において建替えが検討され、数回にわたり建替え決議が試みられたものの、成立しなかったところ、平成21年9月、一括建替え決議（区分所有法70条1項）が行われ、法定の要件を満たす決議が行われ、マンションの建替えの円滑化等に関する法律9条1項に基づきX建替組合が設立され、認可されたが、本件決議に区分所有者Yが反対し、建替えに参加しない旨を回答したことから、XがYに対して円滑化法15条1項に基づき区分所有権等の売渡し請求をし、区分所有権等を取得したと主張し、売買契約、本件建物の区分所有権等に基づき本件建物の明渡し等を請求した。

本件では、団地建替え決議の効力が争点になった。

本判決は、一括建替え決議が区分所有法70条1項所定の要件を満たしたものであり、無効とはいえないとした上、円滑化法15条1項に基づき売渡し請求を認める等し、Yの主張を排斥し、請求を認容した。

判旨　「(6)　以上のとおり、本件建替え決議における一号棟及び四号棟の賛成票中に無効票があるものとは認められない。したがって、一号棟及び四号棟においても、区分所有法七〇条一項が要求する特別多数決の各棟別要件を満たしており、本件建替え決議が無効とはいえない。」

Key point
・本件は、17棟のマンションから構成される団地管理組合法人において建替え決議（一括建替え決議（区分所有法70条1項））が行われ、マンションの建替えの円滑化等に関する法律9条1項に基づきX建替組合が設立され、認可され、決議に反対した区分所有者に対して円滑化法15条1項所定の区分所有権等の売渡し請求がされる等した事案である。
・本判決は、一括建替え決議が区分所有法70条1項所定の要件を満たしたものであり、無効とはいえないとしたものであり、その旨の事例として参考になる。

167 区分所有法63条1項所定の回答

区分所有法63条1項所定の参加の回答が催告された場合に条件付回答をした区分所有者は同条3項の建替えに参加しない旨を回答した区分所有者に当たるとした事例

東京地判平成27年1月26日判時2253号94頁

事案

　Yは、都内所在の11階建てマンションの10階の専有部分を区分所有していたところ、A管理組合法人は、平成24年3月、区分所有者の集会を開催し、建物の区分所有等に関する法律62条1項に基づく建替え決議が成立したが、Yが決議に賛成せず、同法63条1項に基づく参加の回答を催告され、記載欄中の参加に○を付けたものの、決議無効の確定判決を解除条件とする旨を付記する等したため（Yは、その後、Aに対して、決議無効確認を請求する訴訟を提起し、請求棄却、控訴棄却、上告等の不受理決定を受けた）、本件マンションの建替えに当たり、平成25年に設立が認可されたXマンション建替組合は、Yが建替えに参加する旨の回答をしなかったと主張し、Yに対し、マンションの建替えの円滑化等に関する法律15条1項に基づきYの区分所有権等の売渡し、区分所有権等の時価相当額の支払と引き換えに、専有部分の明け渡し、所有権移転登記手続等を請求した。

　本件では、マンションの建替え決議がされ、決議に賛成しなかった区分所有者に区分所有法63条1項所定の参加の回答が催告され、条件付の回答をした場合における条件付回答の意義が争点になった。

　本判決は、条件付の回答は、区分所有法63条3項により、建替えに参加しない旨を回答した区分所有者に当たるとし、売り渡し請求が有効である等とし、請求を認容した。

判旨

　「区分所有法は、六三条一項において、建替え決議があったときは、集会招集者から建替え決議に賛成しなかった区分所有者に対し、建替え決議の内容により建替えに参加するか否かの回答を催告すべき旨を定めた上、同条二項において、催告を受けた区分所有者は二か月以内に回答をしなければならない旨を定め、同条三項において、催告期間内に回答しなかった区分所有者は、建替えに参加しない旨を回答したものとみなす旨を定めているが、その趣旨は、建替え決議に賛成しなかった区分所有者のうち、催告期間内に参加の回答をした者が建替えに参加し、それ以外の者は建替えに参加しないことを二か月の催告期間満了の時点で確定して、建替えに参加する者と建替えに参加しない者とを峻別し、建替えに参加しない者に対する売渡請求（同条四項）の手続を進めることを可能とすることにあると解される。そうすると、本件回答のように建替えに参加するのか否かが催告期間満了の時点では判明しない内容の回答をしたことをもって、被告が催告期間内に建替えに参加する旨を回答したということはできない。

したがって、被告は、区分所有法六三条三項により、建替えに参加しない旨の回答をしたものとみなされるから、「区分所有法六三条四項に規定する建替えに参加しない旨を回答した区分所有者」（円滑化法一五条一項）に当たり、本件売渡請求は有効であって、その意思表示が被告に到達した平成二五年九月二一日の時点で時価による売買契約が成立し、被告区分所有権等（被告専有部分の区分所有権及びその敷地利用権である本件土地の被告持分並びに被告専有部分の処分に従うものである本件共用部分の被告持分）は、被告から原告に移転したというべきである。
二　争点(2)（時価）について
　円滑化法一五条一項にいう「時価」とは、建替え決議の内容により建替えが予定されていることを前提として、売渡請求がされた時点における区分所有権及び敷地利用権の取引価格を客観的に評価した額をいうものと解するのが相当である。そして、その額は、不動産鑑定評価の手法によって、①建替えが実現した場合における再建建物及び敷地利用権の価額から建替えに要する経費を控除した額（以下「①の試算額」という。）、又は、②再建建物の敷地とすることを予定した敷地の更地価格から現存建物の取壊し費用を控除した額（以下「②の試算額」という。）を試算し、これに対象となる区分所有権及び敷地利用権の配分率を乗じて算定するのが相当である。」

・本件は、管理組合法人において建替え決議が行われ、決議に賛成しなかった区分所有者に対して、区分所有法63条1項に基づく参加の回答を催告され、記載欄中の参加に○を付けたものの、決議無効の確定判決を解除条件とする旨を付記したところ、後日、マンション建替組合が区分所有者に建替えに参加する旨の回答をしなかったと主張し、マンションの建替えの円滑化等に関する法律15条1項に基づきYの区分所有権等の売渡し、区分所有権等の時価相当額の支払と引き換えに、専有部分の明け渡し、所有権移転登記手続等を請求した事件である。
・本件は、マンションの建替え決議がされ、決議に賛成しなかった区分所有者に区分所有法63条1項所定の参加の回答が催告され、条件付の回答をした場合、条件付回答の意義が争点になった珍しい事件であり、このような条件付回答は、建替えの実行を引き延ばす効果をもたらすものである。
・本判決は、本件回答のように建替えに参加するのか否かが催告期間満了の時点では判明しない内容の回答をしたことをもって、区分所有者が催告期間内に建替えに参加する旨を回答したということはできず、区分所有法63条3項により、建替えに参加しない旨の回答をしたものとみなされるとしたものであり、マンションの建替えの実務に参考になる判断を示したものである。

13

その他

168 未建築・未分譲の敷地と団地関係の成否
団地関係の成立を否定した事例

福岡高判平成15年2月13日判時1828号36頁

事案　Y公団は、一筆の土地上にマンション9棟の建築を計画し、その後、順次建築し、分譲していた。Yが7棟の分譲を終えたところ、既に分譲された区分所有者で構成されるX管理組合がYに対して未分譲の敷地についても団地関係が成立すると主張し、Yに対して管理費等の支払いを請求した。

第一審判決は請求を棄却したため、Xが控訴した。

本件では、管理費等の負担が問題になった場面で、主として団地関係の成否が争点になった。

本判決は、団地関係の成立を否定し、Xの控訴を棄却した。

判旨　「(2) 控訴人は、六号棟ないし九号棟についても遅くとも建築工事が完了した平成七年七月一日には区分所有法六五条の団地関係が成立し、被控訴人にも組合規約が適用されるに至ったことを理由に、被控訴人に対し、組合規約に定められた管理費等の支払を請求するので、以下団地関係の成否について検討する。

(1) 区分所有法六五条は、ア　団地内に数棟の建物があり、イ　団地内の土地又は附属施設がそれらの建物所有者の共有に属するとの二要件を具備する場合には、団地建物所有者は法律上当然に団体を構成し、この団体が主体となって、同法六六条で準用する各規定に基づき、集会を開き、規約を定めるなどして目的物を管理すべき団体的拘束を受けることを規定している。そして、本件の場合、一号棟ないし九号棟は被控訴人が当初単独所有しその後順次住戸部分の分譲にしたがって持分が譲渡されつつある一筆の土地上に存在するから、上記規定を形式的に適用すれば、六号棟ないし九号棟が外形的に建物として完成し被控訴人がその所有権を取得した以上、本件マンションの各住戸部分の分譲を受けた者とともに団地建物所有者の一員となって、六号棟及び九号棟の関係でも建物完成と同時に団地関係が成立し、組合規約の適用を受けるかのように解されないでもない。

(2) しかし、区分所有法六五条が上記のような要件を具備した場合に、団地建物所有者全員による団体を構成させることとした目的は、同団体の意思に基づいて、共有に係る土地、附属施設の管理等を行わせることにあることは、同条の文言からも明らかである。即ち、一定の要件の下に団地関係の成立が法的に強制されるのは、団地建物所有者全員にとって共通の利害関係を有すると考えられる事項の管理について、全員を構成員とする団体の意思によってこれを決定、実行させようとすることにあるといえる。そこで、以下このような同条の趣旨に照らして、本件の場合にも同条が適用され控訴人主張のような団地関係の成立が認められるべきか否かを検討することとす

る。

(3) 前記認定の事実及び弁論の全趣旨によれば、本件マンションは、約二万八七〇〇平方メートルの敷地に六階ないし一三階建の鉄筋コンクリート造の建物九棟（総住戸数三九〇戸）が、平成三年六月に着工して以来順次建てられたものであり、八号棟及び九号棟については内装関係の工事が未施工のままとなっていることが認められる。ところで、このような広範囲な敷地に多数の棟のマンションの建築がなされる場合には、それが一筆の土地上に建築されるものであったとしても、土地全体の利用状況からみると、建築工事が完了して入居者のある棟の敷地に供されている土地部分の利用形態と、現に建築工事が続行中の土地部分の利用状況との間には大きな隔たりが存在し、前者の敷地部分が主としてマンション居住者によって利用されるのに対し、後者の土地部分は専らマンション建築の施主により工事専用に利用されるものといえ、各土地を管理するためになすべき事柄や管理に必要な費用も大きく異なることは経験則上明らかというべきである。そして、……によれば、公団は、本件マンションの売買に際し、譲受人から、「本件マンションの共有地の一部を、分譲住宅建設等のために専用することを承諾する」旨が記載された書面の交付を受けていることが認められるが、そのような書面の授受がなされているのも、マンション建築工事中の土地利用に関する上記のような実態を明確にするためであったと思料される。

(4) 以上判示のような区分所有法六五条による団地関係成立の法意、すなわち同条は団地建物所有者全員にとって利害関係を共通にする事項の管理の便宜上団地関係の成立を定めたものと解されること、及び本件マンションがすべて一筆の土地上にあるとはいえ、完成したマンションの住戸部分の所有者と本件マンションの施主である被控訴人とは、本件土地の管理上工事区域部分については利害関係を共通にするとはいえないことに照らして考えると、本件の場合には各棟の建物の建築が完了してそれぞれその分譲が開始されるまでは、分譲開始前の建物敷地部分に関して、区分所有法六五条の適用の前提となる既存の本件マンション住戸部分の所有者と被控訴人との間の共有に属するとの要件を実質的に充足せず、団地関係は成立しないと解するのが相当である。」

Key point
・本件で問題になったのは、団地における9棟のマンションの建築、分譲を計画し、順次、建築し、分譲していたところ、全体が分譲されるまでの間、分譲業者が管理費等の負担義務を負うかである。本件では、団地における分譲の事例であるが、1棟のマンションの場合にも、専有部分の全部が分譲されるまでの間、分譲業者が管理費等の負担義務を負うかが問題になることがあり、類似の問題が生じることがある。
・本件では、団地におけるマンションの建築が進み、9棟のうち、7棟の分譲が終了し、残る2棟は建物は完成したものの、内装が未施工であり、分譲が未了である段階で、マンションの分譲業者が2棟分の管理費等を負担するかどうかが問題になったものであり、主として区分所有法65条所定の団地関係が成立したかどうかが争点になったわけである。

・本判決は、団地関係の要件を定める区分所有法65条について、団地内に数棟の建物があること、団地内の土地又は附属施設がそれらの建物所有者の共有に属することの2つの要件を満たす場合には、団地建物所有者は法律上当然に団体を構成するとした上、この団体が主体となり、区分所有法66条の準用する各規定に基づき、団体的拘束を受けることを規定しているとしたものの、一定の要件の下に団地関係の成立が法的に強制されるとする区分所有法65条の趣旨は、団地建物所有者全員にとって共通の利害関係を有すると考えられる事項の管理について、全員を構成員とする団体の意思によってこれを決定、実行させようとすることにあるといえるとし、分譲が開始されるまでは、分譲開始前の建物敷地部分に関して、区分所有法65条の適用の前提となる既存のマンション住戸部分の所有者と分譲業者との間の共有に属するとの要件を実質的に充足しないから、団地関係は成立しないと解するが相当であるとし、団地関係の成立を否定したものである。

・本判決の論理は、区分所有法65条の規定の内容、趣旨を紹介し、建物として完成したものの、分譲開始前の段階においては、分譲業者と既存のマンションの区分所有者との間に団地関係の成立を否定し、分譲業者の管理費等の負担義務を否定したものであり、議論はあり得るが、合理的な見解であるということができる。

・本判決の評釈として、藤井俊二・判評543号15頁がある。

169 建物内外での餌やり

マンションの区分所有者の建物内外における餌やりにつき規約違反、不法行為を認めた事例

東京地立川支判平成22年5月13日判時2082号74頁

事案　X1管理組合の管理に係る建物（10戸の区分所有建物からなるタウンハウス）においては、管理規約で他の居住者に迷惑を及ぼすおそれのある動物を飼育しない、他の組合員、占有者に迷惑を及ぼし、不快の念を抱かせ、危害を及ぼすおそれのある行為をしないなどの定めがあったところ、区分所有者Yは、家族とともに居住しているところ、室内で猫を飼育し、屋外で猫に餌を与える等するため、X1のほか、区分所有者、居住者X2ら（合計17名）がYに対して敷地、建物内における猫への餌やりの禁止、不法行為に基づき損害賠償を請求した。

本件では、マンションにおける区分所有者の猫の飼育、猫への餌やりの規約違反の成否、不法行為の成否が争点になった。

本判決は、Yが餌を与え始めてからタウンハウスの敷地に現れる猫の数が18匹に達したこと、餌やりだけでなく、ダンボール箱を用いて住み家を提供したこと、糞尿、異臭等が問題になっていること等を認め、餌やりの差止請求を認容し、X1の弁護士費用の損害賠償、X2らの慰謝料請求を認容した。

判旨　「(1)　白色の猫1匹の屋内飼育

ア(ｱ)　原告管理組合の動物飼育禁止条項は、一律に動物の飼育を禁止しているものではなく、「他の居住者に迷惑を及ぼすおそれのある」動物を飼育しないことと定められているものではあるが、このような限定は、小鳥や金魚の飼育を許す趣旨は含んでいるとしても、小型犬や猫の飼育を許す趣旨も含むものとは認められない。

(ｲ)　確かに、前記1(4)アのとおり、動物は家族の一員、人生のパートナーとしてますます重要となっている時代趨勢にあるが、他方、区分所有法の対象となるマンション等には、アレルギーを有する人も居住し、前記1(4)ア(ｲ)cのとおり、人と動物の共通感染症に対する配慮も必要な時代であるから、時代の趨勢に合わせて犬や猫の飼育を認めるようにすることは、マンション等の規約の改正を通じて行われるべきである。

イ　したがって、白色の猫1匹の屋内飼育であっても、動物飼育禁止条項に違反すると認められる。

(2)　屋外での餌やり

ア　前記1(1)オのとおり、屋外での4匹の猫への餌やりは、段ボール箱等の提供を伴って住みかを提供する飼育の域に達しており、前記1(2)のとおり、それらの猫は個人原告らに対し様々な被害を及ぼしているから、動物飼育禁止条項に違反するものといわなければならない。

以前の屋外での猫への餌やりのうち、飼育の程度に達していないものへの餌やりは、

13章　その他　　369

迷惑行為禁止条項に違反するものといわなければならない。
イ　乙11として提出された本件に関心を持たれた方々の意見は、人としての良識に裏打ちされたものであり、当裁判所が地域猫活動等について理解を深め、本件での結論を考えるに当たって大変役立った。
　しかし、本件での問題は、区分所有法の適用があり、猫を含む動物の飼育を禁じる規約を有するタウンハウスにおける猫の飼育又は餌やりの問題である。
　最近の分譲マンションには、規約で犬や猫の飼育を認めるものと認めないものが存在しており、犬や猫を飼いたい人は飼育を認めるマンションを選び、犬や猫が苦手な人やアレルギーのある人は飼育を認めないマンションを選んで居住することによって、居住者の愛護動物を飼う権利と愛護動物を避けて生活する権利との調整がされている。そして、現在の法秩序の下では、規約で猫等の飼育を認めなかったり、マンション敷地での野良猫に対する餌やりを禁止したりすることが公序良俗に反し無効であるなどと解することはできないものである。」

・本件は、マンション（タウンハウス）の区分所有者が建物内で猫を飼育し、あるいは建物外で猫に餌やりを行ったことから、管理組合、区分所有者ら、居住者らが規約違反、人格権の侵害に基づき餌やりの差止め、不法行為に基づき損害賠償を請求し、猫への餌やりの規約違反の成否、不法行為責任の成否等が問題になった事件である。本件のマンションにおいては、規約上動物の飼育が禁止されていた。
・本判決は、規約の迷惑をかける動物の飼育の禁止条項は、小型犬や猫の飼育を許す趣旨も含むものとは認められないとしたこと、建物内で一匹の猫を飼育することも規約違反に当たるとしたこと、建物外での４匹の猫への餌やりは、段ボール箱等の提供を伴って住み家を提供する飼育の域に達しており、区分所有者ら、居住者らに様々な被害を及ぼしているから、規約違反に当たるとしたこと、猫への餌やりが不法行為に当たるとしたこと、弁護士費用の損害、慰謝料の損害を認めたことに特徴がある。
・本判決は、マンションの建物内の猫の飼育、建物外における猫への餌やりが規約違反に当たるとし、餌やりの差止請求、不法行為を肯定した事例として参考になる。なお、本判決は、訴訟を提起した管理組合が負担する弁護士費用について、区分所有者の不法行為責任を認めたことも、マンション管理の実務に参考事例を提供する。

170 マンション建替組合設立の認可

マンションの建替えの円滑化等に関する法律9条1項、12条1項によるマンション建替組合設立認可処分が違法でないとされた事例

東京地判平成24年9月25日判時2201号42頁

事案　A団地には3棟の区分所有建物があり、各棟ごとの集会において区分所有者及び議決権の各5分の4以上の多数で建替えの決議がされ、都内のY区は、建替組合設立認可申請者からマンションの建替えの円滑化等に関する法律9条1項によるマンション建替組合設立認可申請書を受け取り、都知事は、Y区長から申請書の進達を受け、マンション建替組合設立認可処分を行ったことから、A団地の区分所有建物に区分所有権を有していたX1、X2は、決議事項中、区分所有法62条2項4号の「再建建物……の区分所有権の帰属に関する事項」として一部の区分所有者の敷地利用権である借地権の価格が定められていないという瑕疵があり、円滑化法12条1項の認可処分の要件を満たしていないから違法であると主張し、Yに対して処分の取消しを請求した。

本件では、マンションの建替えの円滑化等に関する法律9条1項、12条1項による都知事のマンション建替組合設立認可処分の違法性が争点になった。

本判決は、建替えの決議において建物及び再建建物の敷地利用権の価格、内容を定めることは必要ではない等とし、処分が違法ではないとし、請求を棄却した。

判旨　「そして、区分所有法62条2項4号にいう「再建建物の区分所有権の帰属に関する事項」についても、できる限り具体的に定められていることが望ましいが、上記のとおり、区分所有法においては、建替え決議の後に、一定の手続を経て、現実の建替え参加者が定まる仕組みになっていることから、建替え決議において、再建建物のどの専有部分を誰が取得するか、あるいはその場合の清算価格がいくらになるかなどについて具体的に定めることは不可能である。そこで、同号の「再建建物の区分所有権の帰属に関する事項」という決議事項については、現建物の区分所有権が再建建物においていかなる扱いを受けるのか、すなわち、現建物の区分所有者が、どのようにして再建建物の区分所有権を取得することになり、また、清算額が定まることになるのか等についての基準ないしルールが定められていることが必要であり、かつ、それをもって足りると解すべきである。

3　そして、区分所有法には、区分所有建物の建替え決議において、敷地利用権について、現建物の敷地利用権の価格や再建建物の敷地利用権の内容や価格など何らかの事項について決議を行うことを定めた規定は存在しないところ、これは、敷地利用権は、一般に各区分所有者の専有部分の面積に応じた割合で与えられるのが通常であって、建替え決議においてあえて決議する必要性に乏しいし、仮に再建建物の敷地

利用権について特別の定めをするのであれば、それは、建替え決議においてではなく、実際の建替え参加者が確定した後に、その者たちの合意によって行うことが合理的であるからであると解される。

　そうすると、区分所有法は、建替え決議における決議事項として、現建物及び再建建物の敷地利用権の価格や内容について定めることを求めていないと解すべきである。

　4　そこで本件建替え決議における決議事項についてみるに、前記争いのない事実等（第2の1⑶）のとおり、「再建建物の区分所有権の帰属に関する事項」として、区分所有権の帰属については、建替え参加者は、円滑化法に基づく権利変換により再建建物の区分所有権及び敷地利用権を取得すること、余剰床（保留床）の帰属については、建替え参加者が取得する住戸を除くその余の住戸は、全て、参加組合員予定者が取得すること、清算の方法については、従前資産額と、再建建物の取得価額の差額について、専有部分の引渡しまでに、円滑化法の定めるところに従い、建替え参加者とマンション建替組合との間で清算すること、再建建物における住戸の選定については、①各区分所有者は、自由に希望住戸の選択を行うことができ、②希望住戸が重複した場合は、抽選等公正な方法により住戸選定をし、③上記②の抽選の結果、希望にもれた区分所有者は、残住戸の中から、①・②の手続に準じて再住戸選定を行うと定めており、これらによれば、決議に参加する区分所有者は、現建物の区分所有権が再建建物においていかなる扱いを受けるのか、すなわち、いかなる基準ないしルールによって、再建建物の区分所有権を取得することになり、また清算の額や方法等が定まることになるのかについて知悉することができるのであって、これをもって、決議事項として欠けるところはないと認められる。」

・本件は、マンションの建替えが計画され、建替え決議が行われ、マンションの建替えの円滑化等に関する法律9条1項によるマンション建替組合設立認可申請書が提出され、都知事が特別区長から申請書の進達を受け、マンション建替組合設立認可処分をしたところ、区分所有者らが建替え決議の決議事項中、区分所有法62条2項4号の「再建建物……の区分所有権の帰属に関する事項」として一部の区分所有者の敷地利用権である借地権の価格が定められていないという瑕疵があり、円滑化法12条1項の認可処分の要件を満たしていないから違法であると主張し、前記処分の取消しを請求した事件である。

・本判決は、区分所有法は、建替え決議における決議事項として、現建物及び再建建物の敷地利用権の価格や内容について定めることを求めていないと解すべきであるとし、決議の瑕疵を否定し、処分が違法でないとしたものであり、その旨の事例として参考になる。

判例索引

【最高裁判所】

最一小判 昭和56・6・18 民集35・4・798	82
最一小判 昭和56・6・18 判時1009・63	84
最二小判 昭和56・7・17 民集35・5・977	86
最二小判 昭和62・7・17 判時1243・28	323
最二小判 平成2・11・26 民集44・8・1137	191
最二小判 平成5・2・12 民集47・2・393	90
最三小判 平成7・7・18 民集49・7・2684	22
最一小判 平成9・3・27 判時1610・72	135
最一小判 平成10・10・22 民集52・7・1555	168
最二小判 平成10・10・30 民集52・7・1604	170
最二小判 平成10・10・30 判時1663・90	174
最二小判 平成10・11・20 判時1663・102	176
最三小判 平成12・3・21 判タ1038・179	99
最二小判 平成16・4・23 民集58・4・959	294
最二小判 平成17・9・16 判タ1192・256	47
最三小判 平成22・1・26 判時2069・15	304
最三小決 平成23・10・11 判時2136・36	309
最三小判 平成24・1・17 判時2142・26	261

【高等裁判所】

東京高判 昭和53・2・27 金判552・34	108
大阪高判 昭和55・4・25 判時979・66	160
大阪高判 昭和61・11・28 判時1242・55	164
大阪高判 平成4・1・28 判タ784・243	336
東京高判 平成6・2・24 判タ859・203	64
東京高判 平成6・8・4 判時1509・71	207
東京高判 平成7・2・28 判時1529・73	93
東京高判 平成7・6・14 判タ895・139	210
福岡高判 平成7・6・29 判タ891・135	2
東京高判 平成7・12・18 判タ929・199	212
福岡高判 平成7・12・26 判タ914・170	23
東京高判 平成9・10・15 判時1643・150	278
東京高判 平成10・4・22 判時1646・71	4
大阪高判 平成10・12・17 判時1678・89	142
東京高判 平成11・5・31 判時1684・64	179
東京高判 平成11・7・27 判タ1037・168	181
東京高判 平成11・8・31 判時1684・39	280
東京高判 平成11・9・8 判時1710・110	37

大阪高判 平成11・9・17 判タ1051・286 ……………………………………	39
大阪高判 平成12・9・28 判時1753・65 ……………………………………	343
東京高判 平成12・11・30 判時1737・38 ……………………………………	246
東京高判 平成12・12・14 判時1755・65 ……………………………………	284
福岡高判 平成12・12・27 判タ1085・257 …………………………………	72
大阪高判 平成14・5・16 判タ1109・253 …………………………………	290
大阪高判 平成14・6・21 判時1812・101 …………………………………	349
東京高判 平成14・8・28 判時1812・91 ……………………………………	249
東京高判 平成14・9・30 判時1806・45 ……………………………………	102
東京高決 平成14・11・8 金法1672・36 ……………………………………	292
福岡高判 平成15・2・13 判時1828・36 ……………………………………	366
大阪高判 平成15・10・28 判時1856・108 …………………………………	9
東京高判 平成15・12・4 判時1860・66 ……………………………………	146
東京高決 平成16・5・20 判タ1210・170 …………………………………	295
東京高判 平成16・7・14 判時1875・52 ……………………………………	354
東京高判 平成17・3・30 判時1915・32 ……………………………………	298
福岡高判 平成18・3・9 判タ1223・205 ……………………………………	79
大阪高判 平成19・4・13 判時1986・45 ……………………………………	51
東京高判 平成19・9・12 判タ1268・186 …………………………………	359
札幌高判 平成21・2・27 判タ1304・201 …………………………………	218
東京高判 平成21・8・6 判タ1314・211 …………………………………	104
東京高判 平成23・9・15 判タ1375・223 …………………………………	259
東京高判 平成23・11・24 判タ1375・215 …………………………………	154
東京高判 平成26・4・16 判時2226・26 ……………………………………	311

【地方裁判所】

東京地判 昭和53・1・26 判時911・138 ……………………………………	228
大阪地判 昭和57・3・24 判タ475・130 ……………………………………	110
東京地判 昭和58・5・30 判時1094・57 ……………………………………	268
札幌地判 昭和61・2・18 判時1180・3 ……………………………………	322
名古屋地判 昭和62・7・27 判時1251・122 ………………………………	325
東京地判 昭和62・4・10 判時1266・49 ……………………………………	184
東京地判 昭和63・11・28 判タ702・255 …………………………………	186
東京地判 平成2・1・30 判時1370・83 ……………………………………	270
東京地判 平成2・7・24 判タ754・217 ……………………………………	188
東京地判 平成2・10・26 判時1393・102 …………………………………	230
東京地判 平成3・3・8 判時1402・55 ……………………………………	112
東京地判 平成3・10・7 判タ778・201 ……………………………………	232
東京地決 平成4・1・30 判時1415・113 …………………………………	113
東京地判 平成4・3・13 判時1454・114 …………………………………	116
東京地判 平成4・3・16 判時1453・142 …………………………………	272
東京地判 平成4・3・19 判時1442・126 …………………………………	62

判例	頁
東京地判 平成4・5・22 判時1448・137	235
東京地判 平成4・7・16 判タ815・221	237
東京地判 平成4・8・25 金法1354・41	193
東京地判 平成4・9・22 判時1468・111	88
京都地判 平成4・10・22 判時1455・130	326
東京地判 平成5・1・28 判時1470・91	314
東京地八王子支判 平成5・2・10 判タ815・198	195
東京地判 平成5・2・26 判タ851・240	197
東京地判 平成5・3・30 判時1461・72	199
東京地八王子支判 平成5・7・9 判時1480・86	118
東京地判 平成5・9・30 判タ874・202	91
東京地判 平成5・11・29 判時1498・98	16
東京地判 平成5・11・29 判時1499・81	202
大阪地判 平成5・12・9 判タ888・212	19
東京地判 平成6・2・14 判時1515・91	239
東京地判 平成6・3・29 判タ868・217	65
東京地判 平成6・3・29 判時1521・80	273
東京地判 平成6・3・31 判時1519・101	120
福岡地小倉支判 平成6・4・5 判タ878・203	205
東京地判 平成6・5・9 判時1527・116	122
横浜地判 平成6・9・9 判時1527・124	124
東京地判 平成7・3・2 判時1553・98	126
東京地判 平成7・6・7 判時1560・102	274
神戸地判 平成7・10・4 判時1569・89	241
東京地判 平成7・11・15 判タ912・203	67
東京地判 平成7・11・20 判時1562・83	316
東京地判 平成7・11・21 判時1571・88	328
東京地判 平成8・2・5 判タ907・188	25
横浜地判 平成8・2・16 判時1608・135	26
東京地判 平成8・5・13 判時1595・77	128
東京地判 平成8・7・5 判時1585・43	129
東京地八王子支判 平成8・7・30 判時1600・118	132
千葉地判 平成8・9・4 判時1601・139	243
神戸地判 平成9・3・26 判タ947・273	95
東京地決 平成9・3・27 判時1621・119	214
東京地判 平成9・4・17 判タ971・184	137
横浜地判 平成9・4・23 判時1629・103	27
東京地判 平成9・6・26 判時1634・94	276
東京地判 平成9・7・7 判時1605・71	69
東京地判 平成9・7・23 判タ980・267	166
東京地判 平成9・10・15 判タ982・229	138
東京地判 平成10・4・14 判時1664・72	279

東京地判 平成10・5・14 判時1667・81	97
大阪地判 平成10・8・25 判時1668・112	339
東京地判 平成10・9・16 判タ1038・226	30
東京地決 平成10・12・8 判タ1039・271	140
東京地判 平成11・1・13 判時1676・75	330
東京地判 平成11・1・25 判時1675・103	31
札幌地判 平成11・1・27 判タ1054・267	70
大阪地判 平成11・2・9 判タ1002・198	33
東京地判 平成11・2・25 判時1676・71	35
横浜地判 平成11・3・31 判タ1011・263	341
長野地決 平成11・4・27 判時1701・125	245
大阪地判 平成11・12・13 判時1719・101	41
東京地判 平成11・12・24 判時1712・159	282
東京地判 平成12・5・25 判タ1069・162	7
東京地判 平成12・7・21 判タ1109・255	100
福岡地判 平成13・1・29 判時1743・112	42
神戸地判 平成13・1・31 判時1757・123	346
神戸地尼崎支判 平成13・6・19 判時1781・131	144
大阪地判 平成13・9・5 判時1785・59	288
東京地判 平成14・6・24 判時1809・98	215
東京地判 平成15・1・30 金法1696・90	251
東京地判 平成15・2・3 判時1813・43	43
東京地判 平成15・4・10 判時1870・57	74
東京地判 平成15・5・21 判時1840・26	319
東京地判 平成16・7・13 金法1737・42	352
東京地判 平成17・5・13 判タ1218・311	300
東京地判 平成17・6・23 判タ1205・207	149
東京地決 平成17・7・19 判時1918・22	356
東京地判 平成17・8・26（平17（ワ）第8478号）	253
福岡地判 平成17・9・13 判時1953・150	45
東京地判 平成17・9・13 判時1937・112	331
東京地判 平成17・12・5 判時1914・107	76
東京地判 平成17・11・28 判時1926・73	11
福岡地判 平成18・2・2 判タ1224・255	49
東京地判 平成18・3・30 判時1949・55	151
東京地判 平成18・6・27 判時1961・65	302
東京地判 平成19・10・3 判時1987・27	152
東京地判 平成20・1・31 判タ1276・241	53
東京地判 平成20・4・28 判タ1275・329	55
東京地判 平成21・9・15 判タ1319・172	254
東京地立川支判 平成22・5・13 判時2082・74	369
東京地判 平成22・6・21 判タ1341・104	257

東京地判 平成22・11・17 判時2107・127 …………………………………………… 307
東京地判 平成23・6・30 判時2128・52…………………………………………… 221
大阪地判 平成24・3・27 判時2159・88…………………………………………… 57
東京地判 平成24・3・28 判時2157・50…………………………………………… 263
東京地判 平成24・9・25 判時2201・42…………………………………………… 371
大阪地判 平成24・10・19 判時2201・90…………………………………………… 59
広島地判 平成24・11・14 判時2178・46…………………………………………… 224
東京地判 平成24・12・27 判時2187・51…………………………………………… 361
東京地判 平成26・3・25 判時2250・36…………………………………………… 156
東京地判 平成27・1・26 判時2253・94…………………………………………… 362

●著者紹介

升田　純（ますだ・じゅん）

弁護士・中央大学法科大学院教授

1950年島根県生まれ。73年司法試験合格、74年京都大学法学部卒。同年農林水産省入省、75年司法修習所入所、77年東京地裁判事補、福岡地裁判事、福岡高裁判事、東京地裁判事、法務省民事局参事官をへて、96年東京高裁判事、97年退官後弁護士登録。聖心女子大学教授をへて現職

著書
1　大規模災害と被災建物をめぐる諸問題（1996年　法曹会）
2　詳解製造物責任法（1997年　商事法務研究会）
3　高齢者を悩ませる法律問題（1998年　判例時報社）
4　裁判からみた内部告発の法理と実務（2008年　青林書院）
5　要約マンション判例155（2009年　学陽書房）
6　実務民事訴訟法（第4版）（2008年　民事法研究会）
7　現代社会におけるプライバシーの判例と法理（2009年　青林書院）
8　風評損害・経済的損害の法理と実務（2009年　民事法研究会）
9　最新ＰＬ関係判例と実務―誤使用問題を含めて（2010年　民事法研究会）
10　判例にみる損害賠償額算定の実務（2010年　民事法研究会）
11　警告表示・誤使用の判例と法理（2011年　民事法研究会）
12　マンション判例で見る標準管理規約（2011年　大成出版社）
13　一般法人・公益法人の役員ハンドブック（2011年　民事法研究会）
14　平成時代における借地・借家の判例と実務（2011年　大成出版社）
15　原発事故の訴訟実務（2011年　学陽書房）
16　判例にみる損害賠償額算定の実務〔第2版〕（2011年　民事法研究会）
17　不動産取引における契約交渉と責任（2012年　大成出版社）
18　民事判例の読み方・学び方・考え方（2013年　有斐閣）
19　現代取引社会における継続的契約の法理と判例（2013年　日本加除出版）
20　インターネット・クレーマー　対策の法理と実務（2013年　民事法研究会）
21　変貌する銀行の法的責任（2013年　民事法研究会）
22　名誉毀損の百態と法的責任（2014年　民事法研究会）
23　自然災害・土壌汚染等と不動産取引―現代型リスクをめぐる判例―（2014年　大成出版社）
24　実戦民事訴訟の実務（第5版）（2015年　民事法研究会）

その他著書・論文多数

新版　要約マンション判例

2009年 9月16日　初版発行
2015年11月25日　新版発行

著　者　升田　純（ますだ　じゅん）
発行者　佐久間　重嘉

発行所　学陽書房

〒102-0072　千代田区飯田橋1-9-3　Tel 03(3261)1111
　　　　　　　　　　　　　　　　　Fax 03(5211)3300
　　　　　　　　　　　　　　　　　Printed in Japan

装丁／佐藤　博　　印刷／東光整版印刷
　　　　　　　　　製本／東京美術紙工

★乱丁・落丁本は、送料小社負担にてお取り替えいたします。
ISBN　978-4-313-31312-5　C3032
Ⓒ Jun Masuda 2015

借家の法律実務
荒木 新五［編著］
Ａ５判　定価＝本体3,600円＋税

◎107項目のQ&Aで実務をわかりやすく解説！
身近で日常的な問題である借家のトラブルについて、その法律関係と紛争予防・紛争解決の手法を実務の第一人者が解説。

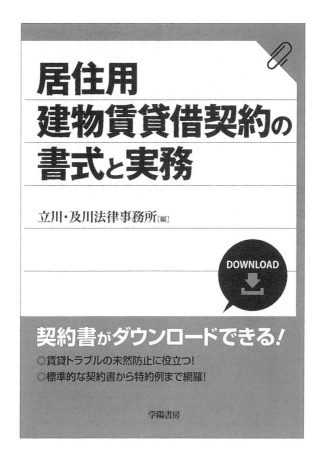

居住用建物賃貸借契約の書式と実務
立川・及川法律事務所［編］
Ａ５判　定価＝本体3,800円＋税

◎判例やガイドラインに沿った適切な条項例を提示

普通建物賃貸借契約から、定期建物賃貸借契約、マスターリース契約、サブリース契約まで、これまでの判例やガイドラインに沿った、適切な居住用建物賃貸借契約の契約書条項例を提示し解説。

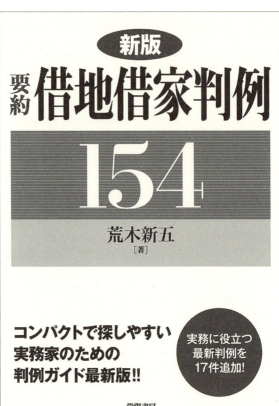

新版　要約借地借家判例
荒木 新五［著］
Ａ５判　定価＝本体3,800円＋税

◎コンパクトで探しやすい実務家のための判例ガイド！

　　生活に身近で主要な民事紛争である借地借家をめぐるトラブル。対応の指針となる裁判例154件を、実務の第一人者が実務家の視点から厳選し解説する判例集。

　　更新料の特約を認めた最高裁判例、賃料増減請求事件判決の既判力を認めた最高裁判例など新たに17件追加差し替え。

　　収録判例数154件！